WILLY SPANNOWSKY

Der Handlungsspielraum und die Grenzen der regionalen Wirtschaftsförderung des Bundes

Schriften zum Öffentlichen Recht

Band 520

Der Handlungsspielraum und die Grenzen der regionalen Wirtschaftsförderung des Bundes

Von

Dr. Willy Spannowsky

DUNCKER & HUMBLOT / BERLIN

CIP-Kurztitelaufnahme der Deutschen Bibliothek

Spannowsky, Willy:
Der Handlungsspielraum und die Grenzen der regionalen Wirtschaftsförderung des Bundes / von Willy Spannowsky. – Berlin: Duncker u. Humblot, 1987.
(Schriften zum Öffentlichen Recht; Bd. 520)
ISBN 3-428-06280-9

NE: GT

D 21

Satz: Klaus-Dieter Voigt, Berlin 61
Druck: Berliner Buchdruckerei Union GmbH, Berlin 61
Printed in Germany

ISBN 3-428-06280-9

Vorwort

Nach der Veränderung der Rahmenbedingungen der regionalen Wirtschaftsförderung und dem zunehmenden Druck der EG-Wettbewerbspolitik auf die Regionalpolitik des Bundes und insbesondere der Länder stellen sich im Zusammenhang mit der Neuorientierung der Regionalpolitik interessante rechtliche Fragen, deren Beantwortung auf die zukünftige Entwicklung der regionalen Wirtschaftsförderung Einfluß haben. Die hiermit vorgelegte Dissertation will zur Ausleuchtung und Klärung der anstehenden Fragen beitragen. Sie steht im Zusammenhang mit der Studie von Püttner / Spannowsky, Das Verhältnis der europäischen Regionalpolitik zur deutschen Regionalpolitik, 1986, die in Zusammenarbeit mit der Gesellschaft für regionale Strukturverbesserung erarbeitet wurde.

Für die wertvollen und freundlichen Anregungen, die mir mein verehrter Lehrer Herr Prof. Dr. Günter Püttner gab, bedanke ich mich herzlich.

Metzingen, im Februar 1987 *Willy Spannowsky*

Inhaltsverzeichnis

Einleitung

Die Wahl des Themas „Der Handlungsspielraum und die Grenzen der regionalen Wirtschaftsförderung des Bundes“ wurde durch zwei die aktuelle Situation der regionalen Wirtschaftsförderung kennzeichnende Entwicklungsprozesse veranlaßt. Einmal geben veränderte Rahmenbedingungen der Regionalpolitik Anlaß zu einer Neuorientierung[1], die eine Überprüfung der bisherigen Förderungskonzeption zur Folge hat, zum anderen nimmt die EG-Kommission in immer stärkerem Maße Einfluß auf die Regionalpolitik der Mitgliedsstaaten. Die Überprüfung der bisherigen Förderungskonzeption ist ohne eine verfassungsrechtliche Bestandsaufnahme über die Handlungsspielräume und Grenzen der regionalen Wirtschaftsförderung des Bundes nicht möglich. Durch den sich verschärfenden regionalen Wettbewerb und die zunehmenden Schwierigkeiten der regionalen Wirtschaftsförderung, erfolgreiche Impulse für eine ausgleichende Verteilung der Investitionstätigkeit zu geben, ist eine Fortentwicklung der Förderungsinstrumente erforderlich. Das Zusammentreffen der regionalpolitischen Neuorientierung mit den Bemühungen der EG-Kommission zur Vereinheitlichung der regionalpolitischen Beihilfensysteme, die durch die Verstärkung der eigenen regionalpolitischen Vorstellungen der EG-Kommission unter Zurückdrängung der mitgliedsstaatlichen gekennzeichnet sind, läßt grundsätzliche Fragen über die Kompetenzverteilung wiederaufleben.

Nicht nur die Reichweite der Kompetenzen der EG-Kommission zur Einflußnahme auf die mitgliedsstaatliche Regionalpolitik ist angesichts der beihilfenpolitischen Praxis der EG-Kommission zum Gegenstand der wissenschaftlichen Diskussion geworden, sondern auch die grundsätzliche Frage der Kompetenzverteilung in der Regionalpolitik im Verhältnis der größeren und kleineren Entscheidungsebene. Betroffen ist davon sowohl das Verhältnis der regionalen Wirtschaftsförderung der EG zu dem der Mitgliedsstaaten als auch das Verhältnis der Regionalförderung von Bund und Ländern, das sowohl im Hinblick auf die notwendig gewordene Fortentwicklung der regionalpolitischen Förderungsinstrumente als auch im Hinblick auf die im Verhältnis von EG und Mitgliedsstaaten aufgetretene Erwägung, ob eine zentralisierte oder dezentralisierte Regionalpolitik zur Pro-

[1] Vgl. zur Neuorientierung der Regionalpolitik die Beiträge von *von der Heide*, Regionale Wirtschaftspolitik 1985, in: DÖV 1986, S. 195 - 198; von *Thoss, Klemmer, Pieper, Schäfer, Zimmermann, Pohle, Buchner, Fleckenstein*, in: Raumforschung und Raumordnung, 1985, Heft 4, S. 146ff.

blembewältigung besser geeignet erscheint[2], grundsätzlich in Frage gestellt worden ist. Daß die beihilfen- und regionalpolitischen Einflußmöglichkeiten der EG beachtet werden müssen, zeigt die Tendenz der EG-Kommission zur strengeren Handhabung ihres Beihilfenaufsichtsrechts gem. Art. 93 i.V. mit Art. 92 EWGV. In der Rechtswissenschaft wurde den damit zusammenhängenden Fragen bislang nur wenig Beachtung geschenkt, obgleich davon nicht nur die künftige wirtschaftliche Entwicklung einzelner Gebiete und Gebietsteile der Bundesrepublik abhängt, sondern Auswirkungen auf die Gestaltung der Wirtschaftsstruktur und die Förderungskulisse in der Bundesrepublik insgesamt zu befürchten sind. Die Überlagerung der juristischen Probleme durch die wirtschaftswissenschaftliche Diskussion und der stets drohende Wandel des zu erörternden Sachverhalts dürfen jedoch einer Beschäftigung mit den anstehenden Fragen nicht entgegenstehen.

Müller-Graff[3] sieht die umfassende Thematik der überbetrieblichen Investitionssteuerung nicht ohne gewisse Berechtigung von „juristischer Abstinenz" gekennzeichnet. Es wäre zwar übertrieben, hinsichtlich dem Teilbereich der überbetrieblichen Investitionssteuerung, der regionalen Wirtschaftsförderung, ebenfalls von juristischer Abstinenz zu sprechen, gleichwohl ist auch insofern die Feststellung einer gewissen juristischen Reserviertheit durchaus berechtigt. Zahlreiche Aufsätze in den einschlägigen Fachzeitschriften zu Teilaspekten und Detailproblemen, insbesondere dem Investitionszulagen-, dem Zonenrand- und dem Berlinförderungsgesetz sowie zahlreiche Untersuchungen zu allgemeinen Fragen, wie etwa der Geltung des Gesetzesvorbehalts im Bereich der Wirtschaftssubventionierung, zu den Subventionsformen, zu den von Hoheitsträgern bei der Vergabe von Wirtschaftssubventionen zu beachtenden wettbewerbsrechtlichen Maßstäben, bilden die Grundlage für eine den Gesamtbereich der regionalen Wirtschaftsförderung berücksichtigende Untersuchung. Abgesehen von dem für die Praxis bedeutenden, von *Eberstein* herausgegebenen „Handbuch der regionalen Wirtschaftsförderung", tragen aber nur wenige zusammenfassende, den Gesamtaspekt berücksichtigende Monographien zu der rechtswissenschaftlichen Erforschung des Themenbereichs bei. Zu erwähnen ist insofern die verdienstvolle Untersuchung *Wagners*[4], dessen Betonung auf der umfassenden Darstellung der einfachgesetzlichen Voraussetzungen der Gesetzesgrundlagen liegt. Zu wenig Beachtung geschenkt wurde bislang der über die unmittelbare Unternehmenssubventionierung hinausgehenden

---

[2] Dazu auch *Jooss*, Wirtschaftsförderung – Methode und Probleme staatlicher Intervention in der sozialen Marktwirtschaft, in: BayVBl. 1985, S. 615ff. (617f.).

[3] *Müller-Graff*, Unternehmensinvestitionen und Investitionssteuerung im Marktrecht, S. 40.

[4] Vgl. *Wagner*, Das Investitionszulagengesetz und das Gesetz über die Gemeinschaftsaufgabe „Verbesserung der regionalen Wirtschaftsstruktur" als Schwerpunkte staatlicher Förderung von Investitionen, 1976.

Bedeutung der regionalen Wirtschaftsförderung; insbesondere der „wirtschaftsnahen“ Infrastrukturförderung, die ebenfalls unter dem Gesichtspunkt der Wettbewerbsverzerrung nicht zu unterschätzende Auswirkungen für den Konkurrentenschutz haben kann; zu wenig Beachtung geschenkt wurde in der Literatur auch den raumordnungspolitischen und ökologischen Bezügen der regionalen Wirtschaftsförderung sowie einerseits den „Zuständigkeitsüberschneidungen“ zwischen der EG und ihren Mitgliedsstaaten und andererseits der Kompetenzverteilung zwischen dem Bund und den Ländern auf dem Gebiet der Regionalpolitik[5], obgleich die damit angesprochenen Problemkreise an Relevanz gewinnen. Zum grundsätzlichen „Durchdenken“ der Problematik der Verteilung der regionalpolitischen Entscheidungsbefugnisse zwischen Bund und Ländern, Bundes- und Landesregierungen und Parlamente, geben besonders neuere Entwicklungen Anlaß. Die Diskussion unter dem Aspekt des kooperativen Föderalismus anläßlich und nach der Einfügung des Art. 91a in das Grundgesetz haben zwar den Boden dazu bereitet, jedoch erscheint die bisherige Diskussion angesichts der Ausdehnung der europäischen Einwirkungsbefugnisse auf die nationale regionale Wirtschaftsförderung in einem anderen Licht. Die Wiederbelebung der Problematik der Kompetenzverteilung im Bereich der regionalen Wirtschaftsförderung und die Suche nach Alternativen für eine mehr föderative Verteilung der Aufgabenbereiche ist nur eine Erscheinung für die „Trendwende“ im Bundesstaat. Statt von einer Trendwende von einer „echten Wende“ zu sprechen, wäre dennoch gewagt, wenngleich sich immerhin die Überzeugung, daß der Bund seine Gesetzgebungskompetenzen nicht länger extensiv zu Lasten der Länder ausschöpfen darf[6], durchzusetzen beginnt. *Rudolf*[7] hat jedoch Recht mit seiner Ansicht: „Von einer Wende im Föderalismus kann aber noch nicht gesprochen werden, solange die Fahrt zum Unitarismus nur gestoppt, nicht dagegen die Rückfahrt eingeleitet wird“. Interessant erscheint es deshalb, anläßlich der Neuorientierung der Regionalpolitik rechtliche Ansätze für eine „Wende“ im Bundesstaat in dem Bereich der regionalen Wirtschaftsförderung zu entwickeln.

Überdies haben neuere Erwägungen in der Raumordnungs- und Regionalpolitik wegen der zunehmenden Bedeutung der Lebensqualität angesichts der sich verschlechternden Umweltbedingungen und des zunehmenden Umweltbewußtseins zu einer Relativierung des Ausgleichsziels, Herstellung gleichwertiger Lebensverhältnisse, geführt. Die rechtliche Konturierung des Ausgleichsziels ist trotz dessen verfassungsrechtlicher Bezüge und leit-

---

[5] Vgl. dazu *Püttner / Spannowsky*, Das Verhältnis der europäischen Regionalpolitik zur deutschen Regionalpolitik, 1986.

[6] So der Bundeskanzler Dr. *Helmut Kohl* in seiner Regierungserklärung vom 4. Mai 1983, BT, Plenarprotokoll 10/4, S. 66; dazu auch *Rudolf*, Wende im Bundesstaat?, in: Freiheit und Verantwortung im Verfassungsstaat, 1984, S. 343ff. (351).

[7] *Rudolf*, S. 351.

zielhafter Umschreibung in verschiedenen Kompetenzbestimmungen zu kurz gekommen.

Müller-Graff verdient Zustimmung, soweit er die rechtswissenschaftliche Zurückhaltung in einem Bereich mit Berührungspunkten zwischen Recht und Ökonomie sowie Recht und Politik als nicht durch „vernünftige Reserviertheit gegenüber einer unausgereiften wirtschafts- und gesellschaftspolitischen Diskussion[8]" gerechtfertigt ansieht. Recht würde dadurch allzu leicht zu einer instrumentellen Hilfsfunktion in der Sozialgestaltung degradiert, was durch die „Vorstellung weitgehender bis beliebiger Disponibilität von Rechtsnormen"[9] dokumentiert wird.

Deshalb besteht Anlaß, den rechtlichen Rahmen der Regionalpolitik vor dem Hintergrund der neueren Entwicklungen einer näheren Überprüfung zu unterziehen.

[8] *Müller-Graff,* Unternehmensinvestitionen und Investitionssteuerung im Marktrecht, S. 40.

[9] Ebenda, S. 40.

KAPITEL I

Die regionale Wirtschaftsförderung und ihre Problematik heute

A. Einführender Überblick über die bundesdeutsche regionale Wirtschaftsförderung

I. Regionale Wirtschaftsförderung und Regionalpolitik

Regionalpolitik im weiteren Sinn ist nicht nur eine „regionalisierte allgemeine Wirtschaftspolitik“. Sie umfaßt vielmehr das gesamte, staatliche (kommunale) Maßnahmenspektrum zur Entwicklung und zum Ausgleich von Strukturunterschieden zwischen Gebieten und Gebietsteilen. Wegen ihrer sozialen und kulturellen Zielkomponente schließt die Regionalpolitik im weiteren Sinn bildungs-, kulturpolitische und ökologische Aspekte, insbesondere der Landschafts- und Naturschutzpflege ein. Die regionale Wirtschaftsförderung ist deshalb nur eine ökonomische, aber die wichtigste Maßnahme der Regionalpolitik im weiteren Sinn.

In der meist von Ökonomen verfaßten Literatur wird die wirtschaftspolitische Zielsetzung der Regionalpolitik – wegen ihrer Bedeutung innerhalb des Maßnahmenbündels nicht unberechtigt – häufig in den Vordergrund gestellt[1], weshalb die Regionalpolitik ohne Berücksichtigung ihrer sozialen und kulturellen Zielkomponente als „räumliche Dimension der Wirtschaftspolitik“[2] oder anders ausgedrückt als „regionalisierte allgemeine Wirtschaftspolitik“[3] verstanden wird. Dadurch reduziert sich der Begriff der Regionalpolitik auf den ökonomischen Teilaspekt der Regionalpolitik, die regionale Wirtschaftspolitik.

---

[1] Vgl. *Brösse*, Raumordnungspolitik, 1982, S. 22.

[2] *Maag*, Das Verbot wettbewerbsverfälschender Beihilfen im EWG-Vertrag und im Freihandelsabkommen zwischen der Schweiz und der Europäischen Wirtschaftsgemeinschaft S. 161; vgl. *Melchior*, Aspects juridiques de la politique régionale de la Communauté, Rapport, in: L'Europe et ses régions, 23ff., S. 27f.; *R. Schmidt*, Rechtsfragen der regionalen Strukturpolitik, AÖR 1974, S. 531 (535); *Kaiser*, Regionalpolitik im föderalen System der Bundesrepublik Deutschland und der Europäischen Gemeinschaft, in: Festschrift für Th. Maunz zum 80. Geburtstag, 1981, S. 171.

[3] *Maußner / Kalusche*, Kommunale Unternehmen als Instrumente der regionalen Strukturpolitik, 1981, in: Schriften zur öffentlichen Verwaltung und öffentlichen Wirtschaft, S. 18.

Die begriffliche Einordnung bleibt aber nicht ohne Konsequenzen. Je nach dem, welche Prinzipien die regionale Wirtschaftsförderung vornehmlich bestimmen sollen, wird sie mehr der Raumordnungs- bzw. Regionalpolitik oder der Wirtschaftspolitik zugerechnet[4]. Wenn man regionale Wirtschaftsförderung als Maßnahme zur Verwirklichung der Gleichheit der Lebensverhältnisse in Teilräumen der einzelnen Länder begreift, ist die regionale Wirtschaftsförderung die ökonomische Maßnahme aus dem Kreis der zur Verwirklichung dieser Gleichheit im Rahmen der Raumordnungspolitik eingesetzten Maßnahmen. Auf der EG-Ebene wird die Regionalpolitik ebenfalls als integrierter Bestandteil der Wirtschaftspolitik beschrieben[5]. Allerdings ist die Interpretation auf der EG-Ebene eine Folge der bisher im wesentlichen auf wirtschaftspolitische Maßnahmen beschränkten Kompetenzen der Gemeinschaftsorgane nach dem EWGV[6]. Solange keine raumordnungspolitischen Kompetenzen der EG bestehen, sie auf die flankierenden, insbesondere regional-, agrar- und sozialpolitischen Kompetenzen angewiesen ist, um raumwirksame Effekte erzielen zu können, ist der definitorische Unterschied von Gewicht. Regionalpolitik steht in der EG zwangsläufig synonym für regionale Wirtschaftspolitik, während die Regionalpolitik der Mitgliedsstaaten nach der umfassenderen Zielsetzungen auch sozialen, ökologischen und kulturellen Auswirkungen innerhalb des gesamten räumlichen Spektrums des Staatsgebietes Beachtung schenken muß. Wenn die Gemeinschaftsorgane auf die mitgliedsstaatliche Regionalpolitik einwirken, dürfen sie diesen Unterschied nicht vernachlässigen[7].

II. Einordnung der regionalen Wirtschaftsförderung in das System der staatlichen Wirtschaftsförderung

Staatliche Wirtschaftsförderung als Bereich der öffentlichen Wirtschaftsförderung ist die Umschreibung für eine vielgestaltige und in zahlreichen Förderungsmaßnahmen und Förderungsprogrammen zum Ausdruck kommende wirtschaftslenkende Einflußnahme des Staates[8]. Regionale Wirtschaftsförderung läßt sich nicht, wie durch das Wort „regional" angedeutet,

---

[4] Vgl. *Maußner / Kalusche,* S. 18.

[5] So ausdrücklich der Ministerrat in einer Entschließung vom 6.2.1979 den Ordnungsrahmen für die Regionalpolitik betreffend, ABl. 1979, Nr. C 36, S. 10 u. vgl. *Wäldchen,* HER, I A 122, RdNr. 39.

[6] Vgl. dazu *David,* Rechtliche Grundlagen europäischer Raumordnungsbestrebungen, in: Ansätze zu einer europäischen Raumordnung, 1985, S. 5ff., 10f. und *von Malchus,* Auf dem Wege zu einer „Europäischen Raumordnungspolitik", in: Ansätze zu einer europäischen Raumordnungspolitik, S. 365ff.

[7] Vgl. *Püttner / Spannowsky,* 3. Teil.

[8] Vgl. *Henze,* Verwaltungsrechtliche Probleme der staatlichen Finanzhilfe zugunsten Privater, 1958, S. 15ff.

lediglich als die von den Entscheidungsträgern der unteren staatlichen Ebene getragene staatliche Wirtschaftsförderung interpretieren, da regionale Wirtschaftsförderung nicht nur von den regionalen Entscheidungsträgern der Länder, sondern auch auf der EG- und Bundesebene betrieben wird. An der bundesdeutschen regionalen Wirtschaftsförderung sind nicht nur die Länder und Kommunen beteiligt, sondern auch der Bund. Der EG steht als Instrumentarium zur regionalen Wirtschaftsförderung der Europäische Fonds für regionale Entwicklung (EFRE) zur Verfügung. Die regionale Wirtschaftsförderung ist nur eine Art von (staatlicher) Wirtschaftsförderung, die der Verwirklichung spezifischer, eben regionalpolitischer Ziele dient. Kommunale Förderungsmaßnahmen gehören, abgesehen von den Maßnahmen der eigenständigen kommunalen Wirtschaftsförderung, zum Maßnahmenspektrum der regionalen Wirtschaftsförderung, weil sich aus der Zuständigkeit der Gebietskörperschaften in bestimmten Verwaltungsbereichen als auch aus ihrer Stellung als Adressat staatlicher, insbesondere regionaler Förderungsmaßnahmen ergibt, daß sie die Grundvoraussetzungen für die regionale Wirtschaftsförderung schaffen müssen[9].

III. Das Verhältnis von Raumordnungs- und regionaler Wirtschaftspolitik

Entsprechend den obigen Ausführungen ist der Aktionsradius der Raumordnungspolitik durch die integrierten ökologischen, sozialen und kulturellen Bereiche weiter als der der regionalen Wirtschaftspolitik. Weiter als der der regionalen Wirtschaftspolitik ist zudem der räumliche Aktionsrahmen der Raumordnungspolitik. Die Maßnahmen der regionalen Wirtschaftsförderung beschränken sich bewußt auf bestimmte Problemgebiete, während die Raumordnungspolitik das gesamte Bundesgebiet als räumliches Spektrum zugrunde legt. Die in §§ 1, 2 ROG aufgeführten Ziele der Raumordnungspolitik und die der regionalen Wirtschaftspolitik sind nicht immer kongruent. Besonders wegen des Spannungsverhältnisses zwischen Ökologie und Ökonomie treten neuerdings divergierende Konzepte über die räumliche Umgestaltung auf. Statt der gleichmäßigen räumlichen Verteilung von Gewerbebetrieben, wie bislang von der regionalen Wirtschaftspolitik intendiert, wird teilweise aus raumordnungspolitischen, insbesondere ökologischen Gründen die Freihaltung bestimmter Gebiete von Industriebetrieben empfohlen. Hinsichtlich der Zielkonflikte zwischen der Raumordnungs- und regionalen Wirtschaftspolitik ergibt sich die Notwendigkeit der Koordinierung und die Notwendigkeit der Erarbeitung eines integrierenden Rah-

---

[9] Ähnlich *von der Heide / Cholewa*, VI A 2, in: Eberstein, Handbuch der regionalen Wirtschaftsförderung.

menkonzepts[10]. Daß die Ziele und Erfordernisse der regionalen Wirtschaftspolitik mit denen der Raumordnung und Landesplanung in Einklang gebracht werden müssen, gehört nach § 2 I GRW zu den allgemeinen Grundsätzen der regionalen Wirtschaftsförderung. Kann sich die raumordnungspolitische Sichtweise durchsetzen, bleibt dies nicht ohne Auswirkungen für die regionale Wirtschaftspolitik; die Notwendigkeit von Förderungsmaßnahmen zum Ausgleich unterschiedlicher regionaler Wirtschaftskraft entfällt oder besteht nur eingeschränkt.

IV. Abgrenzung der regionalen von der sektoralen Wirtschaftsförderung

Durch die auf den Raum bezogene Zielrichtung läßt sich die regionale Wirtschaftsförderung von der sektoralen Wirtschaftsförderung abgrenzen, die die Unterstützung notleidender Wirtschaftszweige wie der Schiffbau-, Kohle- und Stahlindustrie und die wegen der technischen Entwicklung und der Kostenintensität ihrer Art nach auf finanzielle Hilfe angewiesenen Wirtschaftszweige wie der Luft- und Raumfahrt- sowie Atomindustrie zum Gegenstand hat[11].

Trotz der wegen der unterschiedlichen Zielrichtungen grundsätzlich leichten begrifflichen Abgrenzbarkeit sektoraler und regionaler Wirtschaftsförderung sind sektorale und regionale Förderungsmaßnahmen in ihren Auswirkungen nur schwer auseinander zu halten. Der die sektorale Wirtschaftsförderung notwendig machende Niedergang bestimmter Wirtschaftszweige ist häufig ohne regionale Komponenten nicht denkbar[12]. Anhand der Bremer Situation als Beispiel für die Verquickung sektoraler und regionaler Probleme läßt sich zeigen, daß strukturbedingte Beschäftigungseinbrüche in Gebieten mit einem hohen Anteil an Problembranchen und geringer Diversifikation nicht nur sektorale Wirtschaftsförderung, sondern auch regionale Wirtschaftsförderung auslösen können, weil infolge der sektoralen Probleme Rückwirkungen auf die Wirtschaftssituation in dem Gebiet, in dem die Problembranchen zu einem hohen Anteil ansässig sind, nicht ausgeschlossen werden können. Deshalb kann die sektorale Wirtschaftsförderung auch einen starken regionalpolitischen Effekt haben, wenn ein Zusammenhang zwischen den sektoralen Problemen in einer Region und der unter dem Bundesdurchschnitt liegenden Wirtschaftskraft einer Region besteht.

---

[10] Ähnlich *Hübler*, Raumordnung und regionale Wirtschaftspolitik, in: Eberstein, A IV, S. 2; dazu auch *Kummerer, Schwarz, Weyl,* Strukturräumliche Ordnungsvorstellungen des Bundes, S. 77ff.

[11] Vgl. *Eberstein,* A III S. 2.

[12] Ähnlich *Eberstein,* A III S. 4f.; *Thiesing,* EWGV-Komm., Art. 92, RdNr. 64.

Regionale und sektorale Wirtschaftsförderung lassen sich daher nicht nach ihren Auswirkungen, sondern nur nach dem jeweils verfolgten Zweck und ihrer Ausgestaltung gegeneinander abgrenzen.

Als Beispiel für regionalpolitische Beihilfen mit sektoralen Auswirkungen können neben dem Sonderprogramm für Bremen das Sonderprogramm für Gelsenkirchen und das Stahlstandorteprogramm dienen. Diese Programme wurden 1983 und 1984 vom Planungsausschuß wegen der durch die sektoralen Anpassungsschwierigkeiten bestimmter Branchen bedingten Arbeitsmarktprobleme in den gemeinsamen Rahmenplan aufgenommen.

V. Abgrenzung der regionalen Wirtschaftsförderung von der Globalsteuerung

Während regionale Wirtschaftsförderung einen Distributionseffekt anstrebt, indem in schwächeren Regionen wirtschaftliche Kräfte entwickelt oder dorthin verlagert werden sollen, hat die Globalsteuerung die Lenkung der gesamtwirtschaftlichen Ablaufprozesse ohne Rücksicht auf regionale Aspekte und Wirkungen zur Aufgabe. Möglichst viele Wirtschaftssubjekte sollen in einer gesamtwirtschaftlich erwünschten Weise agieren[13]. Die Globalsteuerung und die regionale oder sektorale strukturpolitische Steuerung bedient sich eines unterschiedlichen Lenkungsinstrumentariums[14]. Die konjunkturelle Globalsteuerung ist gegenüber der mittel- und langfristigen regionalpolitischen Wirtschaftsförderung darüber hinaus durch ihre nur kurzfristige Ausrichtung gekennzeichnet. Einer Regionalisierung[15] der Konjunkturpolitik stünde diese kurzfristige Ausrichtung entgegen. *Besters* befürchtet zudem durch die Etablierung regionaler und sektoraler Sonderbereiche der Konjunkturpolitik die künstliche Erhaltung bestehender Strukturen[16] und den Effizienzverlust eines gleichzeitig kurz- und langfristig verwendeten Instrumentariums. Mittels globalsteuernder Maßnahmen tritt der Staat grundsätzlich nicht mit einem bestimmten Kreis von Wirtschaftssubjekten in Beziehung, sondern will damit möglichst viele Wirtschaftssubjekte zu einem bestimmten prozeß- und ablaufpolitisch erwünschten Verhalten stimulieren. Dagegen ist der Bereich der strukturellen

13 Vgl. *Ehlermann,* EWG-Komm., Art. 103 II 1 b und *Hollmann,* Rechtsstaatliche Kontrolle der Globalsteuerung, S. 31 u. 34; *Müller-Graff,* Unternehmenssubventionierung und Investitionssteuerung im Marktrecht, S. 209ff.; *Schmahl,* Globalsteuerung der Wirtschaft, S. 18ff.; dazu auch *Pötzsch,* Perspektiven des sektoralen Strukturwandels in der Bundesrepublik, in: Verwaltungsrundschau, 1985, S. 7ff.

14 Zu den Instrumenten der Globalsteuerung *Hollmann,* S. 36 m.w.N.

15 Vgl. *Eberstein,* A III, S. 16.

16 Ähnlich *Besters,* Neue Wirtschaftspolitik durch Angebotslenkung, 1979, S. 155 u. *Müller-Graff,* S. 211; vgl. dazu auch *Eckey,* Strukturorientierte Konjunkturpolitik, Köln, 1978.

Wirtschaftsförderung durch eine Vielzahl von an bestimmte Wirtschaftssubjekte direkt oder indirekt gerichtete Förderungsmaßnahmen gekennzeichnet, die die Unternehmensentscheidungen mit dem Ziel der dauerhaften räumlichen Verlagerung ihrer Unternehmen oder der Ablösung bestehender Produktionsstrukturen beeinflussen sollen. Die differenzierte strukturpolitische Angebotssteuerung ergänzt danach das globalsteuernde wirtschaftslenkende Instrumentarium des Staates. Wegen der Ergänzungsfunktion der strukturpolitischen Entscheidungen müssen unter dem Gesichtspunkt der Systemkonformität die Leitlinien der Globalsteuerung berücksichtigt werden (dazu unten Kapitel II. B.).

VI. Die Aufgaben der regionalen Wirtschaftsförderung

1. Das durch räumliche Problemkategorien gekennzeichnete Aufgabenfeld

Der Abbau handelspolitischer Hemmnisse, als Folge der Bemühungen der EWG aufgrund des EWGV einen Gemeinsamen Markt zu schaffen, hatte einen intensiveren innergemeinschaftlichen Handel zur Folge. Damit entwickelte sich ein stärkerer Wettbewerbsdruck, der mit Anpassungsschwierigkeiten und der Erforderlichkeit der Unternehmensumstrukturierung verbunden ist[17].

Die Wirtschaftsgebiete der Bundesrepublik sind von diesen Problemen nicht in gleicher Weise betroffen. Wegen der Intention der Regionalpolitik, die regionalen Strukturunterschiede auszugleichen, sieht sie sich mit 3 räumlichen Problemkategorien konfrontiert. Die 1. Problemkategorie bilden die durch die Teilung Deutschlands wirtschaftlich besonders benachteiligten Gebiete, die durch ihre Rand- bzw. insulare Lage von benachbarten Wirtschaftsräumen abgeschnitten sind und deshalb geographisch bedingt mit schlechteren Wettbewerbsbedingungen leben müssen. In diese Problemkategorie fallen das Zonenrandgebiet und Berlin. Fehlentwicklungen durch eine zu geringe Diversifizierung der Industriestruktur als Folge der traditionsgemäßen Dominanz bestimmter Wirtschaftszweige in den Problemregionen haben Industriegebiete zu einer 2. Problemkategorie gemacht. Besonders betroffen sind Industriegebiete, in denen überwiegend Altindustrie angesiedelt ist. Als 3. räumliche Problemkategorie sind ländliche Gebiete oder Gebietsteile einzustufen, die durch ein Defizit an gewerblichen Arbeitsplätzen und hochspezialisierten Arbeitsplätzen auffallen.

---

[17] Vgl. *Duesberg / Walther,* in: Raumforschung und Raumordnung, 1983, S. 28; Regionale Entwicklungsprogramme Bundesrepublik Deutschland einschließlich Berlin (West) 1979 - 1982, aus der Reihe Regionalpolitik, Nr. 16, Brüssel, 1979 u. Unterrichtung durch die Bundesregierung vom 18. Juni 1985, 14. Rahmenplan, BT-Drucks. 10/3562, S. 6f.

Zumindest die Abschwächung der aufgetretenen räumlichen Fehlentwicklungen ist die Aufgabe der regionalen Wirtschaftsförderung.

2. Zielsetzung

Die Behebung oder zumindest die Abschwächung der aufgezeigten räumlichen Fehlentwicklungen erfolgt nach Maßgabe ökonomischer Ziele, die den Aufgabenbereich der Regionalförderung bestimmen. Es ist zwar nicht schwierig, die Oberziele der regionalen Wirtschaftsförderung zu beschreiben, konkrete Aufgaben lassen sich daraus aber nicht ableiten. Während man sich in der Wirtschaftswissenschaft mit der Frage der Operationalisierbarkeit der regionalpolitischen Ziele beschäftigt, die Bestrebungen also dahingehen, umsetzbare Handlungsziele auszuarbeiten, interessieren den Juristen zunächst die verrechtlichten Ziele, die einerseits den Aufgabenbereich und abhängig von dem Grad der Verrechtlichung den Handlungsspielraum der regionalen Wirtschaftsförderung umreißen und andererseits den Zweck der gesetzlichen Grundlagen, aufgrund derer die regionale Wirtschaftsförderung erfolgt, erkennen lassen, weil daraus gegebenenfalls Schlüsse für die Interpretation und Anwendung der Rechtsvorschriften gezogen werden können. In der politischen und wissenschaftlichen Diskussion haben sich als Oberziele der regionalen Wirtschaftspolitik 3 Ziele herausgeschält. Aus § 1 StabG, das die Ziele der allgemeinen Wirtschaftspolitik beschreibt, werden erstens das Wachstums- und zweitens das Stabilitätsziel abgeleitet. Ergänzt werden diese beiden wirtschaftspolitischen Ziele durch das Ausgleichsziel, das ausdrücklich eine Beziehung zwischen bestimmten Gebieten und Räumen herstellt[18].

Die regionale Wirtschaftsförderung ist auf allen Ebenen primär der Förderung des Ausgleichsziels verpflichtet; auf der EG-Ebene wird dieses Ziel in der Präambel des EWGV durch das Bestreben, den Abstand zwischen einzelnen Gebieten und den Rückstand weniger begünstigter Gebiete zu verringern, beschrieben; auf der Ebene des Bundes in § 2 Nr. 1 Bundesraumordnungsgesetz durch das Gebot, die „ausgewogenen“ „wirtschaftlichen, sozialen und kulturellen Verhältnisse“ in den Gebieten zu sichern und weiter zu entwickeln und strukturpolitische Maßnahmen zugunsten im Verhältnis vom Bundesdurchschnitt zurückgebliebener Gebiete zu ergreifen.

Dementsprechend beschränkt die bundesdeutsche regionale Wirtschaftsförderung ihre Förderungsmaßnahmen auf benachteiligte Gebiete (§ 1 II GRW und § 3 InvZulG).

---

[18] Vgl. dazu *Böhret / Jann / Kronenwett,* Handlungsspielräume und Steuerungspotential der regionalen Wirtschaftsförderung, S. 140ff.; *Brösse,* Ziele in der Regionalpolitik und in der Raumordnungspolitik, S. 52ff.; *R. Schmidt,* in: AÖR 1974, S. 529 (538).

Ob das Ausgleichsziel darüber hinaus seine verfassungsrechtliche Ausprägung, insbesondere in den Verfassungsbestimmungen der Art. 72 II, 104a IV S. 1, 106 III S. 3 Nr. 2, 107 II GG als „allgemeiner Verfassungsgrundsatz"[19] gefunden hat oder Ausdruck des übergeordneten gesellschaftspolitischen Ziels der Gerechtigkeit[20] ist, ist dagegen umstritten (dazu unten Kapitel II, B IV).

Das Ausgleichsziel ergänzt die wirtschaftspolitischen Zielkomponenten der Regionalpolitik. Aus den genannten wirtschaftspolitischen Hauptzielen lassen sich zwar leicht weitere Ziele, wie die Erreichung eines möglichst hohen Beschäftigungsstandes und eines angemessenen Wirtschaftswachstums ablesen, eine nähere Konkretisierung ergibt sich aber erst aus dem Aufgabenkatalog der Gemeinschaftsaufgabe „Verbesserung der regionalen Wirtschaftsstruktur" gem. § 1 GRW[21] sowie den Rahmenplänen. Danach soll der allgemeine Lebensstandard angehoben oder verbessert, die soziale und technische Infrastruktur verbessert und die Leistungsfähigkeit der deutschen Wirtschaft gesteigert werden. Wie diese Ziele erreicht werden sollen, sagen die Rahmenpläne, die als sog. Programmziele der regionalen Wirtschaftsförderung, die Schaffung und Sicherung möglichst qualifizierter Dauerarbeitsplätze, die Auflösung von Monostrukturen und die Verbesserung der Einkommenssituation nennen.

Durch die Hinzuziehung offizieller Stellungnahmen in den Jahreswirtschafts- und Strukturberichten lassen sich überdies die aktuellen Zielsetzungen bestimmen. Im Jahreswirtschaftsbericht 1984 werden zum Beispiel als zu bewältigende Probleme die schwerwiegenden Anpassungsschwierigkeiten der Bremer Schiffbau- und Stahlindustrie, der Strukturwandel und die Arbeitsplatzprobleme aufgezählt und flankierende Maßnahmen zur Problembewältigung angekündigt. Sowohl die aktuellen Ziele als auch die Oberziele sind aber einem stetigen zeitlichen Wandel unterworfen und unterliegen einer unterschiedlichen regionalpolitischen Akzentuierung, die abhängig ist von der prioritätensetzenden Entscheidung des jeweils zuständigen Entscheidungsträgers. Die unten näher präzisierte Frage ist insofern, ob und inwieweit die Verfassung oder das StabG als rechtliche Basis der wirtschaftspolitischen Zielsetzung einer abweichenden Zielverfolgung entgegenstehen kann.

---

[19] Vgl. Wertgleiche Lebensverhältnisse, Ergebnisse des Professorengesprächs 1974 des Deutschen Landkreistages, in: Der Landkreis, 1975, S. 94 - 96.

[20] Vgl. *Brösse,* Ziele der Regionalpolitik und in der Raumordnungspolitik, S. 60 u. S. 52; *Homann,* Verwaltungsrundschau 1983, S. 67.

[21] Gesetz über die Gemeinschaftsaufgabe „Verbesserung der regionalen Wirtschaftsstruktur".

VII. Überblick über die regionalpolitischen Förderungsinstrumente

Auf der Bundesebene stützt sich die regionale Wirtschaftsförderung in erster Linie auf das aufgrund des Art. 91a I Nr. 2, II GG erlassene Gesetz über die Gemeinschaftsaufgabe zur Verbesserung der regionalen Wirtschaftsstruktur (GRW) vom 6.10.1969[22] und das Investitionszulagengesetz in der Neufassung vom 28.1.1986[23] (InvZulG). Daneben werden regionalpolitische Förderungsmaßnahmen auf das Zonenrandförderungsgesetz (ZRFG)[24] vom 5.8.1971 und das Gesetz über die Verwaltung des ERP-Sondervermögens[25] i.V. mit dem in Form eines Gesetzes aufgestellten Wirtschaftsplan gestützt[26]. Für die regionalpolitische Zielsetzung, regionale Disparitäten auszugleichen, von untergeordneter Bedeutung ist hingegen das Berlinförderungsgesetz, da es naturgemäß räumlich nur auf Berlin anwendbar ist, der Ausgleich regionaler Ungleichgewichte somit allein für Berlin erstrebt wird.

VIII. Überblick über die wichtigsten Prinzipien der regionalen Wirtschaftsförderung

Durch die Auflistung der nach den wichtigsten Rechtsgrundlagen der Regionalförderung die Förderungswürdigkeit von Investitionsvorhaben bestimmenden, wesentlichen Förderungsvoraussetzungen läßt sich ein einführender Überblick über die die regionale Wirtschaftsförderung des Bundes beherrschenden Prinzipien vermitteln. Im Vordergrund stehen 4 als Förderungsvoraussetzungen fungierende Prinzipien der Regionalpolitik[27].

Ausgehend von dem Gedanken, daß nur der konzentrierte Mitteleinsatz geeignet ist, die Wirtschaftskraft eines Gebietes oder Gebietsteils angemessen zu steigern, gilt erstens das Prinzip der Schwerpunktförderung, das eine „Gießkannenförderung", also eine flächendeckende Förderung, ausschließt.

Da das Ausgleichsziel effektiv nur verfolgt werden kann, wenn das Einkommensniveau in einem Wirtschaftsraum angehoben wird, ist die Förderung von Investitionen zweitens an die Voraussetzung geknüpft, daß sie

---

[22] BGBl. I, S. 1861, zuletzt geändert durch das Gesetz zur Änderung des Gesetzes über die Gemeinschaftsaufgabe vom 23. 12. 1971 (BGBl. I, S. 2140).

[23] Gesetz vom 28. 1. 1986, BGBl. I, S. 232 unter Berücksichtigung des Art. 11 des Steuerbereinigungsgesetzes 1986 vom 19. 12. 1985, BGBl. I, S. 2452.

[24] BGBl. I, S. 1237, geändert durch das Einführungsgesetz zum Einkommenssteuerreformgesetz (EG-EStRG) – Art. 8 vom 21. 12. 1974, BGBl. I, S. 3661.

[25] Gesetz v. 31.8.1953, BGBl. I, S. 1312.

[26] Vgl. *Schlauwitz,* Der Bund als Finanzier Kredite, Leistungen und Bürgschaften des ERP-Sondervermögens.

[27] Vgl. dazu *Franzmeyer / Schultz / Schumacher / Seidel,* Einflüsse der EG auf die Regionalpolitik in der Bundesrepublik, 1975, S. 14f. dazu näher unten Kapitel III, B.

einen sog. Primäreffekt aufweisen. Einen Primäreffekt haben nur solche Investitionen, die der Schaffung zusätzlicher Einkommensquellen für den Wirtschaftsraum dienen. Das Förderungsvorhaben muß deshalb auf überregionalen Absatz ausgerichtet sein.

Um eine Dauersubventionierung von Unternehmen auszuschließen, die auf die künstliche Erhaltung der Konkurrenzfähigkeit eines Unternehmens gerichtet sein könnte, sollen förderungswürdige Unternehmen drittens nur Start- oder Anpassungshilfen bekommen.

Schließlich lassen sich Wettbewerbsverzerrungen zwischen den Unternehmen nur verhindern, wenn durch die Förderungsvoraussetzungen die einseitige Bevorzugung vergleichbarer Unternehmen ausgeschlossen wird. Deshalb sollen viertens nach dem Grundsatz der Wettbewerbsneutralität nur standortbedingte Nachteile der Betriebe ausgeglichen werden.

Dadurch soll einerseits die Entscheidung eines Unternehmers zur Ansiedelung in benachteiligten Gebieten begünstigt werden, andererseits die Wettbewerbsfähigkeit von in benachteiligten Gebieten angesiedelten Unternehmen hergestellt werden.

Von den für die Beurteilung der Förderungswürdigkeit eines Investitionsvorhabens maßgeblichen Kriterien, sind die Kriterien zu unterscheiden, nach denen sich die Förderungsbedürftigkeit einzelner Gebiete oder Gebietsteile richtet. Eine regionalpolitisch bedingte Förderung der gewerblichen Wirtschaft wird grundsätzlich nur in den als Fördergebieten ausgewiesenen Gebieten gewährt.

IX. Abgrenzung der Fördergebiete

Den Anknüpfungspunkt für die räumlich dimensionale Festlegung der Fördergebiete bilden die von *Klemmer*[28] gemeindescharf abgegrenzten Arbeitsmarktregionen. Bei der Ermittlung der Arbeitsmarktregionen ging man nicht von den bestehenden Verwaltungseinheiten, sondern von geographischen und ökonomischen Faktoren aus. Auf der Basis der Werte über Pendlerbewegungen zwischen Arbeitsplatz und Wohnort, über die Bevölkerungs- und Arbeitsplatzdichte wurden 178 Arbeitsmarktregionen ermittelt. Für jede der 178 Arbeitsmarktregionen werden anhand sog. kombinierter Gesamtindikatoren Meßziffern ermittelt, die durch die Addition der aufgrund der Indikatoren ermittelten Zahlenwerte errechnet werden. Zu den Indikatoren gehören die Arbeitslosenquote, der Arbeitskräftereservequotient, durch den auch die prognostizierte Arbeitsmarktentwicklung berück-

---

[28] *Klemmer,* Abgrenzung regionaler Arbeitsmärkte in der Bundesrepublik Deutschland für die Zwecke der Gemeinschaftsaufgabe „Verbesserung der regionalen Wirtschaftsstruktur", Bochum 1973.

sichtigt wird, ein Einkommenskriterium, das Bruttoinlandsprodukt pro Einwohner und ein Infrastrukturindikator[29]. Durch die Ermittlung einer Meßziffer für jede Arbeitsmarktregion wird die Herstellung einer Tabelle ermöglicht, die die Chancen der Regionen als Fördergebiet ausgewiesen werden zu können durch den ermittelten Rang in der Rangskala wiederspiegelt. Die Regionen mit den höchsten Meßziffern sind die am meisten benachteiligten Gebiete. Als Fördergebiete können die Arbeitsmarktregionen eingestuft werden, die in der Rangskala unterhalb der für die räumliche Ausdehnung der Regionalförderung festgelegten Schwelle liegen. Der die räumliche Dimension der Förderung fixierende Schwellenwert wird so berechnet, daß der Anteil von ca. 30% der Bevölkerung nicht überschritten wird[30]. Als Fördergebiete werden auf diese Weise diejenigen Gebiete ausgewiesen, die über ein bestimmtes Maß vom Durchschnitt abweichen[31].

X. Mittel des finanziellen wirtschaftsfördernden Interventionismus

1. Wirtschaftssubventionen

Die Wirtschaftssubventionen sind eine unter mehreren Formen von Wirtschaftsförderungsmaßnahmen. Nicht alle als Subventionen bezeichnete Maßnahmen sind dagegen Wirtschaftsförderungsmaßnahmen. Eine Abgrenzung der Wirtschaftsförderung gegenüber dem Subventionswesen ist daher zur Schaffung einer Arbeitsgrundlage notwendig. Begriffliche Unklarheiten hinsichtlich des Subventionsbegriffs erschweren die Beurteilung des Verhältnisses zwischen der Wirtschaftsförderung und dem Subventionswesen.

---

[29] Vgl. dazu *Wild,* in: URP 1983, S. 120; *Böhret,* S. 179f.; 5. Bericht über die Wettbewerbspolitik.

[30] Vgl. dazu *Noé,* Zur bestehenden Neuabgrenzung der Fördergebiete der Gemeinschaftsaufgabe „Verbesserung der regionalen Wirtschaftsstruktur", in: Raumforschung und Raumordnung, 1980; 38. Jahrgang, Hb. 3, S. 102ff., 104.

[31] Bei der Festlegung der Fördergebiete nimmt die EG-Kommission im Rahmen ihres Beihilfenaufsichtsrechts gem. Art. 93 EWGV i. V. mit Art. 92 EWGV neuerdings in stärkerem Maße ein Mitspracherecht in Anspruch. Der nationale Vergleichsmaßstab soll nach der Auffassung der Kommission am gemeinschaftlichen Vergleichsmaßstab orientiert werden. Zu diesem Zweck hat sie für die Mitgliedsstaaten Schwellenwerte festgelegt, die durch die für die strukturelle Arbeitslosigkeit und das Bruttoinlandsprodukt pro Einwohner ermittelten Werte ausgedrückt werden. Die Schwellenwerte sind wegen der Orientierung am gemeinschaftlichen Durchschnittsmaßstab um so höher, je höher die allgemeine wirtschaftliche Entwicklung der Mitgliedsstaaten ist. Beihilfen werden von der Kommission nur unter der Voraussetzung nach Art. 92 III i. V. mit Art. 93 EWGV genehmigt, daß bei der Arbeitslosenquote der Index 145 (Bund = 100) über- oder bei der Pro-Kopf-Bruttowertschöpfung der Schwellenwert 76 (Bund = 100) unterschritten wird; so ausdrücklich *Ortmeyer,* Korsettstangen für deutsche Regionalpolitik, in: DIHT, Artikeldienst vom 17. 12. 1985, S. 14.

Dadurch soll über die Reduzierung der von den Mitgliedsstaaten festgelegten Fördergebiete ein Beihilfe- bzw. Subventionsabbau erfolgen. Vgl. die Kommission in ihrem 14. Bericht über die Wettbewerbspolitik, S. 189, RdNr. 261.

Die Beschränkung des Subventionsbegriffs auf wirtschaftliche Stützungs- und Hilfsmaßnahmen, entsprechend einer Umschreibung des BGH[32], ließe nur Maßnahmen der staatlichen und kommmunalen Wirtschaftsförderung als Subventionen erscheinen[33]. § 264 VI StGB und das auf ihn Bezug nehmende Subventionsvergabegesetz enthalten eine in dieselbe Richtung gehende, vergleichbar restriktive Begriffsbestimmung. Der Sanktionscharakter des § 264 StGB und der pflichtenbegründende Charakter des Subventionsvergabegesetzes[34] sprechen jedoch gegen die Verbindlichkeit der Definition für das gesamte öffentliche Recht[35], da beide Begriffsbestimmungen dem Zweck der Rechtsvorschriften entsprechend eng gehalten sind. Nicht erfaßt sind dort unmittelbare Zuwendungen des Staates an private Haushalte mit mittelbar wirtschaftslenkender Bedeutung sowie Steuervergünstigungen, die für den Staat zu Mindereinnahmen führen und generell denselben Effekt wie die unmittelbaren Zuwendungen haben[36]. Lehnt man daher die Begrenzung des Subventionsbegriffs auf Wirtschaftssubventionen ab und berücksichtigt wie das BVerfG auch den Aspekt der Sozialgestaltung[37], so sind Subventionen nicht unbedingt Bestandteil eines Maßnahmebündels staatlicher Wirtschaftsförderung, sondern sowohl Maßnahmen der staatlichen und kommunalen Wirtschaftsförderung als auch Maßnahmen zur Verfolgung anderer Zwecke[38]. Im folgenden wird in Anlehnung an *Zuleeg,* der eine allgemeine juristische Definition des Subventionsbegriffs für ausgeschlossen ansieht (da sich eine Abgrenzung juristischer Begriffe nur zweckorientiert vornehmen lasse, weshalb die jeweilige Regelungsmaterie maßgeblich die Definition beeinflußt[39]), der Subventionsbegriff nur mit dem auf den wirtschaftsfördernden Zweck begrenzten Bedeutungsgehalt verwendet. Wichtig ist bei dem demnach maßgeblichen Gebrauch des Begriffs der Subvention in seinem auf den wirtschaftsfördernden Zweck beschränkten Sinngehalt, ob nur die unmittelbaren Zuwendungen eines Hoheitsträgers zugunsten eines Privatmannes oder auch die Förderungsmaßnahmen, die „Bestandteil eines anderen Rechtsverhältnisses sind“[40], in die Begriffsbestimmung einbezogen werden. Ausgehend von der auch von

---

[32] Vgl. BGH, NJW 1959, S. 1429.

[33] So ausdrücklich *Zacher,* WiR, 2/1972, S. 184 (185); *Bleckmann,* Subventionsrecht, S. 9.

[34] Vgl. Subventionsvergabegesetz vom 29.7.1976, BGBl. I, S. 2037.

[35] Ähnlich *Bleckmann,* S. 9.

[36] Vgl. *Gündisch,* in: NVwZ 1984, S. 489.

[37] Vgl. BVerfGE 17/210 (216); *Bleckmann,* S. 7 u. S. 10f.

[38] Vgl. *Zuleeg,* Die Rechtsform der Subventionen, 1965, S. 14; *Bleckmann,* S. 11.

[39] Ähnlich *Zuleeg,* S. 14; im Ergebnis ebenso *Friauf* 5. These seines Beitrages anläßlich des 55. Deutschen Juristentages zu dem Thema „Ordnungsrahmen für das Recht der Subventionen, vgl. DVBl. 1984, S. 1060; Vgl. Referat von *Friauf,* Ordnungsrahmen für das Recht der Subventionen, in: Verhandlungen des 55. DJT, Bd. II, 1984, M 38; *Bleckmann,* Ordnungsrahmen für das Recht der Subventionen, Gutachten D zum 55. DJT, D 13; *Jakobs,* Rechtsfragen des Subventionswesens, BayVwBl. 1985, S. 353f.

Zuleeg zugrunde gelegten Prämisse, daß sich ein Subventionsbegriff immer nur nach der zu beantwortenden Rechtsfrage bestimmen läßt, muß im Interesse einer weitgehenden terminologischen Übereinstimmung mit dem in Art. 92ff. EWGV statt dem für den Begriff Subventionen verwendeten, umfassenden Begriff „Beihilfe“ ein umfassender Subventionsbegriff gewählt werden, läßt man sich von der Erkenntnis leiten, daß das nationale Subventionsrecht ein Wirkungsfeld innerhalb des europäischen Subventionsrechts ist und von diesem immer stärker beeinflußt wird[41]. Daß steuerliche Begünstigungen gleichwohl nur zögernd[42] und nicht vorbehaltlos dem Subventionsbegriff zugeordnet werden, liegt an der Vorstellung, daß die Nichterhebung von Steuern im Widerspruch zu der Aufgabe der Finanzverwaltung steht[43]. Sowohl die Tatsache, daß der Subventionsempfänger wirtschaftlich nicht den Unterschied verspürt, ob er einen bestimmten Geldbetrag durch unmittelbare staatliche Zuwendung oder durch Steuerbefreiungen oder -ermäßigungen erhält, als auch der Umstand, daß in einem Gesetz Steuervergünstigungen und unmittelbare finanzielle Zuwendungen nebeneinander stehen[44], macht deutlich, daß die rechtstechnische Sichtweise nicht über die Rechtswirklichkeit, wie sie sich in dem wirtschaftlichen Ergebnis darstellt, gestellt werden darf. Daß das wirtschaftliche Ergebnis für die Zuordnung den Ausschlag geben muß, zeigt auch § 12 StabG, der nicht nur unmittelbare finanzielle Staatsleistungen der Subventionsberichterstattungspflicht unterwirft, sondern auch Steuervergünstigungen. Zusammenfassend gesehen ist die Subvention daher bezogen auf die Wirtschaftsförderung und somit auch auf die regionale Wirtschaftsförderung eine Maßnahme des Staates oder eines sonstigen Hoheitsträgers, der eine unentgeltliche unmittelbare oder mittelbare Zuwendung an die Wirtschaft, seien es private oder öffentliche Unternehmen, zum Gegenstand hat.

Terminologisch uneinheitlich werden die unmittelbaren Subventionen auch als Leistungssubventionen, direkte oder offene Subventionen, die mittelbaren auch als Verschonungssubventionen, als verdeckte oder indirekte Subventionen bezeichnet[45]. Die Einteilung in die beiden Kategorien der Leistungs- und Verschonungssubventionen ist im Hinblick auf die mit der Differenzierung deutlich zu machende unterschiedliche Rechtsfolge erfolgt[46].

---

[40] *Zuleeg,* Nationales Subventionsrecht als Wirkungsfeld und Wirkungsfaktor des Europäischen Subventionsrechts, in: Kölner Schriften zum Europarecht, Bd. 29, S. 11.

[41] So ausdrücklich *Zuleeg,* S. 7ff.; ähnlich *Götz,* Recht der Wirtschaftssubventionen, S. 4; *Rengeling,* Europäisches Gemeinschaftsrecht als Ordnungsrahmen für staatliche Subventionen, JZ 1984, S. 795ff.

[42] Vgl. *Bleckmann,* Subventionsrecht, 1978, S. 15; *Jarass,* JuS 1980, S. 115.

[43] Ähnlich *Martens,* Fehlentwicklungen einer Subvention im Steuerrecht, in: ZRP 1981, S. 105.

[44] *Martens* nennt als Beispiel §§14, 14a, 19, 28 Berlinförderungsgesetz.

[45] Vgl. *Götz,* S. 13ff.; *Zacher,* in: VVDStRL 25, S. 317.

Während Leistungssubventionen nach überwiegender Auffassung nur gesetzlich geregelt sein können, aber nicht müssen, unterliegen die Verschonungssubventionen wegen ihres Charakters als Ausnahmen von Abgaben gesetzlicher Anordnung. Leistungssubventionen werden in Form von Prämien für bereits abgeschlossene Vorgänge an die gewerbliche Wirtschaft, in Form nicht rückzahlungspflichtiger Zuschüsse, in Form von Darlehen, Bürgschaften und Garantien, von Sach- und Dienstleistungen, der Bevorzugung bei der Vergabe öffentlicher Aufträge und in Form der Beteiligung an Gesellschaften und sonstigen Organisationen gewährt. Der Förderungsart der Leistungssubventionen bedient sich die bundesdeutsche regionale Wirtschaftsförderung in erster Linie in dem Gesetz über die Gemeinschaftsaufgabe „Verbesserung der regionalen Wirtschaftsstruktur" (GRW) gem. § 3. Danach kann die finanzielle Förderung in der Gewährung von Investitionszuschüssen, Darlehen, Zinszuschüssen und Bürgschaften bestehen. Die Investitionszulagen nach §§ 1ff. InvZulG und seit dem Änderungsgesetz vom 26.7.1962 (BGBl. I S. 481) die Investitionszulage nach dem Berlinförderungsgesetz gem. § 19 liegen auf der Grenzlinie zwischen einer Leistungssubvention und einer Verschonungssubvention, weshalb die Rechtsnatur der Investitionszulage unterschiedlich beurteilt wird[47]. Verschonungssubventionen oder indirekte Subventionen treten verschieden ausgestaltet in Form von Steuerbefreiungen und Steuerermäßigungen auf[48]. Das Wesen der Steuervergünstigung in Form der Steuerbefreiung liegt in der Fiktion des Nichtvorliegens des Steuertatbestandes. Zur Verwirklichung wirtschafts- und sozialpolitischer Ziele kann der Gesetzgeber daran interessiert sein, daß trotz des Vorliegens des Steuertatbestandes dieser als nicht eingetreten gilt[49]. Anknüpfungspunkt des Steuerbefreiungstatbestandes kann die Eigenschaft als Steuersubjekt oder ein Steuergegenstand bzw. eine steuerbare Handlung sein[50]. In dem einen Fall wird eine Person nicht als Steuersubjekt behandelt, in dem anderen Fall eine Handlung als nicht „steuerbar". Ebenfalls subjektbezogen werden Steuerermäßigungen in Form von Freibeträgen zur Minderung der Besteuerungsgrundlage oder objektbezogen in Form ermäßigter Steuersätze und nach der Technik freier Bewertung von Investitionen gewährt. In die Kategorie der durch die Vorverlagerung einzelner steuermindernder Besteuerungsgrundlagen gekennzeichneten objektbezogenen Steuerermäßigungen fallen insbesondere die Sonderab-

---

[46] So ausdrücklich *Zacher*, S. 188ff., auf den die Begriffsunterscheidung zurückzuführen ist.

[47] Vgl. *Selmer*, Steuerinterventionismus und Verfassungsrecht, S. 131ff.; *Vogel*, in: DÖV 1977, S. 837ff.

[48] Vgl. *Zacher*, S. 188ff.; *Dickertmann*, Öffentliche Finanzhilfen, 1980, S. 41ff.; *Grundlach*, S. 12; *Scheuner*, Die staatliche Intervention im Bereich der Wirtschaft, in: VVDStRL, 1954, Heft 11, S. 40.

[49] Vgl. *Bayer*, Grundbegriffe des Steuerrechts in JA-Sonderheft, 1977, S. 24f.

[50] Vgl. *Bayer*, S. 24; *Zacher*, in: WiR 1972, S. 194.

schreibungen und die steuerfreien Rücklagen, die im Bereich der regionalen Wirtschaftsförderung von Bedeutung sind[51]. Sonderabschreibungen sind in § 14 Berlinförderungsgesetz und in § 3 ZRFG vorgesehen. Steuerfreie Rücklagen sind im Zonenrandförderungsgesetz zwar nicht ausdrücklich genannt, erlangen jedoch aufgrund der in § 3 V ZRFG vorgesehenen Anwendbarkeit des § 163 AO Bedeutung[52]. Im Unterschied zu der steuerfreien Rücklage wird bei der Sonderabschreibung weniger weitgehend nicht von der Erhebung des Steuerbetrages zur Erhöhung der für Investitionsvorhaben dem Investor zur Verfügung stehenden liquiden Mittel abgesehen, sondern nur die steuerliche Bemessungsgrundlage durch eine schon zu einem früheren Zeitpunkt ermöglichte erhöhte Absetzung vermindert. Mißverständlich ist es, im Zusammenhang mit der Steuervergünstigung, deren normative Begünstigung in dem Nichtentstehen oder teilweisen Nichtentstehen des Steueranspruchs gegen den auf diese Weise Subventionierten besteht, von einem Steuerverzicht des Staates zu sprechen[53]. Nicht gemeint sind nämlich die gesamtwirtschaftlich unbedeutenden, auf den Einzelfall bezogenen Steuererlässe gem. § 163 und 227 AO. Die Unterscheidung zwischen dem auf Unbilligkeit im Einzelfall gestützten Steuererlaß und Förderungsmaßnahmen wird speziell für den Fall der Zonenrandförderung verwischt, wenn man sich der steuerjuristischen Sichtweise zur Zonenrandförderung anschließt und „Maßnahmen der Zonenrandförderung in ihren Voraussetzungen und Wirkungen Billigkeitsmaßnahmen i.S. des 131 I S. 3 AO a.F. bzw. 153 I S. 2, 3 AO“[54] gleichstellt[55].

Durch die Subventionen soll der Subventionsempfänger zu einem bestimmten ökonomischen Verhalten stimuliert werden[56]. Das ausgelöste ökonomische Verhalten des subventionierten Unternehmers soll zur Verwirklichung eines öffentlichen Zwecks führen[57]. Wenn der verfolgte Zweck ausschließlich in der Einkommensmehrung des Empfängers besteht oder ausschließlich als Gegenleistung fungiert, dann liegt keine echte Subvention vor[58]. Die Verwirklichung bestimmter, vom Gesetzgeber einfachgesetzlich festgelegter oder aus der Verfassung abgeleiteter, im öffentlichen Interesse liegender Oberziele und von der Exekutive aktualisierter Unterziele erfolgt bei der Wirtschaftsförderung durch dazu geeignete Maßnahmen. Geeignet zur Verwirklichung der auf das öffentliche Interesse ausgerichteten Ziele sind nur solche Maßnahmen, die das konkretisierte öffentliche Interesse

---

[51] Vgl. *Martens*, in: ZRP 1981, S. 105.
[52] Vgl. *Herrmann / Heuer*, ESt. u. KSt., 19. Aufl., § 3 ZRFG RdNr. 25.
[53] So ausdrücklich *Götz*, S. 15; vgl. *Martens*, in: ZRP 1981, S. 105.
[54] BFHE 130/244 (246), a.A. *Martens*, ZRP 1981, S. 104ff.
[55] Vgl. BFHE 99/448 (449f., 456f.) u. *Martens*, ZRP 1981, S. 106.
[56] So ausdrücklich *Badura*, WiVerw., 1978, S. 140f.
[57] Vgl. *Ipsen*, Öffentliche Subventionierung Privater, 1956, S. 45ff.
[58] So ausdrücklich *Zacher*, WiR 2/1972, S. 186.

fördern können. Entweder soll durch die Inaussichtstellung der Subventionsgewährung ein als Vorleistung gedachtes Verhalten des Subventionsempfängers oder soll durch die Subventionsgewährung ein künftiges Verhalten des Subventionsempfängers ausgelöst werden. Die bezweckte Einflußnahme auf die ökonomischen Entscheidungen von Unternehmensträgern soll nicht durch materielle Rechtsakte mit dem „imperativen Charakter" eines Verbots oder einer Verpflichtung erfolgen, sondern faktisch durch die finanzielle Beeinflussung des Entscheidungsspielraums. Jedoch kann eine rechtliche Bindung durch die Verbindung des Subventionsbescheides mit einer Auflage oder durch eine vertragliche Auflage geschaffen werden[59]. Nach der konkreten Zweckrichtung lassen sich die direkten Subventionen entsprechend der Aufzählung in § 12 II StabG in Erhaltungs-, Anpassungs- und Produktivitätssubventionen einteilen. Zweck der vor allem zugunsten der Landwirtschaft gewährten Erhaltungssubventionen ist die Bewahrung bestehender Strukturen. Anpassungs- und Produktivitätssubventionen sollen hingegen bestehende Strukturen verändern. Sie unterscheiden sich darin, daß Anpassungssubventionen in erster Linie der gewerblichen Wirtschaft und Produktivitätssubventionen vornehmlich der wirtschaftlichen und technologischen Entwicklung und Forschung zufließen. Erhaltungssubventionen zugunsten der gewerblichen Wirtschaft werden zu Recht bekämpft, da dadurch die Anpassung an gewandelte Strukturbedingungen nur verzögert und die Unternehmen nur künstlich konkurrenzfähig gehalten werden. Insofern fehlt es an der ausreichenden Rechtfertigung der Subventionsvergabe durch einen öffentlichen Zweck.

2. Andere Formen der Wirtschaftsförderung

Zu den anderen Formen der Wirtschaftsförderung sind die „Förderungsmaßnahmen zu Lasten Dritter" wie die Ausgleichsabgaben und Enteignungen zugunsten Privater sowie verschiedene, an konkurrierende Wirtschaftssubjekte gerichtete Pflichten, Zölle und Abgaben zu rechnen[60]. Eine größere Bedeutung innerhalb der Kategorie der von den Subventionen zu unterscheidenden Förderungsmaßnahmen kommt den sog. Entlastungseinrichtungen und -leistungen zu. Zu den Entlastungseinrichtungen und -leistungen werden neben den Infrastrukturmaßnahmen und Veranstaltungen der wirtschaftlichen Forschung mit sektoraler, regionaler oder struktureller Bedeutung auch die Beratung, die Information und die Aufklärungsmaßnahmen sowie Maßnahmen der Verwaltungsorganisation gerechnet[61]. Die genannten Wirtschaftsförderungsmaßnahmen unterscheiden sich von den

---

[59] Vgl. *Jarass,* JuS 1980, S. 115ff.
[60] Vgl. *Zacher,* WiR 1972, S. 198; *Götz,* S. 18.
[61] Vgl. *Zacher,* WiR 1972, S. 202f.

Subventionen durch ihre grundsätzlich fehlende Gezieltheit auf konkret individualisierte Förderungsempfänger[62].

Je nach dem Grad ihrer individuellen Gezieltheit auf einen zu fördernden Personenkreis sollen die Förderungsmaßnahmen ein Wirtschaftssubjekt unmittelbar als Adressat der Förderungsmaßnahme ansprechen oder mittelbar das Umfeld für die Entscheidung eines nicht genau bestimmten Adressaten schaffen[63].

3. Wirtschaftsförderungsmaßnahmen und Finanzhilfen

Auch Finanzhilfen sind eine bestimmte Art von Förderungsmaßnahmen, die zu dem System staatlicher Wirtschaftsförderungsmaßnahmen in Beziehung gesetzt werden müssen. Versucht man eine Umschreibung der Maßnahmen, die als Finanzhilfen bezeichnet werden, stößt man zunächst auf Art. 104a IV S. 1 GG, wonach der Bund für besonders bedeutsame Investitionen Ländern und Gemeinden Finanzhilfen gewähren kann. Finanzhilfen i.S. des Art. 104a IV S. 1 GG sind Zuwendungen gem. § 23 BHO, die dort als Leistungen an Stellen außerhalb der Bundesverwaltung zur Erfüllung bestimmter Zwecke umschrieben werden. Finanzhilfeempfänger können im Rahmen des Art. 104a IV GG demzufolge Landesstellen oder Dritte sein, die die unterstützungsfähigen Investitionen für Rechnung des Landes vornehmen[64]. An Kommunen adressierte Finanzhilfen empfangen ebenfalls die Länder, die sie an die Kommunen weiter zu leiten haben. Beispiele für derartige Investitionshilfen i.S. des Art. 104a IV GG bilden die im Städtebauförderungs-, im Krankenhausfinanzierungs- und im Gemeindefinanzierungsgesetz vorgesehenen Finanzierungsmaßnahmen. Werden Finanzhilfen zum Ausgleich unterschiedlicher Wirtschaftskraft gewährt, dienen sie der Verwirklichung des regionalpolitischen Ausgleichsziels. Vor allem die Förderung der allgemeinen Infrastruktur kann auf diese Weise erfolgen. Die „wirtschaftsnahe Infrastruktur" wird aufgrund des GRW im Rahmen der Gemeinschaftsaufgabe gefördert. Außerhalb der als Fördergebiet ausgewiesenen erheblich benachteiligten Gebiete ist eine unternehmensbezogene Infrastrukturförderung nur nach Maßgabe des § 1 III GRW möglich. Danach können Infrastrukturmaßnahmen in einem nicht als Fördergebiet ausgewiesenen Gebiet nur gefördert werden, wenn sie in einem unmittelbaren Zusammenhang mit geförderten Projekten innerhalb benachbarter Fördergebiete stehen.

---

[62] Vgl. *Lange*, Möglichkeiten und Grenzen der kommunalen Wirtschaftsförderung, S. 9; *Pütz*, Theorie der allgemeinen Wirtschaftspolitik und Wirtschaftslenkung, 1948, S. 238; *Graf von Ballestrem*, Standortwahl von Unternehmen und Infrastrukturpolitik, 1974, S. 62f.

[63] Vgl. *Lange*, S. 9f.

[64] So ausdrücklich *von Münch*, Art. 104a, RdNr. 24.

Obwohl es sich bei den Finanzhilfen um „wirtschaftsbezogene Investitionen“[65] handelt, unterscheiden sich die Finanzhilfen i.S. des Art. 104a GG von den Wirtschaftsförderungsmaßnahmen dadurch, daß sie nicht für Investitionen von Unternehmen, sondern für Investitionen und Zwecke der Länder und Kommunen bestimmt sind. Für die Abgrenzung des Begriffs der Finanzhilfe von dem Begriff der Wirtschaftsförderung lassen sich aus diesem Unterschied aber keine Erkenntnisse ableiten. Zu berücksichtigen sind §§ 12 II StabG, 23 BHO, in denen der Begriff der Finanzhilfe sinngemäß anstelle des Begriffs der Subvention in seiner weitesten über den wirtschaftsfördernden Zweck hinausgehenden Bedeutung verwendet wird. Maßgeblich für die Verwendung des Begriffs der Finanzhilfe mit dem umschriebenen weiten Sinngehalt dürfte, ähnlich wie für die Verwendung des Begriffs der Beihilfe in Art. 92 EWGV, Art. 4c EGKSV die Absicht gewesen sein, alle nicht entgeltlichen finanziellen Zuwendungen in die Regelung des § 12 StabG und die Pflicht zur Subventionsberichterstattung einzubeziehen[66]. Für die Begriffsabgrenzung läßt sich unabhängig von der Beurteilung des Umfangs der Verpflichtung zur Subventionsberichterstattung festhalten, daß der Terminus der Finanzhilfe über den gefundenen, auf die Wirtschaftsförderung zugeschnittenen Subventionsbegriff hinausgeht. Zu unterscheiden sind einerseits Bundesfinanzhilfen zugunsten der Länder und Gemeinden, andererseits Finanzhilfen an Private, zu denen aber nicht nur Leistungen an erwerbswirtschaftliche Unternehmen, sondern auch Leistungen im sozialen Bereich gerechnet werden müssen. Wenngleich Bundesfinanzhilfen regionalpolitisch von Bedeutung sein können, wenn sie mit dem regionalpolitischen Förderungsziel, die unterschiedliche Wirtschaftskraft im Bundesgebiet auszugleichen, gewährt werden, sind sie als staatsfinanzwirtschaftliche Unterstützungsmaßnahmen von der regionalen Wirtschaftsförderung, die unmittelbar Einfluß auf die Unternehmensentscheidungen nehmen soll, abzugrenzen[67].

B. Problemstellung

I. Neuorientierung der bundesdeutschen Regionalpolitik

Die bundesdeutsche Regionalpolitik sieht sich unter verschiedenen Aspekten vor neue Aufgaben gestellt. Auf nationaler Ebene haben sich die gesamtwirtschaftlichen Rahmenbedingungen der Regionalpolitik geändert[1],

---

[65] *Von Münch,* Art. 104 a, RdNr. 31.

[66] Ähnlich *Stern,* § 12, in: Stern / Münch / Hansmeyer, Komm. zum StabG, S. 279; *Möller,* Kommentar zum StabG, § 12, S. 150f.

[67] Vgl. *Grosser,* Die Spannungslage zwischen Verfassungsrecht und Verfassungswirklichkeit bei der Vergabe von staatlichen Wirtschaftssubventionen durch die öffentlichen Hände, S. 29.

was die Forderung nach einer Umgewichtung des regionalpolitischen Zielsystems nährt. Bedeutung erlangt die veränderte Akzentuierung der Einzelziele der Regionalpolitik in erster Linie für die Auswahl der Fördergebiete.

Während sich die Ende der sechziger Jahre entstandene Regionalpolitik in einer Zeit des Wachstums zur Realisierung ihres Primärziels, regionale Disparitäten auszugleichen, bei der Auswahl der Fördergebiete vor allem an dem Entwicklungspotential und somit primär am Wachstumsziel orientierte, gewinnt in jüngster Zeit die Erzielung eines möglichst hohen Beschäftigungsstandes an Bedeutung[2]. Dazu kommen als weitere Veränderungen die fortschreitende Technisierung, die gewachsene Bedeutung des Umweltschutzes, sinkende Bevölkerungszahlen und die durch die gewandelten internationalen Wettbewerbsverhältnisse hervorgerufene Beschleunigung des wirtschaftlichen Strukturwandels[3]. Kommentatoren der Gemeinschaftsaufgabe sprechen von „Verschiebungen der regionalen Problemmuster, die seit 1981 eingetreten und in den nächsten Jahren zu erwarten sind“[4]. Die Veränderung der ökonomischen Rahmenbedingungen führt nicht nur unter wirtschaftswissenschaftlicher Sicht zu einer Neuorientierung, wegen der teilweisen „Verrechtlichung“ des ökonomischen Zielsystems im Rahmen des § 1 StabG und der wesentlichen Prinzipien der Regionalpolitik nach dem GRW und dem InvZulG, eröffnen sich auch unter rechtlichem Aspekt Perspektiven, die der Erörterung bedürfen. Vor dem Hintergrund der Neuorientierung ist es zum einen geboten, bisher ungeklärt gebliebene Streitfragen erneut aufzugreifen mit dem Ziel, deren Klärung zu fördern, zum anderen die mit der Neuorientierung aufgeworfenen neuen Fragen an dem vorhandenen rechtlichen Ordnungsrahmen zu messen. Aufgrund der veränderten regionalpolitischen Rahmenbedingungen wird neuerdings von wirtschaftswissenschaftlicher Seite in größerem Maße auf die Notwendigkeit der „Überprüfung der Motive und Ziele der Regionalpolitik“[5] aufmerksam gemacht. Nicht nur das Wachstumsziel wird angesichts der geringeren Bedeutung der Erschließung von Produktionspotentialen und der größeren Bedeutung umweltspezifischer Zielsetzungen in Frage gestellt, auch das an der unterschiedlichen Wirtschaftskraft der Regionen

---

1 So ausdrücklich *Klemmer* in seiner schriftlichen Stellungnahme zur Anhörung des Ausschusses für Wirtschaft am 27. Februar 1985, Ausschuß-Drucksache 339/10, S. 4; *Heuer,* Der Städtetag 1977, S. 548f.; *Dietrichs,* Langfristige Entwicklungstendenzen der Raumordnung in der Bundesrepublik Deutschland 1982, in: Eberstein A IV 2 S. 1 - 24; 14. Rahmenplan der Gemeinschaftsaufgabe „Verbesserung der regionalen Wirtschaftsstruktur“ vom 18.6.1985, BTDrucks. 10/3562, S. 7; *von der Heide,* Regionale Wirtschaftspolitik 1985, in: DÖV 1986, S. 195 - 198.

2 So ausdrücklich *Priebe* in seiner schriftlichen Stellungnahme zur Anhörung am 27.2.1985, Ausschuß-Drucksache 354/10, S. 1f.

3 Vgl. *Klemmer,* S. 4; *Heuer,* S. 548.

4 Zit. nach *Cholewa,* Neue Wege der Wirtschaftsförderung, in: Städte und Gemeindebund 1984, S. 363.

5 Vgl. *Priebe,* S. 2; *Heuer,* S. 550; *Klemmer,* S. 4.

orientierte Ausgleichsziel, das den Ausgleich unterschiedlicher Wirtschaftskraft anstrebt und dem raumbezogen die Ziele Wachstum, Beschäftigung und Strukturwandel inhärent sind, ist wegen der veränderten Rahmenbedingungen der Überprüfung ausgesetzt. Bedenken hinsichtlich des Konzepts der Raumordnungs- und Regionalpolitik, überall gleichwertige Lebensverhältnisse herzustellen, wurden schon früher geäußert. *Heuer* hat darauf hingewiesen, daß es gesamtwirtschaftlich fragwürdig sei, in strukturschwachen Regionen eine Infrastruktur aufzubauen, an die angeknüpft werden soll, um die Standortentscheidungen der Unternehmer zu beeinflussen, obgleich in städtischen Räumen an eine bereits vorhandene Infrastruktur angeknüpft werden könne[6]. Diese Bedenken werden heute durch umweltpolitische Erwägungen und die größere Bedeutung der Freizeit für die Menschen verstärkt. Unter dem Stichwort „regionalisierter Immissionsschutz" wird teilweise eine nach räumlichen Aspekten differenzierende Umweltpolitik erörtert, die eine Industriealisierung von vorwiegend ländlichen Räumen mit einer relativ hohen Umweltqualität verhindern will, um dadurch in den Ballungszentren bestehende Umweltbelastungen räumlich-funktionell auszugleichen[7]. Der Konflikt mit der bisherigen Raumordnungs- und Regionalpolitik ist durch eine derartige Sichtweise vorprogrammiert. Die Regionalpolitik will nicht nur die Wettbewerbsfähigkeit schwächerer Regionen durch die Ansiedelung von Industriebetrieben erreichen, sondern zugleich der Verarmung der Umwelt in den Ballungsräumen entgegenwirken[8]. Beiden Zielen liegt eine andere Vorstellung des räumlichen Ausgleichs zugrunde.

Eine weitere, das Ziel der Schaffung gleichwertiger Lebensverhältnisse relativierende demokratische Komponente, wird von *Priebe* durch die Betonung des Bürgerwunsches eingeführt. Nach der Ansicht *Priebes* gewinnt angesichts des künftig einzukalkulierenden abgeschwächten Wachstums bei infolge verkürzter Arbeitszeit zunehmender Freizeit das sog. qualitative Wachstum und somit die Verbesserung der Lebensbedingungen an Bedeutung. Die Regionalpolitik müsse mit dem Ziel verfolgt werden, dort Arbeitsplätze zu schaffen oder zu sichern, wo die Menschen leben wollen[9]. Diese These rüttelt ebenso wie die bereits erwähnten Vorschläge zu einer neuen raumordnungspolitischen Strategie an dem überwiegend als regionalpolitisches Oberziel apostrophierten Ausgleichsziel. Eine Steigerung der Wirtschaftskraft benachteiligter Gebiete oder Gebietsteile war bislang auf die

---

[6] So ausdrücklich *Heuer*, S. 550 m.w.N.

[7] Vgl. dazu die Informationen zur Raumentwicklung 1980, Heft 9/10, „Regionalisierter Immissionsschutz?", und *Dietrichs*, Langfristige Entwicklungstendenzen der Raumordnung in der Bundesrepublik Deutschland, 1982, in: Eberstein, Handbuch der regionalen Wirtschaftsförderung, A IV, S. 20.

[8] Vgl. dazu EG-Bull. 1973, S. 8 und *Dietrichs*, S. 20.

[9] So ausdrücklich *Priebe*, S. 2.

Steigerung des Einkommensniveaus und die Mobilisierung schlecht genutzter Produktionsfaktoren gerichtet. Betont man den Aspekt der Lebensqualität und damit die Frage, wo die Menschen leben wollen, ist es denkbar, daß in einem Gebiet nach dem Willen der dort lebenden Menschen regionalpolitische Zielsetzungen verfolgt werden müßten, die nicht mit denen der Gesamtheit identisch sind. Diese Erwägung deutet in die Richtung einer „Regionalisierung der Regionalpolitik", die auch unter dem Gesichtspunkt einer verstärkt von unten, also dezentral erfolgenden Koordinierung der Regionalpolitik mit anderen Fachpolitiken wegen der erwarteten höheren Effizienz diskutiert wird. Die Grundidee einer dezentralisierten Regionalpolitik ist die verstärkte Beteiligung der betroffenen Regionen am Entscheidungsprozeß. In wissenschaftlichen Kreisen wird auf der Grundlage der Idee von der Dezentralisierung eine neue Strategie zur Anpassung der Regionalpolitik an die veränderten Rahmenbedingungen empfohlen. Konkurrierende Funktionsräume sollen arbeitsteilig die ihnen zugewiesene Funktion erfüllen. Eine zentrale Gegensteuerung soll grundsätzlich vermieden werden. Nicht die Gleichartigkeit, sondern die Vielfalt der Lebensverhältnisse soll die Wirtschaft beleben. Eine bessere Finanzausstattung der Regionen ist nach dieser Strategie eine unerläßliche Voraussetzung. Die Regionalförderung, die der Steuerung des wirtschaftlichen Ablaufprozesses dient, könnte nur noch den Zweck haben, die Funktionsfähigkeit der Regionen zu gewährleisten. Die Förderung der Regionen müßte daher unter Berücksichtigung der jeweiligen Funktion der Regionen unter Beteiligung der regionalen Interessengruppen erfolgen. Denkbar wäre, wie von *Tacke* vorgeschlagen, eine Übertragung von Mitteln auf regionale Entwicklungsgesellschaften, an denen lokale Interessengruppen beteiligt werden könnten[10].

Unter rechtlichem Gesichtspunkt stellt sich insoweit die Frage, ob ein derartiges Konzept der konkurrierenden Funktionsräume noch mit dem übergeordneten Gedanken der Gerechtigkeit, aus dem das Ziel der Schaffung einheitlicher im Sinne von Gleichwertigkeit, d. h. gleichwertiger Lebensverhältnisse folgt, vereinbar ist. Die Klärung dieser Frage setzt die Feststellung voraus, wo das Prinzip der Gerechtigkeit rechtlich verankert ist und wie prägend die Normierung für die Verwirklichung des Prinzips der Gerechtigkeit ist. Interessant ist ferner die Frage, inwieweit Art. 91 a GG eine abweichende Förderungspraxis eines Landes ermöglichen würde. Auf rechtliches Interesse stößt überdies die Frage, ob und inwieweit eine von der EG-Regional- und Beihilfenpolitik abweichende Förderungspraxis überhaupt möglich ist, da auch die EG-Regional- und Beihilfenpolitik von der Idee des Ausgleichs der unterschiedlichen Wirtschaftskraft ausgeht und die Schaffung einheitlicher Lebensverhältnisse anstrebt[11].

---

[10] Vgl. *Tacke*, Schriftliche Stellungnahme zur Anhörung am 27.2.1985, S. 4 ff.

Nicht auf die staatliche Gegensteuerung verzichtet die Auffassung, die bei der Zielgewichtung ansetzt. Betont man wie *Priebe* die Zielsetzung, den von den Menschen gewählten Lebensraum durch eine Politik zu erhalten, damit die Menschen dort auch leben können, wo sie wollen, so wird zusätzlich zu der Steigerung des Einkommensniveaus und damit der Wirtschaftskraft im Verhältnis zu insofern begünstigten Regionen der weniger ökonomische Aspekt der Lebensbedingungen als Kriterium für die auszugleichenden Lebensverhältnisse herangezogen, so daß das Freizeitangebot, die Umwelt- und Wohnbedingungen bei der Fördergebietsauswahl größeres Gewicht bekommen. Eine stärkere Beteiligung der Bevölkerung und der lokalen Entscheidungsträger wäre denkbar. Durch die zusätzliche Anwendung der genannten Indikatoren könnten bei der Auswahl von Fördergebieten auch Umweltfaktoren Berücksichtigung finden. Die Berücksichtigung solcher Umweltfaktoren als Indikator bei der Fördergebietsauswahl könnte aber im Einzelfall in dem Konflikt gipfeln, entweder eine Industrieansiedelung zu betreiben oder ökologischen Gesichtspunkten zur Erhaltung der Lebensbedingungen in dem betreffenden Gebiet den Vorzug zu geben. Die neuerdings erhobene Forderung nach „ökologischer Investitionslenkung“[12] bezweckt zwar mehr die Förderung arbeitsplatzschaffender, umweltspezifischer Investitionen, macht aber gleichzeitig das immer häufiger vorgetragene Postulat[13] deutlich, bei der Wirtschaftsförderung verstärkt auch umweltspezifische Aspekte zu berücksichtigen. Dieser Gedanke gipfelt zwar auch in der Schlußfolgerung, daß teilweise auf Lenkung verzichtet werden muß, setzt aber eine zentrale Lenkung, die verstärkt lokale Interessen berücksichtigt, voraus. Interessant wird dadurch die Frage, ob das durch § 1 StabG „verrechtlichte“ wirtschaftspolitische Zielsystem der gleichwertigen Einbeziehung solcher nichtwirtschaftlicher Faktoren entgegenstünde und, ob solche Faktoren über das Ausgleichsziel bei der Fördergebietsauswahl Berücksichtigung finden können. Art. 109 II GG i.V. mit § 1 des StabG könnte der regionalen Wirtschaftspolitik als Teilbereich der allgemeinen Wirtschaftspolitik insoweit Grenzen setzen[14], als eine nicht an den wirtschaftspolitischen Zielen des § 1 StabG orientierte Regionalpolitik gegen das Gebot der Wahrung des gesamtwirtschaftlichen Gleichgewichts i.S. des Art. 109 II GG, das durch § 1 StabG in meßbare und kontrollierbare Einzelziele aufgeschlüsselt wird, verstoßen könnte. Eine anders gewichtete regionale Wirt-

[11] Vgl. *Zeller,* in: Das Parlament, 1973/33, S. 2f.; *Streit,* in: Raumforschung und Raumordnung, 1981, S. 49ff.; *Duesberg / Walther,* in: Raumforschung und Raumordnung, 1983, S. 28; *Romus,* l'Europe et les régions, S. 123ff.

[12] *Leinen,* zit. n. FAZ vom 25.3.1985, S. 1.

[13] Vgl. etwa *von der Heide,* Die Herausforderung der Rechtsordnung durch die Umweltgefahren der Industriegesellschaft, in: DÖV 1985, S. 461ff., der den ökonomischen Vorrang in Frage gestellt sieht und eine entsprechende Rechtsentwicklung ankündigt, S. 461, 463 und 467.

[14] So für die Gewährung von Subventionen *Bleckmann,* Subventionsrecht, S. 35.

schaftsförderung könnte Auswirkungen zeigen, die den in Art. 109 II i.V. mit § 1 StabG aufgezählten wirtschaftspolitischen Zielsetzungen zuwiderlaufen könnten.

Eine andere Frage ist, ob das „übergeordnete" Gerechtigkeitsprinzip, aus dem einige das Ausgleichsziel ableiten wollen, eine normative Kraft entfaltet, die dem Verzicht der Verfolgung des Ausgleichsziels auf der Bundesebene entgegenstünde. Die Feststellung, daß der Verzicht auf die Schaffung gleichwertiger Lebensverhältnisse einen Verstoß gegen eine Verfassungsnorm oder einen Grundsatz mit Verfassungsrang bedeutet, setzt den Nachweis voraus, daß das Gerechtigkeitsprinzip eine verfassungsrechtlich verankerte Verpflichtung zur Schaffung oder Erhaltung gleichwertiger Lebensverhältnisse begründet.

Wie die Ziele der Regionalpolitik bei der Neuorientierung einer Überprüfung unterzogen werden, werden auch die Förderungsvoraussetzungen als Folge davon zum Teil in Frage gestellt. Von seiten der wirtschaftswissenschaftlichen Sachverständigen wurde bei einer Anhörung des Wirtschaftsausschusses des Bundestages[15] sowohl zu einer Auflockerung des Schwerpunktprinzips als auch des Grundsatzes des sog. Primäreffekts geraten[16]. Wie bereits oben einführend dargelegt, schließt das Schwerpunktprinzip i.S. des § 2 I S. 3 GRW und des § 2 II S. 1 Nr. 1a InvZulG eine Flächenförderung nach dem „Gießkannenprinzip" wegen deren geringer Effizienz zugunsten der Förderung von Schwerpunktorten aus[17].

Motiv für die Schwerpunktförderung war der Aufbau der Infrastruktur und die Neuansiedelung von Unternehmen. Der Bedeutungsrückgang der Neuansiedelung von Unternehmen als Mittel zum Ausgleich unterschiedlicher Wirtschaftskraft hat zu der Erkenntnis geführt, daß eine verstärkte Förderung zugunsten des Handwerksbereichs und des sich ausdehnenden Dienstleistungssektors erforderlich ist. Der sog. Primäreffekt i.S. des § 2 II S. 1 Nr. 3 InvZulG setzt voraus, daß nur Investitionen gefördert werden, die dem überregionalen Absatz dienen[18], weil nur dadurch zusätzliche Einkommensquellen zur Steigerung des Gesamteinkommens in einem Fördergebiet erschlossen werden können. Das Erfordernis des Primäreffektes hatte zur Folge, daß die Regionalförderung in den vergangenen Jahren überwiegend auf den sekundären Sektor, zu dem hauptsächlich das Verarbeitende

---

[15] Vgl. Woche im Bundestag (wib) vom 23.1.1985, S. 16.

[16] Vgl. *Heuer*, S. 548ff.; *Rottmann*, Schriftliche Stellungnahme zur Anhörung am 27.2.1985, Ausschuß-Drucksache 329/10, S. 5f.; *Klemmer*, S. 7; *Tacke*, Schriftliche Stellungnahme, Ausschuß-Drucksache, 334/10, S. 6; *Biehl*, Stellungnahme, Ausschuß-Drucksache, 338/10, S. 20, dazu auch *Lammers*, Regionalförderung – ein geeignetes Instrument der Technologieförderung?, in: Städte- und Gemeindebund, 1984, S. 381 - 387.

[17] Vgl. *Hartmann*, Komm. zum InvZulG, S. 93ff.

[18] Vgl. *Hartmann*, Komm. zum InvZulG, S. 93ff.

Gewerbe zählt, beschränkt blieb. Während das Verarbeitende Gewerbe gesamtwirtschaftlich gesehen in Höhe von nur etwa 32% am gesamten Investitionsvolumen beteiligt ist, entfielen auf dieses in den 70er Jahren ca. 85% des geförderten Investitionsvolumens. Der Dienstleistungsbereich, der den tertiären Sektor bildet, hatte dagegen nur einen Anteil von 12% an dem geförderten Investitionsvolumen gegenüber einem Anteil von ca. 47% am gesamten Investitionsvolumen in den 70er Jahren. Durch die das Verarbeitende Gewerbe bevorzugenden Bestimmungen hinkte die rechtliche Ausgestaltung der Gemeinschaftsaufgabe bislang hinter der ökonomischen Entwicklung her. Obwohl von dem expandierenden Dienstleistungsbereich die meisten Impulse für die wirtschaftliche Entwicklung ausgingen, konnte er nicht hinreichend bei der regionalen Wirtschaftsförderung berücksichtigt werden[19].

Empfohlen wurde daher von den ökonomischen Sachverständigen, sowohl das Schwerpunktprinzip als auch das Prinzip des Primäreffekts „aufzulockern". Die verstärkte Förderung des Handwerks- und Dienstleistungsbereichs könnte durch eine Senkung der für den überregionalen Umsatz geltenden Schwelle von in der Betriebsstätte zu erbringenden Leistungen oder herzustellenden Gütern bei gleichzeitiger Zulassung von Durchbrechungen des Schwerpunktprinzips erreicht werden. Zum Teil wurde sogar eine Aufhebung des Schwerpunktprinzips befürwortet, weil es in der Praxis durch die ländereigene Wirtschaftsförderung, durch die Zonenrandförderung und ERP-Regionalprogramme konterkariert werde und dadurch seine Bedeutung verloren habe[20]. Der Planungsausschuß für regionale Wirtschaftsstruktur hat die Anregungen der ökonomischen Sachverständigen zur verstärkten Einbeziehung der Dienstleistungs- und Handwerksbereiche positiv aufgenommen und entsprechende Änderungen des Rahmenplans beschlossen. Der Gesetzgeber hat einer Empfehlung des Planungsausschusses folgend das Kumulationsverbot zwischen der Zulage für bestimmte Investitionen im Bereich der Energieerzeugung und -verteilung i. S. des § 4a und der Regionalzulage gem. §§ 1 - 3 InvZulG aufgehoben und das als förderungsfähig anzuerkennende Investitionsvolumen verringert[21]. Bereits zum 14. Rahmenplan 1985 war eine Überprüfung des Systems der

---

[19] Vgl. *Lammers,* Regionalförderung – ein geeignetes Instrument der Technologieförderung, in: Städte- und Gemeindebund 1984, S. 381; *Rottmann,* S. 5; *Hartmann,* S. 98.

[20] So ausdrücklich *Schatz,* Stellungnahme, Ausschuß-Drucksache 331/10, S. 7 u. 9.

[21] Vgl. wib 14/85, S. 20; vgl. BT-Drucks. 10/3562, S. 9; Der Empfehlung des Planungsausschusses folgend hat der Gesetzgeber mit dem Ziel der Beschränkung der Förderung kapitalintensiver Investitionen, die nur eine geringe Zahl neuer Arbeitsplätze schaffen, das als förderfähig anzuerkennende Investitionsvolumen von 30% auf 10% gesenkt. Aufgehoben wurde ferner die wegen ihrer Unbestimmtheit umstrittene Prosperitätsklausel gem. § 1 II InvZulG; es bleibt abzuwarten, ob Änderungen hinsichtlich des Schwerpunktprinzips folgen, vgl. zu den Änderungen der Steuergesetzgebung des Jahres 1985, *Stuhrmann,* NJW 1986, S. 295; BGBl. I 1986, Nr. 6, S. 232f.

Schwerpunktorte ins Auge gefaßt worden. Wegen der Schwierigkeiten bei der Beschaffung der dafür erforderlichen Daten war schließlich davon abgesehen worden. Offen bleibt, ob das System der Schwerpunktförderung künftig noch geändert und das Prinzip des sog. Primäreffekts weitergehend modifiziert wird.

II. Europäische Einwirkung auf die bundesdeutsche Regionalpolitik

Während die bundesdeutsche Regionalpolitik infolge der gesamtwirtschaftlichen Veränderungen ihrer Rahmenbedingungen um eine Neuorientierung bemüht ist, ist sie in Konflikt mit der ihre exekutivischen Kompetenzen extensiv auslegenden EG-Kommission geraten, die mit ihren wettbewerbs- und regionalpolitischen Instrumentarien verstärkten Einfluß auf die Regionalpolitik der Mitgliedsstaaten zu gewinnen versucht. Der EG-Kommission steht zur Einwirkung auf die Regionalpolitik der Mitgliedsstaaten der Weg der Koordinierung der Regionalpolitiken offen. Die neugefaßte, am 1. 1. 1985 in Kraft getretene Verordnung vom 19. Juni 1984 über die Errichtung eines Fonds für regionale Entwicklung stellt ihr eine Reihe von Koordinierungsmitteln zur Verfügung, mit denen eine Beschränkung der Kompetenzen der Mitgliedsstaaten verbunden sind. Durch die nach der Verordnung erfolgte Ausdehnung der mitgliedsstaatlichen Informationspflichten besitzt die Kommission zugleich ein umfassendes Informationssystem für die Ausübung ihres wettbewerbspolitischen Prüfungsrechts gem. Art. 92, 93 EWGV, das sie als wirksamstes Mittel zur Einwirkung auf die mitgliedsstaatliche Regionalpolitik mit dem Ziel einsetzen kann, Wettbewerbsverzerrungen auf dem Gemeinsamen Markt zu verhindern. Das Beihilfenaufsichtsrecht der EG-Kommission dient aber inzwischen nicht nur der Unterbindung einzelstaatlicher wettbewerbsverzerrender Subventionierung von Wirtschaftsunternehmen und Wirtschaftszweigen, sondern wird von der EG-Kommission auch dazu verwendet, gestaltend auf die mitgliedsstaatlichen Regionalpolitiken mit dem Ziel einzuwirken, die Disparitäten zwischen den Regionen auf europäischer Ebene auszugleichen. Dies geschieht dadurch, daß im Rahmen des Beanstandungsverfahrens auf die mitgliedsstaatliche Auswahl der Fördergebiete eingewirkt wird. Beispiele dafür sind das gem. Art. 93 EWGV im November 1981 gegen die Bundesrepublik eingeleitete Beanstandungsverfahren[22] und die gegen verschiedene Bundesländer im Juli 1983 eingeleiteten Verfahren[23]. Gegenüber der Bundesrepublik wurden Bedenken wegen der in den Rahmenplänen zehn und elf getroffenen Fördergebietsauswahl vorgetragen. Die regionale Wirtschaftsförderung der Bundesrepublik im Rahmen der Gemeinschaftsaufgabe erstrecke sich mit

---

[22] Vgl. Bull.EG, 10 - 1983, 2. 1. 48, S. 33.
[23] Vgl. Bull.EG 7/8 - 1984, 2. 1. 66 S. 37.

ca. 60 % der Fläche und 30 % der Einwohner der Bundesrepublik auf zu viele Gebiete oder Gebietsteile. Das gegen die Bundesrepublik eingeleitete, durch Vergleich beigelegte Verfahren, als dessen Folge 7 Arbeitsmarktregionen aus der deutschen Regionalförderung herausgenommen wurden, steht in einer Reihe mit Entscheidungen der Kommission über die Beihilfenregelungen Belgiens, Frankreichs, Dänemarks, den Niederlanden und des Vereinigten Königreichs. Neben der Kritik an der bundesdeutschen Rahmenplanung wurden auch die regionalen Beihilfenprogramme der Bundesländer Baden-Württemberg, Bayern, Hessen, Niedersachsen, Rheinlandpfalz und Schleswig-Holstein wegen der von ihnen verwendeten Auswahlmethoden zur Festlegung der Landesfördergebiete Gegenstand eines Beanstandungsverfahrens nach Art. 93 II EWGV. Die in den letzten Jahren zu beobachtende Tendenz der Kommission, die Beihilfenregelungen der Mitgliedsstaaten mit regionalpolitischer Zielsetzung einer strengeren Bewertung zu unterwerfen, betraf hauptsächlich die Zentralregionen und damit die reicheren Mitgliedsstaaten der EG. Auf diese Weise bekundet die EG-Kommission ihre Entschlossenheit, einen Beitrag zum Ausgleich innerhalb der EG und zum Beihilfenabbau zu leisten[24]. Um Unsicherheiten bei der Beurteilung der Beihilfensysteme zu vermeiden, hat die Kommission die Prüfungskriterien objektiviert, indem sie Schwellenwerte für die Gebiete, die gefördert werden dürfen, festgelegt hat. Die Schwellenwerte beziehen sich zum einen auf die strukturelle Arbeitslosigkeit, zum anderen auf das Bruttoinlandsprodukt pro Einwohner und sind davon abhängig, wie günstig die allgemeine Wirtschaftslage des jeweiligen Mitgliedsstaates ist. Wegen der vergleichsweise günstigen gesamtwirtschaftlichen Lage der Bundesrepublik genügt für die Förderungsbedürftigkeit eines bundesdeutschen Gebietes nicht nur eine geringfügige Abweichung vom nationalen Durchschnitt, sondern nur eine erhebliche Abweichung. Andererseits kann nach der von der Kommission entwickelten Methode Griechenland mit Ausnahme von Saloniki und Irland insgesamt gefördert werden; auch wird Portugal voraussichtlich insgesamt als förderungsbedürftig angesehen werden. Wo die Grenzlinie der Einwirkungsmöglichkeiten der EG-Kommission verläuft, ist bislang ungeklärt. Eine Lösung dieser Problematik läßt sich nur durch eine Überprüfung der kompetenzrechtlichen Beziehung zwischen den Mitgliedsstaaten und der europäischen Gemeinschaft finden, deren Grundlage das Gemeinschaftsrecht ist. Diese Frage bleibt hier offen[25]. Unter dem hier behandelten Thema soll aufgezeigt werden, welche Konsequenzen sich aus der Einflußnahme der EG-Kommission für den Handlungsspielraum der bundesdeutschen Regionalpolitik ergeben. Darüber hinaus können möglicherweise aus dem Verhältnis zwischen den Mitgliedsstaaten und der EG Schlußfolgerun-

[24] So ausdrücklich die Kommission in ihrem 14. Bericht über die Wettbewerbspolitik, S. 189, RdNr. 261.

[25] Vgl. dazu *Püttner / Spannowsky*, 3. Teil.

gen für das Verhältnis von Bund und Ländern im Bereich der regionalen Wirtschaftsförderung gezogen werden und umgekehrt.

III. Korrelation von Recht und Politik

Welche Aufgaben dem Juristen unter dem mit dem Stichwort „Neuorientierung der Regionalpolitik" angesprochenen Aspekt über den bereits aufgezeigten Fragenkreis hinaus zukommen, wird deutlich, wenn man sich das Verhältnis Recht und Politik und das Verhältnis Recht und Wirtschaft vor Augen führt. In kaum einem anderen Bereich treten Recht und Politik und Recht und Wirtschaftswissenschaft in eine vergleichbar enge Wechselbeziehung. Die Wirtschaftspolitik, dessen Teilbereich die Regionalpolitik bildet, ist durch eine zunehmende „Verrechtlichung und Institutionalisierung" gekennzeichnet[26]. Aktiv gestaltend kann die Regionalpolitik auf der Bundesebene nur in dem einfachgesetzlich und verfassungsrechtlich abgesteckten Rahmen auf die Wirtschaft einwirken. Auf der anderen Seite ist die Politik aber in der Lage, das statische Recht im Gefolge wirtschaftlicher oder gesellschaftlicher Veränderungen umzuformen, indem am Ende eines durch die Veränderungen eingeleiteten politischen Prozesses die Setzung neuen Rechts steht. Eine Weiterentwicklung der Rechtsordnung, hervorgerufen durch den Wandel gesellschaftlicher Verhältnisse, vollzieht sich aber ihrerseits nicht außerhalb des rechtlichen Ordnungsrahmens, sondern ist an diesen gebunden[27].

Die Hauptziele der Regionalpolitik finden ihre Rechtfertigung in der Verfassung und dem Stabilitätsgesetz. Soweit Regionalpolitik als Teilbereich der Wirtschaftspolitik wirtschaftspolitische Aufgaben erfüllt, werden die Ziele aus dem für die globalsteuernde Wirtschaftspolitik maßgeblichen § 1 Stabilitätsgesetz abgeleitet[28]. Wird, wie neuerdings, das an § 1 StabG orientierte Zielsystem der Regionalpolitik in Frage gestellt, eine Akzentverschiebung oder Neuinterpretation von Zielen gefordert (siehe oben B. I.), erscheint es nützlich, den rechtlichen Ordnungsrahmen darzulegen und ihn auf die angeregten Veränderungen hin einer Prüfung zu unterziehen. In diesem Zusammenhang könnte vor allem die Frage von Interesse sein, ob die Aufrechterhaltung des Ausgleichsziels als regionalpolitisches Hauptziel verfassungsrechtlich geboten ist oder ob es einer Modifizierung oder Neuinterpretation mit der oben angedeuteten Tendenz zugänglich ist. Die Beantwortung dieser Frage hängt letztendlich davon ab, wieweit die Verrechtlichung der Wirtschaftspolitik reicht und reichen kann.

---

[26] *Hollmann,* Rechtsstaatliche Kontrolle der Globalsteuerung, S. 99 u. S. 101; vgl. auch *Stern,* Grundfragen der globalen Wirtschaftssteuerung, S. 4; *Hart,* ZHR 140 (1976), S. 31ff.

[27] Ähnlich *Hollmann,* S. 103.

[28] So ausdrücklich *Brösse,* S. 50f. und *R. Schmidt,* AÖR 1974, S. 529ff.

Rechtswissenschaftlich stand insofern bisher die Frage nach der Existenz einer Wirtschaftsverfassung im Vordergrund der Diskussion. So „abgestanden“[29] diese Debatte um die „Wirtschaftsverfassung“ sein mag, die Frage nach den rechtlichen Grenzen der wirtschaftspolitischen Gestaltungsmacht kommt ohne die Zugrundelegung des rechtswissenschaftlichen Erkenntnisstandes nicht aus. Die Frage nach den rechtlichen Grenzen der wirtschaftspolitischen Gestaltungsmacht wird häufig wie selbstverständlich mit dem Hinweis auf den breiten wirtschaftspolitischen Handlungsspielraum beantwortet. *Bäumler* sieht hinter der Frage „letztendlich nichts anderes, als die Angst vor der Gestaltungsmacht der demokratischen Mehrheit“[30]. Infolge der Hervorhebung der planerischen Gestaltungsfreiheit wird jedoch, wie *Müller-Graff* richtig bemerkt, nach der normativen „Systemgerechtigkeit konkreter Maßnahmen“ nur zögernd gefragt[31].

Die Selbstverständlichkeit der These vom weiten wirtschaftspolitischen Handlungsspielraum der Regionalpolitik als Teilbereich der allgemeinen Wirtschaftspolitik läßt sich jedoch nicht ohne weiteres halten. Selbst wenn man *Scholz* Recht geben muß, soweit er die Schaffung einer konkret verbindlichen Wirtschaftsordnung als „Aufgabe des Gesetzgebers und seines demokratisch legitimierten Gestaltungsmandats“[32] ansieht, darf daraus aber nicht die Schlußfolgerung gezogen werden, der wirtschaftspolitischen, insbesondere der regionalpolitischen Gestaltungsmacht seien keine Grenzen gesetzt. Die wirtschaftspolitische Gestaltungsmacht wird bereits durch das die deutsche Rechtsordnung überlagernde Gemeinschaftsrecht beschränkt. Der europarechtliche Aspekt läßt sich daher, stellt man sich die Frage nach der Reichweite der bundesdeutschen Wirtschaftsförderung, nicht durch den häufig anzutreffenden Hinweis ausklammern, auf diesen Aspekt könne im Rahmen der zu behandelnden Thematik nicht näher eingegangen werden[33]. Darüber hinaus muß, selbst wenn nach der Debatte über die Wirtschaftsverfassung die Frage nach grundrechtsinternen ordnungspolitischen Schranken relativiert ist, die Tragweite der Bindung staatlicher Maßnahmen an die Erfordernisse des gesamtwirtschaftlichen Gleichgewichts für die regionale Wirtschaftsförderung angesichts der Forderung nach der veränderten Zielgewichtung und der Verfolgung anderer Primärziele im Hinblick auf Art. 109 II GG ermittelt werden.

---

[29] *Möschel,* Entflechtungen, S. 134.

[30] *Bäumler,* Staatliche Investitionsplanung, S. 150.

[31] So ausdrücklich *Müller-Graff,* S. 42.

[32] *Scholz,* Entflechtung, S. 86.

[33] So auch *Müller-Graff,* S. 44f.

IV. Die gegenseitige Abhängigkeit von Rechts- und Wirtschaftswissenschaften

Wenn die Kernfunktion der Wirtschaftswissenschaften darin gesehen wird, für die optimale Realisierung von wirtschaftspolitischen Zielen systematisch die tauglichsten Mittel aufzuzeigen[34], so werden durch die Wirtschaftswissenschaft zunächst Handlungsmöglichkeiten angeboten, die einer Umsetzung bedürfen. Mit der Forderung nach „interdisziplinärer Kooperation" zwischen der Rechtswissenschaft, Politologie und der Wirtschaftswissenschaft rückt die Durchsetzungsphase in den Vordergrund der Betrachtung; hier liegen besonders die Wechselbeziehungen zwischen den Wissenschaften[35]. Damit ein Ziel mit den von den Wirtschaftswissenschaften zur Realisierung angebotenen Handlungsmöglichkeiten angesteuert werden kann, muß die als Handlungsmöglichkeit in Frage kommende Maßnahme grundsätzlich ihren Niederschlag in einer Rechtsnorm gefunden haben oder sich in die Rechtsordnung einfügen[36].

An die Rechtswissenschaft gerichtet ist daher zum Beispiel die Frage, welche rechtlichen Auswirkungen die den veränderten regionalpolitischen Rahmenbedingungen Rechnung tragenden Empfehlungen zur Auflockerung des Primäreffekts oder des Schwerpunktprinzips haben könnten und, ob sie zulässig sind. Zu denken ist auch an die Rückwirkungen, die eine Auflockerung des Primäreffekts und damit eine Veränderung des InvZulG auf das Prüfungsrecht der EG-Kommission haben müßte. Die Berechtigung der EG-Kommission zur Überprüfung der Fördergebietsauswahl könnte wegen der eingeschränkten Überregionalität der Auswirkungen einer Förderung von überwiegend einen geringen Primäreffekt hervorrufenden Unternehmen in Frage gezogen werden, was der Forderung nach der Erhaltung eines ausreichenden regionalpolitischen Handlungsspielraums Nahrung geben könnte. Andererseits könnte bei einer zu weit gehenden Absenkung der von dem Grundsatz des Primäreffekts geforderten Schwelle, die einen bestimmten Produktionsanteil an auf überregionalen Absatz ausgerichteten, in der Betriebsstätte hergestellten Gütern oder angebotenen Leistungen verlangt, die Förderung solcher, nur einen geringen Primäreffekt hervorrufenden Unternehmen unter dem Gesichtspunkt der Verbesserung der regionalen Wirtschaftsstruktur nach deutschem Recht nicht mehr gerechtfertigt sein. Da die Förderung von nur einen geringen Primäreffekt hervorrufenden Unternehmen nur eine geringe, nicht nachweisbare Rückwirkung auf die

---

[34] Vgl. *Giersch*, Allg. Wirtschaftspolitik, Bd. I, S. 42ff. und *Pütz*, Grundlagen der theoretischen Wirtschaftspolitik, 1971, S. 3f.

[35] Vgl. *Hollmann*, S. 105; *Holzwarth*, Zur Einführung: Recht und Ökonomie, in: JuS 1985, S. 437ff. (439).

[36] Vgl. *Jöhr / Singer*, Die Nationalökonomie im Dienst der Wirtschaftspolitik, 2. Aufl., 1964, S. 101.

Wirtschaftskraft des zu fördernden Gebietes haben könnte, könnte nicht nur die Eignung der Förderung zur Verbesserung der regionalen Wirtschaftsstruktur, sondern auch die Berechtigung der durch den öffentlichen Zweck der regionalen Wirtschaftsförderung gerechtfertigten Differenzierung zwischen in einem Fördergebiet ansässigen und nicht in einem Fördergebiet ansässigen Konkurrenzunternehmen in Frage gestellt sein. Es könnte bezweifelt werden, ob eine Differenzierung zwischen solchen Unternehmen und andernorts ansässigen Unternehmen noch von Art. 91a GG i.V. mit dem GRW und dem Rahmenplan gedeckt ist. Die durch Art. 91a I Nr. 2 GG zum Ausdruck gebrachte Zielsetzung der Verbesserung der regionalen Wirtschaftsstruktur steht einer Förderung von Unternehmen ohne mögliche regionale Rückwirkung mit der Folge entgegen, daß eine solche Förderung nicht im Rahmen gemeinsamer Rahmenplanung erfolgen dürfte. Der von *Wagner*[37] unter dem Stichwort der „Systemgerechtigkeit“ angesprochene Grundsatz, daß staatliche Subventionstätigkeit immer dem Gebot der Zweckverwirklichung folgen muß, muß insofern auf seine konkrete Anwendbarkeit hin untersucht werden. Ein Verstoß gegen das Postulat der Systemgerechtigkeit könnte einen Verstoß gegen den Gleichheitssatz indizieren.

Auch die von wirtschaftswissenschaftlicher Seite angeregte Dezentralisierung auf der Basis konkurrierender Funktionsräume muß insofern auf ihre Vereinbarkeit mit dem Postulat der Schaffung gleichwertiger Lebensverhältnisse überprüft werden, als mit dem Verzicht auf zentrale Gegensteuerung statt auf Gleichwertigkeit auf Vielfalt der Lebensverhältnisse gesetzt werden soll. Erörtert werden müssen schließlich die rechtlichen Realisierungschancen einer dem Dezentralisierungsgedanken Rechnung tragenden Förderungsstrategie. Unter dem Stichwort der Dezentralisierung der Regionalpolitik sind die Wege der Stärkung der Kompetenzen der föderalen Basis angesprochen. Eine Alternative, die des Verzichts auf zentrale Gegensteuerung, wurde bereits genannt. Eine andere Vorstellung von der Verteilung der Entscheidungsgewichte zwischen Bund, Ländern und Kommunen liegt der Ansicht von *Klaus*[38] zugrunde, der das Prinzip der Zuständigkeitsverteilung nach der „Wirkungsinzidenz“ favorisiert. Danach soll die jeweilige politische Ebene über diejenigen Projekte entscheiden, deren Wirkungsinzidenz sich auf der politischen Ebene im wesentlichen „spürbar“ machen. Nach dieser Vorstellung müßten die Kommunen bei nur kommunal relevanten Projekten maßgebliche Entscheidungsbefugnisse bekommen. Demnach müßte den Kommunen z. B. bei Infrastrukturvorhaben die Entscheidungskompetenz eingeräumt werden. Dem Bund könnten nur dann Beteiligungs- oder Entscheidungsbefugnisse eingeräumt werden, wenn das

---

37 Vgl. *Wagner*, S. 43ff.

38 Vgl. *Klaus*, Stellungnahme zur Öffentlichen Anhörung von Sachverständigen zur Fortentwicklung der Regionalpolitik, Ausschuß-Drucksache 327/10, 1985, S. 13.

ins Auge gefaßte Projekt bundesweite Auswirkungen hat. Die Konzeption, die bewußt auf Gegensteuerung verzichten will, als auch die Konzeption, die die Entscheidungsbefugnisse davon abhängig machen will, wo die Wirkung eines Projekts sich entfaltet, lassen entweder keinen oder nur wenig Raum für die Verwirklichung des Ausgleichsziels. Wird die Herstellung gleichwertiger Lebensverhältnisse erstrebt, kann auf zentrale Gegensteuerung nicht verzichtet werden. Fraglich ist deshalb, inwieweit das bisherige dem Ausgleichsziel verpflichtete Instrumentarium der Gemeinschaftsaufgabe modifiziert werden kann und darf. Interessant ist insofern die Frage, wie sich vor dem Hintergrund des bisherigen Förderungsinstrumentariums von Bund und Ländern eine Verlagerung der Entscheidungskompetenzen auf die Länder (Landesparlamente oder Landesregierungen) erreichen ließe. Anknüpfend an die bereits einführend beschriebene Notwendigkeit der Beschäftigung mit den Fragen der Kompetenzverteilung zwischen Bund und Ländern soll der Versuch unternommen werden, unter Beachtung des Prinzips der Herstellung gleichwertiger Lebensverhältnisse, einen möglichen Ansatz für die Verteilung der Gewichte innerhalb des Bund-Länder-Verhältnisses zu entwickeln.

V. Die mit den Rechtsgrundlagen der regionalen Wirtschaftsförderung zusammenhängenden Rechtsfragen

Nicht außer acht gelassen werden dürfen bei der rechtlichen Erörterung die bisher gegenüber den regionalpolitischen Instrumentarien, der Gemeinschaftsaufgabe gem. Art. 91 a GG und dem Investitionszulagengesetz sowie deren Anwendung vorgetragenen Bedenken.

Im Bereich der öffentlichen Wirtschaftsförderung waren bislang in erster Linie die mit „Subventionen" zusammenhängenden Probleme Gegenstand der rechtswissenschaftlichen Erörterung. Zwei Aspekte standen dabei im Vordergrund, zum einen die verfassungsrechtlichen Probleme der Subventionierung und zum anderen die Frage der rechtlichen Formen, deren man sich dabei bedienen kann. Dieser Fragenkreis kann bei einer Untersuchung über die regionale Wirtschaftsförderung, die sich ebenfalls der Subventionen als Form des Interventionismus bedient, zwar nicht vernachlässigt werden, die vorliegende Arbeit beschäftigt sich jedoch nur mit der Wirtschaftssubventionierung in ihrer speziell regionalpolitischen Ausprägung und den damit zusammenhängenden Rechtsfragen.

Angesichts der wegen der Ebbe in den öffentlichen Kassen markig geäußerten Absichtsbekundungen, den „Subventionsdschungel" zu durchforsten, müssen auch die von der allgemeinen Überprüfung beklagter Fehlentwicklungen in der Subventionspraxis auf die regionale Wirtschaftsförderung ausgehenden Impulse aufgegriffen und erörtert werden. Angesprochen sind insbesondere die im Bereich der Wirtschaftsförderung durch Steuervergünstigungen aufgetretenen Fehlentwicklungen. Nach neueren Stimmen in der Literatur[39] erscheint überdies eine Fortentwicklung des subventionsrechtlichen Ordnungsrahmens geboten. Die Hinweise in der Literatur auf die Notwendigkeit der Beseitigung von „Ordnungsdefiziten im Subventionsrecht“ und die im Rahmen des 55. Deutschen Juristentages 1984 in Hamburg zu dem Thema „Ordnungsrahmen für das Recht der Subventionen“ geäußerten Ansichten beziehen sich nicht nur auf die mangelnde Koordination zwischen Bund, Ländern und Gemeinden[40], sondern auch auf die Gleichheit vor dem Subventionsgeber[41] und die Frage, ob und inwieweit der Gesetzesvorbehalt im Subventionswesen Geltung beanspruchen kann. Von einem Ordnungsdefizit spricht *Zuleeg*[42] nicht zuletzt auch im Hinblick auf die einen Vorrang beanspruchenden gemeinschaftsrechtlichen Regelungen, soweit diese eine Anpassung des nationalen Rechts erforderlich machen. Der Ordnungsrahmen der regionalpolitisch motivierten Wirtschaftssubventionierung muß vor diesem Hintergrund einer Überprüfung auf Fehlentwicklungen und auf die Beseitigung vorhandener Ordnungsdefizite unterzogen werden. Auf die Notwendigkeit der Bestimmung „politisch orientierter Prioritäten im Rahmen des Verfassungsrechts“[43] hat *Martens* im Zusammenhang mit der Frage nach der gerechten Subventionierung aufmerksam gemacht. Interessant erscheint insofern die Frage, ob und inwieweit die Verfassung für die prioritätensetzende Entscheidung der verantwortlichen Organe richtungweisend ist. Darüber hinaus besteht eine weitere Aufgabe darin, die Notwendigkeit der Ausgestaltung zur Erreichung der regionalpolitischen Ziele geeigneter rechtlicher Instrumentarien deutlich zu machen. Nachgegangen werden soll dem Eindruck *Martens*, daß die „Rechtsentwicklung hinter den wirtschaftspolitischen Anforderungen herhinkt“, „weil der rechtliche Weg steinig und verschlungen ist“[44].

Nach den Ausführungen in diesem Kapitel soll damit ein Beitrag zu der Klärung folgender Fragen geleistet werden:

---

39 Vgl. *Gündisch*, Die Entwicklung des Subventionsrechts von 1980 - 1983, NVwZ 1984, S. 489 (490); *Martens*, Fehlentwicklung einer Subvention im Steuerrecht, ZRP 1981, S. 104; *Zuleeg*, Zur künftigen Entwicklung des Subventionsrechts, DÖV 1984, S. 733; Vgl. *Bleckmann*, Ordnungsrahmen für das Recht der Subventionen, in: Verhandlungen des 55. DJT, 1984, Gutachten D 13ff.; *Friauf*, Referat zum 55. DJT, in: Verhandlungen des 55. DJT, Bd. II, M 8ff.; *Gutowski / Thiel*, Referat zum 55. DJT, M 45.

40 Vgl. *Gutowski / Thiel*, Referat, M 63ff. und These 7, M 71.

41 Vgl. *Friauf*, Referat, M 24f. und These 23b) M 42.

42 So ausdrücklich *Zuleeg*, Zur künftigen Entwicklung des Subventionsrechts, DÖV 1984, S. 734; zur Funktion des Gemeinschaftsrechts als Ordnungsrahmen für staatliche Subventionen, vgl. *Rengeling*, JZ 1984, S. 795.

43 *Martens*, ZRP 1981, S. 104; ähnlich *Zuleeg*, Zur künftigen Entwicklung des Subventionsrechts, DÖV 1984, S. 733; dazu auch *Gündisch*, Die Entwicklung des Subventionsrechts von 1980 - 1983, NVwZ 1984, S. 489 (490).

44 *Martens*, ZRP 1981, S. 104.

1. Inwiefern kann von einer „Verrechtlichung" des regionalpolitischen Zielsystems gesprochen werden?

2. Wie stark ist die normative Kraft des „übergeordneten Gerechtigkeitsprinzips", aus dem das Postulat nach der Schaffung einheitlicher bzw. gleichwertiger Lebensverhältnisse abgeleitet wird? Könnte ein Verzicht auf die Verfolgung des Ausgleichsziels auf rechtliche Bedenken stoßen? Kann Art. 109 II GG i.V. mit § 1 StabG der regionalen Wirtschaftsförderung Grenzen ziehen?

3. Ließe sich eine stärkere Dezentralisierung der Regionalpolitik im Rahmen der vorhandenen verfassungsrechtlichen Regelung des Art. 91a GG realisieren?

4. Welchen Einfluß hat die EG-Kommission auf die regionalpolitische Zielverfolgung?

5. Könnten der von wirtschaftswissenschaftlicher Seite vorgeschlagenen „Auflockerung" des Prinzips des Primäreffekts und des Schwerpunktprinzips Bedenken unter dem Gesichtspunkt der Systemgerechtigkeit entgegengebracht werden?

6. Welche Bedenken bestehen gegen das bisher geltende rechtliche Instrumentarium und die bisherige Praxis der regionalen Wirtschaftsförderung?

KAPITEL II

Der Handlungsspielraum bundesdeutscher Regionalpolitik im Spannungsfeld von Föderalismus und Gerechtigkeit im Bundesstaat

A. Fehlentwicklungen im Bund-Länder-Verhältnis und Korrekturbemühungen

I. Verteilungsgerechtigkeit und Föderalismus im Konflikt

Der Gedanke der Verteilungsgerechtigkeit im Bundesstaat führt im Bund-Länder-Verhältnis zu der Frage, ob der Landesgesetzgeber bzw. die Landesexekutive im Rahmen der eigenen Zuständigkeit zur Herstellung bzw. Erhaltung einer über die Landesgrenzen hinausreichenden Gleichheit verpflichtet sein kann[1] und zu der Frage, ob die Entscheidungsträger von Bund und Ländern darauf verzichten könnten, für die Herstellung gleichwertiger Lebensverhältnisse im Bundesstaat zu sorgen.

In der Entscheidung zu der Landeskindervergünstigung bei der Hochschulzulassung hat das BVerfG seine Antwort auf die erste Frage gegeben; bei einem Sachverhalt, der „seiner Natur nach" über die Landesgrenzen hinausgreife und eine den Bürgern in der Bundesrepublik gleichermaßen garantierte Rechtsposition betreffe, könne die einseitige Bevorzugung der Einwohner eines Landes zu einer nicht gerechtfertigten Ungleichbehandlung der anderen Staatsbürger führen[2]. *Benda* weist demgegenüber aber zu Recht darauf hin, daß eine föderalistisch-freundlichere Tendenz denkbar wäre, indem auf die durch die Konkurrenz der Länder bewirkte Leistungssteigerung abgestellt wird, die allen zugute käme[3]. Ob eine echte Konkurrenz zwischen den Ländern realisierbar wäre, hängt jedoch überdies davon ab, ob und inwieweit unterhalb der Grenze, die das aus dem Gleichheitssatz abgeleitete Ungleichbehandlungsverbot im Hinblick auf Rechtspositionen der Bürger im ganzen Bundesstaat errichtet, die verantwortlichen Entschei-

---

[1] So ausdrücklich *Benda,* Föderalismus in der Rechtsprechung des Bundesverfassungsgerichts, in: Probleme des Föderalismus, 1985, S. 77; *Püttner,* Gesetzgebung und Exekutivfunktion, in: Zeitschrift für Gesetzgebung (ZG) 1986, S. 183.

[2] BVerfGE 33/303 (352f.) und *Benda,* in: Probleme des Föderalismus, S. 78.

[3] Vgl. *Benda,* Föderalismus in der Rechtsprechung des Bundesverfassungsgerichts, in: Probleme des Föderalismus, S. 78.

dungsorgane von Bund und Ländern gehindert sein können, auf die Herstellung gleichwertiger Lebensverhältnisse im Bundesstaat zu verzichten (dazu unten B V.). Das aus der Verfassung abgeleitete Gebot, die Herstellung gleichwertiger Lebensverhältnisse im Bundesstaat anzustreben, hat die Tendenz zum unitarischen Bundesstaat und gleichzeitig die Preisgabe föderaler Vorzüge begünstigt[4] (dazu unten III und IV.).

Zwischen dem Ziel der Verteilungsgerechtigkeit im Bundesstaat und den Grundzielen des Bundesstaatsprinzips entsteht einerseits ein Konflikt, wenn auf die Herstellung gleichwertiger Lebensverhältnisse verzichtet oder teilweise verzichtet werden soll, um den der föderalistischen Staatsidee immanenten Werten mehr Gewicht zu geben, andererseits dann, wenn die „Wiederentflechtung" und die Wiederherstellung eines „separativen Föderalismus"[5] wegen des angeblichen sachlichen Zwangs zur Unitarisierung abgelehnt werden.

Inwieweit die föderalistischen Werte gegenüber dem Gerechtigkeitsprinzip zurückstehen müssen, hängt von dem Gewicht der dem Bundesstaatsprinzip innewohnenden Werte ab.

Eine wichtige Funktion des Bundesstaatsprinzips ist einstimmig die Freiheitssicherung. Wie das konfessionell bestimmte, von einem personalistischen Ansatz ausgehende Subsidiaritätsprinzip der katholischen Soziallehre sieht die „ökonomische Theorie" des Föderalismus eine wichtige Funktion des Bundesstaatsprinzips in der Freiheitssicherung. Im Vordergrund steht nach der „ökonomischen Theorie aber nicht der personale, sondern der funktionale Aspekt des Föderalismus, d. h. die Ermöglichung einer „maßgeschneiderten" Politik, die durch die Aufteilung der Gewalt auf kleinere selbständige staatliche Untergliederungen eine auf die verschiedenen Untergliederungen zugeschnittene Problembewältigung erlaubt[6]. Der personalistische und der funktionale Ansatz müssen im demokratischen Bundesstaat in Verbindung treten. Die Demokratie lebt von der Meinungsvielfalt, die von engagierten Persönlichkeiten erzeugt wird. *Kisker* hat die Vorzüge der föderalistischen Staatsstruktur, die bei der Frage der sachgerechten rechtlichen Verteilung der Aufgabenbereiche zwischen Bund und Län-

---

[4] Vgl. *Benda,* in: Probleme des Föderalismus, S. 79; *Kisker,* Ideologische und theoretische Grundlagen der bundesstaatlichen Ordnung in der Bundesrepublik Deutschland – Zur Rechtfertigung des Föderalismus, in: Probleme des Föderalismus, 1985, S. 31, *Soell,* Sind die Gemeinschaftsaufgaben nach Art. 91 a GG ein geeignetes Instrument zur Weiterentwicklung des föderativen Systems?, Festschrift für Forsthoff zum 70. Geburtstag, S. 398; *Scupin,* Verfassungswandel im föderativen Bereich des Grundgesetzes durch Zusammenwirken von Bund und Ländern, in: Festschrift für Th. Maunz zum 80. Geburtstag, 1981, S. 261 ff.

[5] Vgl. *Kisker,* in: Probleme des Föderalismus, S. 34 f.

[6] Vgl. *Kisker,* Ideologische und theoretische Grundlagen der bundestaatlichen Ordnung in der Bundesrepublik Deutschland – Zur Rechtfertigung des Föderalismus, in: Probleme des Föderalismus, 1985, S. 23 ff. (25 f.); *Wust,* Föderalismus, 1981.

dern zu beachten sind, zutreffend zusammengefaßt. Danach wird durch eine föderale Gewichtsverteilung eine Problembewältigung vor Ort ermöglicht; gefördert wird eine sachgerechte, an den Bedürfnissen vor Ort orientierte Entscheidung, Regelungen am „grünen Tisch" werden vermieden. Dadurch wird für eine Demokratie vor Ort gesorgt. Durch Integration von Minderheiten trägt die föderalistische Struktur nicht nur zur Vielfalt ohne Anarchie, sondern auch zum Minderheitenschutz bei. Gesorgt wird überdies für eine Gewaltenbalancierung und eine Entlastung der zentralen Entscheidungsträger.

Für die rechtliche Entscheidung über die Gewichtsverteilung zwischen der größeren und kleineren Entscheidungsebene ist überdies die Möglichkeit der Steigerung der „Funktionsfähigkeit des Gesamtsystems"[7] von Bedeutung. Denen, die die Effizienz des Entscheidungsprozesses im Gesamtstaat durch eine Verteilung der Entscheidungszuständigkeiten gefährdet sehen, stellt *Kisker* zu Recht die These gegenüber, die föderalistische Aufgabenverteilung führe zur Stabilisierung und sachnäheren, deshalb gerade effizienteren Problembewältigung.

Es ist eine wichtige Funktion des Rechts, die Entwicklung der staatlichen Ordnung in eine Richtung zu lenken, die den verfassungsrechtlich anerkannten Prinzipien unter Berücksichtigung der Funktionsfähigkeit des Gesamtsystems am besten gerecht wird. Unvermeidlich ist, daß bei diesen Bemühungen im Konflikt stehende vorrangige verfassungsrechtliche Wertungen nicht gleichzeitig uneingeschränkt verwirklicht werden können. Bei der rechtlichen Ausgestaltung eines Aufgabenbereiches und der Verteilung der Entscheidungsgewichte im Bundesstaat muß bezüglich des Spannungsverhältnisses zwischen dem Prinzip der Gerechtigkeit auf der einen Seite und den für die Dezentralisierung sprechenden Aspekten auf der anderen Seite eine vermittelnde Lösung angestrebt werden.

Die im Zusammenhang mit der Neuorientierung der Regionalpolitik und den Bekundungen, eine Wende im Bund-Länder-Verhältnis herbeiführen zu wollen (vgl. oben Einführung und Problemstellung), vorgeschlagenen Kompetenzverteilungsvorschläge, insbesondere die Strategie, die auf der Idee der konkurrierenden Funktionsräumen fußt, zielen überwiegend darauf ab, die föderale Basis zu stärken[8]. Häufig wird auf Kosten der Verwirklichung des Ziels der Herstellung gleichwertiger Lebensverhältnisse und auf Kosten der (Ziel-)Koordinierung zwischen der größeren und der kleineren Ebene eine Neuverteilung der Gewichte außerhalb der vorhandenen, mit der Einführung des Art. 91a GG veränderten Kompetenzordnung für notwendig

[7] Vgl. *Kisker,* in: Probleme des Föderalismus, 1985, S. 26f.

[8] Vgl. dazu auch *Miller,* Politikverflechtung als Organisationsprinzip, DÖV 1986, S. 140ff.

gehalten oder die Realisierung der Vorschläge impliziert eine Veränderung des bestehenden Kompetenzrahmens.

Eine andere Tendenz hat der Vorschlag *Bleckmanns*, zum Zweck der Verhinderung der kollidierenden Zielverfolgung durch die Länder die Zuständigkeitsbestimmungen und das Prinzip der Bundestreue sowie Art. 109 GG so auszulegen, daß eine verstärkte Bindung der Länder an die Bundespolitik entsteht[9]. Diese Ansicht begünstigt jedoch die Unitarisierungstendenz und engt den Entscheidungsspielraum der Landesorgane übermäßig ein. Sie geht von der Prämisse aus, daß die Länder die Ziele des Bundes durchkreuzen, weil keine ausreichende Bindung an diese Ziele besteht. Man muß jedoch umgekehrt fragen, ob die Länder die Ziele nicht deshalb durchkreuzen, weil ihr Handlungsspielraum durch die Kompetenzausschöpfung des Bundes unverhältnismäßig beschnitten worden ist. *Bleckmann* trägt außerdem der Eigenart der regionalpolitischen Problembewältigung nicht ausreichend Rechnung.

Dagegen soll hier der Versuch unternommen werden, innerhalb der bestehenden Kompetenzordnung Ansatzpunkte für eine Neuverteilung der Gewichte im Bund-Länder-Verhältnis zu entwickeln, ohne daß entweder auf die Ziel- und Aktionskoordinierung zwischen den Ländern und die Verfolgung des Ausgleichsziels verzichtet werden oder der Bundesstaatsbegriff auf Kosten der Eigenständigkeit der Länder einer Neubestimmung unterworfen werden muß. Dazu müssen die, gemessen am verfassungsrechtlichen Ordnungsrahmen, korrekturbedürftigen Fehlentwicklungen aufgezeigt und das Bund-Länder-Verhältnis vor dem Hintergrund der neueren, insbesondere europäischen Entwicklungen einer kritischen Analyse unterzogen werden. Denkbar ist eine Stärkung der Länder durch die noch zu erörternde Möglichkeit der Änderung der inhaltlichen Ausgestaltung der Gemeinschaftsaufgabe. Darüber hinaus ist die Herbeiführung einer Veränderung denkbar, indem Konsequenzen aus den verfassungsrechtlichen, insbesondere kompetenzrechtlichen Bedenken[10] hinsichtlich der zweiten „Säule" der bundesdeutschen Regionalförderung neben der Gemeinschaftsaufgabe, dem Investitionszulagengesetz, gezogen werden. Um eine Beziehung zwischen dem Gerechtigkeitsprinzip bzw. Ausgleichsziel und dem Gedanken der Dezentralisierung herzustellen, muß schließlich festgestellt werden, ob und

---

[9] Vgl. *Bleckmann*, Zur Bindung der Länder an die Ziele der Bundespolitik, in: DÖV 1986, S. 125ff.

[10] Vgl. dazu *Hartmann*, Kommentar zum InvZulG, Einleitung, RdNr. 4; *Selmer*, Steuerinterventionismus und Verfassungsrecht, S. 131ff. u. S. 181f.; *Bleckmann* spricht bezüglich der Verteilung der Wirtschaftsförderungskompetenzen zwischen Bund und Ländern von einer Grauzone der Verfassung, „die ihnen die breitesten Kompetenzen und damit Wirkungschancen für die Durchsetzung der materiellen Interessen zu gewährleisten scheint"; Ordnungsrahmen für das Recht der Subventionen, Gutachten D zum 55. DJT, 1984, D 86.

inwieweit das Ausgleichsziel eine normative Kraft entfaltet, die der Forderung nach „Entflechtung“ des bundesstaatlichen Systems entgegensteht.

II. Rechtliche Fehlentwicklungen als Anzeichen für eine systemwidrige Verteilung der Gewichte zwischen Bund und Ländern

1. Das Investitionszulagengesetz auf verfassungsrechtlich schwankendem Boden?

Hinsichtlich des Investitionszulagengesetzes (InvZulG), dem zweiten Hauptinstrumentarium der regionalen Wirtschaftsförderung neben der auf Art. 91a I Nr. 2, II GG i.V. mit dem Gesetz über die Gemeinschaftsaufgabe „Verbesserung der regionalen Wirtschaftsstruktur“ (GRW) gestützten Förderung, bestehen mit praktischen Auswirkungen verbundene Zweifel, ob der Bund eine Kompetenz besitzt und auf welche der in Frage kommenden Bundeskompetenzen das InvZulG gestützt werden könnte. Die Frage, welche der Bundeskompetenzen einschlägig ist, hat Konsequenzen für die rechtliche Ausgestaltung des InvZulG. Die Gesetzgebungszuständigkeit des Bundes für das InvZulG wird je nachdem, ob man die Investitionszulagen als indirekte Subventionen in Form von Steuervergünstigungen oder als direkte Subventionen qualifiziert, entweder mit Art. 105 II GG oder Art. 74 Nr. 11 GG begründet[11].

Weil die Leistungen nach § 5 III S. 1 InvZulG aus dem Aufkommen der Einkommen- und Körperschaftsteuer gewährt werden, ordnet die Praxis das InvZulG den steuerrechtlichen Regelungen i.S. des Art. 105 II GG zu. Folgerichtig wird danach die Landesfinanzverwaltung im Auftrag des Bundes gem. Art. 108 II, III GG als zuständig angesehen. Dieser Praxis werden Bedenken mit der Begründung entgegengebracht, bei den Leistungen nach dem InvZulG handle es sich nicht um Steuerermäßigungen, sondern um die Erfüllung einer gesetzlich angeordneten Geldleistung i.S. des Art. 104a III GG. Ihren Charakter als Leistungssubvention verlöre die Investitionszulage nicht dadurch, daß sie aus Steueraufkommen finanziert werde[12]. Wenn das InvZulG auch in den „Mantel eines Steuergesetzes“[13] gekleidet sei, so falle es sachlich gleichwohl in den Bereich der Geldleistungsgesetze und sei keine Steuerermäßigung[14]. Demgegenüber steht die Praxis auf dem Standpunkt,

---

[11] Vgl. *Selmer,* S. 131f. und 181f.; *Bellstedt,* Verfassungsrechtliche Grenzen der Wirtschaftslenkung durch Steuern, dargestellt am Berlinhilfegesetz, 1962, S. 19, 21, 22ff., 75, 145f.

[12] Vgl. *Selmer,* S. 132; *Klein,* in: Schmidt-Bleibtreu / Klein, Art. 104a, RdNr. 14; *Maunz,* in: Maunz / Dürig / Herzog, Art. 104a, RdNr. 38.

[13] *Bellstedt,* S. 75.

[14] So ausdrücklich *Selmer,* S. 132 und *Klein,* RdNr. 14.

bei der Investitionszulage handle es sich nicht um eine Ausgabe des fördernden Staates, sondern um eine Einnahmenminderung. Da durch die Investitionszulage bereits die Höhe des Steueraufkommens und der Steuerschuld der Unternehmen gemindert werde, sei es gerechtfertigt, das InvZulG als steuerrechtliche Regelung i. S. des Art. 105 II GG zu behandeln[15].

Das BVerwG hatte bisher keine Gelegenheit, zu der Rechtsnatur der Regionalzulage Stellung zu nehmen, hat jedoch die Investitionszulage nach § 4a InvZulG i. d. F. von 1975 ausdrücklich nicht als Steuervergünstigung, sondern als Subvention eingestuft[16].

Wegen der rechtlichen Auswirkungen darf man nicht wie *Wagner* der rechtlichen Einordnung ausweichen. Er räumt zwar ein, daß die Zulage materiell gesehen als Finanzhilfe einzustufen sei und sieht auch die rechtlichen Konsequenzen der unterschiedlichen Einordnung, begnügt sich jedoch mit der Feststellung, daß die Investitionszulage in der Rechtswirklichkeit als Steuervergünstigung zu behandeln sei, da sie eine steuerrechtliche Komponente, die er in der Pauschalierung der Höhe und der Vergabe unter abstrahierten Voraussetzungen sieht, erkennen lasse[17]. Den rechtlichen Auswirkungen und dem Umstand, daß die Leistungen nach dem InvZulG materiell keinen Unterschied zu direkten Subventionen aufweist, mißt er dabei zu wenig Gewicht bei. Es ist zudem bedenklich, wenn er einerseits aus der Existenz des Art. 91a GG eine Beschränkung des Bundes bei der Wahrnehmung der konkurrierenden Gesetzgebungszuständigkeit ableitet, weil es an dem Bedürfnis nach bundesweiter einheitlicher Regelung fehle, andererseits aber unter Hinweis auf die steuerrechtliche Komponente konstatiert, die Bundeskompetenz für das InvZulG gem. Art. 105 II GG bleibe davon unberührt[18], obwohl er die Einstufung der Investitionszulage als Finanzhilfe als notwendig erkannt hat. Auf diese Weise kann er zwar die Bedenken wegen der von Art. 91a GG ausgehenden beschränkenden Wirkung für die Inanspruchnahme der konkurrierenden Bundeskompetenzen im Hinblick auf das InvZulG umgehen, bestehen bleiben aber die Bedenken wegen der Einstufung des InvZulG als steuerrechtliche Regelung. Auch *Hartmann*, der die verfassungsrechtliche Problematik aufgrund seiner Aufgabenstellung, das InvZulG als Förderungsinstrument in seiner praktischen Handhabung darzustellen, nur streift, stellt die rechtstechnische Behandlung in den Vordergrund. Seine Feststellung, in jedem Fall gelangten in erheblichem Umfang Steuerrechtsvorschriften und steuerrechtliche Auslegungsgrund-

---

15 Vgl. *Vogel*, DÖV 1977, S. 837 (838).

16 Vgl. die Rechtsprechungsübersicht in: DÖV 1985, S. 796.

17 So ausdrücklich *Wagner*, Das Investitionszulagengesetz und das Gesetz über die Gemeinschaftsaufgabe „Verbesserung der regionalen Wirtschaftsstruktur" als Schwerpunkte staatlicher Förderung von Investitionen, S. 58f. u. Fn. 24 und S. 177.

18 So ausdrücklich *Wagner*, S. 176f.

sätze zur Anwendung[19], besagt nichts für die Rechtmäßigkeit der Behandlung des InvZulG als Steuergesetz. Er bestätigt, daß bei der Diskussion „verfassungsrechtliche Argumente hinter dem Bestreben nach Sicherstellung der Finanzierung in den Hintergrund“[20] treten.

Sachlich läßt sich die Investitionszulage nicht als Steuervergünstigung einordnen. Da sich die Investitionszulage für bestimmte Investitionen im Bereich der Energieerzeugung und -verteilung i. S. des § 4 a InvZlG in ihrem Charakter an die Regionalzulage i. S. der §§ 1 - 3 InvZulG anlehnt und die Vorschriften auch inhaltlich parallel strukturiert sind[21], liegt es nahe, das dort gefundene Qualifizierungsergebnis auf die Regionalzulage zu übertragen. Im Gegensatz zu § 3 ZRFG, der die vorgezogene Berücksichtigung von Sonderabschreibungen bei der Einkommensteuer erlaubt, besteht bei der Investitionszulage kein Zusammenhang zwischen der Begünstigung und der konkreten Steuerschuld. Begünstigt werden auch Steuerpflichtige mit Verlusten oder solche Steuerpflichtige, die nicht zur Einkommen- oder Körperschaftsteuer veranlagt werden[22]. Daß die Investitionszulage ohne den tatbestandlichen Zusammenhang mit einer konkreten Steuerschuld gewährt wird, macht deutlich, daß es sich nicht nur um einen Abzug von der Steuerschuld, sondern um eine direkte Zuwendung handelt. Auch wenn man die Steuervergünstigung als von der allgemeinen Steuernorm abweichende spezielle Ausnahmeregelung versteht[23], läßt sich die Investitionszulage nicht als Steuervergünstigung einstufen, da abgesehen von der Finanzierungstechnik kein Zusammenhang zwischen der Einkommen- oder Körperschaftsteuer und der Auszahlung der Investitionszulage durch Gesetz in Gestalt eines Abzugsanspruchs von der allgemeinen Steuerschuld besteht[24]. Die Ansicht, bei der Investitionszulage handele es sich um eine indirekte Subvention, stützt sich lediglich auf die Formulierung in § 5 III S. 1 InvZulG, wonach die Investitionszulage aus dem Aufkommen der Einkommen- oder Körperschaftsteuer gewährt wird. Wie bei der Frage nach der Einbeziehung der steuerlichen Begünstigung in den Subventionsbegriff muß auch insofern dafür plädiert werden, daß nicht die rechtstechnische Seite, sondern das wirtschaftliche Ergebnis den Ausschlag für die Einordnung geben muß.

Die unterschiedliche rechtliche Qualifizierung der Investitionszulage bleibt nicht ohne Folgen und veranschaulicht, daß die rechtliche Kategorisierung nicht von Opportunitätserwägungen abhängen darf.

---

[19] So ausdrücklich *Hartmann,* Investitionszulagengesetz-Kommentar, Einleitung, RdNr. 4.

[20] *Hartmann,* Einleitung, RdNr. 3.

[21] Ähnlich *Hartmann,* § 4 a, RdNr. 4 a.

[22] Vgl. *Hartmann,* § 5, RdNr. 3.

[23] Vgl. BT-Drucks. 7/4203 S. 5 und *Vogel,* DÖV 77, S. 838.

[24] Vgl. *Selmer,* S. 132 und *Zeitel,* FinArch 1968, S. 187 ff.

Praktische Auswirkungen haben die unterschiedlichen Auffassungen unter verschiedenen Gesichtspunkten. Diskutiert wird die Einordnung des InvZulG in erster Linie unter dem Aspekt, im Rahmen welches „Verwaltungstyps“[25] das InvZulG auszuführen ist[26]. Darüber hinaus hat die Klassifizierung des InvZulG Bedeutung für die Frage, ob die Gemeinde an der Mittelaufbringung beteiligt werden kann und ob die für die Leistungen nach dem InvZulG aufgewendeten Mittel im Haushaltsplan aufgeführt werden müssen.

Als Geldleistungsgesetz i.S. des Art. 104a III GG haben die Länder das InvZulG im Auftrag des Bundes wie bei der Klassifizierung als steuerrechtliche Regelung gem. Art. 108 III nur zu vollziehen, wenn der Bund mindestens 50% der Ausgaben zu tragen hat. Dem Bund und den Ländern steht zwar gem. Art. 106 III S. 2 GG das Aufkommen aus der Einkommen- und Körperschaftsteuer, aus dem die Leistungen aufgrund des InvZulGes finanziert werden, jeweils zur Hälfte zu, gem. Art. 106 V, III S. 1 GG entfällt auf Bund und Länder das Einkommensteueraufkommen jedoch nur verkürzt um den den Gemeinden zugewiesenen Anteil. An der Körperschaftsteuer sind die Gemeinden dagegen nicht beteiligt. Soweit die Investitionszulage aus dem Körperschaftsteueraufkommen von Bund und Ländern gewährt wird, an dem der Bund zur Hälfte gem. Art. 106 III S. 2 GG beteiligt ist, wird der Unterschied bezüglich des „Verwaltungstyps“ bei der Einordnung der Investitionszulage als direkte Subvention demnach nicht praktisch, da die Investitionszulage nach Art. 104a III infolge der fünfzigprozentigen Kostenbeteiligung des Bundes ebenfalls im Rahmen der Auftragsverwaltung gewährt werden müßte[27].

Soweit die Kosten für die Leistungen aus dem InvZulG dagegen aus der Einkommensteuer bestritten werden, ist die Schlußfolgerung, daß das InvZulG gem. Art. 104a III im Rahmen der landeseigenen Verwaltung vollzogen werden müßte, nicht abwegig, wenn man davon ausgeht, daß der Bund wegen des Gemeindeanteils nur mit weniger als 50% beteiligt ist.

Die Schlußfolgerung, daß auch die Gemeinden über Art. 104a GG an den Kosten beteiligt werden können, darf indessen nicht gezogen werden[28], da sich die in Art. 104a GG vorgenommene Lastenverteilung nur auf das Verhältnis von Bund und Ländern bezieht. Gemeinden gelten als Teile der Länder[29]. Den Ländern bleibt es überlassen, landesintern die Gemeinden an ent-

---

[25] Vgl. *Katz*, S. 201; *Kirschenmann*, in: JuS 1977, S. 570.

[26] Vgl. *Klein*, in: Schmidt-Bleibtreu / Klein, Komm. zum GG, Art. 104a, RdNr. 14.

[27] So ausdrücklich *Vogel*, in: DÖV 1977, S. 837 (840).

[28] Vgl. *Klein*, in: Schmidt-Bleibtreu / Klein, Art. 104a, RdNr. 14 und *Vogel*, S. 841; abweichend *Fischer-Menshausen*, in: von Münch, Komm. zum GG, Art. 104a, RdNr. 16.

[29] Vgl. *Klein*, Art. 104a, RdNr. 6.

standenen Lasten zu beteiligen. Auch Art. 106 V GG erlaubt nicht, daß der Bund bei der gesetzgeberischen Festlegung des Einkommensteueranteils der Gemeinden indirekt die bei der Wahrnehmung konkreter Aufgaben entstandenen oder entstehenden Lasten berücksichtigt. Die Einstufung der Investitionszulage als direkte statt als indirekte Subvention in Form der Steuerermäßigung hat demnach zwar keine Konsequenzen für die Art des Verwaltungsvollzugs, hat aber insofern Konsequenzen, als die Gemeinden nicht wie bisher an den Kosten der Gewährung von Investitionszulagen beteiligt werden dürfen, indem von dem Einkommensteueraufkommen die Kosten für die Leistungen aus dem InvZulG abgezogen werden, bevor das Aufkommen an der Einkommensteuer um den den Gemeinden nach dem Gemeindefinanzreformgesetz gebührenden Anteil in Höhe von 14% gekürzt worden ist.

Unter budgetrechtlichen Gesichtspunkten werden der Praxis mit Recht ebenfalls Bedenken entgegengebracht[30], da es sich bei den Investitionszulagen tatsächlich um Geldleistungen bzw. direkte Subventionen handelt, weshalb sie im Haushaltsplan als Ausgaben ausgewiesen werden müßten (Art. 110 GG – Bruttoprinzip). Nach Art. 110 GG, § 12 I S. 1 HGrG sind Einnahmen und Ausgaben in voller Höhe und getrennt voneinander zu veranschlagen. Gegen das darin zum Ausdruck kommende Bruttoprinzip wird verstoßen, wenn die Lasten aus dem InvZulG von der Einkommen- und Körperschaftsteuer vor der Einstellung in den Haushaltsplan abgezogen werden und nur das geschmälerte Steueraufkommen auf der Einkommensseite ausgewiesen wird[31]. Nach umstrittener, aber unter dem Gesichtspunkt der sachgemäßen Ausübung des Budgetrechts durch das Parlament[32] richtigen Auffassung hat das Bruttoprinzip als besondere Ausprägung des Vollständigkeitsprinzips an dessen Verfassungsrang teil, so daß nicht nur ein Verstoß gegen § 12 I S. 1 HGrG, sondern auch ein Verstoß gegen Art. 110 I S. 1 GG zu bejahen ist. Die als Steuerermäßigungen zu behandelnden Mindereinnahmen bezeichnet *Fischer-Menshausen* deshalb zu Recht als „verschleierte Ausgaben" oder nach seinen Worten als „hidden expenditures"[33].

Wegen der Ausgabenverschleierung verstößt die Praxis zudem gegen den in § 11 HGrG zum Ausdruck kommenden Grundsatz der Haushaltsklarheit.

---

[30] Vgl. *Selmer,* S. 182; *Fischer-Menshausen,* Art. 110, RdNr. 10 und *Vogel,* DÖV 1977, S. 842.

[31] Vgl. *Fischer-Menshausen,* Art. 104a, RdNr. 16 und *Vogel,* DÖV 1977, S. 842.

[32] So ausdrücklich *Vogel,* DÖV 1977, S. 842f.; a.A. *Piduch / Sponheuer,* DÖV 1969, S. 190, 486, 705, 784.

[33] *Fischer-Menshausen,* in: von Münch, Art. 110, RdNr. 10.

2. Hat die rechtliche Einordnung des InvZulG als direkte Subvention kompetenzrechtliche Konsequenzen?

Kompetenzrechtlich praktisch ohne Bedeutung für den Bereich der regionalen Wirtschaftsförderung ist die Feststellung, daß dem Bund aufgrund der in Art. 91a enthaltenen Kooperationsverpflichtung oder nach dem Grundsatz des landesfreundlichen Verhaltens untersagt ist, eine eigenständige, die Rahmenplanung möglicherweise konterkarierende Förderung zu betreiben[34] oder vorzusehen, da die §§ 1 - 3 InvZulG, durch die der Bund regionalpolitische Förderungsmaßnahmen vorgesehen hat, auf das GRW abgestimmt sind.

Wegen der Existenz des Art. 91a GG könnte aber die Befugnis des Bundes fehlen, zusätzliche direkte Subventionen vorzusehen. Ob dem Bund aufgrund Art. 91a versagt ist, Leistungssubventionen auf dem explizit als Kooperationsbereich ausgestalteten Aufgabenbereich der Verbesserung der regionalen Wirtschaftsstruktur vorzusehen, ist in erster Linie für die Leistungen nach dem InvZulG von Bedeutung. In voller Schärfe betrifft die angesprochene Problematik die §§ 1 - 3 InvZulG, wenn man die Investitionszulage den obigen Ausführungen folgend als direkte Subvention ansieht. Insofern ist die Frage zu klären, ob Art. 91a GG der Inanspruchnahme einer Gesetzgebungskompetenz nach Art. 74 Nr. 11 i. V. mit Art. 72 II GG Grenzen setzt, soweit die zu erledigenden Aufgabenbereiche in Art. 91a I explizit als Mitwirkungsbereiche aufgeführt sind. Es wird zu prüfen sein, ob Art. 91a GG eine gewisse Sperrwirkung für die Inanspruchnahme der Gesetzgebungszuständigkeiten nach Art. 74 Nr. 11 GG begründet. Denkbar wäre, daß an den Bedürfnisnachweis nach Art. 72 II GG wegen Art. 91a GG höhere Anforderungen gestellt werden müssen. Die von *Wagner* in diesem Zusammenhang geäußerten Bedenken, ob und inwieweit noch ein Bedürfnis nach bundeseinheitlicher Regelung bejaht werden kann, sind trotz des weiten Beurteilungsspielraums des Gesetzgebers im Hinblick auf das Vorliegen der Voraussetzungen des Art. 72 II GG nicht nur von rein theoretischem Interesse, wenn man das InvZulG richtigerweise auf Art. 74 Nr. 11 GG stützt. Setzt der Bund seine Steuerkompetenzen als Mittel der regionalen Strukturpolitik ein, indem er in schwächeren Regionen ansässige Steuerpflichtige mit Finanzierungsmitteln subventioniert, die durch Abzug von dem Steueraufkommen freigeworden sind, so kommt dies einer Beteiligung der Länder an den über den in Art. 91a GG für die Verbesserung der regionalen Wirtschaftsstruktur vorgesehenen finanziellen Beteiligungsumfang hinausgehenden Finanzierungskosten gleich. Beteiligt wird an den darüber hinausgehenden Finanzierungskosten nicht nur das Land, in dem das förderungsbedürftige Gebiet liegt, die Minderung der örtlichen Einnahmen hat

[34] Vgl. *Liesegang,* in: von Münch, Art. 91a, RdNr. 41.

auch Auswirkungen auf andere Länder, da das verminderte Steueraufkommen des betreffenden Landes im Rahmen des horizontalen Finanzausgleichs zu seinen Gunsten zu Buche schlägt und damit andere Länder belastet[35]. Die Bedeutung der Frage nach der Tragweite des Art. 91a GG für die Förderungszuständigkeit des Bundes wird daran deutlich. Nicht gerechtfertigt ist es, will man sich diesen Bedenken dadurch entziehen, daß man das InvZulG als steuerrechtliche Regelung gem. Art. 105 II GG einstuft und die Investitionszulage entgegen ihrer Rechtsnatur als steuerliche Begünstigung behandelt, weil das Vorliegen der Voraussetzungen des Art. 72 II GG für die Inanspruchnahme der Kompetenz nach Art. 105 II GG als Alternativvoraussetzung nur eine relativ eingeschränkte Bedeutung in dem Fall hat, daß dem Bund das Steueraufkommen nicht ganz oder zum Teil zusteht. Das bedeutet konkret, daß das InvZulG nicht an den Voraussetzungen des Art. 72 II GG gemessen werden müßte, weil die Kompetenz hinsichtlich der Einkommen- und Körperschaftsteuer, aus dem das InvZulG finanziert wird, infolge Art. 105 II i. V. mit Art. 106 III S. 1 GG beim Bund liegt. Zu unterscheiden ist somit die Kollision des Art. 91a GG mit den dem Bund eine konkurrierende Zuständigkeit für die Leistungssubventionierung einräumenden allgemeinen Kompetenzbestimmungen gem. Art. 74 GG i. V. mit Art. 72 GG und den speziellen Kompetenzen des Bundes für die steuerinterventionistische Förderung gem. Art. 105 II GG.

3. Die Stellung und Bedeutung des Art. 91a GG im Kompetenzgefüge des GG

a) Die allgemeine Bedeutung des Art. 91a GG für das Bund-Länder-Verhältnis

Die Beantwortung der Frage, ob Art. 91a GG der regionalpolitischen Leistungssubventionierung des Bundes aufgrund des InvZulG außerhalb der Gemeinschaftsaufgabe entgegensteht, ist abhängig von der Stellung des Art. 91a GG im Kompetenzgefüge und setzt daher dessen vorherige Würdigung voraus. Während wegen der unterschiedlichen Klassifizierung des InvZulG, je nachdem, ob man die Investitionszulage als steuerliche Mindereinnahme oder als Geldleistung ansieht, bereits die Feststellung der kompetenzrechtlichen Grundlagen des InvZulG Schwierigkeiten bereitet und nicht einheitlich beurteilt wird, steht zwar Art. 91a I Nr. 2, II, III als verfassungsrechtliche Grundlage des GRW fest, wirft aber Auslegungsfragen auf, die für die Fixierung des verfassungsrechtlichen Rahmens der regionalen Wirtschaftsförderung die Klärung der Stellung des Art. 91a GG im Kompetenzgefüge des GG notwendig macht.

---

[35] Vgl. Finanzausgleichgesetz vom 28. Aug. 1969, BGBl. I, S. 1432 und 20.12.1982, BGBl. I, S. 1857.

Art. 91a ergänzt das in Art. 30, 70 und 83 GG verankerte System der strikten Trennung der Zuständigkeitsbereiche zwischen Bund und Ländern durch ein auf bestimmte Aufgabenbereiche limitiertes Kooperationssystem. Typisch für die dem Prinzip der nach Zuständigkeitsbereichen getrennten Aufgabenwahrnehmung unterworfenen Sachgebiete ist, daß der Bund oder die Länder als Aufgabenträger die Entscheidung über die Modalitäten der Aufgabenwahrnehmung ausschließlich selbst treffen. Die Gemeinschaftsaufgaben sind dagegen durch die gemeinsame Erarbeitung der Rahmenbedingungen für die Aufgabenwahrnehmung durch Bund und Länder gekennzeichnet. Gerechtfertigt wird das kooperative Vorgehen durch das die aufgezählten Sachgebiete besonders prägende Ineinandergreifen regionaler und überregionaler Aspekte, weshalb die Aufgabenwahrnehmung durch den Verantwortungsträger nur einer politischen Ebene, der Aufgabenbedeutung als sog. Gesamtaufgabe[36] nicht gerecht würde. Würde die Aufgabe der Verbesserung der regionalen Wirtschaftsstruktur ausschließlich auf der Länderebene durchgeführt, wäre zwar die erwünschte Einbeziehung der Planungsadressaten und die notwendige Berücksichtigung der regional differierenden Probleme gewährleistet, der gesteigerten Bedeutung raumübergreifender, insbesondere strukturpolitischer, raumordnungspolitischer und umweltpolitischer Gesichtspunkte und der auch für den Wettbewerb über die Landesgrenzen hinausreichenden Auswirkungen würde dadurch jedoch nicht angemessen Rechnung getragen. Aus der grundsätzlich getrennten überregionalen und regionalen Aufgabenwahrnehmung ergibt sich aber im Interesse erhöhter Effizienz die Notwendigkeit der Abstimmung der Förderungsmaßnahmen der verschiedenen Entscheidungsebenen. Art. 91a GG soll die Koordinierungsfunktion durch die kooperative Planung und Finanzierung ermöglichen[37]. Zu diesem Zweck fungiert Art. 91a II, III GG als globale Ermächtigungsgrundlage für die grundsätzlich nach überwiegender Auffassung gesetzesfrei erfolgende Subventionierung[38]. Ausführungsgesetze für die einzelnen Vorhaben werden von den Ländern nicht erlassen. Die Subventionen werden nur über die Ansätze im Haushaltsplan und nach pflichtgemäßem Ermessen unter Berücksichtigung der Rahmenplanfeststellung aufgrund einer Verwaltungsentscheidung vergeben. Daher ist die auf die gemeinsame Rahmenplanung zurückzuführende Mittelvergabe ein für das Subventionsrecht charakteristisches Regelbeispiel für die Subventionierung ohne Gesetzesgrundlage[39].

---

[36] Vgl. *Marnitz,* Die Gemeinschaftsaufgaben des Art. 91a GG als Versuch einer verfassungsrechtlichen Institutionalisierung der bundesstaatlichen Kooperation, S. 56f.

[37] Ähnlich *Liesegang,* in: von Münch, Art. 91a, RdNr. 39.

[38] Ähnlich *Bleckmann,* S. 59.

[39] Vgl. *Frotscher,* Grundfälle zum Wirtschaftsverfassungs- und Wirtschaftsverwaltungsrecht, JuS 84, S. 695.

b) Die in Art. 91 a GG vorgenommene und zugrundegelegte Zuständigkeitsverteilung

Inwieweit Art. 91 a GG von dem grundsätzlich geltenden Prinzip der strikten Kompetenztrennung abweicht, läßt sich verdeutlichen, wenn man die in Art. 91 a erfolgte Regelung auf die Verteilung der Gesetzgebungs-, Verwaltungs- und Finanzierungszuständigkeit hin untersucht.

Art. 91 a II, III GG sieht nicht den Erlaß eines konkreten Subventionsvergabegesetzes mit der Folge vor, daß der Bund die Subventionsbedingungen festlegen könnte. Nach Art. 91 a III GG kann der Bund nur Organisations- und Verfahrensregelungen treffen und nach Art. 91 a II GG können nur die Grundsätze für die Erfüllung der Gemeinschaftsaufgabe festgelegt werden. Wieweit dabei die Konkretisierung gehen kann, ist fraglich. Einigkeit besteht darüber, daß die Rahmenplanung einen ausfüllbaren Spielraum für die Detailplanung der Länder lassen muß[40]. Die Detailplanung gibt den Ländern die Möglichkeit zu einer durch die Rahmenplanung begrenzten politischen Aufgabengestaltung. Die Festlegung der Vergabebedingungen ist daher anders als bei einer strikten Kompetenztrennung aufgeteilt. Die Länder können im Rahmen der Detailplanung die konkreten Bedingungen festlegen. Der Bund hat gem. Art. 91 a II, III GG nur eine auf die Festlegung von Grundsätzen und den Erlaß von Verwaltungsvorschriften begrenzte Gesetzgebungszuständigkeit. Auch sein Mitwirkungsrecht bei der Rahmenplanaufstellung verleiht ihm nur eine begrenzte Einwirkungsmöglichkeit auf die Festsetzung der Vergabebedingungen und auf die Subventionsvergabe. Zu dem Mitwirkungsbereich des Bundes gehört nach § 5 Nr. 1 GRW die Abgrenzung der Fördergebiete, nach Maßgabe des § 2 II S. 3 GRW die Konzentration der Förderung auf räumliche Schwerpunkte in Grundsatzform, nach § 5 Nr. 2 GRW die Festlegung von Zielvorgaben und die Entwicklung von Methoden für die Erfolgskontrolle, nach § 5 Nr. 3 GRW die Festlegung eines Schlüssels zur Mittelverteilung auf die Länder sowie nach § 5 Nr. 4 GRW die Eingrenzung des Kreises der förderungsfähigen Vorhaben und die Festlegung der Förderungsart und der Förderungshöchstsätze. Für die gemeindescharfe Feinabgrenzung der Fördergebiete und die räumliche Abgrenzung von regionalen Aktionsprogrammen muß der Bund den Ländern einen ausreichenden Dispositionsrahmen lassen. Aufgabe der Länder ist darüber hinaus die scharfe räumliche Abgrenzung der Schwerpunkte und Mitorte nach Maßgabe der vom Planungsausschuß unter Mitwirkung des Bundes aufgestellten Kriterien, die Durchführung der Erfolgskontrolle sowie die Konkretisierung der Zielvorgaben, die Aufteilung der Mittel auf die regionalen Aktionsprogramme und den genauer definierten Kreis der

---

[40] Vgl. *Marnitz,* S. 87 und *Frowein,* VVDStRL 31/1973, S. 32.

förderungsfähigen Vorhaben im Rahmen der konkretisierten Förderungshöchstsätze.

Von der inhaltlich und in ihrem Umfang begrenzten Regelungsbefugnis des Bundes im Rahmen der aufgrund des Art. 91 a GG zu treffenden Regelungen zu unterscheiden ist die Befugnis zur Gewährung bzw. Vergabe der Subventionen. *Bleckmann* meint, daß Art. 91 a GG keine Entscheidung dahingehend treffe, daß nur die Länder im Zuge der Durchführung der als Gemeinschaftsaufgaben aufgeführten Aufgabenbereiche Subventionen vergeben dürfen und distanziert sich damit ausdrücklich von der Auffassung, wonach nur die Länder zur Subventionsvergabe befugt seien[41]. Zwei Gesichtspunkte sind dabei auseinander zu halten. Zum einen stellt sich die Frage, wer im Rahmen des Art. 91 a GG zur Rahmenplanausführung befugt ist, zum anderen, ob Art. 91 a GG eine eigene Subventionsvergabe durch den Bund in den genannten Bereichen versperrt. Richtig ist, daß Art. 91 a GG die Verwaltungszuständigkeit und damit die Zuständigkeit zur Subventionsvergabe nicht positiv zugunsten der Länder entscheidet. Er setzt jedoch voraus, daß die verwaltungsmäßige Ausführung des gemeinsam aufgestellten Rahmenplans eine Angelegenheit der Länder ist. Art. 91 a I GG erlaubt lediglich die Mitwirkung des Bundes in Form der gemeinsamen Rahmenplanung und der Finanzierungsbeteiligung, aber nicht mehr. Dazu kommt, daß Art. 91 a V GG der Bundesregierung lediglich ein Unterrichtungsrecht verleiht. Daß die Durchführung in den Händen der Länder liegt, läßt sich deshalb durchaus aus Art. 91 a GG ableiten, wenngleich sich die Verwaltungszuständigkeit der Länder positiv nur aus Art. 30 GG ergibt[42]. Einer Kompetenz des Bundes zur Rahmenplanausführung in Form der Subventionsvergabe würde Art. 91 a I, V GG entgegenstehen. Nur in sehr beschränktem Umfang kann der Bund nach Art. 74 Nr. 11 gem. Art. 87 III S. 1 GG Verwaltungszuständigkeiten an sich ziehen. Als mögliches Beispiel für die Inanspruchnahme von Verwaltungszuständigkeiten auf die in Art. 91 a I festgelegten Sachgebiete nennt *Klein* Art. 74 Nr. 17 i.V. mit Art. 87 III S. 1 GG, wonach der Bund eine selbständige Bundeseinrichtung zur Verwaltung des landwirtschaftlichen Absatzfonds nach dem Absatzfondsgesetz i.d.F. vom 8.11.1976 (BGBl. I S. 3109) schaffen kann. Eine Ausdehnung der Verwaltungszuständigkeit des Bundes ist aber nach Art. 87 III S. 1 GG davon abhängig, daß der Bund die Gesetzgebungszuständigkeit besitzt. Wegen des von *Klein* genannten Beispiels darf nicht der Schluß gezogen werden, daß das für die Inanspruchnahme der konkurrierenden Gesetzgebungszuständigkeit erforderliche Bedürfnis gem. Art. 72 II GG stets vorliegt.

---

41 So ausdrücklich *Bleckmann*, S. 60 i.V. mit Fn. 8.

42 Vgl. *Klein*, in: Der Staat 11/1972, S. 289 (290).

c) Sperrwirkung des Art. 91a GG für die regionalpolitische Leistungssubventionierung des Bundes außerhalb der Gemeinschaftsaufgabe?

Da Art. 91a GG den Bund für bestimmte Sachgebiete ausdrücklich nur auf die Mitwirkung beschränkt und auch lediglich eine limitierte Finanzierungsbeteiligung vorsieht, stellt sich die Frage, wie weit die Zuständigkeit des Bundes im Bereich der regionalen Wirtschaftsförderung darüber hinaus noch reicht. Das Problem der Sperrwirkung des Art. 91a GG wird in der Literatur überwiegend unter dem Aspekt erörtert, ob die Länder außerhalb des Kooperationsbereichs selbständige Aufgaben wahrnehmen dürfen[43].

Ob und inwieweit umgekehrt der Bund durch die Aufführung gemeinsamer Aufgabenbereiche und die limitierte Finanzierungszuständigkeit durch Art. 91a GG eine Einschränkung seiner Zuständigkeit, insbesondere auf dem Sachgebiet der regionalen Wirtschaftsförderung erfahren hat, wird mit abweichendem Ergebnis und unterschiedlicher Begründung diskutiert. Indem *Maunz* zu dem Ergebnis gelangt, daß den Bund keine Sperrwirkung trifft, soweit es um seine eigenen Bundesaufgaben geht, Art. 91a GG für den Bund vielmehr eine Sperrwirkung nur insofern begründe, als er an den von Art. 91a GG erfaßten Länderaufgaben nur in dem vorgeschriebenen Rahmen der Gemeinschaftsaufgaben mitwirken könne[44], stellt er zwar einen einleuchtenden Grundsatz für die Stellung des Art. 91a GG im Rahmen des Kompetenzgefüges auf, dieser Grundsatz bedarf jedoch für das Sachgebiet der Verbesserung der regionalen Wirtschaftsstruktur näherer Betrachtung. *Maunz* weist selbst auf die Indizwirkung des Art. 91a GG hin, wonach die genannten Aufgabengebiete zu den Aufgaben der Länder gehören und schließt Zweifel daran, daß die Verbesserung der regionalen Wirtschaftsstruktur ganz überwiegend in die Länderzuständigkeit fällt, aus[45]. Inwieweit der Bund nach Art. 74 Nr. 11 i.V. mit Art. 72 II GG Maßnahmen zur Förderung der regionalen Wirtschaft vorsehen kann, wird aber dann fragwürdig. Ist der Verfassungsgesetzgeber von der überwiegenden Länderzuständigkeit in Art. 91a GG ausgegangen, so besteht Anlaß zu der Frage, in welchem Umfang der Bundesgesetzgeber auf seine Kompetenz nach Art. 74 Nr. 11 i.V. mit Art. 72 II GG zurückgreifen kann[46], ohne die in Art. 91a GG festgestellte Zuständigkeit der Länder auf den genannten Sachgebieten auszuhöhlen.

---

43 Vgl. insbesondere *Goroncy,* Der Mitwirkungsbereich des Bundes bei den Gemeinschaftsaufgaben nach Art. 91a und 91b des GG, DÖV 1970, S. 109ff.; vgl. *Klein,* in: von Mangoldt / Klein, GG-Komm., Anm. IV 2 a).

44 *Maunz,* in: Maunz / Dürig / Herzog, Art. 91a, RdNr. 66.

45 Vgl. *Maunz,* RdNr. 20.

46 Ähnlich *Wagner,* S. 176f. und *Jooss,* BayVBl. 1985, S. 615 (618).

Der Bund kann seine Zuständigkeit für den Erlaß von Gesetzen, die auf die Subventionierung Privater abzielen, abgesehen von Art. 91 a GG, grundsätzlich aus Art. 104 a IV, Art. 73 ff. GG und insbesondere aus Art. 74 Nr. 11 GG herleiten. Art. 74 Nr. 11 GG i. V. mit Art. 72 II bildet die Basis für die gesetzgeberische Zuständigkeit des Bundes im Bereich der Wirtschaftsintervention[47]. Die nach umstrittener Ansicht nur exemplarische Aufzählung[48] von Wirtschaftsbereichen in Art. 74 Nr. 11 GG zeigt, daß dem Bund die konkurrierende Gesetzgebungszuständigkeit für den gesamten Bereich der Wirtschaft umfassend[49] übertragen wurde. Ausgenommen ist lediglich der Sektor der Land- und Forstwirtschaft, für den dem Bund gesondert gem. Art. 74 Nr. 17 GG die konkurrierende Zuständigkeit zusteht. Das nach Art. 72 II GG geforderte Bedürfnis zur Regelung der Wirtschaftsintervention läßt sich mit dem Hinweis der Unzulänglichkeit von Förderungsprogrammen der Länder angesichts der auf das gesamte Bundesgebiet verteilten begünstigten Unternehmen grundsätzlich bejahen[50]. Nicht nur Art. 74 Nr. 11 GG deutet durch die Aufzählung von Wirtschaftszweigen auf das Erfordernis der Überregionalität hin, auch die Bejahung des Bedürfnisses nach bundesgesetzlicher Regelung geht von der Überregionalität aus. Im Hinblick auf die sektorale Wirtschaftsförderung, die ebenfalls unter Art. 74 Nr. 11 GG fällt, bestehen unter dem Gesichtspunkt einer etwaigen beschränkenden Wirkung des Art. 91 a GG keine Bedenken, da die sektorale Wirtschaftsförderung nicht zu den in Art. 91 a aufgezählten Sachgebieten gemeinsamer Aufgabenwahrnehmung gerechnet werden kann. Der Bund ist nach Art. 74 Nr. 11 GG i. V. mit Art. 72 II GG grundsätzlich auch zur Verfolgung regionalpolitischer Zielsetzungen befugt, wird Regionalpolitik doch überwiegend als räumlicher Aspekt der Wirtschaftspolitik verstanden, so daß regionale Wirtschaftsförderung als Teilbereich der staatlichen Wirtschaftsförderung von Art. 74 Nr. 11 i. V. mit Art. 72 II GG gedeckt sein kann. Da die Einheitlichkeit der Lebensverhältnisse im Bundesgebiet eine an einheitlichen Kriterien ausgerichtete Regelung gebieten kann, läßt sich die Einführung einer regional differenzierten Förderungsregelung grundsätzlich auf Art. 74 Nr. 11 i. V. mit Art. 72 II GG stützen.

Art. 91 a GG könnte aber infolge der von der dort vorausgesetzten Zuständigkeitsverteilung ausgehenden Indizwirkung eine Begrenzung der grundsätzlich zu bejahenden Gesetzgebungszuständigkeit nach Art. 74 Nr. 11 GG i. V. mit Art. 72 II GG zur Folge haben. Stellt man sich auf den Standpunkt,

---

[47] Vgl. *Grosser*, Die Spannungslage zwischen Verfassungsrecht und Verfassungswirklichkeit bei Vergabe von staatlichen Wirtschaftssubventionen durch die öffentliche Hand, S. 51; *Hamann*, DVBl. 1963, S. 486 ff.; *Bellstedt*, DÖV 1961, S. 162.

[48] Vgl. Schmidt-Bleibtreu, Art. 74, RdNr. 28 a.

[49] BVerfGE 55/274 ff.; *Henze*, Verwaltungsrechtliche Probleme der staatlichen Finanzhilfe zugunsten Privater, S. 23 ff.

[50] So ausdrücklich *Henze*, S. 24.

daß Art. 91a GG gegenüber der vor seiner Einführung bestehenden Rechtslage nur zu einer Kompetenzerweiterung des Bundes und damit korrespondierend zu einer Kompetenzabschwächung der Länder führte[51], weil dem Bund Mitwirkungsrechte bei der Wahrnehmung von Länderaufgaben eingeräumt wurden, so dürfte aus Art. 91a GG eine beschränkende Wirkung zu Lasten des Bundes nicht deduziert werden. Würde man sich auf den Aspekt der Kompetenzausweitung beschränken, würde aber außer acht gelassen, daß durch Art. 91a GG auch die Länderkompetenzen bestätigt wurden[52]. Der Bund hat – wie oben bereits ausgeführt – bei Aufgaben, die nach der Prämisse des Art. 91a I GG andernfalls von den Ländern wahrgenommen würden, nach Art. 91a I nur ein Mitwirkungsrecht und darf nach Art. 91a I Nr. 2 i.V. mit Art. 91 II S. 2 GG nur die Grundsätze für die vorgesehene Wirtschaftsförderung auf dem zum Aufgabenbereich der Länder gerechneten Sachgebiet der Verbesserung der regionalen Wirtschaftsstruktur festlegen. Zieht er den Bereich im Rahmen seiner Zuständigkeit nach Art. 74 Nr. 11 i.V. mit Art. 72 II GG in größerem Umfang an sich, werden die Länder durch die Beschneidung des Aufgabenbereichs zur Ausführung von Bundesgesetzen nach Art. 83ff. herangezogen. Da Art. 91a GG nur eingreift, wenn die Art. 83ff. nicht zur Anwendung kommen[53], könnte dem Art. 91a GG auf diesem Wege der Subventionierung auf bundesgesetzlicher Grundlage teilweise das Substrat entzogen werden. Art. 91a GG dehnt daher die Kompetenzen des Bundes nicht nur auf die mitwirkende Wahrnehmung von Landesaufgaben aus, sondern beschränkt auch die gesetzgeberische Zuständigkeit des Bundes bezüglich der Aufgabenbereiche, für die er zwar weitergehende, nicht in Anspruch genommene gesetzgeberische Zuständigkeiten bereits bei Einführung des Art. 91a besaß, die aber durch die Einführung des Art. 91a GG zum Mitwirkungsbereich erklärt wurden, zumal er vor dessen Einführung von seiner Gesetzgebungszuständigkeit keinen Gebrauch gemacht hat. Insoweit geht von der Feststellung des Art. 91a GG, daß die Verbesserung der regionalen Wirtschaftsförderung ein der gemeinsamen Rahmenplanung unterworfener Aufgabenbereich der Länder ist, eine beschränkende Wirkung für die Ausübung der Gesetzgebungszuständigkeit des Bundes nach Art. 74 Nr. 11 i.V. mit Art. 72 II GG aus.

Betont man daher richtigerweise den Aspekt der Kompetenzbestätigung, der in Richtung auf die Zuständigkeitsvermutung zugunsten der Länder in Art. 30 GG weist, ist dem Art. 91a GG eine selbständige Bedeutung im Hinblick auf die Beurteilung der Zuständigkeitsverteilung zwischen Bund und Ländern auf dem Felde der regionalen Wirtschaftsförderung zuzuschreiben.

---

[51] Vgl. *Maunz,* Der Verfassungsmäßigkeit der Finanzreform, NJW 1968, S. 2034 und *Keding,* BB 1969, S. 685.

[52] Vgl. *Wagner,* S. 176.

[53] *Klein,* Die Regelung der GA von Bund und Ländern im GG, in: Der Staat (11) 1972, S. 289 (290).

Unter diesem Blickwinkel läßt sich eher eine Regionalisierung der Regionalpolitik als eine unitarische Entwicklung in der Regionalpolitik rechtfertigen. Der Gedanke, eine Grenze dann zu ziehen, wenn die in Art. 91a GG vorausgesetzte Zuständigkeitsverteilung zugunsten der Länder in ihrem Kernbestand ausgehöhlt ist[54], zieht deshalb die Schranke der Tendenz nach zu spät.

Als Lösung bietet sich der Grundsatz wechselseitiger Bundestreue an, der als Ausprägung des Bundesstaatsprinzips die Aktivitäten des Bundes bei der Wahrnehmung seiner Kompetenzen begrenzt und eine Aushöhlung der vorausgesetzten Zuständigkeitsverteilung verhindern helfen könnte. Das Prinzip der Bundestreue wird in der Form, daß der Bund sich länderfreundlich zu verhalten hat, im Zusammenhang mit der Kompetenzausübung noch in anderem Zusammenhang als Schranke für die Aktivitäten des Bundes im Bereich der regionalen Wirtschaftsförderung genannt. *Selmer* mißt ihm Bedeutung im Hinblick auf die Inanspruchnahme der steuerrechtlichen Kompetenz des Bundes gem. Art. 105 II GG bei[55] und andere begründen das wechselseitige Verbot einer konterkarierenden Förderung auf dem Gebiet der regionalen Wirtschaftsförderung[56] mit dem Grundsatz der Bundestreue.

Zurückgestellt wird die von *Selmer* im Zusammenhang mit Art. 105 II GG angesprochene Anwendbarkeit des Prinzips der Bundestreue, da diese Frage die Kompetenz des Bundes betrifft, durch steuerliche Regelungen indirekt zu subventionieren.

Eine konterkarierende Förderung des Bundes aufgrund der §§ 1 - 3 InvZulG ist wegen der Querverbindung mit dem Rahmenplan weitgehend ausgeschlossen. Zum einen kann ein förderungswürdiger Betrieb Förderungsmittel nach dem Rahmenplan nur erhalten, wenn zuvor die Leistungen nach dem Investitionszulagengesetz ausgenutzt worden sind, zum anderen besteht nach § 1 I Nr. 1 und II Nr. 1a) InvZulG vom 28. Januar 1986[57] ein Anspruch auf die Regionalzulage nur, wenn eine gewerbliche Betriebsstätte in einem im Rahmenplan als förderungsbedürftig ausgewiesenen Gebiet errichtet oder erweitert werden soll. Die Bejahung der Gültigkeit des aus dem Gebot der Bundestreue abgeleiteten Verbots der konterkarierenden Förderung hat daher keine Bedeutung für die vom Bund vorgesehene Regionalförderung aufgrund des InvZulG erlangt.

Die im Zusammenhang mit der Kompetenzwahrnehmung interessierende Frage, ob die Aktivitäten des Bundes durch das Prinzip der Bundestreue mit dem für den Bund maßgeblichen Gebot, sich länderfreundlich zu verhalten,

---

54 So ausdrücklich *von Mangoldt / Klein*, Art. 91a, 5c.

55 Vgl. *Selmer*, S. 179.

56 Vgl. *Liesegang*, in: von Münch, Art. 91a, RdNr. 41 m.w.N.

57 InvZulG vom 28. Jan. 1986, BGBl. I, 1986, S. 231.

begrenzt werden, ohne daß aus Art. 91a GG eine Sperrwirkung abgeleitet werden muß, ist im Ergebnis ebenfalls zu verneinen. Auch wenn das Prinzip des bundesfreundlichen Verhaltens stark verrechtlicht als „Kompetenzausübungsschranke"[58] wechselseitige Bedeutung für Bund und Länder erlangt hat, ist die Kritik *Hesses*[59] an dem Rückgriff auf das Prinzip des bundesfreundlichen Verhaltens berechtigt, wenn anhand geschriebener Verfassungssätze die Kompetenzfrage gelöst werden kann[60]. Angesichts der ihm trotz der näheren Konkretisierung, eine an sich eingeräumte Kompetenz dürfe nicht mißbräuchlich ohne Rücksicht auf die Belange der Länder ausgenutzt werden[61], anhaftenden Ungenauigkeit ist, worauf *Hesse* mit Recht abhebt, im Interesse der Rechtsklarheit und Rechtssicherheit der Verzicht auf die Anwendung dieses Prinzips geboten, wenn andere Verfassungsnormen als Prüfungsmaßstab zur Verfügung stehen[62].

Eine bessere Lösung ermöglicht die restriktive Auslegung des Art. 74 Nr. 11 GG i. V. mit Art. 72 II GG. Ohne auf Art. 91a GG zu rekurrieren, läßt sich aber angesichts der weiten Auslegung des Art. 74 Nr. 11 GG i. V. mit Art. 72 II GG entgegen der von *Wagner*[63] auf der Linie von *Klein*[64] vertretenen Auffassung keine Beschränkung unmittelbar auf der Kompetenzebene der Art. 70ff. GG begründen. Die Argumentation, daß wegen der Erfassung der regionalen Wirtschaftsförderung im Rahmenplan die Voraussetzungen des Art. 72 II GG weggefallen sein können, ohne deren Vorliegen sich eine konkurrierende Zuständigkeit des Bundes nicht begründen läßt, kann ebenfalls nicht darauf verzichten, aus der gemeinsamen Rahmenplanung im Rahmen des Art. 91a GG eine beschränkende Wirkung für die Ausübung der konkurrierenden Bundeskompetenz abzuleiten[65]. Nur dadurch gelingt es ihr, das Vorliegen der rechtlichen Voraussetzungen des Art. 72 II GG in Frage zu stellen. Zu verneinen ist die Frage, ob Art. 91a GG eine „echte", d.h. die Inanspruchnahme der konkurrierenden Zuständigkeit des Bundes ausschließende Sperrwirkung zu begründen vermag. Mit der Einführung des Art. 91a GG wurde die Kompetenz des Bundes auf dem Gebiet der regionalen Wirtschaftsförderung nicht beseitigt. Insbesondere für Vorhaben mit überregionaler Wirkungsinzidenz, also von über die Grenzen eines Landes hinausreichender Wirkung, ist die Inanspruchnahme der regionalpolitischen Kompetenz des Bundes durch die Einführung des Art. 91a GG nicht eingeschränkt worden. Die Realisierung von Vorhaben mit überregionaler

[58] So ausdrücklich *Stern*, 19 III 4, S. 548; vgl. auch *Hesse*, S. 109; *Katz*, S. 109f.
[59] So ausdrücklich *Hesse*, S. 110.
[60] Vgl. auch *Katz*, S. 109f.; BVerfGE 31/314 (325).
[61] Vgl. *Stern*, 19 III 4, S. 548; *Püttner*, Staatsorganisation I, S. 23 u. 156.
[62] Vgl. *Hesse*, S. 110.
[63] Vgl. *Wagner*, S. 176.
[64] Vgl. *Klein*, S. 298.
[65] Vgl. *Wagner*, S. 176.

Wirkungsinzidenz wäre davon abhängig, daß das betroffene Land von seinem Sitzlandvorbehalt i.S. des Art. 91a III S. 2 GG keinen Gebrauch macht. Da dem Bund nach Art. 91a Mitwirkungsrechte hinsichtlich der Wahrnehmung von Landesaufgaben eingeräumt wurden, kann wegen Art. 91a GG nicht die Schlußfolgerung gezogen werden, ihm sei die Inanspruchnahme seiner konkurrierenden Zuständigkeit grundsätzlich verwehrt. Dagegen fehlt dem Bund für Vorhaben, die in der Wirkung nur ein Land, nicht mehrere Länder betreffen, also für Vorhaben ohne eine die Landesgrenzen überschreitende Wirkung, bereits die Kompetenz, direkte Subventionen vorzusehen. Mit der verstärkten Einbeziehung mittelständischer und kleiner Dienstleistungs- und Gewerbebetriebe in die Förderung wird die kompetenzrechtliche Grundlage auch insofern zunehmend zweifelhafter. Darüber hinaus ist eine modifizierte Sperrwirkung des Art. 91a GG anzuerkennen. Der als Sperrwirkung zu bezeichnende Effekt des Art. 91a GG beruht darauf, daß die regionale Wirtschaftsförderung als zum Aufgabenbereich der Länder gehörend festgestellt wird und dadurch Anlaß zu der Überprüfung der rechtlichen Voraussetzungen des Art. 72 II GG gegeben wird, wenn der Bund wegen des Bedürfnisses nach bundeseinheitlicher Regelung außerhalb der gemeinsamen Rahmenplanung regionalpolitische Förderungsmaßnahmen aufgrund des Art. 74 Nr. 11 GG vorsieht. Denkt man den Gedankengang konsequent weiter, sieht man sich vor die Frage gestellt, ob die umschriebene Sperrwirkung den nach der h.M.[66] weiten, nur sehr beschränkt justiziablen Spielraum des Gesetzgebers nach Art. 72 II GG bei der Beurteilung der Frage, ob ein Bedürfnis nach bundesgesetzlicher Regelung besteht, entgegen der h.M. einschränkt und überprüfbar macht. Davon geht *Wagner* offenbar aus, wenn er feststellt, die Rahmenplanung stelle sich hinsichtlich des Bedürfnisses nach bundeseinheitlicher Regelung als ebenso effektives, milderes und dem föderativen Prinzip eher adäquates Mittel dar[67]. Wenn die Rahmenplanung dem Bedürfnis nach bundeseinheitlicher Regelung genügt, ist eine auf Art. 74 Nr. 11 i.V. mit Art. 72 II GG gestützte Regelung, die weitere Förderungsmaßnahmen unter der Regie des Bundes vorsieht, unter dem Gesichtspunkt des Bedürfnisses nach bundeseinheitlicher Regelung Bedenken ausgesetzt. Die Bedenken werden aber erst gerechtfertigt, wenn man sich der hier vertretenen Auffassung anschließt, daß Art. 91a GG eine modifizierte Sperrwirkung dergestalt begründet, daß er zu der Überprüfung der Voraussetzungen des Art. 72 II GG Anlaß gibt und das Vorliegen des Bedürfnisses nach bundeseinheitlicher Regelung in Zweifel zieht. Man muß deshalb die Konsequenz ziehen, daß das Vorliegen der Voraussetzungen des Art. 72 II GG infolge der Existenz des Art. 91a und

---

[66] Vgl. statt vieler *Gruson*, Die Bedürfniskompetenz; Inhalt und Justiziabilität des Art. 72 II des Grundgesetzes, 1967, S. 88ff. m.w.N. und BVerfGE 2/213ff. (224); 10/234ff. (245).

[67] So ausdrücklich *Wagner*, S. 176.

dessen Indizwirkung richterlicher Nachprüfung unterworfen wird, weil nicht mehr bloß ein politischer Spielraum besteht, sondern die rechtlichen Auswirkungen des Art. 91 a GG zu beachten sind.

Von diesem Standpunkt aus betrachtet, sind die §§ 1 - 3 InvZulG kompetenzrechtlich nicht haltbar. Da sich die regionalpolitischen Förderziele der §§ 1 - 3 InvZulG auch aufgrund der Gemeinschaftsaufgabe erreichen lassen, die §§ 1 - 3 InvZulG grundsätzlich denselben Begünstigtenkreis wie die Gemeinschaftsaufgabe erfassen und nicht nur auf überregionale Vorhaben beschränkt sind, fehlt wegen Art. 91 a GG das Bedürfnis für eine bundesgesetzliche Regelung. Die Länder würden finanziell nicht zusätzlich belastet, da sie in gleicher Höhe nach dem InvZulG ohnehin infolge der Finanzierung aus der Einkommen- und Körperschaftsteuer durch sog. Mindereinnahmen belastet sind.

Nur bedingt richtig ist es, die These, regionalpolitisch motivierte Wirtschaftsförderung könne grundsätzlich nur noch im Rahmen der Gemeinschaftsaufgabe erfolgen[68], mit der Unterscheidung zwischen einer Förderung durch die Bundesregierung und der Förderung auf förmlicher Grundlage zu erklären[69], da die Unterscheidung von der uneingeschränkten Zulässigkeit der Förderung auf förmlicher Grundlage ausgeht. Art. 91 a I Nr. 2, II GG hat aber nach der hier vertretenen Auffassung nicht nur die Regionalen Förderungsprogramme der Bundesregierung abgelöst, sondern wirkt auch insofern beschränkend, als eine Förderung auf förmlicher Grundlage vorgesehen werden soll, weil der Bund nach Art. 91 a GG auf dem explizit als Mitwirkungsbereich genannten Sachgebiet der Verbesserung der regionalen Wirtschaftsstruktur nur die Grundsätze der Förderung gesetzlich regeln können soll. Wenn er stattdessen seine faktische Überlegenheit (dazu unten) noch zusätzlich durch eine seine Einflußmöglichkeiten ausbauende bundesgesetzliche Regelung ausdehnt, widerspricht dies der Bedeutung der Gemeinschaftsaufgabe und der in Art. 91 a vorausgesetzten Aufgabenverteilung.

Im Ergebnis ist daher festzuhalten, daß Art. 91 a eine modifizierte Sperrwirkung für die Inanspruchnahme zusätzlicher Kompetenzen des Bundes nach Art. 74 Nr. 11 i. V. mit Art. 72 II GG im Bereich der regionalen Wirtschaftsförderung entfaltet, indem er das Bedürfnis nach einer bundeseinheitlichen Regelung, die die regionale Wirtschaftsförderung aufgrund des GRW und des Rahmenplans ergänzen soll, in Frage stellt. Da nach der hier vertretenen Ansicht das InvZulG richtigerweise als ein Gesetz i. S. des Art. 74 Nr. 11 i. V. mit Art. 72 II GG einzustufen ist, weil die Investitionszulage keine Steuerermäßigung, sondern eine direkte Subvention ist und ein

---

[68] Vgl. 1972 BT-Drs. VII/419, S. 20.

[69] So aber *Wagner*, S. 156, Fn. 7.

Bedürfnis i. S. des Art. 72 II GG für eine bundesgesetzliche Regelung wegen Art. 91 a GG entfallen ist, fehlt dem InvZulG die Kompetenzgrundlage.

d) *Kollision zwischen Art. 91 a GG und Art. 105 II GG bei steuerinterventionistischer Regionalförderung*

Zu erwägen ist jedoch, ob das InvZulG als steuerinterventionistische bundesgesetzliche Regelung bei entsprechender Umgestaltung der Investitionszulage zu einer echten Steuervergünstigung aufrechterhalten werden könnte.

Dadurch, daß die Existenz des Art. 91 a I Nr. 2 GG – entsprechend der obigen Ausführungen – nur im Rahmen der Bedürfnisprüfung gem. Art. 72 II GG zu der Frage Anlaß gibt, ob trotz der gemeinsamen Rahmenplanung noch ein Bedürfnis für eine bundesgesetzlich vorgesehene regional differenzierte Förderung besteht, wird die Steuerkompetenz des Bundes nur teilweise durch die vorstehend beschriebene beschränkende Wirkung des Art. 91 a GG tangiert, da, wenn der Bund ganz oder zum Teil am Steueraufkommen beteiligt ist, die Bedürfnisvoraussetzungen des Art. 72 II GG nach dem Wortlaut des Art. 105 II nicht vorliegen müssen.

Eine beschränkende Wirkung des Art. 91 a GG für die steuerinterventionistische Regionalförderung wird von *Selmer* jedoch unter einem anderen Gesichtspunkt erörtert. Hingewiesen wird von ihm auf die Gefahr, daß die limitierte Finanzierungsbeteiligung gem. Art. 91 a IV auf dem Weg des Steuerinterventionismus mit Mitteln aus dem dem Bund nur teilweise zustehenden Steueraufkommen unterlaufen werden kann. Der Einsatz steuerinterventionistischer Mittel wirkt sich in einer Einnahmeminderung der Länder aus, da die regionalpolitisch motivierten steuerlichen Begünstigungen aus dem Steueraufkommen der Einkommen-, Körperschaft- und Umsatzsteuer finanziert werden. Aufgrund der dadurch entstehenden Kollision zwischen Art. 91 a IV und Art. 105 II GG ist *Selmer* zu dem Ergebnis gelangt, daß die Förderungspraxis der Gewährung regional gezielter Steuererleichterungen auf verfassungsrechtlich schwankendem Boden stehe[70]. Ausgehend von der Einordnung des InvZulG als steuerrechtliche Regelung, bringt er vor allem dem InvZulG verfassungsrechtliche Bedenken entgegen.

Die Kompetenzvorschrift des Art. 105 II GG, auf die indirekte steuerliche Subventionen gestützt werden können, steht jedoch gleichrangig neben der gem. Art. 91 a II i. V. mit § 3 GRW direkte Subventionen vorsehenden Gemeinschaftsaufgabe zur Verbesserung der regionalen Wirtschaftsstruktur. Man müßte über die befürwortete modifizierte Sperrwirkung hinausge-

---

70 So ausdrücklich *Selmer*, S. 181.

hen und eine Sperrwirkung des Art. 91 a infolge Spezialität bejahen, wollte man den Vorrang der in Art. 91 a IV getroffenen Entscheidung für eine limitierte Finanzierungsbeteiligung begründen. Die Kollision kann jedoch nicht auf der Ebene der als gleichrangig zu behandelnden Kompetenzvorschriften gelöst werden, da Art. 91 a IV eine derart weitreichende Sperrwirkung nicht entnommen werden kann. Daß die Gemeinschaftsaufgabe inhaltlich durch das GRW so ausgestaltet ist, daß keine Verschonungssubventionen, sondern Leistungssubventionen vorgesehen sind, kann die Frage nach dem Verhältnis zwischen den Kompetenzvorschriften Art. 105 II GG und Art. 91 a GG nicht beeinflussen. Die bejahte Gleichrangigkeit der Kompetenzvorschriften ist vielmehr darauf zurückzuführen, daß Art. 91 a GG keine echte Sperrwirkung zu entfalten vermag (vgl. oben unter c), sondern nur die oben beschriebene modifizierte Sperrwirkung.

Während Art. 91 a im Rahmen der Bedürfnisprüfung des Art. 72 II als Förderungsinstrumentarium mit beschränkender Wirkung Berücksichtigung verlangt, kann Art. 91 a GG diese Wirkung nicht haben, wenn der Bund seine Zuständigkeit aus seiner Beteiligung am Steueraufkommen herleitet, da in diesem Fall eine Bedürfnisprüfung nicht erfolgt. Lediglich das wechselseitige Prinzip der Bundestreue zieht dem Bund daher unter dem Gesichtspunkt des Verbots der konterkarierenden Förderung und dem Verbot der Aushöhlung der in Art. 91 a vorgesehenen begrenzten Finanzierungsbeteiligung Grenzen, wenn das Steuerinstrumentarium mißbräuchlich unter Mißachtung der Länderinteressen zu regionalpolitischen Förderungszwecken eingesetzt wird. Zu einer mißbräuchlichen Inanspruchnahme von Bundeskompetenzen kommt es aber nicht nur, wenn die limitierte Finanzierungsbeteiligung des Art. 91 a GG ausgehöhlt ist, sondern auch, wenn die regionale Wirtschaftsförderung wesentlich vom Bund zu einer „verkappten Bundesaufgabe" entwickelt wird, indem das Förderungsschwergewicht und Entscheidungsschwergewicht überwiegend vom Bund in Anspruch genommen wird, ohne daß den Ländern ein vergleichbar autonomer Aufgabenbereich verbleibt.

Fazit: Den §§ 1 - 3 InvZulG fehlen in ihrer jetzigen rechtlichen Ausgestaltung die Kompetenzgrundlage, da für den Erlaß einer eine direkte Subvention vorsehenden bundesgesetzlichen Regelung kein Bedürfnis nach Art. 72 II GG besteht. Aufrechterhalten werden können die §§ 1 - 3 InvZulG, wenn die nach diesen Vorschriften vorgesehene Regionalzulage als indirekte Subvention bzw. echte Steuervergünstigung ausgestaltet wird. Im Zuge einer Neuverteilung der Gewichte zwischen Bund und Ländern kommt jedoch auch der Verzicht auf §§ 1 - 3 InvZulG in Betracht.

III. Analyse der Gewichtsverteilung zwischen Bund und Ländern im Bundesstaat

1. Die faktische unitarische Entwicklung und ihre Folgen

Trotz der theoretischen Anerkennung der föderativen Struktur des Bundesstaates klafft zwischen der Theorie und der Verfassungspraxis in der Bundesrepublik eine breite Kluft. Die Wirtschaftsentwicklung und die Finanzprobleme der Länder förderten die funktionale Weiterentwicklung des Bundesstaatsprinzips[71]. Nicht mehr die regionale Vielfalt ist prägendes Merkmal des Bundesstaatsprinzips, sondern die Verbindung regionaler Aspekte mit Aspekten der Einheit des Staates. Der Wohlfahrtsstaat wollte uneinheitliche, die Bürger im Bundesgebiet unterschiedlich begünstigende oder belastende Lebensverhältnisse als Preis der „föderalen Freiheit" nicht anerkennen. Durch den Drang nach einheitlichen Lebensverhältnissen wurden infolgedessen die zentralistischen Tendenzen im Bundesstaat verstärkt. Ihnen wurde nicht durch eine bessere Finanzausstattung der Länder Rechnung getragen. Vielmehr wurde diese Tendenz durch eine beständige Ausweitung der Bundeskompetenzen verstärkt[72]. Mit der Einführung der Gemeinschaftsaufgaben in das GG, mit der der faktischen unitarischen Entwicklung Rechnung getragen werden sollte, war dieser Prozeß nicht abgeschlossen. Auf die Gefahr, daß sich die Gemeinschaftsaufgaben zu Bundesaufgaben mit finanzieller Länderbeteiligung entwickeln könnten, wurde angesichts der faktischen und unten näher dargestellten verfahrensmäßigen Überlegenheit des Bundes schon häufig hingewiesen[73].

Dies gilt insbesondere für die gemeinsame Regionalförderung von Bund und Ländern. Die faktische Überlegenheit des Bundes wird nicht nur durch die gleich starke Stellung im Planungsausschuß dokumentiert, wodurch mehr als nur eine Mitwirkung an Landesaufgaben zum Ausdruck kommt, sondern auch durch die Ausgestaltung der Förderung nach dem Investitionszulagengesetz als „Basisförderung der Gemeinschaftsaufgabe"[74], indem die Inanspruchnahme der GA-Mittel von der vorherigen Inanspruchnahme der Leistungen aus dem Investitionszulagengesetz abhängig gemacht

---

[71] Vgl. zur Entwicklung; *Feger*, Verwaltungsrundschau 1979, S. 415ff.; *Rupp*, Bemerkungen zur neueren Diskussion über den bundesdeutschen Föderalismus, in: Freiheit und Verantwortung im Verfassungsstaat, Festgabe zum 10jährigen Jubiläum der Gesellschaft für Rechtspolitik, 1984, S. 377ff.

[72] Ähnlich *Soell*, S. 398; *Scheuner*, DÖV 1972, S. 585; dazu auch *Püttner*, DÖV 1971, S. 540; kritisch dazu auch *Wüst*, BayVBl. 1971, S. 10ff. (13f.); *Donner*, Aktuelle Probleme des Finanzausgleichs im sozialen Bundesstaat, in: ZRP 1985, S. 327ff.; *Rupp*, S. 377f.; *Hettlage*, Mitplanung und Mitfinanzierung von Länderaufgaben durch den Bund, in: Einigkeit und Recht und Freiheit, Bd. II, Festschrift f. K. Carstens, S. 613 - 626.

[73] Vgl. *Feger*, Verwaltungsrundschau 1979, S. 417; *Soell*, S. 398ff.

[74] So ausdrücklich *Pfeifer*, S. 324.

worden ist. Der Basischarakter des Investitionszulagengesetzes wird überdies durch das Verhältnis des für die Förderung nach dem Investitionszulagengesetz verplanten Gesamtvolumens zu dem für die Förderung aufgrund des gemeinsamen Rahmenplans vorgesehenen Volumen dokumentiert. Schließlich wird die Dominanz des Bundes durch die aufgrund der Antragsstatistik für den Zeitraum von 1972 bis 1984 gefundenen Ergebnisse veranschaulicht. Danach sind gut ⅔ aller geförderten Investitionsvorhaben nur mit einer Investitionszulage gefördert worden. Nur jedes 3. Förderungsvorhaben wurde zusätzlich mit GA-Mitteln gefördert[75]. Es muß stark bezweifelt werden, ob angesichts dieser Dominanz des Bundes noch von einer Mitwirkung des Bundes an der Landesaufgabe i.S. des Art. 91a I Nr. 2 GG gesprochen werden kann.

Dieselben Bedenken bestehen wegen der Stimmengleichheit von Bund und Ländern im Planungsausschuß. *Mehrländer* hat diese zwar unter Hinweis auf die gleichberechtigte Partnerschaft von Bund und Ländern gerechtfertigt[76], die formale, zu einem Ideal hochstilisierte Gleichberechtigung von Bund und Ländern vermag aber nicht über die faktische Dominanz des Bundes hinwegzutäuschen, die durch die Sperrminorität des Bundes im Planungsausschuß verstärkt wird. Faktisch sind finanzschwache Länder gezwungen, die von dem Bund gesetzten Prioritäten hinsichtlich der Bedeutung der Länderaufgaben zu akzeptieren, weil sie sich eine „Ablehnung der Bundesmittel nicht leisten können“[77].

Mit dem Prinzip des kooperativen Föderalismus läßt sich diese Entwicklung nicht legitimieren, da mit diesem Prinzip nicht mehr als Selbstverständliches beschrieben wird, nämlich, daß der Bund und die Länder als Teil des Ganzen nicht gegeneinander, sondern miteinander zum Wohl der Allgemeinheit zusammenwirken müssen. Durchaus zu Recht wurde die Umschreibung dieser Notwendigkeit mit dem Begriff des kooperativen Föderalismus in der Literatur zum Teil als Pleonasmus[78] aufgefaßt. Wird mehr als eine Tautologie hinter dem Begriff des kooperativen Föderalismus gesehen, besteht die Gefahr, daß auf die Kooperation mehr Gewicht gelegt wird als auf den Begriff des Föderalismus, und es besteht die Notwendigkeit zur Unterscheidung zwischen dem „kooperativen“ und dem „separativen“ Föderalismus. Dadurch kommt es zu einer unitarischen Gratwanderung entlang der Grenze des mit dem Bundesstaatsprinzip noch Vereinbaren; die

---

[75] So ausdrücklich der 14. Rahmenplan, BT-Drucksache 10/3562, S. 19.

[76] So ausdrücklich *Mehrländer / Louda*, Verbesserung der regionalen Wirtschaftsstruktur, in: Eberstein, A V, S. 16.

[77] So der damalige niedersächsische Finanzminister *Leisler-Kiep*, zit. nach *Scupin*, Verfassungswandel im föderativen Bereich des Grundgesetzes durch Zusammenwirken von Bund und Ländern, in: Festschrift für Th. Maunz zum 80. Geburtstag, S. 275.

[78] *Heinze*, in: Festschrift für Forsthoff zum 70. Geburtstag, 1972, S. 133 und Fn. 42; vgl. *Benda*, in: Probleme des Föderalismus, 1985, S. 79.

Folge sind Ungleichgewichte und Akzentverschiebungen im Bund-Länder-Verhältnis, die von rechtlichen Fehlentwicklungen begleitet werden.

Neben rein kompetenzrechtlichen und rechtstheoretischen Erwägungen sprechen heute auch funktionale Aspekte für die Notwendigkeit einer „Wende“ im Bundesstaat[79].

Nur eine Einigung auf dem kleinsten gemeinsamen Nenner wird durch die Kooperation von Bund und Ländern im Planungsausschuß ermöglicht[80], der Kostenaufwand liegt höher, wenn der Informationsweg weiter und die Aktionen parallel auf Bundes- und Landesebene erfolgen[81].

Dazu kommt, daß die Mischfinanzierung zu einer häufig nicht bedarfsgerechten Inanspruchnahme öffentlicher Mittel führt, weil Länder und Kommunen nur noch fragen, welches Vorhaben zuschußfähig ist[82]. Im Bereich der regionalen Wirtschaftsförderung ist diese Frage hinsichtlich Infrastrukturvorhaben, die nach § 1 I Nr. 2 GRW durchgeführt werden, insbesondere hinsichtlich der Industrieansiedelungsflächen von Bedeutung. Obwohl kaum mehr Bedarf besteht, die Vorhalteflächen sogar teilweise ungenutzt sind und altindustrielle Brachflächen zunehmen[83], investieren Länder und Kommunen in Industrieansiedelungsflächen, die nicht gebraucht werden. Grund dafür ist die lukrative Finanzierungsbeteiligung des Bundes.

Außerdem läßt sich die von der Eigenart der Regionen abhängige Problemvielfalt eher von Steuerungsorganen der kleineren Einheit bewältigen.

Nicht zuletzt stellt die im Rahmen der Neuorientierung ins Auge gefaßte Dezentralisierung der Regionalpolitik die Chance dar, die durch die unitarischen Tendenzen bedingten Fehlentwicklungen im Bereich der Regionalpolitik zu stoppen. Eine größere Beteiligung regionaler Entscheidungsträger kann insbesondere nicht vorbei an den Länderparlamenten erfolgen.

Die Bedenken wegen der „Verlagerung des politischen Willensbildungsprozesses auf die Planungsausschüsse“[84] und die damit verbundene „Ent-

---

[79] Vgl. dazu *Rupp,* in: Freiheit und Verantwortung, Festgabe zum 10jährigen Jubiläum, 1984, S. 377ff. und *Rudolf,* S. 343ff.; vgl. dazu auch *Miller,* in: DÖV 1986, S. 140f.

[80] Vgl. *Fleckenstein,* Aufgabenverteilung in der regionalen Wirtschaftsförderung, in: Raumforschung und Raumordnung, 1985, S. 177.

[81] Ebenso *Schatz,* Stellungnahme, S. 9 und *Fleckenstein,* S. 177; *Hansmeyer,* Ökonomische Aspekte des Föderalismus, in: Probleme des Föderalismus, 1985, S. 107ff., vgl. außerdem oben die Ausführungen zur Problemstellung.

[82] So nach *Scupin* ausdrücklich Ministerpräsident *Albrecht* aaO., S. 275; von jeher ablehnend standen bereits der Konstituierung der Gemeinschaftsaufgaben der bayerische Ministerpräsident *Strauß* und die baden-württembergischen Ministerpräsidenten *Filbinger* und *Späth* gegenüber; vgl. BPA-Nachrichten Abt. vom 29. Nov. 1980 (780897/98); BPA-Nachrichten Abt. vom 17. Juli 1977.

[83] So ausdrücklich *Tacke,* S. 2.

[84] *Soell,* S. 419.

machtung“[85] der Landesparlamente werden durch die Diskussion um die primär zu verfolgenden Ziele der Regionalpolitik anläßlich der Reaktion auf die veränderten Rahmenbedingungen neu belebt. Daß den Landesparlamenten die Entwürfe der Anmeldung zum gemeinsamen Rahmenplan rechtzeitig zur Sachberatung nach den Landeshaushaltsordnungen[86] vorgelegt werden müssen, hat zwar das Informationsdefizit der Parlamente vermindert, ist aber kein Ausgleich für die faktische Einschränkung ihrer Etathoheit durch die fehlende Einschaltung in die Planungsentscheidungen und den nach der Aufstellung der Rahmenpläne bestehenden faktischen Bewilligungszwang[87].

Eine verstärkte Beteiligung der Landesparlamente an der Willensbildung ist sowohl unter föderalistischen als auch unter demokratischen Gesichtspunkten geboten. Wenn die Entscheidung über die neuerdings aktueller werdenden Zielkonflikte in der Regionalpolitik auf der Bundesebene ohne Beteiligung der Landesparlamente getroffen wird, ist es fraglich, ob dadurch nicht das Demokratieprinzip verletzt wird. In einer Demokratie ist das Parlament zur Entscheidung über „die von der Verfassung offengelassenen Fragen des Zusammenlebens“[88] berufen. Die Gestaltung der Lebensverhältnisse in den Ländern hängt entscheidend davon ab, wie die Prioritäten bei der regionalen Wirtschaftsförderung gesetzt werden. Auf die Lebensbedingungen der Bürger haben wiederum die Lebensverhältnisse in den Ländern entscheidenden Einfluß. Werden die Landesparlamente nicht an der Entscheidung über die Frage, welche Oberziele die regionale Wirtschaftsförderung bestimmen sollen und wie die Zielkonflikte zu entscheiden sind, beteiligt, werden wichtige Fragen des Zusammenlebens der Entscheidungsgewalt des Parlaments entzogen (vgl. dazu unten Kapitel IV). Gleichgültig, ob es sich um „wirtschaftsnahe“ Infrastrukturmaßnahmen, um den Bau von Abwassersammelkanälen, von Energie- und Wasserversorgungsanlagen, den Ausbau von Verkehrsverbindungen oder um die Unterstützung der Errichtung oder Erweiterung von Betrieben[89] handelt, Investitionsvorhaben von Millionen, nicht selten Milliarden DM haben stets einschneidende Aus-

---

[85] *Kisker,* Kooperation im Bundesstaat, S. 290; vgl. auch *Liesegang / Plöger,* DÖV 1971, S. 228 (232ff.); *Leisner,* Schwächung der Landesparlamente durch grundgesetzlichen Föderalismus, DÖV 1968, S. 389ff.; *F. Schäfer,* Verfassungsreform: Alternativen zur Politikverflechtung?, in: Politikverflechtung II, S. 123ff.; zudem *Kisker,* in: Probleme des Föderalismus, 1985, S. 33f.

[86] Vgl. § 10 III bad.württ. LHO.

[87] So ausdrücklich *Soell,* S. 419ff., 425; ähnlich *Feger,* Verwaltungsrundschau 1979, S. 415ff. (418); dazu auch *Hinkel,* Zur Leistungsfähigkeit der Politikverflechtung aus Landessicht, in: Politikverflechtung II, S. 94ff.; abweichend *Becker,* Politikverflechtung in der Gemeinschaftsaufgabe „Verbesserung der regionalen Wirtschaftsstruktur“, in: Politikverflechtung II, S. 29ff.

[88] BVerfGE 33/125 (158f.); *Häberle,* DVBl. 1972, S. 911ff.; vgl. *Hinkel,* S. 94ff.

[89] Vgl. Im 14. Rahmenplan (BT-Drucksache 10/3562), Teil I, S. 4 wird ausdrücklich klargestellt, daß ein Kernkraftwerk und damit ein grundrechtssensibler Energiesektor nicht förderfähig ist.

wirkungen für die Bevölkerung und die Wirtschaftsstruktur einer Region. Daß die Änderungswünsche der Landtage die ohnehin langwierige Rahmenplanung stören würden und die Landtage sich als „systemwidriger Störfaktor"[90] bei der Rahmenplanung erweisen würden, kann dagegen nicht eingewendet werden. Eine ständige verstärkte Beteiligung der Landesparlamente ließe sich dadurch erreichen, daß die Empfehlung der Landesparlamente hinsichtlich der Anmeldung eines Vorhabens zum Rahmenplan für die Landesregierungen verbindlich gemacht wird.

Unter föderalistischen Gesichtspunkten sind die extensive Auslegung des Art. 91a GG und die Anregungen zur Ausdehnung der Gemeinschaftsaufgabe überdies eine Gefahr für die Eigenstaatlichkeit der Länder. Die Staatlichkeit der Länder wird nicht allein dadurch gewahrt, daß ihnen die Verwaltungszuständigkeit eingeräumt wird. Wird auf der Linie von *Goroncy*[91] und *Klein*[92] aus Art. 91a GG eine weitgehende Sperrwirkung für ein autonomes Vorgehen der Länder abgeleitet, wird in die Gesetzgebungszuständigkeit der Länder und damit die nach Art. 79 III GG garantierte Eigenstaatlichkeit eingegriffen. Die h.M. hat sich dieser Auffassung zu Recht nicht angeschlossen. Derselbe Effekt wird jedoch erzielt, wenn den Ländern durch die Beschneidung der Finanzhoheit kein ausreichender Spielraum für ein eigenständiges Vorgehen gelassen wird. Der Landesgesetzgeber muß die Priorität der Landesförderung beeinflussen können. Da der Spielraum für ein autonomes Handeln durch die Beteiligung an der gemeinsamen Rahmenplanung faktisch eingeengt wird, weil die Mittel für ein eigenes Vorgehen gebunden sind, muß dieser Verlust an Staatsgewalt wenigstens durch eine entsprechende Mitwirkung der Landesparlamente ausgeglichen werden[93]. Angestrebt werden muß deshalb eine stärkere Beteiligung der Landesparlamente.

Die Analyse der Gewichtsverteilung zwischen Bund und Ländern zeigt, daß eine korrekturbedürftige Verschiebung der Gewichte zwischen der größeren und kleineren Ebene im Bundesstaat eingetreten ist. Wenn die neuerdings[94] angedeutete Trendwende im Bundesstaat ernst gemeint ist, darf man sich nicht mit der Festschreibung des „status quo" begnügen und nur eine weitere Gewichtsverschiebung verhindern.

---

[90] Vgl. *Hirsch,* Haushaltsplanung und Haushaltskontrolle in der Bundesrepublik Deutschland, S. 181.

[91] Vgl. *Goroncy,* Der Mitwirkungsbereich des Bundes bei den Gemeinschaftsaufgaben nach Art. 91a und 91b des GG, DÖV 1970, S. 109ff.

[92] Vgl. *Klein,* in: von Mangoldt / Klein, GG-Komm., Anm. IV 2 a).

[93] Ähnlich *Feger,* S. 418 und *Scupin,* S. 264f.

[94] Vgl. so der Bundeskanzler Dr. *Helmut Kohl* in seiner Regierungserklärung vom 4. Mai 1983, BT, Plenarprotokoll 10/4, S. 66; Stellungnahmen *Albrechts* anläßlich der Übernahme des Amtes des Bundesratspräsidenten und des Staatsministers *F. Vogel,* FAZ vom 9.11.1985, S. 4; dazu auch *F. Vogel,* Stärkung des Föderalismus durch Selbstbeschränkung in der Bundesgesetzgebung, in: Freiheit und Verantwortung im Verfassungsstaat, 1984, S. 493ff.; *Rudolf,* Wende im Bundesstaat?, S. 343ff.

2. Die Möglichkeiten und Realisierungschancen einer alternativen Förderungsstrategie im Rahmen autonomer Landesförderung

Die Erkenntnis, daß das Ziel der Schaffung einheitlicher Lebensverhältnisse im Bundesgebiet aus ökologischen, sozioökonomischen und finanziellen Gründen nicht erreichbar ist, hat Vertreter der Wissenschaft angesichts der veränderten gesamtwirtschaftlichen Rahmenbedingungen und des beständigen Effizienzverlustes des herkömmlichen regionalpolitischen Instrumentariums dazu veranlaßt, neue regionalpolitische Strategien zu entwickeln[95] (vgl. oben Kapitel I, III). Der Grundgedanke ist die Dezentralisierung der Regionalpolitik. Regionale Eigeninitiativen sollen gestärkt werden. Gebiete und Gebietsteile sollen arbeitsteilig bestimmte Funktionen erfüllen. Auf die Gegensteuerung der Zentralregierung zum Zweck der Schaffung von den zentralen Entscheidungsträgern definierter, gleichwertiger Lebensverhältnisse soll bewußt verzichtet werden. Dadurch soll den differenzierten Lebensverhältnissen und der Komplexität der regionalen Problemsituationen[96] Rechnung getragen werden. Dagegen geht die regionale Wirtschaftspolitik von Bund und Ländern auch künftig von der Konzeption in sich ausgeglichener Funktionsräume aus und baut verstärkt auf das endogene Entwicklungspotential. Danach sollen Benachteiligungen des gewerblichen Mittelstandes abgebaut und Eigenkräfte durch eine Ausbildungsförderung, durch Forschung und Produktentwicklung gestärkt werden[97]. Während sich demnach die regionalpolitische Strategie von Bund und Ländern das vorhandene Instrumentarium zunutze macht, soll nach der in wissenschaftlichen Kreisen vertretenen Strategie nach dem Konzept konkurrierender Funktionsräume bewußt auf den Einsatz des Instrumentariums verzichtet werden.

Die durch die zwei aufgezeigten Strategien der Regionalpolitik sich eröffnenden alternativen Handlungsmöglichkeiten machen zunächst die Frage interessant, ob ein Land trotz des vorhandenen Instrumentariums soviel eigenen Handlungsspielraum besitzt, daß es selbständig in Abkehr von der bisherigen Förderungspraxis von Bund und Ländern eine eigenständige

[95] So ausdrücklich *Angerer*, S. 14; vgl. statt vieler *Tacke*, S. 8; *Dietrichs*, Bisher entwickelte raumordnerische Konzeptionen; in: Funktionsräumliche Arbeitsteilung, 1981, S. 25ff.; dazu auch *Scharmer*, Funktionsräumliche Arbeitsteilung aus rechtlicher Sicht, in: Funktionsräumliche Arbeitsteilung, S. 61; *Hübler*, Großräumige Vorranggebiete als Gegenkonzept zu ausgeglichenen Funktionsräumen, in: Beiträge zum Konzept der ausgeglichenen Funktionsräume, 1977, S. 73ff. (85ff.); *Treuner*, Instrumentelle Aspekte einer Neuorientierung der Raumordnungspolitik, in: Gleichwertige Lebensbedingungen durch eine Raumordnungspolitik des mittleren Weges, 1983, S. 227ff. (234f.).

[96] Ähnlich *Barbarino*, DÖV 1973, S. 19 (21); vgl. auch *Tacke*, S. 8.

[97] So ausdrücklich *Angerer*, S. 13f.

regionalpolitische Strategie außerhalb der gemeinsamen Rahmenplanung i. S. des Art. 91a GG entwickeln könnte.

Ob und inwieweit die autonome Ausübung der regionalpolitischen Förderungskompetenz der Länder durch die aus Art. 91a abgeleitete Kooperationspflicht eingeschränkt wird, ist eine Problematik, die unter dem Stichwort der Sperrwirkung diskutiert wird[98]. Die gemeinsame Rahmenplanung ist eine Art „integrierte Planung“[99], da die Planungen im Planungsausschuß von Vertretern der Bundes- und Landesregierungen vorgenommen werden. Infolge des Charakters der Rahmenplanung als integrierte Planung könnte man geneigt sein, eine Sperrwirkung insoweit zu bejahen, als die Länder zu einem selbständigen Vorgehen nicht mehr berechtigt sind, wenn die Voraussetzungen für die Mitwirkung des Bundes gegeben sind[100]. Die unter dem Stichwort der Sperrwirkung erörterte Problematik läßt sich anhand eines von *Wild*[101] geschilderten Konfliktsfalles veranschaulichen. Danach hatte der Wirtschaftsminister des Landes Nordrhein-Westfalen Mitte September 1977 für Gebiete, die aufgrund neuerer statistischer Erkenntnisse nach eigener Einschätzung des Landes als Fördergebiete der Gemeinschaftsaufgabe hätten ausgewiesen werden müssen, eine der Gemeinschaftsaufgabe entsprechende „Als-Ob-Förderung“ mit der Gemeinschaftsaufgabe vergleichbaren Förderungshöchstpräferenzen angekündigt, weil der Planungsausschuß diese Gebiete bislang nicht als Fördergebiete anerkannt hatte. Daß eine derartige, der Gemeinschaftsaufgabe vergleichbar ausgestaltete, die Förderung aufgrund der Gemeinschaftsaufgabe somit ersetzende Landesförderung die Bindungswirkung der mehrheitlich getroffenen Beschlüsse des Planungsausschusses und damit den Fortbestand der Gemeinschaftsaufgabe ernsthaft in Frage stellen mußte, ist in Übereinstimmung mit den übrigen Ländern und dem Bund kaum zu bezweifeln. Der Konfliktfall deckt aber gleichzeitig die Fragwürdigkeit der gemeinsamen Förderung von Bund und Ländern auf. Da die in Art. 91a I GG aufgeführten Sachmaterien Landesaufgaben sind, bei denen der Bund nach Art. 91a GG unter bestimmten Voraussetzungen nur „mitwirkt“, muß man sich fragen, in welchem Verhältnis die gemeinsame Förderung und die Landesförderung stehen.

Unter zwei Aspekten könnte insofern die aus Art. 91a I GG abgeleitete Kooperationspflicht oder das aus dem Bundesstaatsprinzip abgeleitete Prinzip des bundesfreundlichen Verhaltens von Bedeutung sein. Einmal könnte die autonome Förderung der Länder neben der Förderung aufgrund der gemeinsamen Rahmenplanung ganz ausgeschlossen sein, zum anderen

[98] Vgl. *Klein*, in: Der Staat 11 (1972), S. 297 und *Frowein*, VVDStRL 31, S. 31; vgl. *Liesegang*, Art. 91a, RdNr. 40.

[99] So ausdrücklich *Tiemann*, DÖV 1970, S. 729.

[100] Ähnlich *Soell*, S. 409.

[101] Vgl. *Wild*, in: Eberstein, A VI 1, S. 14.

könnten die Länder durch die Kooperationspflicht daran gehindert sein, Vorhaben bei Vorliegen der Voraussetzungen des Art. 91 a der gemeinsamen Rahmenplanung zu entziehen und selbständig wahrzunehmen.

Eine die rahmenplanmäßige Förderung ergänzende regionalpolitische Förderung der Länder wird nahezu einstimmig und mit Recht unter Hinweis darauf, daß die komplexen und differenzierten Lebensverhältnisse eine zusätzliche regionalpolitische Landesförderung erfordere, für notwendig gehalten[102]. Außerdem läßt sich durch die ergänzende Landesförderung die mit der langwierigen Rahmenplanung verbundene Verzögerung von Förderungsmaßnahmen ausgleichen[103]. Dazu kommt, daß Art. 91 a die Art. 30, 70 und 83 GG, die im Bereich der regionalen Wirtschaftsförderung den Ländern den Kern der Zuständigkeit zuweisen, nach seiner Entstehungsgeschichte[104] und seinem Wortlaut[105] nicht antasten wollte. Eine zusätzliche regionalpolitische Förderung durch die Länder neben der Förderung aufgrund des Rahmenplans ist infolgedessen nicht zu beanstanden.

Aktuell wird aber der zweite, oben angesprochene Aspekt einer möglichen Sperrwirkung. Durch die Notwendigkeit der Anpassung der regionalpolitischen Strategie an die veränderten Rahmenbedingungen erlangt die Frage an Bedeutung, ob und inwieweit ein Land eine eigenständige regionalpolitische Strategie im Bereich der für die Rahmenplanung in Betracht kommenden Vorhaben entwickeln kann, ohne gegen die Kooperationspflicht zu verstoßen[106]. Hält ein Land die Mitwirkung des Bundes überwiegend für nicht erforderlich, weil es die Verbesserung der Lebensverhältnisse innerhalb des Landes durch andere Mittel als die gemeinsame Planung erreichen will, so könnte dem Art. 91 a I GG entgegenstehen.

Daß die Länder Einschränkungen ihrer Förderungskompetenz durch die gemeinsame Rahmenplanung dadurch entgehen können, daß sie Vorhaben, die sie autonom fördern wollen, nicht zum Rahmenplan anmelden, folgt aus dem sog. Sitzlandvorbehalt des Art. 91 a III S. 2 GG, der die nach Art. 79 III GG geschützte Eigenstaatlichkeit der Länder sichert. Das Argument, daß die Länder bei extensiver Ausnutzung des Anmeldevorbehalts die in Art. 91 a GG vorgesehene Mitwirkung des Bundes vereiteln und dadurch indirekt eine Verfassungsänderung bewirken könnten, erweist sich in Wirklichkeit als schwaches Argument[107]. Wenngleich diese Möglichkeit theoretisch besteht, ist sie, wenn die Länder vornehmlich wie der Bund das ökono-

---

102 Vgl. *Kisker,* S. 288f.; *Tiemann,* DÖV 1970, S. 275ff.; *Maunz,* in: Maunz / Dürig / Herzog, Art. 91a, RdNr. 67.

103 Vgl. *Barbarino,* S. 21.

104 Vgl. Begründung zum Entwurf der BReg. zum Finanzreformgesetz, BT-Drucksache, V 2861, Tz. 275.

105 So *Wild,* in: Eberstein, A VI, 1.2, S. 2.

106 Vgl. dazu *Liesegang,* Art. 91a, RdNr. 41; *Tiemann,* DÖV 1970, S. 725 (727).

107 Ähnlich *Klein,* in: Der Staat 11 (1972), S. 297; *Marnitz,* S. 86.

mische Wachstumsziel der Regionalförderung verfolgen, praktisch kaum denkbar. Wegen der hohen Finanzierungsbeteiligung des Bundes können die Länder ohne dessen Mitwirkung besonders in Zeiten knapper Mittel nicht auskommen[108]. Die Bedeutung der Mitwirkung des Bundes wird zudem dadurch erhöht, daß die Erlangung eines Investitionszuschusses im Rahmenplan von der vorherigen Ausnutzung anderer öffentlicher Mittel abhängig gemacht wurde. Bedeutend ist insofern die nach dem Rahmenplan bestehende Notwendigkeit der vorhergehenden Ausnutzung der Leistungen nach dem Investitionszulagengesetz[109]. Durch dieses Erfordernis wird das Investitionszulagengesetz zur Basisförderung der Gemeinschaftsaufgabe[110]. Die dadurch in Aussicht gestellte hohe finanzielle Beteiligung des Bundes können die Länder angesichts der ihnen zur Verfügung stehenden knappen Mittel nicht ausschlagen, halten sie eine Wirtschaftsförderung unter wachstumsorientierten Gesichtspunkten zur Verbesserung der Lebensverhältnisse für erforderlich. Es besteht aber zumindest die theoretische Möglichkeit, daß sich ein Land nicht nur infolge der Betonung des ökologischen Ziels, sondern auch z. B. infolge der Hervorhebung des Beschäftigungsziels veranlaßt sieht, die „Erforderlichkeit“ der gemeinsamen Rahmenplanung i. S. des Art. 91a I GG zu bestreiten und deshalb den Sitzland- bzw. Anmeldungsvorbehalt gem. Art. 91a III S. 2 GG extensiv ausnützen will. Die Notwendigkeit von regional differenzierten Beschäftigungsprogrammen könnte ein Land dazu veranlassen, von der bisherigen gemeinsamen Rahmenplanung abzurücken, um die von dem Land zur Rahmenplanverwirklichung innerhalb des Landes aufzuwendenden Mittel konzentriert für ein solches Programm verwenden zu können. Dementsprechend könnte ein Land auch eine betont „ökologische“ Wirtschaftsförderung betreiben und sich von der bisherigen „umweltzerstörenden“, am Wachstum orientierten ökonomischen Wirtschaftsförderung abwenden wollen. Außerdem könnte ein Land der in der Wissenschaft vertretenen Ansicht zuneigen, die das Ausgleichsziel, in allen Teilräumen der Bundesrepublik gleichwertige Lebensverhältnisse zu schaffen, für nicht realisierbar hält und die eine funktionale Arbeitsteilung der einzelnen Räume befürwortet[111]. Das Land könnte deshalb die Absicht haben, im Modellversuch die Vorreiterfunktion für die Durchsetzung dieser regionalpolitischen Strategie zu übernehmen. Nach dem Konzept konkurrierender Regionen[112] müßte auf eine zentral gesteuerte Förderung, die den Ausgleich zwischen den Regionen anstrebt, weitgehend verzichtet werden.

---

108 Vgl. *Soell*, Sind die GA nach Art. 91a GG ein geeignetes Instrument zur Weiterentwicklung des föderativen Systems in Festschrift für Forsthoff, S. 397ff. und *Kirchhoff*, S. 182ff.

109 Vgl. *Wagner*, S. 60f.; *Becker*, in: Die Verwaltung 1972, S. 59 (72); *Frowein*, S. 28f.; *Franzmeyer*, S. 25.

110 Vgl. *Wagner*, S. 60f.

111 So ausdrücklich *Angerer*, S. 14.

112 Ebenda, S. 14.

Als Gegengewicht kann dem autonomen Vorgehen der Länder außerhalb der Rahmenplanung jedoch die aus Art. 91 a I GG abgeleitete Kooperationspflicht entgegenstehen; aus dem Wortlaut „wirkt mit" wird teilweise eine dahinterstehende Verpflichtung der Länder, den Bund zu beteiligen, abgeleitet, wenn die Voraussetzungen des Art. 91 a I GG vorliegen[113]. Die Länder könnten sich danach der Kooperation dann nicht entziehen, wenn zur Verbesserung der Lebensverhältnisse die Mitwirkung des Bundes erforderlich ist, und die Aufgaben für die Gesamtheit bedeutsam sind. Inwieweit Art. 91 a I GG als Einschränkung des Art. 91 a III S. 2 GG behandelt werden darf, ist jedoch fraglich.

Würde der Anmeldungsvorbehalt durch eine extensiv verstandene Verpflichtung zur Kooperation extrem eingeschränkt, bliebe den Ländern, wenn sie von dem Anmeldungsvorbehalt Gebrauch gemacht haben – soll der Anmeldungsvorbehalt überhaupt eine Funktion haben – nur die Möglichkeit, auf eigenverantwortliche Landesaktivitäten zu verzichten[114]. Zu diesem Ergebnis gelangt *Goroncy,* der den Ländern zwar ein Initiativrecht zugesteht, im Falle der Nichtanmeldung und bei vergeblicher Anmeldung aus der Sperrwirkung aber schließt, daß die Länder zum Tätigwerden nicht befugt sind. Entschlösse sich ein Land, ein nicht angemeldetes Vorhaben eigenverantwortlich zu erfüllen, würde es bei Vorliegen der in Art. 91 a I GG genannten Voraussetzungen gegen die dann anzunehmende Kooperationspflicht verstoßen.

Diese Schlußfolgerung widerspricht der in Art. 91 a GG vorausgesetzten Zuständigkeitsverteilung, wonach den Ländern ihre Befugnisse nach Art. 30 GG nicht genommen werden sollten. Bestätigt wird diese Auffassung dadurch, daß nach der h. M. die regionalpolitische Förderungskompetenz der Länder grundsätzlich nicht dadurch berührt wird, daß eine Förderung nach Art. 91 a GG im Rahmen der Gemeinschaftsaufgabe über die Verbesserung der regionalen Wirtschaftsstruktur erfolgt[115]. Wird allgemein angenommen, daß die Förderungskompetenz der Länder trotz der gemeinsamen Aufgabenerfüllung mit dem Bund im Rahmen der Gemeinschaftsaufgabe fortbesteht, leuchtet es nicht ein, wieso die Förderungskompetenz insoweit erlöschen soll, als ein Land die Gemeinschaftsaufgabe i. S. des Art. 91 a I GG eigenverantwortlich erfüllen will. Sollten die Länder zur eigenverantwortlichen Aufgabenerfüllung imstande sein, liegt eher die Schlußfolgerung nahe, daß die Erforderlichkeit der Mitwirkung des Bundes i. S. des Art. 91 a I GG fehlt. Auch insofern müßte das Argument gegen die

---

[113] In diesem Sinne *Klein,* in: Schmidt-Bleibtreu, RdNr. 3 und *Liesegang,* Art. 91 a, RdNr. 54.

[114] So *Goroncy,* DÖV 1970, S. 109 (111); vgl. *Marnitz,* S. 85; *Klein,* in: von Mangoldt / Klein, Art. 91 a, Anm. IV 2 a.

[115] Vgl. *Frowein,* S. 32 f.; BT-Drs., V/2861, Tz. 276; vgl. auch *Barbarino,* DÖV 1973, S. 19 (21); *Liesegang,* in: von Münch, Art. 91 a, RdNr. 41.

extensive Ausnutzung des Sitzlandvorbehalts zurückgewiesen werden. Die Frage ist nur, wann eine Aufgabe als erfüllt anzusehen ist, so daß eine Mitwirkung des Bundes nicht mehr erforderlich ist. Eine Kooperationspflicht besteht nur, wenn eine Gemeinschaftaufgabe i. S. des Art. 91 a I GG vorliegt. Folglich entsteht ein Konflikt dann, wenn das Land den Anmeldungsvorbehalt nach Art. 91 a III S. 2 GG deshalb in erheblichem Umfang ausnutzt, weil es in der Frage, was eine Verbesserung der Lebensverhältnisse bedeutet, einen abweichenden Standpunkt vertritt. Wegen der Primärzuständigkeit der Länder gem. Art. 30 GG ist es nicht gerechtfertigt, dem Anmeldungsvorbehalt i. S. des Art. 91 a III S. 2 GG eine weitreichende Kooperationspflicht nach Art. 91 a I GG gegenüber zu stellen. Naheliegender ist die umgekehrte Gewichtung des Verhältnisses von Art. 91 a III S. 2 GG und Art. 91 a I GG. Der Bund ist danach nur hinsichtlich den von den Ländern zum Rahmenplan angemeldeten Vorhaben zur Mitwirkung befugt[116]. Art. 91 a I GG soll die Mitwirkung des Bundes an gewisse Voraussetzungen binden, um das weitreichende Eindringen des Bundes in den Kompetenzbereich der Länder in den zu Gemeinschaftsaufgaben erklärten Sachbereichen zu verhindern. Daß Bund und Ländern angesichts der Unbestimmtheit der zu Voraussetzungen erhobenen Erfordernisse i. S. des Art. 91 a I GG ein erheblicher Beurteilungsspielraum verbleibt[117], steht dem nicht entgegen. Erlaubt man, daß durch die Unbestimmtheit der Rechtsbegriffe und wegen einer überdehnten Kooperationspflicht der Länder dem Bund ein weiterer Beurteilungsspielraum eingeräumt wird als den Ländern, vernachlässigt man den Umstand, daß die zu Gemeinschaftsaufgaben erklärten Sachbereiche weiterhin Landesaufgaben bleiben. Eine Kooperationspflicht besteht demzufolge grundsätzlich nur insoweit, als ein Vorhaben von den Ländern zum Rahmenplan angemeldet wurde und der Bund dies mitfinanzieren soll. Ob dann, wenn der Koordinierungseffekt der Gemeinschaftsaufgabe durch die Nichteinstellung von Vorhaben durch die Länder beeinträchtigt wird, aus Art. 91 a I GG eine Verpflichtung zur Erhaltung des Substrats der Kooperation abgeleitet werden kann[118], hängt davon ab, inwieweit Art. 91 a I GG eine limitierte Schrankenfunktion für ein selbständiges Handeln der Länder erfüllen soll. Solange ein Land nicht eine den Prioritäten der bundesdeutschen Regionalförderung und den anderen Ländern zuwiderlaufende eigenverantwortliche Wirtschaftsförderung betreibt, steht Art. 91 a I GG der intensiven Ausnutzung des Sitzlandvorbehalts durch ein Land nicht entgegen[119]. Ist die Grenze überschritten und liegen die Voraussetzungen des Art. 91 a I GG kumulativ vor[120], setzt die limitierte Schrankenfunktion des

---

[116] Ähnlich *Marnitz,* S. 85; vgl. auch *Maunz,* in: Maunz / Dürig / Herzog, Art. 91 a, RdNr. 67 u. 23.

[117] So ausdrücklich *Klein,* in: Schmidt-Bleibtreu / Klein, Art. 91 a, RdNr. 4.

[118] So *Marnitz,* S. 86 f.

[119] So ausdrücklich *Wild,* in: Eberstein, A VI 1, S. 14.

Art. 91 a I GG ein. Dies bedeutet, daß dann, wenn die Aufgabenwahrnehmung für die Gesamtheit bedeutsam ist, das Land bei der Wahrnehmung von Gemeinschaftsaufgaben die Belange der Gesamtheit nicht außer acht lassen darf. Es dürfte deshalb nicht bewußt den Abbau des ökonomisch Erreichten im Interesse der Ökologie durch den Verzicht auf für die Gesamtheit bedeutende Förderungsmaßnahmen auf Kosten der Gesamtheit in Kauf nehmen (vgl. dazu unten B. V.). Die Landesförderung darf auch nicht den Förderungseffekt in anderen Ländern vereiteln oder erheblich mindern. Wegen des Bezugs auf die Gesamtheit müßte die Regionalförderung des Landes mit der des Bundes und den übrigen Ländern abgestimmt werden. Aus Art. 91 a I GG kann aber, wenn für eine ausreichende Koordinierung gesorgt ist, nicht geschlossen werden, daß das Substrat der Kooperation durch die Anmeldung der wichtigsten Vorhaben erhalten werden muß. Ist ein Land in der Lage die regionalpolitischen Aufgaben selbst zu erfüllen und wird den Gesamtbelangen ausreichend Rechnung getragen, so steht Art. 91 a I GG einem selbständigen Vorgehen nicht entgegen. Dem faktischen Zwang[121] zur Kooperation mit dem Bund könnte ein Land demnach dadurch weitgehend entgehen, daß es andere Akzente setzt. Das föderative Element der deutschen Verfassung[122] kommt insofern zum Tragen. Die Verfolgung abweichender Zielsetzungen kann nicht durch die Berufung auf eine umfassende, von der Vorstellung des Bundes her interpretierte Kooperationspflicht verhindert werden. An der Verfolgung einer abweichenden Zielsetzung infolge einer veränderten Gewichtung der regionalpolitischen Ziele ist ein Land somit im Verhältnis zum Bund durch Art. 91 a I GG nicht gehindert.

IV. Die Notwendigkeit und die Chance der Rückkehr zu einer stärker föderativ geprägten regionalen Wirtschaftsförderung

1. Ergebnisse der Analyse betreffend das rechtliche Ordnungssystem der regionalen Wirtschaftsförderung

Im Rahmen des vorhandenen verfassungsrechtlichen Instituts der Gemeinschaftsaufgaben läßt sich eine Stärkung der Länder als Basis des Föderalismus ohne eine finanzielle Stärkung nicht in ausreichendem Umfang erreichen. Mit der Einfügung des Art. 91 a GG wurde die finanzielle Beteiligung des Bundes bei der Erfüllung von Länderaufgaben mit entspre-

---

120 Vgl. Schmidt-Bleibtreu / Klein, Art. 91 a, RdNr. 4; Maunz / Dürig / Herzog, Art. 91 a, RdNr. 23.

121 Vgl. *Soell,* S. 397 ff.

122 Vgl. dazu *Heinze,* Kooperativer Föderalismus und die Umbildung der Verfassung, S. 119 ff.; a. A. hinsichtlich der Reichweite des Sitzlandvorbehaltes offenbar *Marnitz,* S. 86 f.

chenden Kontroll- und Lenkungsbefugnissen verfassungsrechtlich abgesichert. Gleichzeitig wurde die den Föderalismus kennzeichnende Funktion der Länder, ein wirksames Gegengewicht zum Bund abzugeben, modifiziert. Der kritischen Frage *Wilds*[123], ob die starke Stellung des Bundes im Planungsausschuß mit 11 Stimmen, die als Sperrminorität wirken, noch i. S. des Art. 91a GG zutreffend als Mitwirkung bei einer Aufgabe der Länder beschrieben werden könne, kann insoweit die Berechtigung nicht abgesprochen werden. Dafür, daß die Mitwirkung des Bundes bei der Erfüllung der Länderaufgaben erforderlich ist, wurde durch die geringe Bemessung des Anteils der Länder am Steueraufkommen gesorgt. Kritisch hat bereits *Wüst*[124] darauf hingewiesen, daß es nicht angehen könne, einerseits den Länderanteil am Steueraufkommen so gering zu bemessen, daß eine ordnungsgemäße Erfüllung ihrer Aufgaben nicht mehr gewährleistet ist, um andererseits den Beweis führen zu können, daß die Länder zur Aufgabenwahrnehmung nicht mehr in der Lage seien und deshalb eine Begrenzung der Länderbefugnisse erforderlich sei. Die Idee der wirtschaftlichen Integration, geprägt von der Vorstellung der Gleichartigkeit der Lebensverhältnisse im Bundesgebiet, war die Triebfeder für die unitarische Tendenz. Gestärkt wurde diese Tendenz durch die Dominanz des ökonomischen Denkens[125]. *Brösse*[126] weist zu Recht darauf hin, daß das gesamtwirtschaftliche Wachstum den „Maßstab für ein optimales regionales Wirtschaftswachstum" bildet. Die Regionen und damit die Einheiten, auf die die regionale Wirtschaftsförderung einwirkt, sind vornehmlich Gegenstand der Regionalpolitik der Entscheidungsträger der übergeordneten politischen Ebene. Zurücktreten mußten regionale Eigenständigkeiten, der Zwang, den differenzierten und komplexen Problemen im Wege der Koordination zwischen den Entscheidungsebenen Rechnung zu tragen, das Prinzip der vertikalen Gewaltenteilung und die Individualität der Gebietsteile, wenn nicht sogar der dort lebenden Menschen. Die zentralistische Kraft der wirtschaftlichen Integration ist geeignet, das föderative Ordnungsprinzip aus den Angeln zu heben, nicht aber Ersatz zu bieten für die eingebüßten, dem Föderalismus innewohnenden, den demokratischen Rechtsstaat bereichernden Werte. Ohne eine Beteiligung regionaler und lokaler Entscheidungsträger und Interessengruppen ist die neuerdings angeregte Dezentralisierung der Regionalpolitik nicht möglich. Die Forderung nach der Dezentralisierung der Regionalpolitik ist eine Konsequenz der Regionalismusdiskussion in der Bundesrepublik. Unter dem Stichwort der räumlichen Identität angesprochen ist die Stärkung der demokratischen Basis und der regionalen Eigenheiten nach Maßgabe kultureller und sozioökonomischer Gesichtspunkte[127].

---

[123] So ausdrücklich *Wild,* in: Eberstein, A VI 1, S. 4.
[124] So ausdrücklich *Wüst* Bay.Vbl. 1971, S. 10 (14).
[125] So ausdrücklich *Brösse,* Die Raumordnungspolitik, S. 50.
[126] Ebenda.

Anknüpfungspunkt für ein neues strukturpolitisches Modell könnte die Stärkung der föderalen Basis sein. Die Zahl der Industrieansiedelungen verringert sich in Fördergebieten angesichts des Rückgangs der Industriebeschäftigung zunehmend. Landesspezifische regionale Förderungsprogramme nehmen angesichts der veränderten Rahmenbedingungen zu. Sie dienen hauptsächlich der Erhaltung der Wettbewerbsfähigkeit und der Sicherung der Standortvorteile von Unternehmen. Da die Gemeinschaftsaufgabe „Verbesserung der regionalen Wirtschaftsstruktur" in der zurückliegenden Zeit vornehmlich der Industrieansiedelung diente, hat sie an Effizienz angesichts des Rückgangs der Zahl der Neuansiedelungen eingebüßt. Der hohe Subventionsgrad der Gemeinschaftsaufgabe, der Neuansiedelungen begünstigt, führt dazu, daß Industrieansiedelungsflächen nicht nur nicht bedarfsgerecht, sondern auch ökologisch inakzeptabel verbraucht werden[128]. Nach der Auffassung wirtschaftswissenschaftlicher Sachverständiger des Regionalismus läßt sich die Effizienz der Gemeinschaftsaufgabe lediglich durch eine verstärkte Berücksichtigung des endogenen Entwicklungspotentials erreichen[129], zu dem Handwerks- und Dienstleistungsunternehmen zählen. Den Erfordernissen des bisher benachteiligten Mittelstandes müsse künftig in besonderem Maße Rechnung getragen werden. Um die differenzierten Bedürfnisse angemessen berücksichtigen zu können, müsse eine Dezentralisierung der Regionalpolitik erfolgen. Mit der Dezentralisierung könnte der föderativen Staatsidee mehr Geltung verschafft werden. Aus ökonomischer Sicht werden für eine Stärkung des Föderalismus durch die Dezentralisierung wichtige Argumente angeführt. Eine „regionalisierte Regionalpolitik" hätte danach den Vorteil, daß der Informations-, Koordinations- und Verwaltungsaufwand sowie die damit verbundenen Kosten erheblich verringert werden könnten. Den Wirtschaftssubjekten bliebe außerdem die Möglichkeit über die Art, das Maß und das „Ob" der Förderung selbst zu entscheiden. Betont man überdies die Bedeutung der unterschiedlichen Zielgewichtung und die Relativität des unterschiedlich aufgefaßten Ausgleichsziels, muß man für eine Stärkung des Föderalismus plädieren. In einem empfindlichen Bereich wie der regionalen Wirtschaftsförderung, wo möglichst umfassende Kenntnisse über die Verhältnisse der Unternehmen und des zu fördernden Gebietes oder Gebietsteils nötig sind, um auf die komplexen Entscheidungsprozesse der Unternehmen und Probleme der Regionen Einfluß nehmen zu können, ist eine weitere Zentralisierung für die Zielverwirklichung nicht förderlich. Erfolgsversprechender

---

127 Vgl. dazu *Meier-Dallach*, Räumliche Identität – Regionalistische Bewegung und Politik, in: Informationen zur Raumentwicklung. Themenheft „Regionalismus und Regionalpolitik" Heft 5, 1980, S. 301ff.; *Brösse*, S. 51.

128 So ausdrücklich *Tacke*, S. 2.

129 Vgl. dazu *Wild*, URP 1983, S. 115 (117); *Spehl*, S. 5ff. Stellungnahme der Handwerkskammer Niederbayern vom 27.2.1985; vgl. auch *Angerer*, S. 13ff.

und problemorientierter ist vielmehr eine stärkere Dezentralisierung. Nicht ohne Grund tendieren Frankreich, Italien und Spanien unter Hinweis auf die bundesdeutschen Erfahrungen zu dezentralistischeren Regelungen. In der Bundesrepublik sollte man die Vorteile einer föderalistischen Ordnung schätzen und sich nicht der unter anderem ökonomisch wünschenswerten Dezentralisierung verschließen. Richtig ist aber insoweit, daß dies ein „grundsätzliches Umdenken“[130] in der regionalen Wirtschaftspolitik voraussetzt. Möglicherweise wird dieses durch die sichtbar werdenden zentralistischen Tendenzen der EG-Regionalpolitik gefördert. Will man von einer zentralen Förderung abrücken, muß man den regionalen Instanzen die ausreichenden finanziellen und rechtlichen Mittel zur Verfügung stellen. Notwendig wird eine neue Grundkonzeption der Gemeinschaftsaufgabe. Auf eine Koordinierung kann dabei nicht verzichtet werden, will man nicht in das andere Übel verfallen und die Gesamtbelange vernachlässigen. Die Mahnung *Scupins*[131], daß die Koordinierung eine Pflicht des Bundes zur Verhinderung der Dominanz der Summe der partikularen Interessen über gesamtstaatliche Belange ist, darf nicht in den Wind geschlagen werden. Während die Koordinierung der Förderungsmaßnahmen unzureichend ist, ist die Gefahr der Vernachlässigung der gesamtstaatlichen Belange aber, sieht man von der Gefährdung der Effizienz durch eine nicht ausreichende Koordinierung ab, angesichts der bisherigen Entwicklung zum unitarischen Staat am geringsten. Der Bund nimmt ohnehin mehr unter Berufung auf die gesamtstaatlichen Belange in Anspruch, als es die dezentrale grundgesetzliche Kompetenzstruktur nahelegt. Die Erhöhung der Koordinierungspflichten für die Länder darf nicht zum weiteren Ausbau der Position des Bundes auf einem als Landesaufgabe konzipierten Bereich führen. Das Spannungsverhältnis zwischen der Notwendigkeit der Koordinierung und der Verhinderung einer weiteren Unitarisierungstendenz läßt sich vermeiden, wenn die starke Bundesbeteiligung an der regionalen Wirtschaftsförderung reduziert wird und die Mitwirkung des Bundes auf die Koordinierungsaufgabe mit relativ geringfügigen ausgleichspolitischen Korrekturmöglichkeiten beschränkt wird. Strukturpolitische Entscheidungen können, wenn sie umgesetzt werden, in beträchtlichem Maße die Lebensbedingungen in den Regionen beeinflussen. Von der Selbständigkeit der kleineren Einheit kann nur solange die Rede sein, solange sie wesentliche, ihre Eigenart beeinflus-

---

[130] Vgl. *Schatz*, S. 9. Vertraut man den Stellungnahmen Albrechts anläßlich der Übernahme des Amtes des Bundesratspräsidenten und des Staatsministers *F. Vogels*, die für eine Rückverlagerung von Zuständigkeiten auf die Länder und eine Abkehr von der Unitarisierungstendenz eingetreten waren, deutet sich neuerdings die grundsätzliche Bereitschaft für eine Stärkung der Länder an. Vgl. FAZ vom 9.11.1985, S. 4; dazu auch *F. Vogel*, Stärkung des Föderalismus durch Selbstbeschränkung in der Bundesgesetzgebung, in: Freiheit und Verantwortung im Verfassungsstaat, 1984, S. 493ff.; Rudolf, Wende im Bundesstaat?, S. 343ff.

[131] Ähnlich *Scupin*, S. 274.

sende Entscheidungen selbst treffen kann und sich mit „ausreichendem" politischem Gewicht am Koordinierungsprozeß beteiligen kann. Die Freiheit der Wahl der gemeinsamen Förderungsprojekte sowie die grundsätzliche Freiheit der Zielverfolgung in den nicht aufgrund eines gemeinsamen Programms geförderten Gebieten darf daher der unteren föderalen Entscheidungsebene der Länder nicht genommen werden.

Mit der Befürwortung der vertikalen Aufgabentrennung und der Stärkung der föderalen Basis sind in erster Linie die Länder angesprochen. Die Erstreckung der Dezentralisierung auf die Kommunen ist hinsichtlich Vorhaben mit nur kommunaler bzw. lokaler „Wirkungsinzidenz", z.B. Infrastrukturvorhaben aber ebenfalls zu befürworten. Es ist richtig, wenn *Klaus*[132] meint, daß gerade diejenigen, die von den Wirkungen „hautnah" betroffen sind, verstärkt am Entscheidungsprozeß beteiligt werden müßten. Wie eine verstärkte Beteiligung der Kommunen am Entscheidungsprozeß erreicht werden soll, muß hier jedoch offen bleiben.

2. Die unitarische Parallelentwicklung im Verhältnis zwischen der EG und ihren Mitgliedsstaaten

Obgleich sich die EG weder als Bundesstaat noch als Staatenbund einordnen läßt[133], sie eher mit der von *Oppermann* gewählten Beschreibung als „parastaatliche Superstruktur"[134] zu charakterisieren ist, zeigen sich zwischen der EG und den Mitgliedsstaaten ähnliche Tendenzen wie im Verhältnis zwischen Bund und Ländern. Zu einer Kompetenzausdehnung bei gleichzeitiger Beschränkung der Kompetenzen der Mitgliedsstaaten stehen der EG zwei Wege zur Verfügung. Zum einen kann sie die Koordinierungspflichten der Mitgliedsstaaten im Rahmen der EG-Regionalpolitik ausdehnen und dadurch eine Beschränkung der mitgliedsstaatlichen Kompetenzen erreichen, zum anderen kann sie ihr Beihilfenaufsichtsrecht strenger handhaben, indem sie nur unter engen Voraussetzungen von der Möglichkeit der ausnahmsweisen Zulassung von Regionalbeihilfen gem. Art. 92 IIIa und c EWGV Gebrauch macht.

Die Rechtsgrundlage für eine verstärkte Koordinierung der Regionalpolitiken in der Gemeinschaft bildet die auf die Generalermächtigung des Art. 235 EWGV gestützte Verordnung betreffend den EFRE vom 28.6.1984,

---

[132] Vgl. *Klaus*, Stellungnahme zur öffentlichen Anhörung von Sachverständigen zur Fortentwicklung der Regionalpolitik, Ausschuß-Drucksache 327/10, S. 13f.

[133] Vgl. *Schumacher*, AWD 1970, S. 539; *Constantinesco*, S. 235.

[134] *Oppermann*, Die Europäische Gemeinschaft als parastaatliche Superstruktur-Skizze einer Realitätsumschreibung, in: Festschrift für Ipsen zum 70. Geburtstag, Hamburg, Deutschland, Europa, Tübingen, 1977, S. 685ff.; *ders.*, in: Neue Entwikkungen im öffentlichen Recht, Stuttgart, Berlin, Köln, Mainz, 1979, S. 85ff.

die am 1. Januar 1985 in Kraft getreten ist[135]. Nach Art. 1 der Fondsverordnung soll die Koordinierung die Konvergenz der Volkswirtschaften vergrößern und die Verteilung der Wirtschaftstätigkeiten in der Gemeinschaft fördern. Als Mittel der Koordinierung dienen die von den Mitgliedsstaaten aufzustellenden Regionalentwicklungsprogramme, die nach Art. 6 IV S. 2 i.V. mit Art. 5b der Fondsverordnung auf ihre Kohärenz mit den Programmen und Zielen der Gemeinschaft überprüft werden. Weitere Mittel der Koordinierung sind der periodische Bericht und die Analyse regionaler Auswirkungen sowie ein periodisches Informationssystem. Für die Koordinierung der gemeinschaftlichen Regionalpolitik der EG und der Mitgliedsstaaten haben nicht zuletzt die Koordinierungsgrundsätze für die Beihilfenregelungen mit regionalpolitischer Zielsetzung eine bedeutende Funktion. Aufgrund dieser Grundsätze werden die Beihilfenregelungen in den Mitgliedsstaaten den regionalpolitischen Schwierigkeiten der Regionen angepaßt und ein gegenseitiges Überbieten verhindert. Dieser Effekt wird erzielt, indem Förderungshöchstsätze entsprechend den Schwierigkeiten der jeweiligen Regionen festgesetzt, sektorale Auswirkungen berücksichtigt und Modalitäten der Beihilfengewährung festgesetzt werden. Von den Mitgliedsstaaten aufgestellte Regionalentwicklungsprogramme sollen nicht nur die Vielfalt der regionalpolitischen Auswirkungen überschaubar machen, sondern eine Überprüfung auf ihre Kohärenz mit den Programmen und Zielen der Gemeinschaft ermöglichen[136]. Dadurch soll die Verfolgung divergierender Zielsetzungen ausgeschlossen werden. Ob darüber hinaus die Ausrichtung auf die Gemeinschaftsziele gefordert werden könnte, ist insofern aber zweifelhaft. Soweit die Festlegung von Detailzielen und die Gewichtung von Oberzielen in Frage steht, muß der Regionalpolitik der Mitgliedsstaaten ein eigenständiger Spielraum verbleiben. Nur die gegenläufige Verfolgung entgegengesetzter oder in Konflikt tretender, regionalpolitischer Ziele und Reibungen bei der Zielverwirklichung müssen verhindert werden. Damit die EG-Kommission ausreichende Daten zur Verfügung hat, um die Gemeinschaftsmittel effizient einsetzen zu können, müssen die Mitgliedsstaaten die in ihrem Gebiet vergebenen öffentlichen Finanzmittel aufdecken[137]. Weitere Informationen bekommt die EG-Kommission durch den sogenannten periodischen Bericht. Der periodische Bericht soll die Daten zur Bestimmung der unter Gemeinschaftskriterien für eine gemeinschaftliche Förderung in Betracht kommenden Fördergebiete liefern. Seine Funktion ist somit in erster Linie die Entwicklung eines Diagnoserasters für die gemeinschaftliche regionale Wirtschaftsförderung. Erkennbar wird insbesondere durch die Aufnahme des periodischen Berichts als Koordinierungsmittel die

[135] Verordnung des Rates vom 19. Juni Abl. 1984, Nr. L 169, S. 1ff.

[136] Vgl. Art. 2 III a der Verordnung betreffend den EFRE vom 19.6.1984.

[137] Vgl. Art. 2 IIIa der Verordnung.

Absicht zur Schaffung eines eigenen Diagnosesystems, das es der EG-Kommission ermöglicht, die regionalen Schwierigkeiten einer eigenen Bewertung zu unterziehen. Dies ist bedenklich, soweit die eigene Bewertung an die Stelle der mitgliedsstaatlichen Bewertung gesetzt werden soll. Dagegen bestehen keine Bedenken gegen die Entwicklung eines eigenen Diagnosesystems, soweit dieses die Verwendung der Mittel des EFRE entsprechend den gemeinschaftlichen Prioritäten ermöglichen soll. Durch die Begründung einer Informationspflicht der Mitgliedsstaaten über die „wesentlichen öffentlichen Förderungsmaßnahmen in ihrem gesamten Staatsgebiet" gem. Art. 2 IIIa der Fondsverordnung und die Einbeziehung der Koordinierungsgrundsätze über die Beihilfenregelungen mit regionaler Zielsetzung, an denen die mitgliedsstaatlichen Beihilferegelungen besonders bezüglich der Förderungsintensität und der räumlichen Ausdehnung der Förderung innerhalb des Staatsgebietes gemessen werden, wird der wettbewerbspolitische Aspekt in die Koordinierung der Regionalpolitiken der Gemeinschaft einbezogen. Soweit dies zu der Steigerung der Effektivität der regionalpolitischen Zielverfolgung auf der Gemeinschaftsebene beiträgt, ist dagegen grundsätzlich nichts einzuwenden, da mit der Begründung von Koordinierungspflichten kein Kompetenzverlust der Mitgliedsstaaten verbunden ist und die Koordinierung der Regionalpolitiken der verschiedenen Ebenen zur Anpassung der Ziele und Aktionen der verschiedenen Ebenen erforderlich ist.

Bedenklich ist hingegen die zur Einschränkung des Handlungs- und Gestaltungsspielraums der Mitgliedsstaaten führende Handhabung des Beihilfenaufsichtsrechts durch die EG-Kommission gem. Art. 93 i. V. mit Art. 92 III EWGV. Die EG-Kommission nimmt durch die Berücksichtigung gemeinschaftlicher Durchschnittswerte Einfluß auf die mitgliedsstaatliche Fördergebietsauswahl. Während die Fördergebietsabgrenzung ursprünglich nach den von den Mitgliedsstaaten zugrundegelegten Indikatoren erfolgte, die nach den von den Mitgliedsstaaten gesetzten Prioritäten hinsichtlich der Zielverfolgung ausgewählt wurden, bestimmen nunmehr die gemeinschaftlichen Prioritäten die Fördergebietsabgrenzung. Der Druck auf die reicheren Zentralregionen der Gemeinschaft, von dem vor allem reichere Mitgliedsstaaten betroffen sind, setzte vor ungefähr 5 Jahren ein und soll zu dem Beihilfenabbau in der Gemeinschaft führen. Da der Hinweis der Kommission auf die gemeinschaftlichen Durchschnittswerte die Verhinderung jeglicher Regionalpolitik in den reicheren Mitgliedsstaaten befürchten ließ, hat die Kommission Schwellenwerte für die Fördergebietsabgrenzung festgelegt, die sich nach dem Bruttoinlandsprodukt pro Einwohner und nach der strukturellen Arbeitslosigkeit richten. Die Schwellenwerte variieren nach dem Wohlstandsgrad der Mitgliedsstaaten. Nur wenn die Arbeitslosenquote einen bestimmten Index (145/Bund = 100) über- oder das Bruttoinlandsprodukt pro Kopf einen bestimmten Index (76/Bund = 100)[138] unterschreitet, ist für die Kommission die Vergabe von Regionalbeihilfen in dem betreffenden Gebiet zulässig[139]. Zugelassen wird von der Kommission somit nur die Förderung solcher Gebiete, die in ihrer Entwicklung „erheblich" vom nationalen Durchschnitt abweichen. Betroffen waren durch die Entscheidungen der Kommission Beihilfenregelungen in Deutschland, Belgien, Frankreich, Dänemark, den Niederlanden und dem Vereinigten Königreich. Während das Beanstandungsverfahren nach Art. 93 II EWGV gegen den 10. und 11. Rahmenplan der Gemeinschaftsaufgabe „Verbesserung der regionalen Wirtschaftsstruktur" durch Vergleich mit der Bundesregierung beigelegt wurde, als dessen Folge 7 Arbeitsmarktregionen aus der deutschen Regionalförderung herausgenommen wurden, ist im Juli 1983 gegen die regionalen Beihilfenprogramme der Bundesländer Baden-Württemberg, Bayern, Hessen, Niedersachsen, Rheinlandpfalz und Schleswig-Holstein von der EG-Kommission das Verfahren nach Art. 93 II eröffnet worden. Eine abschließende Entscheidung über das Wirtschaftsförderungsprogramm des Landes Nordrhein-Westfalen hat die Kommission am 23. Juli 1984 getroffen[140]. Die Vergabe von Beihilfen in den Arbeitsmarktregionen Borken-Bocholt und Siegen hielt die Kommission mit dem Gemeinsamen Markt für unvereinbar. Gegen diese Entscheidung hat die Bundesregierung am 16. Oktober 1984 Klage vor dem Gerichtshof erhoben[141].

Die Tendenz der EG-Kommission, ihre Entscheidung im Rahmen der wettbewerbspolitischen Beihilfenaufsicht vorrangig an der regionalpolitischen Zielsetzung der EG zu orientieren, läßt erkennen, daß die EG-Kommission die Gestaltungsmacht der Mitgliedsstaaten beschränken und ihre eigene Gestaltungsmacht ausbauen will. Unter föderalistischer Sicht muß vor allem der Gefahr, daß die den Ländern im Bundesstaat garantierte Eigenständigkeit im Bereich der regionalen Wirtschaftsförderung ausgehöhlt wird, entgegengewirkt werden. Besonders betroffen sind davon die reicheren Länder wie z.B. Baden-Württemberg. Diese Länder müssen befürchten, daß ihre strukturpolitische Gestaltungsmacht so weit beschnitten wird, das sie keine eigenen Akzente bei der Verfolgung regionalpolitischer Ziele mehr setzen können. Nur eine im föderalistischen Sinne abgestimmte Kompetenzwahrnehmung aber gewährleistet, daß die mit den Problemen und Auswirkungen am meisten konfrontierten „ortsnahen" Entscheidungsträger ausreichende Entscheidungsbefugnisse behalten.

---

[138] Vgl. *Ortmeyer,* Korsettstangen für deutsche Regionalpolitik, in: DIHT, Artikeldienst vom 17. Dezember 1985, S. 12ff.

[139] Vgl. dazu schon oben Kapitel I, I., Fn. 32 und *Ortmeyer,* Korsettstangen für deutsche Regionalpolitik, in: DIHT, Artikeldienst vom 17.12.1985, S. 14.

[140] Vgl. Abl. 1985 Nr. L 7/28ff.; dazu auch Bericht über die Wettbewerbspolitik der EG, 1984, S. 192, RdNr. 265.

[141] Vgl. 14. Bericht über die Wettbewerbspolitik, 1984, RdNr. 265, S. 192.

Wegen der Parallelentwicklung stellt sich bezüglich des Verhältnisses zwischen der EG und den Mitgliedsstaaten dieselbe Frage wie bezüglich des Verhältnisses zwischen dem Bund und den Ländern. Die das Verhältnis zwischen den Mitgliedsstaaten und der EG kennzeichnende Problematik, inwieweit den Mitgliedsstaaten ein eigenständiger Handlungs- und Gestaltungsspielraum zur Verfügung stehen muß, gibt Anlaß, auch das Verhältnis von Bund und Ländern zu überdenken. Der föderalistische Gedanke der Machtverteilung unter den verschiedenen staatlichen Ebenen kann auf der EG-Ebene Anklang finden, wenn sich die konkreten Probleme hinsichtlich des Verhältnisses zwischen Bund und Ländern in einem föderalistischen Staat wie der Bundesrepublik in föderalistischem Sinne lösen lassen. Daß eine Lösung inzwischen nicht mehr ohne die EG erreicht werden kann, zeigt gerade die einschneidende Handhabung des Beihilfenaufsichtsrechts durch die EG-Kommission. Jeder Versuch, eine für das Verhältnis von Bund- und Ländern angemessene Gewichtsverteilung zu finden, ist daher ein Modell, dessen Realisierbarkeit entscheidend davon abhängt, wieviel an Gestaltungsmacht den Mitgliedsstaaten im Verhältnis zu der EG verbleibt.

Man kann den Hinweis auf die dezentralisierte regionale Wirtschaftsförderung innerhalb der EG mit dem formalen Argument abtun, die EG sei nicht mit einem föderalistischen System vergleichbar, solange noch keine Europäische Union existiere. Deshalb müßten die Mitgliedsstaaten ihre Selbständigkeit in einem größeren Umfang behalten. In der Bundesrepublik in der nicht nur wie in der EWG aufgrund des EWGV eine wirtschaftspolitische Teilintegration möglich sei[142], führe die wirtschaftliche Integration zwangsläufig zur Unitarisierung. Mit dieser Argumentation kann man aber nicht erklären, wie man unter Berufung auf die Selbständigkeit der Mitgliedsstaaten bei zunehmender Integration zentralistische Tendenzen abwehren will. Den zentralistischen Integrationstendenzen, wie sie auf der Gemeinschaftsebene neben der gemeinschaftlichen Regionalpolitik durch die Ausübung des Beihilfenaufsichtsrechts der Kommission gem. Art. 93 i. V. mit Art. 92 im Rahmen der Beihilfenpolitik den Anfang nehmen, indem insbesondere das gemeinschaftliche Ausgleichsziel in den Vordergrund gestellt wird, kann nur glaubwürdig mit dem Hinweis auf die angestrebte „föderalistische" Union mit ausreichendem Handlungsspielraum der Mitgliedsstaaten begegnet werden, wenn sich „der einzelne Staat innerhalb des eigenen Gebietes in der Aufteilung der Staatsgewalt übt"[143].

Es müssen Modellvorstellungen für eine Verteilung der Gewichte zwischen Bund und Ländern entwickelt werden, die auf das Verhältnis zwischen der EG und die Mitgliedsstaaten übertragbar sind. Die Respektierung

---

[142] Vgl. *Nicolaysen*, Europ. Gemeinschaftsrecht, S. 173ff.

[143] *Wüst*, S. 14.

eines ausreichenden eigenen Handlungsspielraums und damit die Achtung der Ziele der kleineren Einheit im Rahmen eines föderalistischen Systems kann von der Bundesrepublik ausdrücklich nur gefordert werden, wenn sie selbst den Ländern als den kleineren Einheiten einen entsprechenden Spielraum zugesteht. Auf der Gemeinschaftsebene wird die Dominanz des Gemeinschaftsziels durch die Berücksichtigung von Gemeinschaftsdurchschnittswerten bei der Beurteilung der Förderungsbedürftigkeit der von den Mitgliedsstaaten festgelegten Fördergebiete bereits jetzt betont. Das als Integrationsmotor verwendete wettbewerbspolitische Instrumentarium der Beihilfenaufsicht wird dadurch zu einem die Regionalpolitik der reicheren Mitgliedsstaaten zurückdrängenden gestaltenden, die dezentrale Kompetenzstruktur des EWGV antastenden Instrumentarium umfunktioniert[144]. Daß die zentrale Steuerung den differenzierten und komplexen Problemsituationen in den Regionen wegen der notwendigerweise vergröberten Sichtweise nur teilweise Rechnung tragen kann, wird von einer wachsenden Mindermeinung erkannt[145]. Die daraus resultierende Erkenntnis, daß den unteren Ebenen ein ausreichender Spielraum zur regionalpolitischen Steuerung der Wirtschaftsabläufe verbleiben muß, beschränkt sich nicht nur auf das Verhältnis der EG zu ihren Mitgliedsstaaten, sondern in gleicher Weise auf das Verhältnis von Bund und Ländern.

V. Modellvorstellungen im Hinblick auf eine mehr föderative regionalpolitische Aufgabenwahrnehmung

Während der EG-Beihilfenpolitik Bedenken wegen der zu weitgehenden Beeinflussung der mitgliedsstaatlichen Regionalpolitik entgegengebracht werden müssen, da die Kommission bei der Ausübung der Beihilfenaufsicht einen zu breiten Ermessensspielraum in Anspruch nimmt, kann die Regelung, die für die gemeinsame Regionalpolitik der EG getroffen wurde, teilweise als Ansatz für eine parallele Regelung der Aufgabenverteilung zwischen Bund und Ländern Beachtung finden.

Die Verordnung betreffend den EFRE ist ein Musterbeispiel dafür, wie nationales Recht für eine gemeinsame Regelung der EG fruchtbar gemacht werden kann. Parallelen zu der Gemeinschaftsaufgabe „Verbesserung der regionalen Wirtschaftsstruktur“ aufgrund des Art. 91a GG sind unverkennbar. Der Übergang von der Projektfinanzierung auf die Programmfinanzie-

---

[144] So ausdrücklich *Seidel*, Grundfragen des Beihilfenaufsichtsrechts der EG, in: KSE, Bd. 32, 1984, S. 55 (59) und *ders.*, Aktuelle Rechtsprobleme der Subventionsgewährung und der Beihilfenaufsicht in der Europäischen Wirtschaftsgemeinschaft, in: Integrationsrecht, 1985, außerdem *Püttner / Spannowsky*, 3. Teil, B.

[145] Vgl. *Tacke*, S. 8; vgl. *Angerer*, S. 13ff.; vgl. *Wild*, in: Eberstein, A VI 2.4., S. 8f.

rung[146] und die Einführung eines sog. Programmvertrags[147], der in seinen rechtlichen Auswirkungen zum Rahmenplan vergleichbar ist, zeigen dies deutlich.

Aber auch umgekehrt kann die Parallelentwicklung der gemeinschaftlichen Rechtsetzung für die nationale rechtliche Ausgestaltung interessant sein. Dies gilt insbesondere für die bisher noch dezentrale Ausgestaltung der regionalen Wirtschaftsförderung durch die Fondsverordnung. Gerade die ähnliche Ausgestaltung der bundesdeutschen Regionalförderung aufgrund der Gemeinschaftsaufgabe und der Regionalförderung der EG aufgrund des EFRE, ermöglicht den Vergleich und die Austauschbarkeit rechtlicher Gestaltungsergebnisse.

Anknüpfungspunkt für die gemeinschaftliche Regionalpolitik ist als Basis die Regionalpolitik der Mitgliedsstaaten[148]. Die Förderung mit den EFRE-Mitteln läßt sich als eine mittelbare regionalpolitische Beihilfengewährung charakterisieren[149], da nicht die Gemeinschaft, sondern die Mitgliedsstaaten die Beihilfen vergeben. *Seidel* kennzeichnet die regionale Wirtschaftsförderung der EG deshalb als eine zweistufige Regionalförderung[150], weil die Tätigkeit der Gemeinschaft sich auf eine unter bestimmten Voraussetzungen erfolgende Finanzierungsbeteiligung an den regionalpolitischen Maßnahmen der Mitgliedsstaaten zur Infrastrukturförderung der gewerblichen Investitionsförderung der Mitgliedsstaaten beschränkt. Die EG-Kommission vergibt unter bestimmten Voraussetzungen Regionalfondsmittel an die Mitgliedsstaaten, die sie an die Subventionsempfänger weiterleiten. Vergleichbar ist dieser Vorgang der regionalen Wirtschaftsförderung des Bundes und der Länder im Rahmen der Gemeinschaftsaufgabe. Der Bund beteiligt sich an der Finanzierung und die Länder sind zuständig für die Vergabe von Zuschüssen und Durchführung anderer Förderungsmaßnahmen. Die Verwaltungszuständigkeit liegt bei den Ländern. Kennzeichnet man wie *Seidel* die regionale Wirtschaftsförderung mit EFRE-Mitteln als mittelbare oder zweistufige Wirtschaftsförderung, so betont man die eigentlich als Finanzierungsbeteiligung zu beurteilende Vergabe von Fondsmitteln an die Mitgliedsstaaten durch die EG-Kommission, obgleich die Subventionen durch die Mitgliedsstaaten vergeben werden. Die Zuständigkeitsverteilung innerhalb der Mitgliedsstaaten bleibt auch für die Vergabe von EFRE-Mitteln erhalten. Es gibt keine konkurrierende Zuständigkeit zur Subventionsvergabe im Bereich der regionalen Wirtschaftsförderung, sieht man von der

---

[146] Vgl. Wäldchen, HER I A 122, RdNr. 69; *Wild*, URP 1983, S. 115 (117) und ABl. der EG, 1984, Nr. 169, S. 4f.

[147] Vgl. Art. 13 der VO betreffend den EFRE vom 19. Juni 1984, Abl. der EG, 1984, Nr. 169.

[148] Ähnlich *Seidel*, EuR 1985, S. 22 (33).

[149] Ähnlich *Seidel*, S. 34.

[150] Vgl. *Seidel*, S. 32.

Kreditgewährung der Investitionsbank mit ausnahmsweisem Subventionscharakter ab[151]. Im Verhältnis zwischen dem Bund und den Ländern bestehen ähnliche Probleme der Koordinierung der regionalpolitischen Förderungsmaßnahmen der jeweiligen Ebene wie im Verhältnis zwischen der EG und ihren Mitgliedsstaaten. Die Neufassung der Verordnung betreffend den EFRE hat zu einer Intensivierung der Koordinierung geführt, was durch die Einfügung eines eigenen Titels „Koordinierung der Regionalpolitik" in die Verordnung betreffend den EFRE dokumentiert wird.

Auch die Koordinierungsfunktion der Gemeinschaftsaufgabe wird im Hinblick auf die teilweise konterkarierenden Landesförderungsmaßnahmen zum Teil[152] nicht als ausreichend empfunden. Der Schwerpunkt der regionalen Wirtschaftsförderung in der Bundesrepublik liegt zwar auf der gemeinsamen Förderung von Bund und Ländern im Rahmen der Gemeinschaftsaufgabe nach Art. 91a I Nr. 2 GG in Verbindung mit der Förderung nach dem InvZulG, daneben sind die Länder aber zu einem autonomen Vorgehen befugt, dessen konterkarierender Effekt im Verhältnis zu der Gemeinschaftsaufgabe zumindest nicht ausgeschlossen werden kann. Dies rührt zum Teil daher, daß die Länder eigene regionalpolitische Vorstellungen verwirklichen wollen, wegen des hohen Subventionsgrades der Gemeinschaftsaufgabe die Finanzmittel des Bundes aber nicht ausschlagen wollen. Dadurch, daß die Landesförderungsmaßnahmen oftmals „nach ganz anderen als regionalpolitischen Kriterien" vorgenommen werden[153], die Länderprogramme generell „bedeutend weniger konkret und gezielt als die Programme des GRW" sind[154], kommt es zu effizienzmindernden kontraintentionalen Effekten, die dem Lenkungszweck der regionalpolitischen Förderungsmaßnahmen abträglich sind. Der regionalpolitische Handlungsspielraum wird dadurch nicht effizient genutzt.

Nach dem Gedankenmodell der Verordnung betreffend den EFRE läßt sich auf der Grundlage des Art. 91a GG eine bundesdeutsche Regionalpolitik neu entwickeln, die den zur Neuorientierung Anlaß gebenden Veränderungen angemessen Rechnung tragen kann.

Das Gemeinschaftsinstrumentarium der EG-Regionalpolitik soll nur eine ergänzende und primär dem Ausgleichsziel der EG verpflichtete Regionalpolitik ermöglichen. Der Schwerpunkt der regionalen Wirtschaftsförderung im Verhältnis zwischen der EG und den Mitgliedsstaaten liegt bei den Mitgliedsstaaten. Sie haben nicht nur Verwaltungszuständigkeiten, sondern

---

[151] Vgl. dazu *Seidel*, S. 28ff.; *Krämer*, EWGV-Komm., Art. 130, RdNr. 16; *Franzmeyer* u. a., S. 78ff.

[152] Vgl. neuerdings *Bleckmann*, Zur Bindung der Länder an die Ziele der Bundespolitik, in: DÖV 1986, S. 125ff.

[153] *Böhret / Jann / Kronenwett*, S. 218.

[154] *Böhret / Jann / Kronenwett*, S. 215.

können auch selbst innerhalb des abgesteckten Gemeinschaftsrahmens Beihilfenregelungen zur Verfolgung der regionalpolitischen Ziele erlassen. Nur in den Gebieten, in denen eine gemeinschaftliche Förderung erfolgt, sind die Mitgliedsstaaten den Prioritäten und Zielen verpflichtet, auf die sie sich mit der EG-Kommission geeinigt haben[155]. In den übrigen Gebieten haben sie einen größeren Gestaltungsspielraum, sind aber an die sich aufgrund der Koordinierung ergebenden Beschränkungen gebunden.

Überträgt man dieses das Verhältnis der EG zu ihren Mitgliedsstaaten im Bereich der Regionalpolitik bestimmende Modell der Verteilung der Aufgabenbereiche auf das Verhältnis von Bund und Ländern, ist eine Veränderung der rechtlichen Ausgestaltung des Bereichs der regionalen Wirtschaftsförderung im Verhältnis von Bund und Ländern vorstellbar.

Wenn der Schwerpunkt der regionalen Wirtschaftsförderung auf die Länder zurückverlagert wird, ermöglicht dies die Stärkung der Länder im Sinne einer dezentralisierten Regionalpolitik. Eine finanzielle Stärkung der Länder wäre zur Schwerpunktverlagerung unvermeidlich. Nur in den gemeinsam von Bund und Ländern geförderten Gebieten könnte danach der Bund die Zielverfolgung maßgeblich beeinflussen. Dies ist nicht anders als bisher, jedoch wäre die Fördergebietsabgrenzung zuerst eine Sache der Länder. Ein Nebeneinander der gemeinsamen Regionalförderung, an der die Länder in Höhe von 50% beteiligt sind und der darüber hinausgehenden selbständigen Landesförderung ließe sich dadurch vermeiden, daß das Förderungsschwergewicht durch eine Stärkung der Finanzausstattung der Länder auf diese verlagert wird und die bundesweite Regionalförderung allein vom Bund, aber nur noch ergänzend und primär dem Ausgleichsziel verpflichtet, durchgeführt wird. Während heute 60% der Fläche bei 30% der Bevölkerung der Bundesrepublik gemeinsam gefördert werden, müßte bei einer Schwerpunktverlagerung auf die Länder eine deutliche Verringerung der „gemeinsam" geförderten Gebiete eintreten. Die von den Ländern festgelegten Fördergebiete müßten aufgrund kontrollierbarer objektivierter Auswahlmethoden nach dem Landesdurchschnitt bestimmt werden; die Praxis bemüht sich zwar um die Weiterentwicklung und die Entwicklung alternativer Auswahlmethoden[156], muß jedoch abgesehen von den methodischen Schwierigkeiten das „Besitzstanddenken" der Länder in Rechnung stellen. Eine Konkurrenz der Länder infolge verschiedener Zielgewichtung und verschiedener wirtschaftlicher Ausgangslagen könnte der Förderkulisse nicht schaden, wenn gleichzeitig die Koordinierung verstärkt wird (dazu in diesem Abschnitt unten) und wettbewerbspolitische Kriterien berücksichtigt werden. Damit sich durch die weitgehend autonome Förderung der

---

155 Vgl. Art. 13 i. V. mit Art. 12 der VO.

156 Vgl. 14. Rahmenplan, BT-Drucksache 10/3562, S. 9.

Länder bundesweit keine erheblichen Disparitäten zwischen den Fördergebieten auftun, muß die Förderung wie bisher nach den regionalen Schwierigkeiten differenziert werden. Ein Subventionswettlauf der Länder, der jedoch durch das EG-Recht schon in Schranken gehalten wird, kann dadurch vermieden werden.

Entsprechend den auf der EG-Ebene geltenden Koordinierungsgrundsätzen sowie dem GRW und InvZulG dürften grundsätzlich nur unter dem Landesdurchschnitt liegende Gebiete gefördert werden. Zwar kann nach Art. 93 i. V. mit Art. 92 die Einhaltung dieser Grundsätze im Hinblick auf das Wettbewerbsziel der EG erzwungen werden, auf der Bundesebene besteht jedoch kein vergleichbares Instrumentarium. Um die Effizienz der bundesdeutschen Regionalförderung erhalten zu können, kann der Bund sich gegenüber den Ländern jedoch auf den Grundsatz des bundesfreundlichen Verhaltens berufen[157], wenn diese sich nicht an den gemeinsam insbesondere bezüglich der Förderungsintensität und des Förderungsvolumens zur Koordinierung abgesteckten Rahmen halten. Ebensowenig wie die Kommission bei der Ausübung des Beihilfenaufsichtsrechts darf der Bund aber eine Wirtschafts- und Sozialgestaltung nach eigenen Kriterien betreiben[158], die das Ausgleichsanliegen der Länder behindert oder erschwert. Nicht die Konkurrenz der Regionen oder der Länder soll verhindert werden, sondern eine unverhältnismäßige wettbewerbsverfälschende Unternehmenssubventionierung.

Eine Schwergewichtsverlagerung durch die Steigerung der finanziellen und regionalpolitischen Eigenständigkeit der Länder darf andererseits nicht das bundesdeutsche Ausgleichsanliegen vereiteln. Der Bund muß deshalb an dem komplementär einzusetzenden gemeinsamen regionalpolitischen Instrumentarium mit einer verhältnismäßig geringeren Finanzausstattung beteiligt sein, um zum Abbau von Disparitäten auf der Bundesebene beitragen und dem Entstehen von Ungleichgewichten entgegenwirken zu können. Dadurch wird erreicht, daß jede Entscheidungsebene, der Bund allerdings in geringerem Maße, ihre regionalpolitischen Prioritäten setzen kann. Damit ein Subventionswettlauf zwischen den Ländern vermieden wird, sollte das maximale Förderungsvolumen der Länder im Zuge der Koordinierung „einheitlich" festgesetzt werden. Dies müßte aber so geschehen, daß die (gemeinschaftliche) Regionalförderung (unter Beteiligung des Bundes) wirklich nur eine Komplementärfunktion erfüllt. Die Effizienz des vom Bund zur regionalpolitischen Zielverfolgung zu schaffenden, komple-

---

[157] In dieser Hinsicht ähnlich, aber noch weitergehender *Bleckmann*, der aus dem Prinzip der Bundestreue die Verpflichtung der Länder ableiten will, die durch das Bundesrecht festgelegten Ziele positiv zu fördern; vgl. DÖV 1986, S. 130f.

[158] So ausdrücklich *Püttner / Spannowsky* zu der Ausübung des Beihilfenaufsichtsrechts durch die Kommission gem. Art. 93, 92 EWGV.

mentären Ausgleichsinstrumentariums wird dadurch gleichzeitig sicher gestellt. Auf der anderen Seite folgt aus der Komplementärfunktion und der Befugnis der Länder zur Festsetzung der Fördergebiete, daß der Bund (und die Länder im Rahmen der Gemeinschaftsaufgabe) Förderungsmaßnahmen nicht in den Gebieten vorsehen darf, in denen das betreffende Land auf regionalpolitische Förderung verzichten will. Eine Komplementärförderung müßte zur Gewährleistung eines ausreichenden Entscheidungsspielraums der Länder davon abhängig gemacht werden, daß der Einsatz der ergänzenden Gemeinschaftsmittel erst nach Abschluß einer Vereinbarung mit dem jeweiligen Land, die Bestandteile eines zweiten Koordinierungsschritts sein müßte, erfolgen darf. Insofern muß sich der den Ländern einzuräumende Spielraum hinsichtlich der Zielgewichtung auswirken. Dagegen sollte der Bund das Entscheidungsübergewicht hinsichtlich der komplementär einzusetzenden Gemeinschaftsmittel haben.

Umgehen ließe sich dadurch der infolge der Stimmenverhältnisse insbesondere im Falle des Betroffenseins der Länderinteressen schwerfällige Koordinierungsprozeß im Planungsausschuß. Im Rahmen des nach § 6 GRW für den Planungsausschuß vorgesehenen multilateralen Entscheidungssystems des Planungsausschusses lassen sich wegen des „Besitzstanddenkens“[159] der Länder einschneidende Veränderungen hinsichtlich der Mittelverteilung und der Fördergebietsabgrenzung nicht erreichen oder nur in dem Maße erreichen, wie der Druck der EG-Kommission zunimmt. Bezeichnend ist der Eindruck von *Reissert / Scharpf,* daß der Bund, will er eine Kampfabstimmung vermeiden, in der „ehrenwerten“ Form einer Diskussion um die Abgrenzungsmethodik und die Abgrenzungskriterien ausgetragene Verteilungskämpfe „im multilateralen Verhandlungssystem der Gemeinschaftsaufgabe“ als generelle Erscheinung hinnehmen muß. Diese Verteilungskämpfe führen dann häufig dazu, daß die bundesdeutschen Interessen angesichts des Besitzsstanddenkens nur eingeschränkt zu verwirklichen sind. Der Zwang, landespolitische Interessen bei der Fördergebietsabgrenzung in den Vordergrund zu stellen, um nicht wegen des Verlustes von Fördergebieten der Gemeinschaftsaufgabe als „Verlierer“ eingestuft werden zu können, zeigt sich besonders bei bevorstehenden Landtagswahlen[160]. Die Effizienz des als Ausgleichsinstrumentariums bundesweit einzusetzenden Förderungsinstrumentariums ließe sich deshalb durch eine größere Selbständigkeit der Entscheidungen von Bund und Ländern darüber, wo die jeweiligen Förderungsmittel eingesetzt werden sollen, steigern.

Die Koordinierung müßte in zwei Schritten erfolgen. Der erste Koordinierungsschritt erfüllt seinen Zweck, wenn er für eine globale Abstimmung der

---

[159] Ähnlich *Reissert / Schnabel,* in: Scharpf / Reissert / Schnabel, Politikverflechtung, S. 91.

[160] Ähnlich *Reissert / Scharpf,* S. 89 mit einem konkreten Beispiel.

in den von den Ländern abgegrenzten Fördergebieten zu verfolgenden Aktionen und Ziele zwischen Bund und Ländern sorgt.

Zu der Aktionskoordinierung gehört insbesondere der weitgehende Ausschluß der die Förderungsmaßnahmen des Bundes und anderer Länder konterkarierenden Maßnahmen sowie die Harmonisierung mit raumordnungspolitischen und ökologischen Plänen. Zum Zwecke der Verhinderung ungerechtfertigter Differenzierungen zwischen den sowohl gemeinsam als auch autonom zu fördernden Gebieten und anderen nur geringfügig begünstigten, eventuell benachbarten Gebieten sollten – nuancierter als bisher – regional differenzierte Förderungshöchstsätze festgesetzt werden, die dem geringen Unterschied Rechnung tragen. Die Zielkoordinierung dient der Überprüfung der verfolgten Ziele auf ihre Kohärenz mit den Zielen des Bundes. Den Ländern muß aber ein ausreichender Spielraum zur selbständigen Zielgewichtung verbleiben.

Dem zweiten Koordinierungsschritt muß die Entscheidung des Bundes (und der Länder) für den Einsatz von (gemeinsamen) Förderungsmitteln für ein in einer bestimmten Region durchzuführendes bestimmtes Landesprogramm vorausgehen. Im Rahmen des zweiten Koordinierungsschrittes muß die Möglichkeit einer umsetzbaren Vereinbarung zwischen dem Bund und dem jeweiligen Land hinsichtlich der in den als von beiden Seiten als förderungsbedürftig anerkannten Gebiet durchzuführenden Förderungsmaßnahmen vorgesehen werden.

Lediglich hinsichtlich der Entscheidung über den regionalpolitischen Einsatz der verringerten Bundesförderungsmittel wäre eine geringere Länderbeteiligung vorteilhaft. Im übrigen ist eine Mitwirkung der Länder an den Entscheidungen des Bundes unbedenklich.

Der oben dargelegte erste Koordinierungsschritt kann aufgrund der gemeinsamen Rahmenplanung i. S. des Art. 91 a GG erfolgen.

Erforderlich ist danach eine Neufassung des GRW, wonach

1. die Auswahl der Fördergebiete den Ländern übertragen wird, die diese nach Maßgabe kontrollierbarer Auswahlkriterien vornehmen, wonach
2. die Auswahl der von den Ländern ausgewiesenen Fördergebiete, in denen die Förderungsmittel der Gemeinschaftsaufgabe „komplementär" eingesetzt werden sollen, dem Bund vorbehalten bleibt, wonach
3. im Rahmen der gemeinsamen Rahmenplanung ein maximales entsprechend der Verlagerung des Schwerpunktes der Regionalförderung auf die Länder erhöhtes Landesförderungsvolumen einheitlich festgesetzt wird, wonach
4. die Länder für das jeweilige Fördergebiet Programme nach Maßgabe genauer definierter Kriterien ausarbeiten müssen und wonach

5. für den zweiten Koordinierungsschritt eine weitere Vereinbarung mit dem betreffenden Land unter Anhörung der betroffenen Kreise mindestens über die vorzunehmenden Förderungsmaßnahmen, zu erwartenden Ergebnisse und Ziele in quantitativer Form vorgesehen werden muß.

B. Die die regionalpolitische Gestaltungsbefugnis begrenzenden Kriterien

Die die regionalpolitische Gestaltungsbefugnis von Bund und Ländern begrenzenden Kriterien machen nicht nur die Entwicklung im Bundesstaat, sei es ein „separativ“ bzw. stärker föderalistisch geprägter Bundesstaat, sei es ein unitarischer Bundesstaat, berechenbar und kontrollierbar, sie müssen vielmehr auch und besonders bereits bei der Diskussion um die „Wiederentflechtung“ des bundesstaatlichen Systems Berücksichtigung finden.

1. Die Bedeutung des Art.109 II GG i.V. mit § 1 StabG für regionalpolitische Förderungsmaßnahmen

Art. 109 II GG begründet für alle haushaltswirtschaftlich tätigen Organe von Bund und Ländern, insbesondere für die Exekutive bei der Aufstellung und der Durchführung des Haushalts und für die Legislative bei der Verabschiedung des Haushaltsplans die Verpflichtung, die Erfordernisse des gesamtwirtschaftlichen Gleichgewichts zu beachten. Konkreter beschreibt § 1 StabG die Maßnahmen, bei denen der genannten Verpflichtung Rechnung zu tragen ist, und konkretisiert den Gleichgewichtsbegriff nach Maßgabe der ökonomischen Theorie durch die vier in § 1 S. 2 StabG genannten Teilziele, der Stabilität des Preisniveaus, des hohen Beschäftigungsstandes, des außenwirtschaftlichen Gleichgewichts und des stetigen und angemessenen Wachstums (sog. Magisches Viereck).

Indem *Hollmann* einerseits im Zusammenhang mit Art. 109 II GG nach der Institutionalisierung der globalgesteuerten Marktwirtschaft durch Art. 109 II GG fragt[1] und andererseits die Globalsteuerung durch die prozeß- und ablaufpolitische Zielsetzung von der Regional- und Strukturpolitik abgrenzt[2], begrenzt er die Diskussion über die Bindung wirtschaftspolitischer Maßnahmen an Art. 109 II GG i. V. mit § 1 StabG auf die globalsteuernde Wirtschaftspolitik. Daraus kann jedoch nicht auf die Irrelevanz des Art. 109 II i. V. mit § 1 StabG für regionalpolitische Maßnahmen geschlossen werden. Für *Bleckmann*[3] folgt aus den die wirtschaftspolitischen Ziele mög-

---

1 So ausdrücklich *Hollmann,* S. 92.

2 Vgl. *Hollmann,* S. 34.

3 Vgl. *Bleckmann,* S. 35.

licherweise konterkarierenden Auswirkungen der Subventionsgewährung, daß die genannten Bestimmungen zur Begrenzung der Subventionsgewährung herangezogen werden können. Eingeschlossen sind darin die Wirtschaftssubventionen. Zu demselben Ergebnis gelangt *Müller-Graff*, indem er aus Art. 109 II GG die Bindung der staatlichen Organe hinsichtlich derjenigen staatlichen Maßnahmen ableitet, die „nicht ohne haushaltswirtschaftliche Relevanz durchführbar sind“[4].

Daß die Befürwortung der Bindung sämtlicher wirtschaftspolitischer Maßnahmen an das gesamtwirtschaftliche Gleichgewicht richtig ist, veranschaulicht der Umstand, daß das von der Globalsteuerung angestrebte Wachstum durch die quantitative Erhöhung des Bruttosozialprodukts[5] nicht ohne angepaßte Strukturwandelungen denkbar ist. Die Voraussetzungen für das gesamtwirtschaftlich optimale Wachstum werden durch eine optimale Allokation der Produktionsfaktoren Arbeit und Kapital im Raum geschaffen[6]. Zur Förderung einer möglichst stabilen gesamtwirtschaftlichen Beschäftigungs- und Einkommensentwicklung trägt die Stabilisierung der Regionen gegenüber konjunkturellen und strukturellen Schwankungen bei. Eine wachstums- und stabilitätsorientierte regionale Wirtschaftsförderung unterstützt somit die wachstums- und stabilitätszielorientierte Globalsteuerung. Werden Strukturwandelungen nicht in einer dem gesamtwirtschaftlichen Gleichgewicht angepaßten Weise vorgenommen, läuft dies dem von der Globalsteuerung angestrebten Wachstum zuwider. Dies läßt sich nur vermeiden, wenn die Bindung an Art. 109 II GG i. V. mit § 1 StabG auch für strukturpolitische Maßnahmen anerkannt wird. Eine Begrenzung des Begriffs der wirtschaftspolitischen Maßnahmen wird daher überwiegend[7] zu Recht abgelehnt. Nicht nur bei den besonderen globalsteuernden Maßnahmen aufgrund des StabG und speziellen Hoheitsakten muß demnach von den verpflichteten Organen das gesamtwirtschaftliche Gleichgewicht beachtet werden, sondern auch bei ordnungs- und strukturpolitischen Maßnahmen. Da auch die haushaltsplanabhängige Wahrnehmung der Gemeinschaftsaufgaben zwischen Bund und Ländern gem. Art. 91a GG zu dem Gesamtgefüge des „Finanzwesens im Bundesstaat“[8] gehört, besteht somit auch hinsichtlich der regionalen Wirtschaftsförderung von Bund und Ländern eine Bindung an das gesamtwirtschaftliche Gleichgewicht, wie es durch das StabG konkretisiert ist.

---

[4] *Müller-Graff*, S. 263.

[5] Vgl. dazu *Stern / Münch / Hansmeyer*, Komm. zum StabWG, § 1, S. 130.

[6] So ausdrücklich *Böhret / Jann / Kronenwett*, S. 143; dazu auch *R. A. Musgrave / P. B. Musgrave / Kullmer*, Die öffentlichen Finanzen in Theorie und Praxis, Tübingen, 1984, S. 6ff.; *Besters*, Neue Wirtschaftspolitik, S. 172; *Müller-Graff*, S. 227.

[7] Vgl. *Möller*, Komm. zum StabWG, § 1, S. 77; vgl. *Stern / Münch / Hansmeyer*, § 1, S. 140f.; *R. Schmidt*, AÖR 1974, S. 529 (547).

[8] Vgl. BVerfG 4/140; *von Münch*, in: Gesetz zur Förderung der Stabilität und des Wachstums der Wirtschaft, 2. Aufl., 1973, S. 102.

Eine andere Frage ist aber, ob durch Art. 109 II GG i. V. mit § 1 StabG eine verfassungsrechtliche Bindung geschaffen wurde.

II. Die Intensität der Bindung der verpflichteten Organe

Insbesondere die Intensität der Bindung der Legislative an vorrangige gesetzliche Wertungen ist davon abhängig, ob ein verfassungsrechtlicher Maßstab die Bindung bestimmt. Ohne das „Mißverhältnis" zwischen dem „publizistischen Aufwand" und den „wenigen juristischen Problempunkten"[9] vergrößern zu wollen, müssen die Grundthesen der Diskussion um die Wirtschaftsverfassung der eigenen Positionsdarstellung zu der Frage nach der Begrenzung des regionalpolitischen Handlungsspielraums durch Art. 109 II GG i. V. mit § 1 StabG vorangestellt werden.

Zwei divergierende Randthesen markieren den Diskussionsstand bezüglich der Existenz einer Wirtschaftsverfassung. Die eine von *Krüger* repräsentierte extreme Randposition leitet aus der fehlenden wirtschaftspolitischen Stellungnahme des GG die These der wirtschaftspolitischen Neutralität mit einer überspannten wirtschaftspolitischen Abstinenz- bzw. Neutralitätspflicht des Gesetzgebers ab, während die andere Extremposition die soziale Marktwirtschaft aufgrund einer „überstrapazierten Auslegung"[10] der Art. 2 I und 12 GG als in der Verfassung institutionalisiert ansieht.

Das Bundesverfassungsgericht hat sich keiner der beiden Extrempositionen angeschlossen. Im Mitbestimmungsurteil hat das BVerfG bestätigend an ihre mit dem Investitionshilfeurteil begonnene „Neutralitätsrechtsprechung" angeknüpft, wonach die wirtschaftspolitische Neutralität lediglich darin bestehe, daß sich der Verfassungsgesetzgeber für kein bestimmtes Wirtschaftssystem entschieden habe und dem jeweiligen Gesetzgeber die Möglichkeit lasse, die ihm sachgemäß erscheinende Wirtschaftspolitik zu verfolgen[11].

Der Wert der Debatte um das Wirtschaftsmodell liegt in der Förderung der Systematisierung und darin, den „ökonomischen Modellgedanken und die juristische Aussage"[12] in ein richtiges Verhältnis zu bringen. Wenn eine Neuauflage der schon häufig erfolgten eingehenden Erörterung der divergierenden Auffassungen über eine im GG verankerte oder nicht verankerte

---

[9] So ausdrücklich *Müller-Graff,* S. 250.

[10] *Thiele,* Wirtschaftsverfassungsrecht, S. 148; vgl. auch *Hollmann,* S. 82; *Müller-Graff,* S. 253f.

[11] Vgl. BVerfGE 4/7 (17f.); 7/377 (400); 14/263 (275); BVerfGE 50/290 (337); dazu auch *Müller-Graff,* S. 43; *Schlaich,* Neutralität als verfassungsrechtliches Prinzip, 1972, S. 105ff.; *Wiegel,* Verfassungsrechtliche Probleme einer staatlichen Investitionslenkung, 1982, S. 29ff.

[12] *Hollmann,* S. 87.

Wirtschaftsverfassung hier abgelehnt wird, wird der Wert der Diskussion nicht geschmälert, vielmehr wird die Aufmerksamkeit verstärkt auf die im Rahmen der behandelten Thematik aufgetretene Frage nach der Bedeutung des Art. 109 II GG i. V. mit § 1 StabG gelenkt.

Die Debatte um die Existenz einer Wirtschaftsverfassung dreht sich hauptsächlich um die These, die Wirtschaftspolitik werde anhand eines verfassungsrechtlichen Maßstabs substantiell vorgeprägt. Die hier interessierende Frage, ob Art. 109 II GG i. V. mit § 1 StabG einen verfassungsrechtlichen Maßstab für die Beurteilung der wirtschaftspolitischen, insbesondere der regionalpolitischen Maßnahmen abgibt, ist auf den die wirtschaftsverfassungsrechtliche Diskussion belebenden, von der Frage nach der verfassungsrechtlichen Institutionalisierung eines wirtschaftspolitischen Modells unabhängigen Streit um die verfassungsnormative Kraft des Art. 109 II GG i. V. mit § 1 StabG konzentriert.

Zuck[13] hat die Ausgangsfrage nach dem wirtschaftsverfassungsrechtlichen Bedeutungsgehalt des Art. 109 II GG i. V. mit § 1 StabG bejaht, sein Ergebnis allerdings nur auf die „globalsteuernde Marktwirtschaft“ beschränkt. Mit der Vorstellung, daß aus der Verbindung des Art. 109 II GG i. V. mit § 1 StabG eine Wirtschaftsverfassung der globalsteuernden Marktwirtschaft etabliert worden sei, ist er aber auf berechtigte Kritik gestoßen[14].

Die auf das gesamtwirtschaftliche Gleichgewicht verpflichtende Norm des Art. 109 II GG, die von *Schmitz*[15] auch als „Gesetz des Staates für den Staat“ bezeichnet worden ist, führt über die Ausfüllung des unbestimmten Normgehalts durch § 1 StabG noch nicht zur Konstituierung eines verfassungsrechtlich verankerten Wirtschaftssystems und zur Abkehr von der „wirtschaftspolitischen Neutralität“. § 1 StabG läßt sich nicht durch den Zusammenhang mit Art. 109 II GG zu einem Verfassungsbestandteil machen, und allein ist Art. 109 II GG zu unbestimmt, um als Beweis für die wirtschaftsverfassungsrechtliche Verankerung der globalsteuernden Marktwirtschaft dienen zu können.

Aber auch jene Auffassung, die dem Art. 109 II GG nur eine die finanzverfassungsrechtliche Zuständigkeit abschwächende Bedeutung beimißt, ist abzulehnen. Art. 109 II GG begründet nicht nur eine „finanzrechtliche Verpflichtung“[16], sondern ist eine der wirtschaftspolitischen Betätigung richtunggebende Bestimmung, ohne aber die verpflichteten Organe verfassungskräftig auf ein bestimmtes Wirtschaftssystem festzulegen. Die Fixie-

---

[13] Vgl. *Zuck,* Wirtschaftsverfassung und StabG, 1975, S. 85ff.

[14] Kritisch *Hollmann,* S. 97 und *Müller-Graff,* S. 263.

[15] *Schmitz,* Normative Richtlinien, S. 50.

[16] *Hollmann,* S. 96.

rung auf ein bestimmtes wirtschaftsverfassungsrechtliches Modell würde nicht nur zur Ausdehnung der richterlichen Macht auf Kosten der legislatorischen Gestaltungsfreiheit führen, sondern auch die zeitliche und durch den gesellschaftlichen und wirtschaftlichen Wandel bedingte Relativierung vernachlässigen. Eine wirtschaftsverfassungsrechtlich begründete Bindung des strukturpolitische Ziele verfolgenden Gesetzgebers kann aus Art. 109 II GG deshalb nicht abgeleitet werden. Obgleich sich die verfassungsnormative Einengung des Gesetzgebers aus Art. 109 II GG nicht herleiten läßt, ist die Festlegung auf das gesamtwirtschaftliche Gleichgewicht wegen ihres Charakters als Staatszielbestimmung nicht unbeachtlich. Sie gibt dem gesetzgeberischen und politischen Verhalten trotz der weiten Gestaltungsfreiheit die bei der Gestaltung zu berücksichtigenden Eckpunkte vor.

III. Die Verrechtlichung des ökonomischen Zielsystems durch § 1 StabG

Hollmann[17] charakterisiert das StabG als Versuch der normativen Erfassung wirtschaftspolitischer Maßnahmen, Ziele und Instrumentarien. Trotz der Eigengesetzlichkeiten der Wirtschafts- und Rechtswissenschaft wird das StabG zur Schnittstelle zwischen Ökonomie und Recht. Das sog. „magische Viereck", zu dem als Teilziele die Stabilität des Preisniveaus, ein hoher Beschäftigungsstand, ein außenwirtschaftliches Gleichgewicht und ein stetiges und angemessenes Wachstum gehört, beschreibt den Gleichgewichtsbegriff des Art. 109 II GG näher und fungiert als Integrationsformel von wirtschaftspolitischen Zielen. Zutreffend beschreibt *Mestmäcker* die Zusammenhänge zwischen Recht und Ökonomie: „Das Recht nimmt wirtschaftliche Regelzusammenhänge in Bezug, es entnimmt ihnen wichtige inhaltliche Momente für die Normen, aber die Selektion dieser Momente, ihr Verhältnis zueinander, die Anerkennung freien Handelns oder die Notwendigkeit seiner Einschränkung muß es durch die Gesetzgebung und in der Auslegung der Normen selbst bestimmen"[18]. Der Jurist muß bei der Rechtsanwendung den konkreten Norminhalt oder den durch die Auslegung ermittelten Norminhalt solange beachten, bis die Norm den wirtschaftspolitischen und gesellschaftspolitischen Veränderungen angepaßt ist. Durch die juristische Auslegung ist zu ermitteln, ob und inwieweit eine Norm verpflichtend und justiziabel ist. Die wirtschaftlichen Fakten begrenzen dabei zwar die rechtlichen Auslegungsmöglichkeiten, bestimmen sie aber nicht vorher. Wie in anderen Bereichen muß das Recht die ökonomischen Faktoren beachten.

---

[17] Vgl. *Hollmann,* S. 127ff.; dazu auch aus schweizerischer Sicht *Huber,* Verfassungsrechtliche Aspekte, in: Wirtschaftspolitische Ziele in der Verfassung? in: Staat und Politik 11, S. 7ff., 35ff.; und *Tuchtfeldt,* Ökonomische Aspekte, ebenda, S. 43ff.

[18] *Mestmäcker,* ZHR 137 (1973), S. 101.

Dadurch werden aber nur wirtschaftliche Regelungszusammenhänge hergestellt, das Recht muß den darüber hinausgehenden Normzusammenhängen, die zusätzliche legislatorische Aspekte enthalten, gleichermaßen Rechnung tragen[19].

Der Grad der Verrechtlichung ökonomischer Ziele oder der Ökonomisierung des Rechts hängt von der Justiziabilität des § 1 StabG und davon ab, inwieweit das gesamtwirtschaftliche Gleichgewicht und das sog. magische Viereck als Prüfungsmaßstab konkretisierbar ist. Wenngleich der Norminhalt des § 1 StabG von außerrechtlichen, wirtschaftstheoretischen und politischen Begriffen vorgeprägt ist, kann sich trotz der daraus resultierenden Begrenztheit wegen des rechtlich erfaßbaren und somit relevanten Aussagegehalts des § 1 StabG ein justiziabler Norminhalt ergeben. Zu Recht wird deshalb überwiegend aus dem Gebot i.S. des § 1 S. 1 StabG, die Erfordernisse des gesamtwirtschaftlichen Gleichgewichts zu beachten und aus dem Gebot i.S. des § 1 S. 2 StabG, einen Beitrag zu der Verwirklichung der Ziele des magischen Vierecks zu leisten, geschlossen, es handle sich nicht nur um einen Programmsatz oder ein „Planprogramm“[20], sondern um eine rechtliche Verpflichtung der angesprochenen Organe von Bund und Ländern[21]. Da die Teilziele des magischen Vierecks nach überwiegender Auffassung zu Recht als unbestimmte Rechtsbegriffe eingestuft werden, ist diese Bindung aber im Hinblick auf den durch die Unbestimmtheit der Rechtsbegriffe eröffneten Beurteilungsspielraum gelockert. Der Beurteilungsspielraum wird zudem noch dadurch erweitert, daß die gleichrangigen Ziele des magischen Vierecks miteinander in Konflikt treten können. Obgleich demgemäß die gerichtlichen Kontrollmöglichkeiten verwaltungsmäßiger Planungsentscheidungen infolge der Begrenztheit des Handlungsspielraums der verpflichteten Organe durch außerrechtliche Begriffe und die Notwendigkeit von Prioritätsentscheidungen eingeschränkt sind, kann sich insbesondere unter dem Gesichtspunkt der System- und Sachgerechtigkeit eine kontrollierbare Verengung der Zielverfolgung ergeben.

---

[19] Ähnlich *Ott*, Jahrbuch für Rechtssoziologie und Rechtstheorie, Bd. 3, 1972, S. 363f.; *Raiser*, Diskussionsbeitrag, in: Das Verhältnis der Wirtschaftswissenschaft zur Rechtswissenschaft, Soziologie und Statistik, Schriften des Vereins für Sozialpolitik, Bd. 33, Berlin, 1964; dazu auch *Hollmann*, S. 112.

[20] *Schmidt-Preuß*, DVBl. 1970, S. 536.

[21] Vgl. *Möller*, Komm. zum StabWG, § 1, RdNr. 5; *Stern / Münch / Hansmeyer*, § 1 VIII., S. 144ff.

IV. Die Systeminkonformität als handlungsspielraumverengendes Kriterium

1. Die begrenzende Wirkung des Kriteriums der Systeminkonformität

Müller-Graff[22] beklagt zu Recht, daß bislang „Fragen nach der rechtlichen Systemkonsistenz überbetrieblicher Investitionssteuerung" nur vereinzelt gestellt wurden.

Daß sich eine justiziable Bindung nicht unter dem Gesichtspunkt der Marktkonformität als Kriterium der Sachgerechtigkeit begründen läßt, da die Marktkonformität kein für eine Systembildung ausreichendes Rechtsgut ist[23], ist richtig. Das Prinzip der Systemgerechtigkeit kann jedoch dazu führen, daß sich die normative Verpflichtung der Organe von Bund und Ländern zur Förderung der Teilziele des magischen Vierecks zu einer kontrollierbaren und durchsetzbaren Rechtspflicht verdichtet, so daß nicht im Rahmen der Strukturpolitik der globalsteuernden Zielsetzung des § 1 StabG zuwiderlaufende Ziele angestrebt werden dürfen. Wegen des unvermeidlichen Zusammenspiels zwischen Prozeß- und Strukturpolitik kann die Verfolgung einer von den Zielen des § 1 StabG abweichenden Zielsetzung zu der Feststellung Anlaß geben, daß Akte, die der Verwirklichung einer abweichenden Zielsetzung dienen, nicht den nach § 1 StabG geforderten Beitrag zur Verwirklichung des magischen Vierecks leisten. Ist mit der abweichenden Zielverfolgung die gleichzeitige Förderung der Ziele des gesamtwirtschaftlichen Gleichgewichts verbunden, sind Bedenken nicht begründet. Wenn aber den Förderungsmaßnahmen die Eignung zur Förderung der Ziele des gesamtwirtschaftlichen Gleichgewichts abgesprochen werden muß und sie diesen sogar zuwiderlaufen, entfaltet § 1 StabG eine nachprüfbare Bindungswirkung. Insofern ist es die Aufgabe der Rechtsdogmatik unabhängig von Gruppeninteressen und Parteipolitik für eine wertungswiderspruchsfreie, der materiellen Gerechtigkeit verpflichtete Rechtsordnung zu sorgen[24]. Das Kriterium der Sach- bzw. Systemgerechtigkeit kann für sich betrachtet zwar noch keine hinreichend konkrete Rechtspflicht begründen, da die Systeminkonformität einer Maßnahme noch nicht ohne weiteres zu deren Verfassungswidrigkeit führt. Tritt die Systeminkonformität aber in Zusammenhang mit der Frage nach der Verhältnismäßigkeit oder der Geeignetheit einer Maßnahme[25] und läßt sich ein Wertungswiderspruch zu einer normativen Zielvorgabe feststellen, kommt die Feststellung der Rechtswidrigkeit infolge Systeminkonformität in Betracht. Selbst für

---

22 *Müller-Graff,* S. 45.

23 So ausdrücklich *Hollmann,* S. 143; dazu auch *Müller-Graff,* S. 315ff.

24 Ähnlich *Müller-Graff,* S. 245.

25 Vgl. dazu *Scholz,* VVDStRL 34 (1976), S. 182f.

den Gesetzgeber kann im Falle eines legislatorischen Wertungswiderspruchs das Prinzip der Systemkonformität zu einer rechtsstaatlichen Schranke seiner Gestaltungsfreiheit werden. Dies gilt besonders dann, wen die „verfassungsprägende Wirkung" einer Norm wegen ihrer größeren Nähe zur Verfassung der Grund für ihren im Verhältnis zu einer anderen Norm höherrangigeren Stellenwert innerhalb eines Systems ist[26]. Der in der an der Nähe zur Verfassung orientierten Werteskala höherrangigere Stellenwert einer Norm begründet zwar keine positive Höherrangigkeit einer Norm gegenüber einer anderen, kann aber zur Annahme willkürlicher Rechtsetzung führen. Insofern ist *Degenhart* zu folgen, der Willkür nicht nur bei einem Verstoß gegen den allgemeinen Gleichheitssatz und bei einem Widerspruch zu Wertungen des Grundgesetzes annimmt, sondern einen Verstoß gegen ein „konkretisiertes Willkürverbot" auch bei einem Wertungswiderspruch zwischen einer wegen ihrer prägenden Verfassungsnähe in einem System als höherrangig einzustufenden einfachgesetzlichen Norm im Verhältnis zu einer anderen Norm einfachen Gesetzesrechts für denkbar hält[27].

Das verrechtlichte Zielsystem des § 1 StabG, das den juristisch nicht faßbaren Begriff des gesamtwirtschaftlichen Gleichgewichts gem. Art. 109 II, III GG konkretisiert, genießt wegen seiner Verfassungsnähe den systematisch bedingten wertmäßigen Vorrang vor rechtlichen Zielvorgaben ohne vergleichbare Verfassungsnähe. Die wegen der Verfassungsnähe hervorgehobene Bedeutung einer einfachgesetzlichen normativen Wertung führt zwar nicht zur Einstufung als verfassungsrechtliche Wertung, hebt aber die verfassungsnahe einfachgesetzliche Wertung von anderen systemimmanenten einfachgesetzlichen Wertungen ab.

Einen Konflikt hält *Hollmann*[28] dann für möglich, wenn die ökonomischen Ziele durch die Veränderung von Rahmenbedingungen und neue ökonomische oder gesellschaftspolitische Erkenntnisse in Frage gestellt werden und sich die betreffende Norm als zu eng erweist. In diesem Fall werde der Ökonom geneigt sein, für eine seinen neuen Erkenntnissen entsprechende Auslegung einzutreten. Der Jurist hingegen ist solange an die Auslegung einer Norm gebunden, solange sie nicht vom Gesetzgeber den neuen Erkenntnissen angepaßt wurde.

Hollmann hat als Konfliktsituation die Situation vor Augen, daß durch den Wandel der ökonomischen und gesellschaftspolitischen Verhältnisse sowie der wissenschaftlichen Erkenntnisse die Anpassung einer Norm notwendig wird, daß aber unter dem Aspekt des Verhältnisses von Recht und

---

26 Ähnlich *Püttner,* Unterschiedlicher Rang der Gesetze?, in: DÖV 1970, S. 322ff., 324 und *Degenhart,* Systemgerechtigkeit und Selbstbindung des Gesetzgebers als Verfassungspostulat, S. 83ff.

27 Ebenso *Degenhart,* S. 87ff.; 103f.

28 So ausdrücklich *Hollmann,* S. 129.

sozialer sowie ökonomischer Wirklichkeit die Statik und der Geltungsanspruch des Rechts zu respektieren ist. Durch die Verrechtlichung des magischen Vierecks kommt es zu einer ähnlichen Konfliktlage, wenn strukturpolitische Wertungen und durch § 1 StabG getroffene Wertungen in Widerspruch treten. In diesem Fall muß es nicht dadurch zu einem Verstoß gegen § 1 S. 2 StabG kommen, daß strukturpolitische Förderungsmaßnahmen gegen die Beitragspflicht zur Förderung der Teilziele des magischen Vierecks verstoßen. Ein solcher Verstoß ist überspitzt formuliert nur abstrakt, nicht aber konkret vorstellbar, da eine wirtschaftspolitische Maßnahme, die keinen Beitrag zu den Zielen des magischen Vierecks leistet, kaum vorstellbar ist. Ausreichend für die Annahme eines Verstoßes gegen die vorrangige normative Wertung des Art. 109 II GG i. V. mit § 1 S. 2 StabG ist daher, daß ein Wertungswiderspruch zwischen den strukturpolitischen Zielen und den Zielen des magischen Vierecks auftritt und infolge der Systeminkonformität der Maßnahmen die Eignung zur Förderung der Ziele des magischen Vierecks fehlt.

2. Beurteilung der Geeignetheit und judicial self-restraint

Die Systeminkonformität einer regionalpolitischen Maßnahme oder Regelung kann zwar bei deren zusätzlich fehlenden Geeignetheit zur Förderung des verrechtlichten Zielsystems zu deren Rechtswidrigkeit führen, es bleibt jedoch gleichwohl die Frage, inwieweit die Überprüfung der Geeignetheit in die Hand des Richters gelegt ist.

Richtig ist der von *Hollmann* im Rahmen seiner Ausführungen über die rechtsstaatliche Kontrolle der Globalsteuerung gewiesene, zwischen judicial self-restraint und „Economical-Question-Doctrin“ vermittelnde Weg[29]. Ausgehend von dem weiten Gestaltungsspielraum des Gesetzgebers ist im Anschluß an das BVerfG eine vorgesehene Maßnahme solange als geeignet anzusehen, solange die Maßnahme nach der prognostischen Beurteilung der wirtschaftlichen Entwicklung noch „sachgerecht und vertretbar“ ist. Prognosefehler über den Verlauf der wirtschaftlichen Entwicklung schaden demnach nicht.

Anknüpfend an die Kritik *Kloepfers* kritisiert *Hollmann* aber zu Recht, daß der Geeignetheitsmaßstab durch die Rechtsprechung des BVerfG zu einem Verbot absoluter Ungeeignetheit gemacht worden ist. Richtig ist zwar, daß der aus dem Rechtsstaatsprinzip abgeleitete Grundsatz der

[29] Vgl. *Hollmann*, S. 286ff.; dazu auch *Badura*, Richterliches Prüfungsrecht und Wirtschaftspolitik, in: Festschrift für L. Fröhler, m.w.N.; für einen funktionellen Ansatz *Ossenbühl*, in: Festschrift für K. Carstens, Bd. II, 1984, S. 743; zum Verhältnis Verwaltung und Verwaltungsgericht vgl. *Püttner* und *Kopp*, Handlungsspielräume der Verwaltung und Kontrolldichte gerichtlichen Rechtsschutzes, in: Die öffentliche Verwaltung zwischen Gesetzgebung und richterlicher Kontrolle, 1985, S. 131ff.

Geeignetheit nicht ebenso eng wie im Polizeirecht gehandhabt werden kann, weil die zu gestaltende Sachmaterie wesentlich unüberschaubarer ist und durch den Wandel sozialer und ökonomischer Bedingungen einer Dynamik unterliegt. Auch ist der Einwand zu beachten, daß nicht der Richter, sondern der demokratisch legitimierte Gesetzgeber zur Entscheidung über die Gestaltung des wirtschaftlichen und sozialen Lebens berufen ist. Dennoch ist auch der Gesetzgeber nicht nur zur Berücksichtigung von Verfassungsschranken, sondern auch zur Beachtung verfassungsnaher gesetzlicher Wertungen und damit zur Vermeidung von Wertungswidersprüchen verpflichtet.

Obgleich *Hollmann* den Lösungsweg aufzeigt und zu Recht die zu einer „Economical Question Doctrin" führende Handhabung der Maxime der „judicial self-restraint" kritisiert, legt er nicht dar, nach welchen Kriterien eine seinem Lösungsweg entsprechende Konkretisierung des Geeignetheitsgrundsatzes erfolgen soll. Indem er die Einengung des Geeignetheitsgebotes in der von *Kloepfer*[30] vorgeschlagenen Weise ablehnt, schließt er eine Eingrenzung nach Sachstrukturen aus.

Das ist solange nicht zu beanstanden, als der Jurist nicht die Möglichkeit hat, den Gesetzgeber auf eine von mehreren diskutierten wirtschaftswissenschaftlichen Theorien festzulegen. Ist jedoch vom Gesetzgeber bereits in einer verfassungsnahen Norm eine Eingrenzung der Sachstrukturen vorgenommen worden, wie dies im Falle des Art. 109 II i. V. mit § 1 StabG geschehen ist, können sich gemessen an der Verfassungsnähe nachrangigere Entscheidungen des Gesetzgebers und der Exekutive, die von der eingegrenzten Sachstruktur abweichen, als nicht sachgerecht und bei gleichzeitiger Ungeeignetheit als rechtswidrig erweisen.

Systeminkonformen Entscheidungen und Maßnahmen fehlt in der Regel auch die Eignung zur gleichzeitigen Förderung der nach der höherrangigen Wertung zu beachtenden vorrangigen Ziele. Die aufgrund der höherrangigeren Wertung zu beachtenden Ziele lassen die abweichenden niederrangigeren Wertungen prinzipiell als ungeeignet erscheinen. Dabei sind die in der Rangskala unterhalb der legislatorischen Wertungen anzusiedelnde Wertungen wegen der systeminkonformen Zielverfolgung eher ungeeignet als eine abweichende legislatorische Wertung, da die gemessen an der Verfassungsnähe höherrangigere Wertung in dem Maße mehr Verbindlichkeit beansprucht, in dem ihre auf dem definierten Vorrang beruhende prägende Kraft durch eine übereinstimmende legislatorische Ausgestaltung zunimmt. Wegen der nicht selten bestehenden Notwendigkeit, Kompromisse bei der Zielverfolgung eingehen zu müssen, bilden dagegen im Verhältnis zwischen exekutivischen und legislatorischen Konfliktsentscheidungen die legislato-

[30] Vgl. *Kloepfer,* NJW 1971, S. 1586.

rischen Entscheidungen eher Ausnahmen von der Regel als Entscheidungen der Exekutive.

Würde im Falle der vorgeschlagenen Dezentralisierung der Regionalpolitik zum Beispiel eine Landesregierung in der Weise einen „Alleingang" unternehmen, daß sie bei einem Zielkonflikt ausschließlich ökologischen Zielsetzungen oder statt quantitativem Wachstum i. S. des § 1 StabG qualitatives Wachstum anstrebt, daß es in der Konjunkturhochphase statt wie der Bund zu bremsen seine Aufgaben zur Arbeitsplatzerhaltung steigert[31] oder daß es auf jegliche regionalpolitische Gegensteuerung verzichtet, um eine der Funktion der Räume entsprechende regionale Entwicklung zu fördern, könnte dies zu einer systeminkonformen und im Hinblick auf § 1 StabG ungeeigneten Förderung führen[32]. Entsprechendes müßte gelten, wenn die Neuorientierung der bundesdeutschen Regionalpolitik auf der Bundesebene zu ähnlichen systeminkonformen Entscheidungen des Planungsausschusses führen würde.

3. Die anläßlich der Neuorientierung aufgetretenen Fragen

Wird wie im Bereich der Regionalpolitik durch die Veränderung von Rahmenbedingungen eine zielbezogene Neuorientierung gefordert, muß man sich nach den obigen Ausführungen fragen, ob die anläßlich der Neuorientierung vorgeschlagenen, mit einem Zielwandel verbundenen Alternativvorschläge mit den wirtschaftspolitischen Zielen des § 1 StabG vereinbar sind.

Zu einem Wertungswiderspruch kann es dann kommen, wenn statt der ökonomischen Zielsetzung gesellschaftspolitische und ökologische Zielsetzungen in den Vordergrund gerückt werden und dadurch die ökonomische Zielverfolgung gefährdet wird. Wird die Verbesserung der Lebensverhältnisse nach den Bedürfnissen des jeweiligen Bevölkerungskreises gerichtet, kann dies dazu führen, daß in bestimmten Regionen ökonomische Zielsetzungen in den Hingergrund treten. Die dezentralisierte Regionalpolitik könnte dadurch in Widerspruch zu dem verrechtlichten ökonomischen Zielsystem treten. Das an der Schaffung einheitlicher Lebensverhältnisse orientierte Ausgleichsziel wird dadurch in seiner ökonomischen Komponente relativiert. Dasselbe Problem tritt auf, wenn nach den Prioritäten des jeweiligen Entscheidungsträgers bei der Feststellung der Einheitlichkeit der Lebensverhältnisse, die bislang nach ökonomischen Maßstäben beurteilt wurden, nicht mehr nur die ökonomischen Ausgleichskriterien Berücksich-

---

[31] Beispiel von *Bleckmann*, Gutachten, D 86.

[32] *Bleckmann* befürwortet den Ausbau der Dominanz des Bundes im Bereich der Subventionspolitik und will die angesprochene Problematik durch den Rückgriff auf den Grundsatz der Bundestreue lösen, indem er aus Art. 109 GG den Grundsatz des wirtschaftspolitischen Vorrangs des Bundes ableitet; Gutachten zum 55. DJT, D 87.

tigung finden, sondern z. B. der Freizeit- und Erholungswert eines Gebietes als kompensierendes Kriterium berücksichtigt werden soll. Vorstellbar ist ein Wertungswiderspruch zudem, wenn aus ökologischen oder anderen gesellschaftspolitischen Wertungen völlig auf zentrale Gegensteuerung verzichtet werden soll. Ist von einer solchen Entscheidung zum Beispiel ein ganzes, zudem schwächeres Land betroffen, kann ein systemwidriger Wertungswiderspruch vorliegen, der eine willkürliche Abweichung von der höherrangigen Wertung des § 1 StabG nahelegt. Dem systemwidrigen Unterlassen kann die Eignung zur Förderung der gesamtwirtschaftlichen Oberziele fehlen. Bedeutend ist deshalb die Frage, in welcher Beziehung das magische Viereck zu nicht in § 1 StabG genannten Zielen steht. Die Beantwortung dieser Frage muß anknüpfen an eine Überlegung *Hansmeyers*[33]; das StabG wäre nach seiner Auffassung dann als ein grundlegendes Gesetz für die gesamte Wirtschaftspolitik des Staates einzustufen, wenn es die zu verfolgenden Ziele in der Weise abschließend regelte, daß ein nicht genanntes Ziel auch nicht angestrebt werden dürfe. Von dieser Frage nur berührt und weitgehend unproblematisch sind insofern die gleichzeitig implizit mit der Verfolgung der genannten Ziele geförderten Ziele. Ob in § 1 StabG allerdings die gesellschaftlichen Ziele der Freiheit, der Gerechtigkeit und des Wohlstands hineingelesen werden können, muß bezweifelt werden. Soweit die Preisniveaustabilität von *Hansmeyer* als Voraussetzung für die Verteilungsgerechtigkeit angesehen wird und soweit Wachstum und ein hoher Beschäftigungsstand als Voraussetzung für die Erweiterung des Freiheitsspielraums eingestuft werden, wird von ihm lediglich bewiesen, daß die Verfolgung anderer Ziele, insbesondere gesellschaftspolitischer Ziele durch die Verpflichtung auf das Zielsystem des § 1 StabG nicht ausgeschlossen wird. Die genannten Beispiele setzen aber voraus, daß die wirtschaftspolitischen Maßnahmen nur reflexartig einen Beitrag zur Verwirklichung der gesellschaftspolitischen Ziele leisten. Dagegen kann daraus nicht geschlossen werden, daß § 1 StabG die gesellschaftspolitischen Ziele gleichrangig mitgarantiert. Wirtschaftspolitische Maßnahmen haben sich nach § 1 StabG in erster Linie an dem magischen Viereck zu orientieren. Werden daher aus anderen, insbesondere gesellschaftspolitischen Prioritäten, strukturpolitische Maßnahmen zur Förderung des Wachstums und der Stabilität unterlassen oder eingeschränkt, kann ein Wertungswiderspruch zu § 1 StabG vorliegen, da das Unterlassen einer Maßnahme ebenso wie eine konterkarierende Maßnahme den Wirtschaftsablauf beeinträchtigen kann. Die Feststellung *von der Heides*[34], daß der Ökonomie in der Praxis, insbesondere der Sicherung und Schaffung von Arbeitsplätzen und der Einkommenserhöhung im Verhältnis zur Ökologie in der Regel der Vorrang eingeräumt wird, ist nicht

---

[33] Vgl. *Hansmeyer*, in: Stern / Münch / Hansmeyer, § 1, S. 139.

[34] Ähnlich *von der Heide*, Die Herausforderung der Rechtsordnung durch die Umweltgefahren der Industriegesellschaft, in: DÖV 1985, S. 461.

überraschend. Daß andererseits vor allem dem vorbeugenden Umweltschutz eine gesamtwirtschaftlich nicht unbedeutende Funktion durch die Verhinderung der Umweltschäden der expansiven Wirtschaft nicht abgesprochen werden kann und daß die Entscheidung über den Vorrang nicht auf die nur die zusätzliche Kostenbelastung berücksichtigende betriebswirtschaftliche Betrachtungsweise reduziert werden darf[35], ist ebenfalls nicht zu bezweifeln. Während die ökonomischen Ziele aber eine infolge Art. 109 II GG „verfassungsnahe“ Ausprägung im Stabilitätsgesetz gefunden haben und das auf dem Gerechtigkeitsgedanken sowie dem Sozialstaatsprinzip basierende Ausgleichsziel als Leitziel in der Verfassung verankert wurde, ist der Umweltschutz bisher als richtungsweisende Zielbestimmung verfassungsrechtlich nicht abgesichert[36]. Es wird zwar zum Teil ein Grundrecht auf Schaffung oder Erhaltung einer sauberen und gesunden Umwelt aus Art. 2 I GG[37], aus Art. 2 II i. V. mit 1 I GG oder aus der Gesamtheit der Grundrechte abzuleiten versucht. Dabei wird aber übersehen, daß die Grundrechte eine individuelle Betroffenheit eines Individuums voraussetzen und nicht die Rahmenbedingungen der Lebensverhältnisse allgemein garantieren wollen[38]. Die Verknüpfung mit dem „Muttergrundrecht“ der Menschenwürde gem. Art. 1 I GG führt zu keiner anderen Beurteilung, da der hohe Abstraktionsgrad der Menschenwürde nicht für eine konkrete Konfliktsentscheidung zwischen Arbeitsplatzsicherung und Umweltrecht fruchtbar gemacht werden kann[39]. Das Recht auf Leben und körperliche Unversehrtheit i. S. des Art. 2 II GG fungiert zwar nicht nur als ein Abwehrrecht gegen den eingreifenden Staat, wenn es zu physischen oder zu „psychischen“ Gesundheitsstörungen mit einer körperlichen Eingriffen vergleichbaren Intensität kommt, sondern begründet auch eine Pflicht des Staates, sich schützend vor das lebensgefährlich oder gesundheitsgefährlich bedrohte Individuum zu stellen, jedoch enthält die Verfassung für den dem aktuellen Gefahrenbereich, in dem die Schutzpflicht konkretisiert und damit aktualisiert ist, vorgelagerten latenten Gefahrenbereich weder eine Handlungsanweisung noch eine dem staatlichen Handeln richtunggebende Zielbestimmung. Deshalb kann, solange die „rechtliche Absicherung unserer Lebensgrundlagen“ als „dritte Dimension des Rechtsschutzes“[40] nach der verfassungsrechtlichen Verankerung der sozialen Komponente und der Aufnahme von gegen den Staat gerichteten Grundrechten des einzelnen noch keinen Verfassungsrang erlangt hat, das Spannungsverhältnis zwischen der Ökonomie und der Öko-

---

[35] Ebenda, S. 467.

[36] A. A. ohne nähere Erörterung *Hübler,* Zur Problematik der Herstellung gleichwertiger Lebensverhältnisse, in: Veröffentlichungen der Akademie für Raumforschung und Landesplanung, S. 40 f.

[37] Vgl. *Sening,* BayVBl. 1979, S. 491.

[38] Vgl. BVerwGE 54/211 (220 f.) und *R. Schmidt / H. Müller,* JuS 1985, S. 777.

[39] Ähnlich *Benda,* UPR 1982, S. 243; JuS 1985, S. 777.

[40] *Von der Heide,* DÖV 1985, S. 463.

logie nicht generell mit dem Vorrang der Ökologie und auch nicht mit deren „relativen Vorrang“[41] gelöst werden. Neigt man der Vorstellung von der Wertungshierarchie zu, die für die Entscheidung von Fällen der Systeminkonformität maßgeblich ist, könnte man wegen der Verrechtlichung der ökonomischen Ziele und der verfassungsrechtlichen Verpflichtung der Entscheidungsträger auf das gesamtwirtschaftliche Gleichgewicht eher von einer relativen Priorität der Ökonomie in der Rechtsordnung sprechen. Die Vorstellung von einem relativen Vorrang ist jedoch falsch, wenn sie zur Entscheidung eines generellen Zielkonflikts dienen soll. Zwar besteht, worauf *Benda*[42] zutreffend aufmerksam macht, seit der „Änderung des Art. 109 IV nach Erlaß des StabG ein verfassungsrechtlicher Auftrag zur Wahrung des gesamtwirtschaftlichen Gleichgewichts, also auch der Wachstumsvorsorge, während ein vergleichbarer Gestaltungsauftrag zum Umweltschutz fehlt“, doch wird der Schutz der Lebensgrundlagen durch Art. 2 II GG als Mindesterfordernis sichergestellt. Ein Pendant zur rechtlich verankerten Forderung nach Wachstums- und Stabilitätsvorsorge könnte die teilweise[43] befürwortete Verankerung einer Staatszielbestimmung Umweltschutz bieten[44]. Wenngleich der unter dem Stichwort der Systemkonsistenz angenommene Vorrang von „höherrangigen“ Wertungen nicht dazu dienen kann, grundsätzlich gleichwertige Ziele in ein hierarchisches Verhältnis zu bringen, ist eine normativen Vorrang beanspruchende Wertung doch als Auslegungsrichtlinie für den Richter verbindlich. Die Dominanz der staatsleitenden verrechtlichten ökonomischen Wertungen würde durch eine Staatszielbestimmung Umweltrecht ausgeglichen. Die Frage nach der Systemkonsistenz kann demnach zwar nicht gestellt werden, wenn es um eine Prioritätsentscheidung im Einzelfall geht, sie kann aber gestellt werden, wenn durch normative oder exekutivische Entscheidungen von vorrangigen normativen Wertungen abgewichen wird.

Ein genereller Verzicht auf zentrale Gegensteuerung und damit ein Verzicht auf die Verfolgung des Ziels der Herstellung gleichwertiger Lebensverhältnisse ist deshalb Bedenken ausgesetzt, ein teilweiser Verzicht stellt dagegen die Eignung der strukturpolitischen Maßnahmen zur Förderung nicht in Frage. Ebensowenig kann, da die Strukturpolitik auch anderen nichtökonomischen Staatszielen Rechnung tragen muß, daraus, daß nur einzelne strukturpolitische Maßnahmen systeminkonform nicht dem Wachstum oder der Stabilität dienen, sondern zum Beispiel der Ökologie, die

---

[41] In diesem Sinne *Feldhaus,* DÖV 1974, S. 617; dazu auch *Weyreuther,* Umweltschutz und öffentliche Planung, in: UPR 1981, S. 33ff. (38).

[42] *Benda,* Verfassungsrechtliche Aspekte des Umweltschutzes, in: UPR 1982, S. 241.

[43] Vgl. *Sendler,* Ist das Umweltrecht normierbar?, in: UPR 1981, S. 1ff. (2); *Storm,* Umweltrecht, 1980, S. 39f.; dazu auch *Rauschning,* Aufnahme einer Staatszielbestimmung über Umweltschutz in das Grundgesetz in: DÖV 1986, S. 489ff.

[44] Ähnlich *Benda,* S. 245.

Systeminkonformität der Strukturpolitik abgeleitet werden; Bemühungen zur Lösung von Zielkonflikten mit in § 1 StabG nicht berücksichtigten Maßnahmen werden durch das verrechtlichte ökonomische Zielsystem nicht vereitelt. Demgegenüber ist der generelle Verzicht auf zentrale Gegensteuerung durch ein auf die Konkurrenz von Funktionsräumen abstellendes Förderungskonzept infolge der Nichtberücksichtigung des ökonomisch verstandenen Ausgleichsziels systeminkonform und bei zusätzlicher Ungeeignetheit zur Förderung der einen Vorrang beanspruchenden ökonomischen Ziele rechtswidrig.

Dadurch wird die Möglichkeit ökologischer, räumlich differenzierender Lösungen nicht ausgeschlossen. Es verbleibt insbesondere bei der Entscheidung von Zielkonflikten ein ausreichender Gestaltungsspielraum, der auch die Berücksichtigung nicht-ökonomischer Ziele zuläßt. Um den ökologischen Notwendigkeiten Rechnung tragen zu können, bleibt den Entscheidungsträgern überdies ein ausreichender einzelfallbezogener Gestaltungsspielraum. Durch die Stärkung der Eigenständigkeiten der Länder könnte der Gestaltungsspielraum pluralistischer genutzt werden. Eine Dezentralisierung ließe sich in dem so eingegrenzten Rahmen verwirklichen.

V. Verfassungsrang und normative Kraft des Ausgleichsziels

Ob das Ausgleichsziel Verfassungsrang besitzt und der Planungs- und Raumordnungspolitik vorschreibt, auf die Herstellung einheitlicher Lebensverhältnisse hinzuwirken, wird zunehmend bezweifelt.

Das Ausgleichsziel ist in neuerer Zeit von verschiedenen Seiten in Frage gestellt worden. Für *Wimmer* war das der Anlaß, die Frage nach dem Abschied von „gleichwertigen Lebensverhältnissen" zu stellen[45]. Alternative Konzeptionen, die einen Kompromiß zwischen der bisherigen Konzeption ausgeglichener Funktionsräume bzw. dem sog. Regionenkonzept und der Konzeption konkurrierender Funktionsräume herstellen sollen und die Vorrangfunktion bestimmter Gebiete betonen, können trotz ihrer bisherigen starken Anlehnung an die Regionenkonzeption nicht verbergen, daß durch das Abstellen auf die Funktionen der Räume letztlich von der bisherigen, am Ausgleich orientierten Regionenkonzeption abgegangen werden soll. Ein wichtiger Verfechter der Auffassung von den Vorranggebieten ist die Kommission für wirtschaftlichen und sozialen Wandel[46]. *Brösse*[47] bestreitet zwar

[45] *Wimmer,* Abschied von „gleichwertigen" Lebensverhältnissen?, in: DVBl. 1982, S. 62ff.

[46] Vgl. Kommission für wirtschaftlichen und sozialen Wandel, Wirtschaftlicher und sozialer Wandel in der Bundesrepublik Deutschland, Göttingen 1977, S. 327ff.; *Wimmer,* S. 63.

[47] Vgl. *Brösse,* Raumordnungspolitik, 2. Aufl., S. 49f.

die Dialektik der Fragestellung, die Frage könne nicht lauten, Gleichwertigkeit „oder“ funktionsräumliche Arbeitsteilung, sieht sich jedoch zu einer Unterscheidung zwischen einer Konzeption der großräumigen und einer Konzeption der kleinräumigen Vorranggebiete veranlaßt. Ebenso wie eine Konzeption, die bewußt auf zentrale Gegensteuerung verzichten will, führt eine Konzeption, die auf großräumige Vorranggebiete abstellt, zu der teilweisen Aufgabe des Strebens nach Herstellung gleichwertiger Lebensverhältnisse. Die Kriterien zur Bestimmung der Wirtschaftskraft vergleichbarer Regionen mit dem Ziel des Disparitätenabbaus würden obsolet, wenn großräumige Vorranggebiete nach ihren Vorrangfunktionen beurteilt würden. Während das Regionenkonzept die Dekonzentration durch die Ausschöpfung des Entwicklungspotentials schwächerer Regionen und den Aufbau von Entwicklungszentren in peripheren ländlichen Regionen fördert, führt die Differenzierung nach Vorrangfunktionen zu der Notwendigkeit der Anerkennung einer nur „begrenzten“ Dekonzentration und somit eines teilweisen Verzichts auf Disparitätenabbau.

Die Antwort auf die Frage, ob ein Teilverzicht oder gar ein Verzicht auf die Verfolgung des Ausgleichsziels rechtmäßig wäre, hängt entscheidend davon ab, ob es überhaupt ein Gebot zur Herstellung gleichwertiger Lebensverhältnisse gibt und wie weit die normative Kraft dieses Ausgleichsziels reicht.

Das Gebot zur Schaffung und Erhaltung einheitlicher Lebensverhältnisse könnte man in Art. 72 II Nr. 3 und 106 III S. 4 Nr. 2 GG verankert sehen.

Wimmer[48] weist im Anschluß an *Hübler / Scharmer / Weichtmann / Wirz* die Vorstellung zurück, man könne aus Art. 72 II Nr. 3 GG und den finanzverfassungsrechtlichen Bestimmungen der Art. 104a IV S. 1, 106 III S. 4 Nr. 2, 107 II GG das „Gebot zur Wahrung einheitlicher Lebensverhältnisse ableiten“.

Richtig ist dies, soweit die Betonung auf Wahrung einheitlicher Lebensverhältnisse gelegt wird. Zutreffend hat insofern die Enquête-Kommission Verfassungsrefom in ihrem Schlußbericht klargestellt, daß nicht die Wahrung, sondern allenfalls die Herstellung gleichwertiger Lebensverhältnisse gemeint sein könne. Es gebe weder gleichwertige Lebensverhältnisse, die gewahrt werden könnten, noch sei die Herbeiführung der Gleichwertigkeit i. S. von Gleichheit ein realistisches Ziel. Dagegen kann den in den kompetenz- und finanzverfassungsrechtlichen Bestimmungen vorgenommenen Umschreibungen des Ausgleichsziels der zielbestimmende Charakter nicht abgesprochen werden.

Wimmer meint allerdings, die Funktion des Art. 72 GG beschränke sich darauf, daß er dem Bund die Gesetzgebungszuständigkeit zuweise, soweit

---

[48] Vgl. *Wimmer*, DVBl. 1982, S. 62ff. (64).

ein Bedürfnis nach bundesgesetzlicher Regelung bestehe. Das Bedürfnis könne sich nach Art. 72 II Nr. 3 GG aus der Notwendigkeit der Wahrung einheitlicher Lebensverhältnisse ergeben. Der Grundsatz fungiert danach nur als Voraussetzung für die Inanspruchnahme konkurrierender Bundeszuständigkeiten im Bund-Länder-Verhältnis.

Warum die Bedeutung des Art. 72 II Nr. 3 GG sich in dem engen verbalen und systematischen Bedeutungsgehalt erschöpfen soll, ist jedoch nicht einzusehen. Zwar regelt Art. 72 II Nr. 3 GG nicht explizit den Ausgleich zwischen den Regionen oder Teilräumen[49], er regelt jedoch den Konflikt zwischen der prinzipiellen föderalen Eigenständigkeit der Länder und den Belangen des Gesamtstaates. Insofern ist er durchaus Ausdruck eines übergeordneten Grundsatzes, weil er den Belang des Gesamtstaates benennt, der zwar konkret die Inanspruchnahme von Bundeszuständigkeiten rechtfertigt, aber gleichzeitig den prinzipiellen Vorrang gegenüber der Eigenständigkeit der Länder beansprucht. Dies folgt daraus, daß Art. 72 II Nr. 3 GG eine Wertung bezüglich des Konflikts zwischen den Gesamtbelangen und der föderalistischen Eigenständigkeit enthält. Daß eine in eine Kompetenzzuweisung gekleidete Zielbestimmung nach dem Grundsatz der Einheit der Verfassung nicht unbeachtlich ist, hat *Scheuner*[50] zutreffend dargelegt. Wenngleich die verfassungsrechtlichen Zielbestimmungen den Gesetzgeber und die Exekutive nur beschränkt binden, weil sie grundsätzlich in der Gewichtung der Ziele frei sind, so bleibt doch die Bedeutung als Leitziel, das nicht völlig vernachlässigt werden darf. Das BVerfG[51] hat diese Bedeutung des Art. 72 II Nr. 3 GG nicht in Abrede gestellt. Es hat sich auf die Feststellung beschränkt, daß der Gesetzgeber auf das ihm erwünscht erscheinende Maß an Einheitlichkeit im Sozialleben hinstreben könne. Nicht den Gebotscharakter des Art. 72 II Nr. 3 GG hat das BVerfG verneint, sondern die Deutung, der Gesetzgeber sei darauf beschränkt, ein bestimmtes bereits bestehendes Maß an Einheitlichkeit zu bewahren und sich an diesem zu orientieren. Dem Gesetzgeber bleibt es überlassen, ob er ein höheres oder niedrigeres Maß an Einheitlichkeit anstrebt. Ob der Gesetzgeber oder „sogar" ein Planungsgremium als Träger „nur" mittelbar legitimierter Gewalt bewußt davon absehen kann, die Gleichwertigkeit der Lebensverhältnisse anzustreben, ist damit nicht entschieden. Diese Frage ist aber wegen des Leitcharakters der in eine Kompetenzgewährung eingekleideten Zielbestimmung[52] zu verneinen, weil insoweit der Zielbestimmung ein

[49] Vgl. *Scharmer,* Funktionsräumliche Arbeitsteilung aus rechtlicher Sicht, in: Funktionsräumliche Arbeitsteilung, Teil I: Allgemeine Grundlagen, 1981, S. 135 ff.; (137).

[50] Vgl. *Scheuner,* Staatszielbestimmungen, in: Festschrift für E. Forsthoff zum 70. Geburtstag, S. 337 ff.

[51] Vgl. BVerfGE 13/230 ff.

[52] So ausdrücklich *Scheuner,* S. 337.

verpflichtender Charakter nicht abgesprochen werden kann. In der Literatur zu der „Parallelbestimmung“ des Art. 104a IV S. 1 GG wird zwar eingeräumt, daß der Kompetenzregelung des Art. 104a IV S. 1 GG zu entnehmen sei, daß der Ausgleich unterschiedlicher Wirtschaftskraft im Bundesgebiet als bedeutsames Ziel mit Verfassungsrang ausgestattet sei, bestritten wird aber der verpflichtende Charakter dieser Zielbestimmung. Diese Frage hat jedoch das BVerfG[53], das insoweit Zustimmung verdient, geklärt; mit der Verrechtlichung der Bundesfondswirtschaft erwachse dem Bund wegen der besonderen Bedeutung der von Art. 104a IV GG betroffenen Investitionen für den Gesamtstaat eine Pflicht zur Finanzhilfe nach Maßgabe seiner Finanzkraft. Dieselbe Bedeutung hat insofern Art. 91a I GG, der die Verbesserung der regionalen Wirtschaftsstruktur zu einem Mitwirkungsbereich des Bundes macht und damit überregionalen Ausgleichsvorstellungen eine Realisierungschance einräumt.

Es ist deshalb nicht zu bestreiten, daß das Ausgleichsziel i. S. der Herstellung gleichwertiger Lebensverhältnisse, wenngleich im Grundgesetz nicht explizit genannt, im GG doch als Leitziel vorausgesetzt wird. Es ist deshalb auch nicht zu beanstanden, wenn *Ossenbühl* das Ziel als „hintergründiges Konstitutionsprinzip“[54] der Verfassung versteht und andere schlechthin von einem „allgemeinen Verfassungsgrundsatz“ sprechen[55]. Über die inhaltliche Reichweite des Gestaltungsauftrags, einen Beitrag zum Abbau der unterschiedlichen Wirtschaftskraft zu leisten, kann freilich damit noch keine Aussage gewagt werden. Ausgeschlossen werden kann aber immerhin der völlige Verzicht auf den Disparitätenabbau und der weitreichende und großräumige Teilverzicht[56]. Eine beschränkte normative, zielbestimmende Kraft kann den das Ausgleichsziel umschreibenden Bestimmungen daher nicht abgesprochen werden, wenngleich weitergehende, konkrete Feststellungen nicht getroffen werden können.

Hübler / Scharmer / Weichtmann / Wirz haben auf die geringe Zahl der rechtlichen Beiträge zu der Frage der Konkretisierung des Verfassungspostulats der Herstellung gleichwertiger Lebensverhältnisse aufmerksam gemacht und die inhaltliche Unbestimmtheit und Unsicherheit der Konkretisierungsversuche beklagt[57]. Einigkeit besteht insofern, als aus dem Postu-

---

53 So ausdrücklich BVerfGE 39/96 (113).

54 Vgl. *Ossenbühl,* Die verfassungsrechtliche Bedeutung des Postulats nach gleichwertigen Lebensverhältnissen für Raumordnung und Landesentwicklungspolitik, in: Die hessischen Landkreise, H. 3., (1978); vgl. a. A. *Hübler* u. a., S. 34.

55 A. A. offenbar *Hübler* u. a., S. 34.

56 A. A. *Hübler,* Großräumige Vorranggebiete als Gegenkonzeption zu ausgeglichenen Funktionsräumen, in: Beiträge zum Konzept der ausgeglichenen Funktionsräume, S. 81 unter Hinweis auf § 1 I ROG: „Die natürlichen Gegebenheiten ... sind zu beachten“.

57 Vgl. *Hübler / Scharmer / Weichtmann / Wirz,* Zur Problematik der Herstellung gleichwertiger Lebensverhältnisse, in: Veröffentlichungen der Akademie für Raumforschung und Landesplanung, S. 27.

lat die Pflicht des Staates zur Schaffung eines Mindeststandards an Chancengleichheit abgeleitet wird[58]. Ob hingegen im Bundesgebiet ein einheitliches Niveau der Infrastrukturausstattung erreicht werden müsse und ob die Gleichwertigkeit objektiv oder subjektiv zu verstehen ist[59], wird ebenso konträr diskutiert wie die Frage, ob teilweise oder überhaupt auf die Verfolgung des Ausgleichsziels verzichtet werden könnte.

Selbst wenn man sich weigert, eine normative Kraft des Ausgleichsziels aus Art. 72 II, 104a IV S. 1, 106 III S. 2 und Art. 107 II GG abzuleiten, können die Umschreibungen des Ausgleichsziels bei der Interpretation des Sozialstaatsprinzips, das die Basis für die Garantie eines Mindeststandards ist, Bedeutung erlangen.

Wenn *Hübler, Scharmer, Weichtmann* und *Wirz* die Ungenauigkeit der Zielbeschreibungen rügen, müssen sie sich fragen lassen, inwiefern das Sozialstaatsprinzip ohne Interpretation präziser sein soll, als der leitzielhafte Auftrag, für einen Ausgleich der unterschiedlichen Wirtschaftskraft zu sorgen. Die Autoren leiten unter Berufung auf *Stern* aus dem Sozialstaatsprinzip einen Auftrag zu aktiver Sozialgestaltung ab, *Stern* kommt aber nicht umhin, dem aus dem Sozialstaatsprinzip deduzierten Sozialgestaltungsauftrag durch die Rekurrierung auf Art. 72 II Nr. 3 GG und Art. 109 II - IV GG Inhalt zu geben[60].

Der Sozialstaat verlangt ein Mindestmaß an Verteilungsgerechtigkeit, die den Bürgern der Regionen einen gewissen Mindeststandard garantiert. Das Ausgleichsziel ist eine Ausprägung des Sozialstaatsprinzips und des Gleichheitsgrundsatzes, zwischen denen ein enger Zusammenhang besteht. Diejenigen, die auf der Linie der Programmatik der Weimarer Reichsverfassung das Sozialstaatsprinzip als Programm ohne rechtliche Verbindlichkeit einstuften, vernachlässigten den durch Art. 20 III, 1 III GG fundamentierten Rechtscharakter des Grundgesetzes. Abzulehnen ist aber die Position, die soziale Rechtsansprüche des einzelnen gegen den Staat aus dem Sozialstaatsprinzip ableiten will, da die konkrete sozialstaatliche Substanz, auf die der einzelne einen Anspruch erheben könnte, nicht verfassungsrechtlich eruierbar ist. Erst durch die gesetzliche Ausgestaltung können sich für den einzelnen konkrete Rechtspositionen ergeben. Anknüpfend an *Ipsen*[61], der das Sozialstaatsprinzip als „rechtsgrundsätzliche Zielbestimmung" einstufte, hat sich zu Recht die Auffassung durchgesetzt, die aus dem Sozialstaatsprinzip einen Sozialgestaltungsauftrag des Gesetzgebers ableitet[62]. Spätere

---

[58] Vgl. *Ernst,* Gleichwertige Lebensbedingungen – Aufgabe der Raumordnung?, in: Beiträge zum Konzept der ausgeglichenen Funktionsräume, S. 18f.

[59] Vgl. *Hübler* u. a., S. 28; dazu auch *Ernst,* S. 18.

[60] Vgl. *Stern,* S. 703.

[61] *Ipsen,* Über das Grundgesetz, 1950, S. 15.

[62] Vgl. *Bachof,* VVDStRL 12 (1954), S. 8, 36; *Hamann,* Deutsches Wirtschaftsverfassungsrecht, S. 46f.; *Nipperdey,* Freie Entfaltung der Persönlichkeit, S. 805f.

politologische und soziologische Versuche, den Sozialgestaltungsauftrag zu einer umfassenden Gestaltungskompetenz auszudehnen, überschritten als „ideologische Exegese“[63] ebenso den Bedeutungsgehalt des Verfassungsprinzips wie die Deutung als Programm ihn unterschreitet. Die Deutung des Sozialstaatsprinzips als „primär gesellschaftspolitische Indoktrination“[64], mit der Folge einer notwendigen Demokratisierung des Wirtschaftslebens schießt wegen der Mißachtung individueller Freiheitsrechte sogar über den verfassungsrechtlichen Rahmen hinaus. Obgleich der Gesetzgeber aufgrund seines Sozialgestaltungsrechts trotz des sozialgestaltenden Auftrags, für soziale Gerechtigkeit zu sorgen, Ungleichgewichte bis zur Grenze der Willkür ohne rechtliche Sanktion herbeiführen kann, ermächtigt das Sozialstaatsprinzip, wie das BVerfG zu Recht ausgeführt hat, „nicht zu beliebiger Sozialgestaltung, die das Gebot der Gleichheit auflösen könnte“[65]. Wenn *Stern* feststellt, der Sozialstaat sei nach seiner inneren Logik zum Wachstum verurteilt, so sieht er in dem Gebot der sozialen Gerechtigkeit, die von ökonomischen Faktoren abhängigen Grundwerte, die Erhaltung eines Existenzminimums und die Vollbeschäftigung, als verwirklicht an. Er bestätigt dies, indem er aus dem Sozialstaatsprinzip zusammen mit Art. 109 II, IV und Art. 72 II Nr. 3 GG einen „ökonomischen staatlichen pouvoir actif“ ableitet[66]. Das in Art. 72 II Nr. 3 GG erwähnte Ausgleichsziel der Schaffung gleichwertiger Lebensverhältnisse dient danach als explizit aufgeführtes den Sozialgestaltungsauftrag des Staates ausfüllendes ökonomisch geprägtes Leitziel der gerechten Verteilung der wachstums-, stabilitäts- und beschäftigungspolitischen Impulse im Verhältnis der Bürger untereinander.

Man kann sich demgegenüber vorstellen, daß die soziale Gerechtigkeit nicht nur durch die ökonomische Gleichstellung, sondern auch durch die Erhaltung einer vergleichbaren Lebensgrundlage gefördert wird. Interpretationsansätze, die das Sozialstaatsprinzip zur „Lokomotive“ für den Umweltschutz machen wollen, sind nicht neu. Wegen des Versagens der Selbststeuerungskräfte von Gesellschaft und Wirtschaft entnimmt *Bullinger*[67] dem Sozialstaatsprinzip die Aufgabe des Staates für eine menschenwürdige Lebensgrundlage des Menschen durch umweltschutzpolitische Maßnahmen zu sorgen. Die verfassungsmäßig gebotene Sicherstellung einer ausgewogenen wirtschaftlichen Entwicklung und des ausgeglichenen wirtschaftlichen Wettbewerbs, sei ohne die Erhaltung und Wiederherstellung

63 *Stern*, S. 693.

64 *Hartwich*, Sozialstaatspostulat und gesellschaftlicher status quo, 1970; dazu auch *Stern*, S. 691.

65 BVerfGE 12/354 (367).

66 *Stern*, S. 692 und 703.

67 *Bullinger*, in: Das Verursachungsprinzip und seine Instrumente – Eine interdisziplinäre Untersuchung, S. 78; ähnlich *Storm*, UmweltR 1980, S. 33; *Steiger*, in: Grundzüge des Umweltrechts, 1982, S. 31f.; vgl. auch *Stern*, Staatsrecht I, 2. Aufl., (1984), S. 908f.

der dafür notwendigen Infrastruktur, wozu er vor allem ein ausreichendes Reservoir an gesundem Wasser, Luft und Klima als Gegenstand des ökologischen Interesses zählt, nicht gewährleistet. Das ökologische Ziel wird dadurch als Komponente eines ökonomisch geprägten Ausgleichsziels für eine ausgewogene wirtschaftliche Entwicklung instrumentalisiert. Ausgewogenheit ist danach ohne eine entsprechende Lebensgrundlage nicht zu erreichen.

Daraus Schlußfolgerungen für die Konfliktentscheidung zwischen Ökonomie und Ökologie ableiten zu wollen, wäre aber verfehlt. Der dem Gesetzgeber erteilte Verfassungsauftrag, für soziale Gerechtigkeit der Lebensverhältnisse zu sorgen, streift lediglich die Belange des Umweltschutzes. Die Lösungen von Zielkonflikten lassen sich deshalb nicht durch den grundsätzlichen Vorrang für den Umweltschutz begründen. Unter dem Stichwort „Grenzen umweltrechtlicher Konzeptionen" betont *Sendler*[68] zu Recht, daß die Gesamtheit der Staatsaufgaben nicht „nur durch die Brille der Umweltvorsorge" zu sehen sei. Der Neigung zur Verabsolutierung tritt er unter Hinweis darauf, daß auch dem Gedeihen der Wirtschaft ein hoher Rang zukomme, entgegen. Wertungswidersprüche dürfen nicht durch die Sorge um die Umwelt einseitig und generell zugunsten der Umwelt gelöst werden. Der Schauplatz der Problemlösung ist vielmehr der gesetzliche und untergesetzliche Bereich, der eine einzelfallbezogene abwägende Lösung unter grundsätzlich gleichrangiger Berücksichtigung der widerstreitenden Ziele gebietet. Die Beachtung der Umweltbelange fungiert als Voraussetzung der Verfolgung des Ausgleichsanliegens, ist jedoch keine Komponente, die die am Ausgleichsziel orientierte Förderung ausschließen könnte, wenn ein Raum für die dort lebenden Menschen günstige Umweltbedingungen bietet.

Berechtigt ist zwar die Kritik hinsichtlich der Unsicherheit und Zweifelhaftigkeit der die Gleichwertigkeit bestimmenden Faktoren, die in der Frage gipfelt, ob die bundesweite „Indikatorengerechtigkeit" überhaupt eine geeignete Bewertungsgrundlage für die Gleichwertigkeit der Lebensbedingungen sein kann. Das Problem wird aber falsch angegangen, wenn der Leitzielcharakter in Abrede gestellt wird und statt Gleichwertigkeit der Gedanke des Eigencharakters der Funktionsräume belebt werden soll. Statt in der Nivellierung der räumlichen Strukturen wird das Heil in der Entwicklung konkurrierender Funktionsräume unter Verzicht auf zentrale Gegensteuerung gesucht[69].

Da die Schaffung ökonomisch ausgeglichener und damit sozial gerechter Lebensverhältnisse eine Staatszielbestimmung ist, die nicht in bewußter Abkehr von den sie prägenden ökonomischen Kriterien differenzierend

---

[68] *Sendler,* Grundprobleme des Umweltrechts, in: JuS 1983, S. 260; *ders.,* UPR 1983, S. 76; vgl. auch *Benda,* UPR 1982, S. 243.

[69] Vgl. *Angerer,* S. 15.

gehandhabt werden darf, kann nicht eine Region unter Hinweis auf die gesunde Umwelt von vornherein aus der regionalen Wirtschaftsförderung ausgespart werden. Der Abwägungsprozeß zwischen den Zielen der Umweltschutzplanung und der Wirtschaftsförderung kann bei der Beeinflussung der Standortentscheidung von umweltbelastenden Unternehmen ansetzen. Nicht erst auf der kommunalpolitischen Ebene sind aufgrund der Bauleitplanung nach § 1 VI 1, 2 Strich 12 - 14 BBauG und aufgrund der BauNVO Umweltschutzbelange bei der Standortentscheidung zu berücksichtigen, bereits auf der regionalpolitischen Entscheidungsebene können entsprechende raumordnungspolitische Grundsätze Beachtung finden. Nicht gerechtfertigt ist jedoch der Ausschluß einer Region aus der Förderung, weil die dortige Lebensqualität die wirtschaftlichen Nachteile der Region ausgleiche. Konzepte, die bewußt auf die zentrale Gegensteuerung verzichten wollen und die verschiedene Funktion der Regionen hervorheben, sind daher infolge des Wertungswiderspruchs zu vorrangigen Wertungen und der Mißachtung wesentlicher Staatszielbestimmungen ebenso rechtlichen Bedenken ausgesetzt wie Konzeptionen, die bei der Förderung vorrangig andere als ökonomische Kriterien berücksichtigen wollen.

VI. Art. 3 I GG i. V. mit der Systemkonformität als Schranke der regionalen Wirtschaftsförderung

1. Bedeutung des Art. 3 I GG im Rahmen des Konkurrentenschutzes

Die für den Konkurrenten belastende Wirkung der Subventionierung prägt die Diskussion über den Konkurrentenschutz. Für den nichtsubventionierten Konkurrenten bedeutet die Begünstigung des konkurrierenden Subventionsempfängers einen Nachteil, der sich als Kostennachteil und somit in Einbußen an Marktanteilen oder Gewinneinbußen äußert. Ab wann die Benachteiligung des Nichtsubventionierten so groß ist, daß er sich auf eine Grundrechtsverletzung berufen kann, hängt gleichwohl nicht vom Umfang der Einbußen, sondern davon ab, wann der Grundrechtsschutz eingreift. Der Spielraum der subventionierenden Verwaltung ist dabei besonders groß. Zwar muß der subventionierende Staat die Schranken der Freiheitsgrundrechte beachten, die für die andere Seite der Subventionierung, die Seite der eingreifenden Wirtschaftslenkung besteht, jedoch sind diese Grenzen nicht nur unscharf, sondern auch eine kaum bedeutsame Barriere gegen den Eingriff des Staates in das freie Spiel der Marktkräfte. Daß die Freiheitsgrundrechte der Art. 2 I, 12, 14 GG für die Wirtschaftssubventionierung eine kaum beschränkende Wirkung entfalten, findet seine Ursache darin, daß der Staat nicht gezielt Grundrechtspositionen des einzelnen Konkurrenten antastet, sondern auf dem Umweg über die Begünstigung eines anderen zur Erreichung eines öffentlichen Zwecks den Bereich des nichtsubventionierten Konkurrenten nachteilig tangiert. Die Notwendigkeit, dem öffentlichen Zweck gerecht zu werden, erfordert eine ausreichende Gestaltungsfreiheit des Staates bei der Wirtschaftslenkung. Da die Freiheitsgrundrechte schon häufig[70] auf ihre Schutzfunktion im Hinblick auf den Konkurrentenschutz untersucht wurden, kann an dieser Stelle auf eine im wesentlichen wiederholende Konkretisierung der Grenzen verzichtet werden. Im Hinblick auf die späteren Ausführungen soll hier aber der Diskussionsstand über die Schutzfunktion der Freiheitsgrundrechte skizziert werden.

Nach der bislang noch überwiegend vertretenen Auffassung ist die Wettbewerbsfreiheit eine Ausprägung der allgemeinen Handlungsfreiheit gem. Art. 2 I GG und fällt daher nicht in den Schutzbereich des Art. 12 I GG[71]. In der Literatur verstärkt sich dagegen die Tendenz, die Wettbewerbsfreiheit als durch Art. 12 I GG geschützt anzusehen, weil Art. 12 I GG die freie Nutzbarkeit der Arbeitskraft schütze[72]. Überwiegend wird eine Parallele zwischen der wirtschaftslenkenden Förderung und der wirtschaftslenkenden Besteuerung hergestellt, bei der ein Eingriff in die Berufsfreiheit anerkannt wird. Der Unterschied besteht jedoch darin, daß bei der wirtschaftslenkenden Besteuerung immer ein ganzer Gewerbezweig betroffen war, so daß für diesen Wirtschaftszweig ein Eingriff in die Berufsfreiheit angenommen werden konnte[73]. Entscheidend gegen die Verletzung des Art. 12 I GG durch die staatliche Subventionierung spricht hingegen, daß der Nichtbegünstigte nicht in seiner beruflichen Betätigung, in der Produktion oder dem Produktverkauf gehindert wird, sondern lediglich Nachteile bei der Kundenwerbung ausgleichen muß. Die Hindernisse auf dem Weg zum Kunden soll Art. 12 nicht ausräumen helfen[74].

Daß aber Art. 14 GG dem intervenierenden Staat Grenzen setzt, wenn die Subventionierung des einen den anderen zur Betriebseinschränkung oder -aufgabe zwingt, wird in der Literatur überwiegend anerkannt[75].

---

[70] Vgl. dazu *Götz*, S. 264ff.; *Bleckmann*, S. 36f.; *Dicke*, Verfassungsrechtliche Möglichkeiten und Grenzen der Wirtschaftslenkung in Italien und der Bundesrepublik, 1969, S. 108; *Selmer*, Steuerinterventionismus und Verfassungsrecht, 1972, S. 291f.; *Unkelbach*, Grundrechtliche Bindungen des Bundesgesetzgebers bei der Vergabe von Leistungssubventionen zugunsten der gewerblichen Wirtschaft, Kiel, 1967; *Friehe*, JuS 1981, S. 867.

[71] Vgl. *Dürig*, in: Maunz / Dürig / Herzog / Scholz, GG-Komm. Stand Januar 1985, Art. 2 I, RdNr. 48ff.; *Scholz*, in: Maunz / Dürig / Herzog / Scholz, GG-Komm., Art. 12, RdNr. 115.

[72] So ausdrücklich *Scholz*, NJW 1969, S. 1044; *Friehe*, JuS 1981, S. 868; *Zuleeg*, Zur künftigen Entwicklung des Subventionsrechts, in: DÖV 1984, S. 739.

[73] Ähnlich *Henke*, Das Recht der Wirtschaftssubventionen als öffentliches Vertragsrecht, 1979, S. 113ff.

[74] Ähnlich *Friehe*, S. 868.

[75] Vgl. *Zuleeg*, Subventionskontrolle durch Konkurrentenklage, 1974, S. 80; so auch *Friauf*, DVBl. 1966, S. 733 und *Friehe*, JuS 1981, S. 869.

Bis aber dieser Grad an Eigentumsbetroffenheit erreicht ist, werden noch andere Positionen des Betriebes angetastet, deren Charakter als vermögenswerte Rechtsposition i. S. des Art. 14 GG fraglich ist. Extrem ist die Ansicht, die das Unternehmen in seiner Gesamtheit geschützt sehen will[76]. Da der Wert eines Unternehmens aber wesentlich von seinen Erwerbschancen geprägt wird, würden damit hauptsächlich Erwerbschancen in den Schutzbereich einbezogen, obwohl diese allgemein nicht als eine ausreichend verfestigte Rechtsposition anerkannt werden. Die Anerkennung eines Unternehmens als Eigentumsposition würde bezüglich des Unternehmensbereichs zu einer Aufwertung der Erwerbschance führen. Eine Randmeinung vertreten auch diejenigen, die die Wettbewerbsfreiheit als Komponente der Eigentumsgarantie behandeln wollen[77]. Geleugnet würde dadurch die wirtschaftspolitische Neutralität des Grundgesetzes. Als schutzfähige Positionen kommen einerseits die Geschäftsverbindung und der Kundenstamm, andererseits die Betriebssubstanz, d. h. vorhandene Maschinen, Patente, Kundenforderungen usw. in Betracht. Die Gechäftsverbindung und der Kundenstamm unterliegen aber unabhängig von der Wirtschaftslenkung ständig den Marktangriffen der Konkurrenten. Tatsächlich werden deshalb nur Erwerbserwartungen durch die Konkurrentensubventionierung zerstört. Bezüglich des Eingriffs in die Betriebssubstanz fehlt es an der Unmittelbarkeit oder Betriebsbezogenheit des Eingriffs.

Der Konkurrentenschutz basiert daher in erster Linie auf Art. 2 I GG, der die Wettbewerbsfreiheit, insbesondere das Recht auf eine freie Preisgestaltung schützt. Art. 3 GG kann als Beurteilungsbasis für eine Verletzung dieses Rechts fungieren. Eine willkürliche Vernachlässigung der Wettbewerbsfreiheit des Konkurrenten ist danach verboten[78]. Fehlt es für eine vorgenommene Differenzierung an einem sachlich einleuchtenden Grund, ist die Differenzierung nach h. M. willkürlich. In den Thesen seines Referats zum 55. Deutschen Juristentag 1984 in Hamburg hat *Friauf*[79] anläßlich des Themas „Ordnungsrahmen für das Recht der Subventionen" zutreffend darauf hingewiesen, daß das bloße Willkürverbot einer zusätzlichen inhaltlichen Strukturierung bedarf, soll es überhaupt eine geeignete Kontrollfunktion erfüllen. Der Gedanke zeigt, daß das bereits eingangs angesprochene Ordnungsdefizit neuerdings sensibel registriert wird. Von Bedeutung ist die inhaltliche Strukturierung in erster Linie für den Konkurrentenschutz, der

---

[76] Vgl. *Zacher*, VVDStRL 25, S. 368; *Hoffmann*, DVBl. 1969, S. 203.

[77] Vgl. *Unkelbach*, S. 104.

[78] Vgl. BVerfGE 30/181; i. E. ähnlich *Friehe*, Das Abwehrrecht des Wettbewerbers gegen die Subventionierung eines Konkurrenten, JuS 1981, S. 867 - 871; *Knirsch*, Gestaltungsfreiräume kommunaler Subventionsgewährung, NVwZ 1984, S. 496; *Gündisch*, Die Entwicklung des Subventionsrechts 1980 bis 1983, in: NVwZ 1984, S. 493.

[79] Vgl. Referat von *Friauf*, in: 55. DJT, Bd. I, M 42.

ohne ausreichende Kontrollmaßstäbe auch in schwerwiegenderen Fällen wegen der kaum überprüfbaren Willkürgrenze weitgehend funktionslos bleibt. *Bleckmann* verdient Zustimmung insofern, als er die Sachlichkeit des Differenzierungsgrundes als Anknüpfungspunkt für eine inhaltliche Strukturierung des Art. 3 GG wählt[80]. Zu einer Verschärfung des Art. 3 GG als Kontrollmaßstab müßte, wie *Bleckmann*[81] zutreffend ausführt, eine Interpretation führen, die von dem Gesetzgeber den positiven Nachweis der Sachlichkeit bezüglich der Wertordnung des GG und darüber hinaus der gesamten Rechtsordnung verlangt. Der notwendige Gestaltungsspielraum des Gesetzgebers im Bereich der Wirtschaftspolitik würde aber durch diese Auslegung zu sehr beschnitten. Unsachlich ist eine Differenzierung deshalb grundsätzlich nur dann, wenn vom Kläger der Nachweis erbracht werden kann, daß die Differenzierung gegen die Rechtsordnung, insbesondere die grundgesetzliche Wertordnung verstößt. Diese prinzipielle Beurteilungsbasis schränkt *Bleckmann* ein, indem er aus dem aus den marktwirtschaftlichen Grundsätzen abgeleiteten Verbot der Wettbewerbsverfälschung schließt, daß der Gleichheitssatz im Wirtschaftsbereich strengere Anforderungen an die gesetzliche Differenzierung stellt[82]. Der Gedanke ist die Konsequenz der prägenden Kraft vorrangiger rechtlicher Wertungen; ihm ist nach dem hier vertretenen Standpunkt zu folgen. Nur darf man nicht dabei stehen bleiben, die marktwirtschaftlichen Grundsätze, soweit sie aus den Wirtschaftsfreiheiten abgeleitet werden können, als Beurteilungskriterium für die Sachlichkeit der Differenzierung fruchtbar zu machen. Vielmehr müssen sämtliche wegen ihrer Verfassungsnähe als vorrangig zu behandelnden gesetzlichen Wertungen, die für den Sachbereich den Ordnungsrahmen im weiteren Sinn bilden, berücksichtigt werden. Nicht nur die Wertungen des § 1 StabG sind wegen ihrer Nähe zu Art. 109 GG gegenüber Subventionsrichtlinien oder Förderungsmaßnahmen vorsehenden gesetzlichen Regelungen in diesem Sinne vorrangig, sondern auch das GRW wegen seiner Nähe zu Art. 91a GG im Verhältnis zu anderen diesen Sachbereich betreffenden bundes- oder landesrechtlichen Regelungen. Wie bereits ausgeführt, beanspruchen die Wertungen und verrechtlichten Ziele des § 1 StabG wiederum Vorrang vor den regionalpolitischen Entscheidungen. So entsteht eine Hierarchie gesetzlicher Wertungen, die auf der jeweils nachgeordneten Stufe der Rechtserzeugung oder -anwendung zu beachten ist.

Wenn das als Differenzierungsgrund angegebene öffentliche Interesse im Widerspruch zu vorrangigen, den betreffenden Sachbereich eingrenzenden gesetzlichen Wertungen steht, kann dies die Sachlichkeit der Differenzierung ausschließen; das bedeutet: die Differenzierung muß systemkonform sein.

---

[80] Vgl. *Bleckmann,* Gutachten zum 55. DJT, 1984, D 77ff.

[81] Ebenda, D 77.

[82] So ausdrücklich *Bleckmann,* D 79f.

Beachtung verdient zusätzlich die schrankensetzende Bedeutung des Verhältnismäßigkeitsgrundsatzes im Rahmen der Grundrechte[83]. Der Verhältnismäßigkeitsgrundsatz spielt eine Rolle, wenn die durch die Wirtschaftssubventionierung intendierte Verfolgung eines öffentlichen Zwecks eine übermäßige Einschränkung der Grundrechte eines Konkurrenten zur Folge hat.

2. Aktuelle Fragen bezüglich des Art. 3 I GG im Bereich der regionalen Wirtschaftsförderung

Im Vordergrund steht im Bereich der regionalen Wirtschaftsförderung das Problem, welche Grenzen bei der Bestimmung des Begünstigtenkreises im Hinblick auf den Gleichheitsgrundsatz beachtet werden müssen. Wird bei einer räumlich ausgedehnten Regionalförderung von Bund und Ländern aufgrund der Nichterfüllung der Förderungsvoraussetzungen ein potentieller Förderungsaspirant ausgeschlossen, so muß für diese Differenzierung ein sachlich einleuchtender Grund vorliegen[84]. Das gleiche gilt für die Eingrenzung des Begünstigtenkreises durch die Fördergebietsauswahl und das Schwerpunktprinzip. Wie bereits oben beschrieben[85], wurde von wirtschaftswissenschaftlichen Sachverständigen die Auflockerung des Schwerpunktprinzips und des Primäreffekts empfohlen, um den veränderten Rahmenbedingungen der Regionalpolitik in stärkerem Maße Rechnung tragen zu können. Durch die Auflockerung des Schwerpunktprinzips wird im Wege der räumlichen Erweiterung innerhalb des Fördergebietes der Begünstigtenkreis des Schwerpunktbereichs ausgedehnt. Die Auflockerung des Primäreffekts soll durch eine Senkung der für den überregionalen Absatz geltenden Schwelle an in der Betriebsstätte zu erbringenden Leistungen erreicht werden. Dadurch wird der Begünstigtenkreis ohne räumliche Veränderungen vergrößert.

Die Regionalpolitik findet ihren öffentlichen Zweck darin, daß sie die Wirtschaftskraft eines schwächeren Gebietes oder Gebietsteiles dem durchschnittlichen bundesdeutschen Entwicklungsniveau anpassen soll. Durch eine überproportionale Absenkung der für den überregionalen Mindestabsatz geltenden Schwelle könnte zwar die Einbeziehung der Handwerks- und Dienstleistungsbetriebe in die Regionalförderung erreicht, die der Systemkonformität im Hinblick auf die Entwicklung der Wirtschaftskraft aber in Frage gestellt werden. Es kann zwar nicht bezweifelt werden, daß die Stärkung des sog. endogenen Entwicklungspotentials beziehungsweise des gewerblichen Mittelstandes einen Beitrag zur Entwicklung eines Gebietes

[83] Vgl. *Pöttgen,* S. 22f.

[84] So die h. M. seit BVerfGE 1/14 (52); vgl. *Leibholz,* Die Gleichheit vor dem Gesetz, 2. Aufl., 1959, S. 53ff.

[85] Vgl. Kapitel I, Problemstellung.

leisten kann, jedoch ist die Frage berechtigt, ob die Regionalförderung von Unternehmen mit nur geringfügigem überregionalem Absatz die Wirtschaftskraft im Verhältnis zu den stärker entwickelten Gebieten in einem solchen Maße erhöhen kann, daß die regional differenzierte Förderung noch als gerechtfertigt anzusehen ist. Durch eine solche Regionalförderung könnte – nicht anders wie durch den Übergang von einer Regionalpolitik „für" die Regionen zu einer Regionalpolitik „der" Regionen[86] – die Konkurrenzsituation zwischen den Unternehmen der verschiedenen Regionen verzerrt werden, ohne daß ein ausreichendes Kompensat für die Verwirklichung der vorgegebenen staatlichen Ziele garantiert wäre.

3. Das Kriterium der Systemgerechtigkeit

Ein legitimer Differenzierungsgrund fehlt regelmäßig, wenn die Differenzierung nicht systemgerecht ist[87]. Mehrfach hat das Bundesverfassungsgericht im Rahmen des Art. 3 I GG Regelungen auf ihre Wertungskonformität mit den Prinzipien der Gesamtregelung überprüft. Von dem System abweichende Regelungen können nach Auffassung des Bundesverfassungsgerichts eine Indizwirkung für eine unzulässige Differenzierung entfalten[88]. Umgekehrt kann die Feststellung der Systemkonformität als Argument für die Willkürfreiheit verwendet werden[89]. Innerhalb eines Ordnungssystems kann sich für den Gesetzgeber eine Systembindung aus dem Verhältnis zwischen dem Grundsatzgesetz und dem Ausführungsgesetz ergeben. Gerade in dem komplexen Bereich der Wirtschaftslenkung, insbesondere der Strukturpolitik, kann es nach der zutreffenden Ansicht *Degenharts* schon dadurch leicht zu Wertungswidersprüchen kommen, daß die gesetzgeberische Entscheidung „bereits bei der exekutivischen Vorbereitung" maßgeblich beeinflußt wird[90]. Läßt sich aus dem Vergleich des Grundsatzgesetzes bzw. der Ermächtigungsgrundlage mit dem Ausführungsgesetz kein legislatorischer Wertungswiderspruch feststellen, kann im Rahmen der exekutivischen Durchführung ein materieller Wertungswiderspruch zu den Grundgedanken der Regelungsmaterie auftreten[91].

Muß Veränderungen Rechnung getragen werden, müssen vorrangige, die bisherige Situation beherrschende Wertungen berücksichtigt werden. Dies

---

[86] Vgl. dazu auch *Angerer*, Anmerkungen zur Zonenrandpolitik, aus der Reihe Diskussionspapier, Lehrstuhl für Finanzwissenschaft Nr. 13, Hrsg. Friedrich, Bamberg, 1985, S. 15.

[87] Vgl. dazu *Degenhart*, S. 22f.; BVerfGE 9/28; 18/334; *Rüpke*, Gesetzgeberisches Ermessen und richterliches Prüfungsrecht in der Rechtsprechung des BVerfG zum Gleichheitssatz, Göttingen, 1961.

[88] Vgl. BVerfGE 9/20; 13/331; 18/315; dazu auch *Degenhart,* S. 22f.

[89] Ähnlich *Degenhart,* S. 21.

[90] So ausdrücklich *Degenhart,* S. 45.

[91] Vgl. *Isensee,* S. 166f. und *Degenhart,* S. 33ff.

gilt sowohl für die Entscheidung von Zielkonflikten als auch für die Korrektur von Aktionsgrundsätzen. Nur solange besteht die Freiheit der staatlichen Entscheidungsträger zur prioritätensetzenden Entscheidung, solange sie ihre Prämissen noch nicht gesetzt haben. Sie verlieren das Recht zur beliebigen Abweichung von ihren Prinzipien mit der Wahl der Prämissen.

Widersprechen der Gesetzgeber oder die Verwaltung den von ihnen zugrundegelegten oder zu beachtenden Prinzipien, ist dies zunächst nur ein Hinweis für einen möglichen Verstoß gegen Art. 3 I GG. Die Verbindlichkeit systembildender Wertungen läßt sich wegen der bloßen Indizwirkung der Systemwidrigkeit für einen Verstoß gegen das Willkürverbot erst durch die Rekurrierung auf andere rechtsstaatliche Prinzipien herleiten. Im Hinblick auf Art. 3 I GG ist die Feststellung *Rüpkes*[92] zu beachten, die Systemwidrigkeit begründe eine Ungleichbehandlung, die gegen Art. 3 GG verstößt, wenn sie nicht durch besondere Gründe gerechtfertigt ist. Diese Konsequenz der Systemwidrigkeit führt zwar zu einer „Beweislastumkehr", ist aber zu keiner wirklich den Beurteilungsspielraum der Entscheidungsträger verengenden Bindung fähig. Unterstützt die Systemwidrigkeit aber Zweifel an der Geeignetheit oder Verhältnismäßigkeit einer Maßnahme, so spricht dies für einen Verstoß gegen das Rechtsstaatsprinzip.

Grundsätze, die normativ im Rahmen des GRW und des InvZulG aufgestellt wurden oder nach dem Rahmenplan von der Verwaltung zu beachten sind, um einen Beitrag zur Verbesserung der regionalen Wirtschaftsstruktur i.S. des Art. 91a I Nr. 2 GG zu leisten, können nicht beliebig verändert werden. Werden Prinzipien aufgelockert oder durchbrochen, muß geprüft werden, ob die Ausnahme oder Modifizierung noch systemgerecht ist. Bislang mußten die Güter oder Leistungen, die überregional abgesetzt wurden, zu mehr als 50% in dem zu fördernden Betrieb hergestellt oder erbracht werden[93]. Eine erhebliche Absenkung dieser Schwelle würde Betriebe in den Begünstigtenkreis einbeziehen, die selbst nur geringfügig Güter oder Leistungen für den überregionalen Absatz herstellen, also nur in geringem Umfang einen Beitrag zur Verbesserung der regionalen Wirtschaftsstruktur leisten. Die Einbeziehung solcher Betriebe könnte den Vorwurf der Systemwidrigkeit auslösen, weil die Eignung zur unmittelbaren, dauerhaften und wesentlichen Erhöhung des Gesamteinkommens des Fördergebietes nicht zuletzt auch von der Betriebsgröße beeinflußt wird.

Wonach der überregionale Absatz zu beurteilen ist, wird unterschiedlich beantwortet. Überwiegend wird die für den Primäreffekt maßgebliche Formulierung „der Art nach regelmäßig überregional absetzt" in § 2 II Nr. 3 InvZulG nach der Branchenzugehörigkeit typisierend betrachtet. Wegen der

---

92 Vgl. *Rüpke,* S. 137; dazu auch *Degenhart,* S. 23.

93 So ausdrücklich *Hartmann,* Komm. zum InvZulG, S. 93ff.

Mehrdeutigkeit der Branchenbezeichnung wird diese typisierende Betrachtung aber teilweise[94] kritisiert und ihr nur für den Ausschluß nicht auf überörtlichen Absatz ausgerichteter Branchen Bedeutung beigemessen. Nach dieser Auffassung ist eine Einzelfallbetrachtung anzustellen, die die Größe der Betriebsstätte, das Handelsobjekt, das Leistungsangebot und andere, einen Nahabsatz ausschließende Faktoren berücksichtigt. Ein Eingrenzungskriterium ist aber nach beiden Auffassungen die Branchenzugehörigkeit. Nur der gleichen Branche zugehörige Betriebe könnten wegen § 2 II Nr. 3 InvZulG im Falle einer systemwidrigen Differenzierung einen Anspruch auf Gleichbehandlung geltend machen. Es würde bei nicht der gleichen Branche zugehörigen Betrieben an der Konkurrenzsituation fehlen. Eine systemwidrige Differenzierung zwischen nicht in Konkurrenz stehenden Unternehmen wäre danach sogar im Falle einer systemwidrigen Differenzierung ohne rechtliche Konsequenzen[95]. Zu beachten ist das Kriterium der Systemwidrigkeit aber auch dann, wenn ein Unternehmen, obwohl es einen vergleichbaren Beitrag zur Verwirklichung der regionalpolitischen Zielverwirklichung leistet, von der Förderung ausgeschlossen wird, nur weil es nicht einer förderungsfähigen Branche angehört. In diesem Fall läßt sich die Branchentypisierung von dem Ziel der Förderung her (Differenzierungsziel) nicht rechtfertigen.

Überdies erlangt der Gesichtspunkt der Systemwidrigkeit Bedeutung, wenn innerhalb derselben Branche nur wegen der Zugehörigkeit zu einem bestimmten Gebiet A ein nur wenige Kilometer entfernt in einem anderen Gebiet B angesiedeltes Konkurrenzunternehmen nicht gefördert wird, weil das Gebiet B nicht als Fördergebiet ausgewiesen ist, aber sich nur unwesentlich, wenn überhaupt in seiner Wirtschaftskraft von dem benachbarten Gebiet A abhebt.

Zu beachten ist, daß das Kriterium des Primäreffekts zur weiteren Eingrenzung des Begünstigtenkreises dient, nachdem durch die Fördergebietsabgrenzung der räumliche Radius der Förderung und damit auch der Kreis der in Betracht kommenden Betriebe bestimmt worden ist. Betriebe in Fördergebieten können mit Betrieben außerhalb der Fördergebiete nicht ohne weiteres verglichen werden. Zunächst entscheidet die regionale Lage des Betriebes über dessen Förderbarkeit. Die Zuordnung zu einer Region, die wegen ihrer im Vergleich zum Bundesdurchschnitt schlechteren wirtschaftlichen Situation anhand von Indikatoren als förderungsbedürftig eingestuft wurde, spricht für die lagebedingt verschlechterten Wettbewerbsbedingun-

---

[94] Vgl. *Hartmann*, S. 96 m. w. N.

[95] Daß seit dem Rahmenplan auch der Einzelfallnachweis für den tatsächlichen überregionalen Absatz ausreichend ist (vgl. den 14. Rahmenplan für den Zeitraum von 1985 bis 1988 (1989), BT-Drucksache 10/3562, S. 23), bedeutet für die Gewährung von Investitionszuschüssen eine Verbesserung der Konkurrentensituation.

gen eines Betriebes. Ob der Betrieb dann im Einzelfall förderungswürdig ist, hängt darüber hinaus von weiteren Merkmalen ab.

Werden die für die Feststellung der Förderungswürdigkeit des einzelnen Betriebes entscheidenden Voraussetzungen modifiziert, gewinnt die schematische Zugehörigkeit zu einer Region als typisierendes Unterscheidungsmerkmal an Bedeutung. Innerhalb des Fördergebietes werden dann an den Nachweis der Förderungswürdigkeit geringere Anforderungen gestellt. Im Verhältnis zu außerhalb des Fördergebietes ansässigen Betrieben wird in diesem Fall die schematische Zugehörigkeit zu einem Fördergebiet betont, obwohl zwischen den einzelnen vergleichbaren Betrieben inner- und außerhalb des Fördergebietes kein wesentlicher Unterschied bestehen muß.

4. Das Kriterium der Systemgerechtigkeit und das Prinzip der Typisierung

Bei jeder Differenzierung stellt sich die Frage, ob die Differenzierung wegen des Rechts zur Typisierung gerechtfertigt erscheint oder ob eine sachwidrige typisierende Unterscheidung vorliegt. Das Recht des Gesetzgebers zur Typisierung ist Ausfluß der Gestaltungsfreiheit des Gesetzgebers. Bei der Typisierung geht es nicht um die individuelle, sondern um die schematische, am Normalfall orientierte Gleichheit. Unterschiede im Einzelfall werden vernachlässigt und die Einzelfälle trotz der Unterschiede gleich behandelt, weil durch die Zuordnung der Einzelfälle zu einer Gruppe die Gleichbehandlung nach dem Prinzip der schematischen Gleichheit gerechtfertigt wird. Die typisierende Gleichheit widerspricht grundsätzlich der in Art. 3 I GG geschützten individuellen Gleichheit[96]. Mehr an der individuellen Gleichheit orientiert ist die Überprüfung der Förderungswürdigkeit der in einem Fördergebiet ansässigen Betriebe. Typisierend wirkt dagegen die mit der Fördergebietsabgrenzung vorgenommene Eingrenzung des Begünstigtenkreises, da die in den Fördergebieten ansässigen Unternehmen und Produktionszweige typischerweise standortbedingt als im Wettbewerb benachteiligt angesehen werden, ohne daß im Einzelfall die standortbedingte Beeinträchtigung der Wettbewerbsfähigkeit nachgewiesen werden muß. Schlechthin ist die Abweichung von dem Prinzip der Gleichbehandlung im Einzelfall nicht durch Art. 3 I GG untersagt. Aber der differenzierende Entscheidungsträger gerät in Begründungszwang, wenn infolge der Typisierung Abweichungen von dem Gleichbehandlungsverbot gehäuft auftreten[97].

[96] Ähnlich *Isensee,* Die typisierende Verwaltung, in: Schriften zum öffentlichen Recht, Bd. 288, S. 166.

[97] So ausdrücklich *Isensee,* S. 166; vgl. auch *Badura,* Die Rechtsprechung des Bundesverfassungsgerichts zu den verfassungsrechtlichen Grenzen wirtschaftspolitischer Gesetzgebung im sozialen Rechtsstaat (1967), in: Die staatliche Einwirkung auf die Wirtschaft, S. 609f.

Gerechtfertigt ist die typisierende Abweichung, wenn sie sachgerecht ist. Ist die mit der Typisierung im Einzelfall verbundene Ungleichbehandlung einzelner aber nicht systemkonform, deutet dies auf einen Verstoß gegen das Gleichbehandlungsgebot hin. Sachgerecht ist eine typisierende Abweichung von dem Gebot der Gleichbehandlung solange, wie die Typisierung zur Verwirklichung eines höherrangigen Ziels erforderlich ist. Darüber hinaus ist der Grundsatz der Verhältnismäßigkeit zu beachten, der zur Verneinung der Systemgerechtigkeit einer Regelung führen kann, wenn die mit der Typisierung verbundene Benachteiligung einzelner durch die Änderung der Differenzierungskriterien verstärkt wird und dies außer Verhältnis zu dem angestrebten Ergebnis steht[98].

Wann die Grenze erreicht ist, ab der eine systemwidrige Differenzierung im Verhältnis zu nichtgeförderten, vergleichbaren Unternehmen erreicht ist, ist eine für die Rechte des nichtsubventionierten Konkurrenten bedeutsame Frage. Das verfolgte Ziel legitimiert die Förderung eines Konkurrenzunternehmens nicht mehr, wenn die Förderung Rückwirkungen für die Entwicklung der Wirtschaftskraft nicht oder nur in unerheblichem Umfang erwarten läßt.

5. Konsequenzen für den Konkurrentenschutz

Es ist zwar richtig, daß der Gleichheitssatz grundsätzlich nicht verletzt ist, wenn die Auswahl und Eingrenzung der begünstigten Gruppe aus wirtschaftspolitischen Gründen erfolgt, weil diese den Anforderungen an eine sachgerechte Differenzierung grundsätzlich genügen[99]; das ist aber anders, wenn die Kriterien für die Auswahl und Eingrenzung der begünstigten Gruppen vorrangigen Wertungen widersprechen. Eine regional differenzierte Förderung ist solange sachgerecht, wie sie zur Verwirklichung regionalpolitischer Ziele beiträgt. In dem Maße läßt die Legitimation für die Differenzierung im Verhältnis zu anderen Betrieben nach, in dem die Effektivität der regionalen Wirtschaftsförderung für die Zielverwirklichung abnimmt oder der Differenzierungsgrund entfällt. Ist die strukturpolitische Lage in den vergleichbaren Gebieten gleich schlecht, begegnet die Differenzierung zwischen vergleichbaren Betrieben Bedenken unter dem Gesichtspunkt des Willkürverbots. Die Geeignetheit der Förderung eines bestimmten Begünstigtenkreises wird in Frage gestellt, wenn dieser nicht geschlossen zu einem Ziel, nämlich zu einer Verbesserung der regionalen Wirtschaftsstruktur beiträgt. Ein Grund für die Eignung einer Förderungsmaßnahme zur Verbesserung der regionalen Wirtschaftsstruktur ist die durch

[98] Vgl. dazu *Isensee,* S. 167f.; *Lerche,* Übermaß und Verfassungsrecht, 1961, S. 301 - 314.

[99] So *Götz,* S. 267.

die Förderung hervorgerufene investitionsbedingte Steigerung des Gesamteinkommens. Dadurch, daß nach § 2 II Nr. 3 InvZulG auf die Steigerung des Gesamteinkommens eines Wirtschaftsraums abgestellt wird, wachstumspolitische Erwägungen vom Gesetzgeber also in den Vordergrund gestellt werden, ist eine erhebliche Absenkung der Schwelle für den überregionalen Absatz leicht dem Vorwurf der Systemwidrigkeit ausgesetzt, weil die Förderungswürdigkeit eines Betriebes in Beziehung zu der Verbesserung der regionalen Wirtschaftsstruktur gesetzt werden muß. Würde nur die Steigerung des Gesamteinkommens eines Wirtschaftsraums die Subventionsgewährung rechtfertigen, fiele die Differenzierung zwischen im Fördergebiet ansässigen Betrieben und Betrieben außerhalb eines Fördergebietes schwer, wenn die geförderten Betriebe nur unerheblich das Gesamteinkommen steigern. Zwar kann die typisierende Betrachtung, die räumliche Zuordnung zu einer Gruppe von Betrieben, die Begründung für die Differenzierung erleichtern, je näher die Schwelle für den überregionalen Absatz sich der Null-Prozent-Schwelle annähert oder je geringfügiger die zu erwartende Effizienz der geförderten Investition ist, desto schwerwiegender müssen jedoch die Gründe für die Differenzierung zwischen Betrieben im Fördergebiet und außerhalb des Fördergebietes werden[100]. Wegen der Geringfügigkeit der Auswirkungen auf die Wirtschaftskraft des Fördergebietes kann die Förderung von Betrieben mit nur unerheblichem überregionalem Absatz und mit einem geringen geförderten Investitionsvolumen, falls dieses nur geringfügige Rückwirkungen für die Entwicklung des Raumes erwarten läßt, nicht mehr ausschließlich mit wachstums- und ausgleichspolitischen Zielsetzungen gerechtfertigt werden.

Erhebliche beschäftigungspolitische Probleme und die Notwendigkeit der Förderung einer diversifizierteren Wirtschaftsstruktur können allerdings die Förderung von Betrieben mit geringfügigem überregionalem Absatz systemgerecht erscheinen lassen, wenn der ins Auge gefaßte Begünstigtenkreis die Gewähr dafür bietet, daß er einen Beitrag zu der intendierten Zielrealisierung leistet. Zwischen vergleichbaren Betrieben in benachbarten Gebieten bildet dann vornehmlich die schlechte Beschäftigungssituation in dem geförderten Gebiet das Unterscheidungskriterium. Konsequent ist dann auch die Forderung, das Schwerpunktprinzip aufzulockern und auch Betriebe innerhalb des Fördergebietes, aber außerhalb des Schwerpunktes in gleichem Maße an der Förderung teilhaben zu lassen. Die stärkere Einbeziehung des Dienstleistungsbereichs ist deshalb wegen der von ihm in den letzten Jahren ausgehenden großen Investitionsdynamik und der dadurch bewirkten Vermehrung des Arbeitsplatzangebots gerechtfertigt. Verspricht die Förderung eines bestimmten Unternehmens oder bestimmter Unternehmen keinen oder nur einen unerheblichen beschäftigungspolitischen Impuls

100 Dazu auch *Isensee*, S. 167 f.

und ist man daher zur Begründung der Differenzierung darauf angewiesen, auf wachstums- und ausgleichspolitische Impulse verweisen zu können, kann der Hinweis auf eine nur unerhebliche Steigerung des Gesamteinkommens der geförderten Region nicht befriedigen. Läßt die Förderung der Unternehmen keine wesentlichen Rückwirkungen auf die Wirtschaftskraft der Region erwarten – die Betonung liegt insoweit auf „wesentlich" –, ist eine systeminkonforme Differenzierung anzunehmen, die, wenn dadurch gleichzeitig eine Verzerrung der Wettbewerbssituation zwischen konkurrierenden Unternehmen in und außerhalb eines Fördergebietes nicht ausgeschlossen werden kann, die Bejahung der Rechtswidrigkeit infolge des Fehlens eines ausreichenden Differenzierungsgrundes rechtfertigen kann. Abhängig ist das Ausmaß der Rückwirkungen nicht zuletzt davon, ob und inwieweit bei relativer Geringfügigkeit des geförderten Investitionsvolumens ein Erfolg zu erwarten ist und ob und inwieweit der Gesetzgeber sich zu einer Absenkung der für den Primäreffekt geltenden Schwelle entschließt. Gelingt also zum Beispiel der Nachweis, daß die Erfolgswahrscheinlichkeit der Investitionen bestimmter Betriebe bezüglich der regionalen Strukturverbesserung mit der relativen Geringfügigkeit des Investitionsvolumens abnimmt, müssen höhere Anforderungen an die sachliche Rechtfertigung der Differenzierung zwischen den vergleichbaren Unternehmen in und außerhalb des Fördergebietes gestellt werden.

KAPITEL III

Probleme der rechtstechnischen Ausgestaltung des Gesetzes über die Gemeinschaftsaufgabe „Verbesserung der regionalen Wirtschaftsstruktur" (GRW) und des Investitionszulagengesetzes (InvZulG)

A. Problemstellung

Die beiden wichtigsten gesetzlichen Grundlagen der bundesdeutschen regionalen Wirtschaftsförderung sind das Gesetz über die Gemeinschaftsaufgabe „Verbesserung der regionalen Wirtschaftsstruktur" (GRW)[1] und das Investitionszulagengesetz (InvZulG 1986)[2].

Das InvZulG erscheint nicht nur deshalb in einem kritischen Licht, weil die Dominanz des Bundes unter kompetenzrechtlichen Aspekten die verfassungsrechtlichen Gewichte im Bereich der regionalen Wirtschaftspolitik verschiebt, sondern auch deshalb, weil es materiellrechtlich manche „Ecken und Kanten" aufweist, welche bei rechtlicher Prüfung in den Randbereich zwischen Verfassungsmäßigkeit und Verfassungswidrigkeit führen.

Zwischen der im GRW vorgesehenen Rahmenplanung und dem InvZulG bestehen nicht nur Gemeinsamkeiten und Abweichungen bezüglich der Förderungsvoraussetzungen, sondern auch problematische Querverbindungen; problematisch deshalb, weil sie die Voraussetzungen einer dynamischen Verweisung erfüllen. Für eine Verweisung ist charakteristisch, daß der Gesetzgeber in dem Gesetz zur Vervollständigung des Gesetzesinhalts auf ein Verweisungsobjekt mit oder ohne Rechtsnormqualität Bezug nimmt und

---

[1] GRW vom 6.10.1969 (BGBl. I S. 1861); zuletzt geändert durch das Gesetz zur Änderung der Gesetze über die Gemeinschaftsaufgaben vom 23. Dezember 1971 (BGBl. I, S. 2140).

[2] InvZulG vom 18.8.1969 (BGBl. 1969 I, S. 1221, in der Fassung vom 4.6.1982, BGBl. I, S. 646; geändert durch das Gesetz vom 6.2.1986, BGBl. I 1986, Nr. 6, S. 232; vgl. *Stuhrmann*, NJW 1986, S. 291 (295). Aufgehoben wurde die Prosperitätsklausel des § 1 II InvZulG (1969), nach der die Vergünstigungen nicht für Unternehmen mit nachhaltig günstiger Ertrags- und Vermögenslage in Betracht kamen. Für deren Aufhebung sprach ihre rechtliche Unbestimmtheit und ihre geringe Bedeutung neben § 2 II S. 1 Nr. 5 InvZulG. Zudem ist das Kumulationsverbot von Regionalzulage und Forschungszulage weggefallen. Durch die Senkung des förderungsfähigen Höchstsatzes vom 30fachen auf das 10fache der durchschnittlichen Investitionskosten soll erreicht werden, daß die Förderung kostenintensiver Investitionen, die nur einen geringfügigen Beitrag zur Verwirklichung des Beschäftigungsziels leisten, eingeschränkt wird.

dessen Regelungsgehalt zum Inhalt der Verweisungsnorm macht[3]. Die dynamische Verweisung, bei der der Gesetzgeber in der Verweisungsnorm auf die jeweils geltende Fassung der von einem anderen Normgeber erlassenen Rechtsvorschrift Bezug nimmt, ist besonders problematisch. Um eine solche handelt es sich, soweit der Gesetzgeber im InvZulG und im GRW auf den sich wegen der Notwendigkeit der Anpassung an die jeweiligen Gegebenheiten regelmäßig ändernden Rahmenplan Bezug nimmt. Klärungsbedürftig ist deshalb die Frage, ob die Bezugnahme auf den jeweiligen Rahmenplan rechtmäßig ist. Fraglich ist insbesondere, ob sich die Bezugnahme auf den Rahmenplan mit der „Übertragung von Plangestaltungsmacht auf die Exekutive“[4] rechtfertigen läßt.

Die Frage nach der Rechtmäßigkeit der Verweisung auf den Rahmenplan ist für folgende Regelungsmaterien von Bedeutung:

Der Gesetzgeber hat sich in § 2 II S. 1 Nr. 1a InvZulG zwar im Prinzip zum Zweck der räumlichen Konzentration der Förderung für die Schwerpunktförderung entschieden, hat aber die Festlegung der Schwerpunkte der Exekutive im Rahmenplan überlassen.

Dieselbe Rechtstechnik hat der Gesetzgeber gem. § 2 II S. 1 Nr. 6 InvZulG zur Bestimmung der Förderungsintensität verwendet, indem er die Förderungsintensität von den im Rahmenplan festgesetzten Höchstsätzen abhängig macht.

Gemäß § 2 IV InvZulG (1986) nimmt der Gesetzgeber überdies zur Bestimmung der durchschnittlichen Investitionskosten pro Arbeitsplatz auf den Rahmenplan Bezug.

Davon zu unterscheiden, aber ähnlich gelagert, ist die Problematik, inwieweit der Gesetzgeber die Festlegung der Fördergebietsabgrenzung der Rahmenplanung überlassen darf. Sie betrifft das InvZulG und das GRW gleichermaßen. Der Unterschied zwischen den angesprochenen Problemkategorien besteht darin, daß die Festlegung von Schwerpunktorten und Förderungshöchstsätzen eine konkrete Entscheidung der Detailplanung ist, während durch die Fördergebietsauswahl als Voraussetzung der räumlich differenzierten Förderung der geographische Rahmen der Förderung vorgegeben wird.

Für die Festsetzung der Fördergebiete enthalten § 1 II Nr. 1 und 2 GRW und § 3 I Nr. 3a und b InvZulG einander entsprechende legislatorische Grundentscheidungen. Demzufolge können Förderungsmaßnahmen in Gebieten durchgeführt werden, deren Wirtschaftskraft erheblich unter dem

---

[3] Vgl. statt vieler *Arndt,* Die dynamische Rechtsnormverweisung in verfassungsrechtlicher Sicht, Jus 1979, S. 785; *Ossenbühl,* Die verfassungsrechtliche Zulässigkeit der Verweisung als Mittel der Gesetzgebungstechnik, DVBl. 1967, S. 401.

[4] Vgl. BVerwG, NJW 1980, S. 1862.

Bundesdurchschnitt liegt oder erheblich darunter abzusinken droht oder in denen Wirtschaftszweige vorherrschen, die vom Strukturwandel in einer Weise betroffen oder bedroht sind, daß negative Rückwirkungen auf das Gebiet in erheblichem Umfang eingetreten oder absehbar sind. Die Fördergebietsabgrenzung bleibt im übrigen der Exekutive vorbehalten. Das stellt § 5 Nr. 1 i. V. mit § 6 I GRW klar, demzufolge die Gebiete i. S. des § 1 II GRW im Rahmenplan durch den Planungsausschuß abgegrenzt werden. Zwischen dem GRW und dem InvZulG besteht in der rechtstechnischen Ausgestaltung des Sachbereichs der Fördergebietsabgrenzung kein wesentlicher Unterschied mehr, nachdem die Ermächtigung der Bundesregierung gem. § 3 I S. 2 InvZulG zur Bestimmung der Fördergebiete weggefallen ist[5] und § 3 III InvZulG (1986) direkt auf den jeweils gültigen Rahmenplan verweist.

Besonders brisant ist die Bezugnahme auf den Rahmenplan bezüglich der Fördergebietsabgrenzung, wenn die Geltung des allgemeinen Gesetzesvorbehalts für den Bereich der regionalen Wirtschaftsförderung bejaht wird und dessen Geltung auf die Fördergebietsauswahl zu erstrecken ist. Aufgeworfen wird insofern zum einen die Frage nach der Reichweite des Parlamentsvorbehalts zum anderen nach der Reichweite der exekutivischen Planungsgestaltungsmacht. Nicht nur bezüglich des InvZulG, sondern auch bezüglich des GRW ergibt sich deshalb das Problem, welche Entscheidungen der Gesetzgeber noch selbst treffen muß, welche er delegieren darf und welche er der Exekutive überlassen darf oder sogar muß.

Die weitreichende Bedeutung der Fördergebietsauswahl für die mit der räumlichen Differenzierung der Regionalförderung verbundene Sozial- und Wirtschaftsgestaltung sowie die Gestaltung der Wettbewerbsverhältnisse läßt die Frage berechtigt erscheinen, ob der Gesetzgeber die Fördergebiets-

---

[5] Im Gegensatz zu § 5 Nr. 1 GRW und § 3 III InvZulG (1986) war nach § 3 I S. 2 InvZulG (1982) i. d. F. vom 4. 6. 1982 zwischen die gesetzgeberische Grundsatzentscheidung und die Planungsentscheidung eine Entscheidung des Verordnungsgebers zwischengeschaltet. Die Problematik der rechtstechnischen Ausgestaltung stellte sich deshalb bezüglich des GRW anders als bezüglich des InvZulG. Hinsichtlich der im GRW vorgenommenen Verteilung der Entscheidungsmacht ergab sich die Frage nach der Reichweite des Parlamentsvorbehalts. Das InvZulG warf die Frage auf, ob die verordnungsmäßige Verweisung auf die im Rahmenplan erfolgende Fördergebietsabgrenzung ohne gesetzliche Subdelegation rechtmäßig war. Durch die Verwendung der gleichen Rechtstechnik ist der Unterschied der Problematik zwischen dem GRW und dem InvZulG beseitigt. *Wagners* (aaO., S. 92) zweifelhafte Rechtfertigung bezüglich der im InvZulG a. F. angewendeten Regelungstechnik, durch die Zwischenschaltung einer Rechtsverordnung sei die Verweisung auf den Rahmenplan hinsichtlich der Fördergebietsabgrenzung unbedenklich, ist durch die Aufhebung der Ermächtigung und Ersetzung durch eine einfache Bezugnahme auf den Rahmenplan gegenstandslos geworden. Die Aufhebung der Ermächtigung war konsequent, da die Zwischenschaltung der Ermächtigung mehr Regelungsdichte ohne mehr Regelungsinhalt zur Folge hatte; denn die Bundesregierung machte von der Ermächtigung in der Weise Gebrauch, daß sie einfach auf den Rahmenplan verwies, ohne zuvor nähere Konkretisierungen vorzunehmen. Um dies zu erreichen, war die Ermächtigung nicht notwendig. Erledigt hat sich mit der Beseitigung der Ermächtigung der Bundesregierung die Frage, ob die Ermächtigung gem. § 3 I S. 2 InvZulG (1982) dem Bestimmtheitsgebot genügte.

auswahl hätte mehr vorprägen müssen oder, ob nicht wenigstens eine formale Regelungsdelegation i.S. des Art. 80 I S. 2 GG notwendig gewesen wäre.

Nicht vom Gesetzgeber entschieden ist, ob zum Beispiel nur etwa 10% des Gesamtgebiets gefördert und damit die krassesten Abweichungen genügen sollen oder ob 60% des Gesamtgebiets gefördert und damit verhältnismäßig geringfügige Abweichungen vom Durchschnitt ausreichen sollen. Nach welchen Kriterien die Gebiete ermittelt werden sollen, deren Wirtschaftskraft erheblich unter dem Bundesdurchschnitt liegt, hat der Gesetzgeber ebenfalls nicht entschieden. Soll das Einkommensniveau, die Höhe des Bruttoinlandsprodukts, die Infrastrukturausstattung oder die Beschäftigungssituation maßgeblicher Anknüpfungspunkt sein oder wie sollen bei der Weiterverwendung eines Gesamtindikators die Gewichte verteilt sein? Welche Abweichungen von der allgemeinen Wirtschaftskraft können als erheblich gelten? Können bei der Beurteilung der Erheblichkeit die Wohn- und Freizeitqualität und insbesondere ökologische Faktoren als ausgleichende Kriterien Beachtung finden, weil dem Planungsausschuß bei der Beurteilung der Erheblichkeit ein weiter Entscheidungsspielraum zusteht?

Bezüglich der Kriterien der Fördergebietsauswahl könnte die Wesentlichkeitstheorie und das Gebot der Bestimmtheit weitergehendere legislatorische Festlegungen verlangen, da die Frage, welche Prioritäten die Förderung und damit die Fördergebietsauswahl bestimmen sollen, eine für die Persönlichkeitsentfaltung und die Berufschancen der Bürger wesentliche Entscheidung ist. Was unter der Verbesserung der regionalen Wirtschaftsstruktur zu verstehen ist, hat der Gesetzgeber zwar durch die Bestimmung der förderfähigen Vorhaben abstrakt festgelegt, nicht eindeutig erkennbar ist aber nach der gesetzlichen Regelung, in welchen Gebieten der Bundesrepublik die bestimmten Vorhaben gefördert werden sollen, obwohl diese Frage für die in den jeweiligen Gebieten lebenden Menschen von entscheidender Bedeutung ist. Nicht zuletzt hängt von der Fördergebietsauswahl ab, welche Unternehmen, weil sie in einem bestimmten Gebiet ansässig sind, gefördert werden können und welche nicht. Die Konkurrenzsituation zwischen den Unternehmen derselben Branche wird dadurch nicht unerheblich beeinflußt. An der noch nicht ausdiskutierten Frage nach der Geltung des Gesetzesvorbehalts und nach der Reichweite des Parlamentsvorbehalts im Bereich der Wirtschaftssubventionierung und der öffentlichen Planung kommt man deshalb nicht vorbei. Angesichts der hervorgehobenen Bedeutung der Fördergebietsabgrenzung für die zentrale Steuerung der Entwicklungspotentiale und sozial gestaltenden Faktoren stellt sich die Frage, ob es rechtmäßig ist, die Entscheidung dem Planungsausschuß zu überlassen, ohne daß nach dem GRW wenigstens eine auf den Gesetzgeber rückführbare formale Legitimationskette i.S. des Art. 80 I S. 2 GG existiert; der Planungsausschuß ist kein Ermächtigungsadressat i.S. dieser Vorschrift. Die

Ermächtigung des Planungsausschusses ist auch nicht als gleichzeitige Ermächtigung mehrerer Delegatare nach Art. 80 I S. 1 GG zu rechtfertigen; sie bedeutet eine Aufgabenübertragung auf die nach Art. 91a III, S. 1 GG vorgesehene „Einrichtung für eine gemeinsame Rahmenplanung". Auf die Streitfrage, ob eine Ermächtigung der Landesregierungen und eines Bundesorgans zur gemeinsamen Verordnungsgebung verfassungsgemäß wäre, braucht deshalb nicht eingegangen zu werden.

Die rechtlich-dogmatische Diskussion über die beiden wesentlichen gesetzlichen Grundlagen läßt sich demzufolge durch folgende zu beantwortende Fragen skizzieren.

1. Gilt der Gesetzesvorbehalt grundsätzlich im Bereich der Wirtschaftssubventionierung? Wenn ja, welche Anforderungen stellen die Wesentlichkeitstheorie oder das Gebot der Bestimmtheit bezüglich der Kriterien für die Fördergebietsabgrenzung?
2. Ist die Bezugnahme auf den jeweils gültigen Rahmenplan gem. § 3 III InvZulG (1986) und die vergleichbare Regelung des § 5 Nr. 1 i.V. mit § 1 II GRW als eine verfassungswidrige dynamische Verweisung einzustufen?
3. Sind rechtliche Bedenken wegen der Bezugnahme des § 2 II S. 1 Nr. 1 u. Nr. 6, IV InvZulG auf den Rahmenplan begründet?

B. Einfluß der beihilfenaufsichtsrechtlichen Vorgaben der EG-Kommission auf die Problemstellung

Die aufgeworfenen Fragen könnten dadurch an Relevanz verloren haben, daß die EG-Kommission die Erheblichkeit der Disparitäten zwischen den Fördergebieten nach dem Bruttoinlandsprodukt und nach der Arbeitslosigkeit beurteilt und durch die Vorgabe von Schwellenwerten den Entscheidungsspielraum des Planungsausschusses eingeengt hat.

Beabsichtigte der Planungsausschuß, die Fördergebietsabgrenzung an den für die Festlegung von Schwellenwerten maßgeblichen Kriterien der Arbeitslosigkeit und dem Bruttoinlandsprodukt auszurichten, überließe er überwiegend der EG-Kommission die Entscheidung über die Gestaltung der regionalen Wirtschaftsförderung. In diesem Fall würde die Frage der Fördergebietsabgrenzung an Bedeutung verlieren. Will er dagegen weiterhin unter Berücksichtigung der Schwellenwerte eigene Gestaltungsvorstellungen verwirklichen, bleibt die Frage von Bedeutung, welche Abweichungen von dem Bundesdurchschnitt als erheblich einzustufen sind.

Daß der Planungsausschuß seine Gestaltungsmacht insofern nicht preisgeben und eigene Akzente bei der räumlichen Gestaltung setzen will, zeigt die Beauftragung des Unterausschusses, wonach dieser für die Neuabgrenzung zum 15. Rahmenplan 1986 „alternative Abgrenzungsmodelle" erarbeiten soll[1].

Welche Unternehmen in der einen oder anderen Region gefördert werden, bleibt weitgehend dem Zufall überlassen, wenn beide Regionen in ihrer Wirtschaftskraft nur unerheblich voneinander abweichen. Gesetzt den Fall, der Planungsausschuß würde keine räumliche Ausdehnung der Förderung bis zu der von der EG-Kommission angestrebten Grenze beabsichtigen, dann hinge die Entscheidung, ob diese oder jene Region gefördert wird, maßgeblich davon ab, wie der Planungsausschuß von dem ihm gesetzlich eingeräumten Beurteilungsspielraum hinsichtlich der räumlichen Dimension der Förderung Gebrauch macht. Dieser Fall ist denkbar, wird aber kaum praktisch, da die von der EG-Kommission festgelegten Schwellenwerte den Planungsspielraum des Planungsausschusses zu sehr beschneiden.

Wenn der Planungsausschuß den ihm verbliebenen Planungsspielraum in räumlicher Hinsicht bis zu der durch die von der EG-Kommission entwikkelten Schwellenwerte markierten Grenze ausschöpft, bleibt weiterhin offen, ob diese oder jene Abgrenzungsmethode, diese oder jene Indikatoren, dieses oder jenes Indikatorenmodell Anwendung finden sollen. Bei nuancierten Abweichungen können entsprechend den neueren Vorschlägen noch weitere Kriterien wie der Freizeitwert oder der Erholungswert Beachtung finden. Mehr an Bedeutung gewinnen dürfte die Förderung der unternehmensbezogenen Infrastrukturausstattung, wie sie nach § 1 III GRW vorgesehen ist, da die räumliche Dimension der Infrastrukturförderung durch die EG-Kommission aufgrund ihres Beihilfenaufsichtsrechts nicht in gleicher Weise beschränkt werden kann wie die Wirtschaftssubventionierung[2].

Außerdem besteht die Möglichkeit der Entwicklung verschiedener Aktionsprogramme. Vorgesehen werden kann z. B. ein regional differenziertes Programm zur Infrastrukturförderung, ein Programm zur Förderung von Unternehmen ohne oder mit nur geringfügigem innergemeinschaftlichem Handelskontakt sowie ein Programm zur Förderung von Unternehmen mit innergemeinschaftlichen Handelsbeziehungen. Die von der EG-Kommission kraft ihres Beihilfenaufsichtsrechts entwickelten Schwellenwerte gelten in erster Linie für die Förderung von Unternehmen mit innergemeinschaftlichen Handelsbeziehungen, da grundsätzlich nur Beihilfen an diese Unternehmen wettbewerbsverfälschend *und* handelsbeeinträchtigend i. S. des Art. 92 I EWGV sein können. Der Planungsspielraum des Planungsausschusses wird um so größer, je weniger Auswirkungen die Förderung auf

[1] Vgl. BT-Drucks. 10/3562.

[2] Vgl. *Püttner / Spannowsky*, 3. Teil, B. I.

den innergemeinschaftlichen Handel hat, da die Kommission aufgrund Art. 92 I EWGV bei der Ausübung des wettbewerbspolitischen Beihilfenaufsichtsrechts keine umfassende Raumordnungspolitik und keine aktive Regionalpolitik betreiben kann.

Insofern bleiben auch künftig nicht nur die Fördergebietsauswahl als solche und die damit zusammenhängenden Fragen von Bedeutung, sondern auch die Problematik der Verteilung der Entscheidungsbefugnisse zwischen Parlament und Exekutive bezüglich der Fördergebietsabgrenzung, so daß die mit der räumlichen Dimension der Förderung verbundenen Fragen durch die Entscheidungen der Kommission hinsichtlich der Fördergebietsauswahl, insbesondere durch die Festlegung von Schwellenwerten zur Begrenzung der Fördergebiete in reicheren Mitgliedsstaaten nicht gegenstandslos geworden sind.

Trotz der Geltung der von der EG-Kommission zugrunde gelegten Schwellenwerte bleibt die Frage, ob die „harte" Grenzziehung zwischen Fördergebieten, die unter Berücksichtigung von EG-Maßstäben als Gebiete mit erheblich vom Bundesdurchschnitt abweichender Wirtschaftskraft eingestuft werden können und jenen, die dies nicht können, eine sachgerechte räumliche Differenzierung ermöglicht. Weichen die Regionen in ihrer Wirtschaftskraft nur unerheblich voneinander ab, ist die Berechtigung zur typisierenden Unterscheidung zwischen wegen ihres Standorts förderfähigen Unternehmen und wegen ihres Standorts nicht förderfähigen Unternehmen in Frage gestellt. Bezüglich der von der EG-Kommission als Fördergebiete anerkannten Gebiete könnte sich auf der nationalen Ebene die Notwendigkeit für eine nach der Förderungsintensität differenzierte Förderung ergeben, die nach den Schwierigkeiten der Regionen abgestuft wird. Das heißt: Es werden nicht nur schwerpunktmäßig Förderungshöchstsätze festgelegt, sondern auch Höchstsätze hinsichtlich der Fördergebiete. Läßt sich bei relativ ausgeglichenem Niveau der „konkurrierenden", in der Regel benachbarten Regionen eine erhebliche Abweichung nicht exakt feststellen, muß die Förderungsbedürftigkeit durch eine Abstufung der Förderungsintensität bestimmt werden. Auf die Zweifel hinsichtlich der Befugnis der Kommission zur Festsetzung von Schwellenwerten, die diese differenzierte Förderung nicht zulassen, wurde bereits an anderer Stelle hingewiesen[3].

Die Erörterung der aufgeworfenen Fragen und die Auslotung der aufgezeigten Problematik läßt die vorausgehende Darlegung der einfachgesetzlichen Förderungsvoraussetzungen und Zusammenhänge zwischen dem GRW und dem InvZulG geraten erscheinen.

---

[3] Vgl. *Püttner / Spannowsky,* 3. Teil, B. III. 2.

C. Das Gesetz über die Gemeinschaftsaufgabe „Verbesserung der regionalen Wirtschaftsstruktur (GRW)"

I. Die Schritte der Entwicklung einer länderübergreifenden Regionalplanung

Die Regionalpolitik hat in der zurückliegenden Zeit mehrere Entwicklungsphasen passiert, ohne daß heute, wie die obigen Ausführungen zeigen, die Feststellung berechtigt wäre, daß die Entwicklung abgeschlossen ist. Eingeleitet wurde die Entwicklung einer länderübergreifenden Förderung durch Notstandsprogramme der Bundesregierung. Ergänzt wurden diese erstmals 1951 durchgeführten regionalen Förderungsprogramme für Notstands- und Sanierungsgebiete durch das 1953 ergangene Zonenrandförderungsgesetz, dessen Erlaß mit der politischen Sondersituation des Zonenrandgebietes gerechtfertigt wurde. Das 1959 eingeführte Zentrale-Orte-Programm bezog andere als die bereits genannten schwachen Gebiete in die Förderungskonzeption ein und ließ bereits in Abkehr von der Flächenförderung den Übergang zu der Schwerpunktförderung erkennen. Mit der Einführung der regionalen Aktionsprogramme im Rahmen der gemeinsamen Rahmenplanung wurden 1969 endlich die Bemühungen um die Koordinierung der sich überlagernden Förderungen von Bund, Ländern und Gemeinden abgeschlossen[1].

II. Die normativen Grundlagen der Gemeinschaftsaufgabe „Verbesserung der regionalen Wirtschaftsstruktur"

Die Verbesserung der regionalen Wirtschaftsstruktur ist nach Art. 91a I Nr. 2 GG ein Bereich, in dem Bund und Länder zusammenwirken. Auf der Verfassungsebene ist das Zusammenwirken von Bund und Ländern nicht näher geregelt. Nach Art. 91a II GG erfolgt die nähere Abgrenzung der Aufgabenbereiche sowie die Festlegung der Grundsätze für die Erfüllung der Gemeinschaftsaufgabe im Rahmen eines Ausführungsgesetzes. Das GRW enthält dementsprechend Grundsätze für die Aufgabenwahrnehmung und regelt, wie in Art. 91a III GG vorgegeben, das Verfahren und die Einrichtungen für eine gemeinsame Rahmenplanung zwischen Bund und Ländern. Die Finanzierungsbeteiligung des Bundes ist nach Art. 91a IV GG für den Kooperationsbereich der Verbesserung der regionalen Wirtschaftsstruktur auf die Hälfte festgelegt. Nähere Bestimmungen über die Durchführung und Finanzierung der Förderungsmaßnahmen trifft das GRW.

Durch die Eingrenzung des Kreises der möglichen Förderungsmaßnahmen wird in § 1 GRW gesetzlich eine Beziehung zwischen den Oberzielen

---

[1] Ähnlich *Stahl,* in: Eberstein A II, S. 11; dazu auch der 14. Rahmenplan, BTDrs. 1985 10/3562, S. 8.

der regionalen Wirtschaftsförderung und der Zielrealisierung hergestellt. Danach soll die Förderung der gewerblichen Wirtschaft und der Infrastruktur innerhalb eines abgegrenzten Gebietes einen Beitrag zur Verwirklichung der regionalpolitischen Oberziele leisten.

Daß die Förderungsmaßnahmen regional differenziert durchgeführt werden müssen, stellt § 1 II GRW klar. Nur in den in § 1 II GRW bezeichneten Gebietskategorien dürfen die vorgesehenen Förderungsmaßnahmen ausgeführt werden. Als Problemgebietskategorien werden danach das Zonenrandgebiet sowie Gebiete, deren Wirtschaftskraft erheblich unter dem Bundesdurchschnitt liegt oder erheblich darunter abzusinken droht und Gebiete anerkannt, die durch die Dominanz einzelner Wirtschaftszweige mit strukturellen Anpassungsschwierigkeiten gekennzeichnet sind. Als Beispiel für Gebiete mit einem vorherrschenden Wirtschaftszweig lassen sich insbesondere die Steinkohlenbergbaugebiete an Ruhr und Saar anführen.

Zu den allgemeinen Grundsätzen wird gem. § 2 I GRW das Schwerpunktprinzip und das Koordinierungsgebot gerechnet. Die grundsätzliche räumliche Beschränkung der Förderungsmaßnahmen auf bestimmte Gebietskategorien ist nur zugunsten der Infrastrukturförderung unter der Voraussetzung aufgelockert, daß ein unmittelbarer Zusammenhang mit innerhalb benachbarter Fördergebiete ausgeführten Förderungsprojekten besteht. Das Koordinierungsgebot fordert die Beachtung der Grundsätze der allgemeinen Wirtschaftspolitik, die Abstimmung mit den Zielen und Erfordernissen der Raumordnung und Landesplanung sowie die Berücksichtigung der gesamtdeutschen Belange und Erfordernisse der Europäischen Gemeinschaften. Durch die Forderung nach Berücksichtigung der Erfordernisse der Europäischen Gemeinschaften wird die Bereitschaft zur Koordinierung der Regionalpolitiken eindeutig festgestellt.

Welchen Erfordernissen die regionale Wirtschaftspolitik der Bundesrepublik gemäß dem EG-Recht Rechnung tragen muß, bestimmt in erster Linie das primäre Gemeinschaftsrecht, zu dem vor allem die drei Gründungsverträge (EWG, EAGV, EGKSV) zählen. Von Bedeutung ist im Rahmen des sekundären Gemeinschaftsrechts vor allem die neugefaßte, auf Art. 235 EWGV basierende Fondsverordnung vom 19. Juni 1984, die am 1. Januar 1985 in Kraft getreten ist[2], das Beihilfenverbot gem. Art. 92 I EWGV[3] und das kategorische Beihilfenverbot des § 4 EGKSV.

Durch die Verpflichtung zur Rücksichtnahme auf die Grundsätze anderer Politikbereiche und die Erfordernisse der Europäischen Gemeinschaften trägt § 2 I GRW nicht nur der Forderung des Prinzips der Systemkonformität nach Beachtung vorrangiger Wertungen Rechnung, sondern stellt

---

[2] Vgl. ABl. der EG, 1984, Nr. L 169.

[3] Zu dem Verbot und seinen Ausnahmen vgl. *Püttner / Spannowsky*, 3. Teil, B.

auch das Gebot auf, daß einander widersprechende Wertungen in Beziehung stehender Politikbereiche ausgeschlossen werden müssen. Allerdings wird durch diese Verpflichtung nicht ausgeschlossen, daß es dennoch infolge einzelner Planungsentscheidungen zu Wertungswidersprüchen kommen kann. Die Fördergebietsauswahl kann, wie die Problemdarstellung in Kapitel I deutlich macht, so vorgenommen werden, daß ein Widerspruch zu den Grundsätzen der Globalsteuerung, der Raumordnungspolitik oder EG-Regionalpolitik entsteht. Der völlige Verzicht auf zentrale Gegensteuerung mit der Folge der Entwicklung unterschiedlich wirtschaftsstarker Funktionsräume würde im Falle seiner Realisierung nicht nur in Widerspruch zu der globalsteuernden Wirtschafts- und der Sozialpolitik treten, sondern würde auch in Widerspruch zu dem Ausgleichsziel der EG-Regionalpolitik geraten. Da nicht ein ökonomischer Ausgleich zwischen den Mitgliedsstaaten, sondern der Regionen der Gemeinschaft angestrebt wird, ist das bewußte Entstehenlassen von Disparitäten auf der nationalen regionalpolitischen Ebene mit dem gemeinschaftlichen Ausgleichsziel unvereinbar. Ein Widerspruch ist ferner denkbar, wenn statt der ökonomischen Komponente des Ausgleichsziels ökologische oder kulturelle Aspekte die ausgleichspolitische Zielsetzung auf der nationalen regionalpolitischen Ebene beherrschen sollten und das Entstehen von Ungleichgewichten in Kauf genommen wird. Eine derartige Neuinterpretation des nationalen Ausgleichsziels der Regionalpolitik müßte in Widerspruch zu dem gemeinschaftlichen Ausgleichsziel treten, das an ökonomischen Kriterien orientiert ist. Der Widerspruch zu dem gemeinschaftlichen Ausgleichsziel würde nicht nur zu einem Zielkonflikt mit der EG-Regionalpolitik, sondern könnte sogar zu einem Vorstoß gegen das EG-Recht führen, zumal die Inkaufnahme der Entwicklung von Disparitäten auf der nationalen Ebene den den Mitgliedsstaaten aufgrund des Art. 3 a der VO betreffend den EFRE im Rahmen der Zielkoordinierung auferlegten Koordinierungspflichten widerstreiten würde[4].

Der in § 2 I GRW aufgestellte Grundsatz stellt ebensowenig wie die nachfolgend darzustellenden Grundsätze sicher, daß Wertungswidersprüche vermieden bleiben, verpflichtet aber zur Verhinderung von Widersprüchen mit den Grundsätzen der allgemeinen Wirtschaftspolitik, mit den Zielen und Erfordernissen der Raumordnung und Landesplanung und den Erfordernissen der Europäischen Gemeinschaft.

Daß der Gesetzgeber bemüht war, einen Widerspruch zum Gebot der Wettbewerbsneutralität und zum gemeinschaftsrechtlichen Grundsatz der Unvereinbarkeit handelsbeeinträchtigender Beihilfen mit dem Gemeinsamen Markt gem. Art. 92 I EWGV zu vermeiden, zeigt der prinzipielle Ausschluß von Dauersubventionen. Der Ausschluß von Dauersubventionen gem. § 2 II S. 1 GRW ist neben dem Schwerpunktprinzip ein weiterer

[4] Eingehend dazu *Püttner / Spannowsky*, 1. Teil, C u. 2. Teil.

Grundsatz, der die Wirksamkeit der regionalen Wirtschaftsförderung sicherstellen und eine fortdauernde Einflußnahme des Staates auf die Konkurrenzsituation ausschließen soll. Jede Dauersubventionierung deutet auf die unangemessene künstliche Veränderung der Wettbewerbslage hin, weshalb die EG-Kommission Dauersubventionen nach Art. 92 I i.V. mit Art. 93 I, II EWGV zum Anlaß für die Einleitung eines Beanstandungsverfahrens genommen hat. Damit die regionale Wirtschaftsförderung nicht zu einer Dauersubventionierung führt, die mit der Gefahr der Abnahme der unternehmerischen Eigeninitiative verbunden ist, wird die Errichtung, der Ausbau, die Umstellung oder grundlegende Rationalisierung eines Gewerbebetriebes nach § 2 II i.V. mit § 1 I Nr. 1 GRW nur durch Start- und Anpassungshilfen unterstützt.

Als Förderungsarten sind gem. Art. 3 GRW mehrere Formen der direkten Subventionen vorgesehen. Die üblichen Förderungsarten, Investitionszuschüsse, Darlehen und Zinszuschüsse werden durch Bürgschaften für Kredite der zu fördernden Gewerbebetriebe ergänzt. Von besonderer Bedeutung sind die Bestimmungen der §§ 4 bis 9 GRW über die Aufstellung und den Inhalt des Rahmenplans, über die für die Rahmenplanaufstellung verantwortliche Institution, den Planungsausschuß sowie die Durchführung des Rahmenplans.

Aufgabe der Rahmenplanung ist nicht nur die Festlegung der Fördergebiete, sondern auch die raumbezogene Konkretisierung der regionalpolitischen Oberziele im Rahmen sog. regionaler Aktionsprogramme.

Die Aktionsprogramme enthalten eine zusammenfassende wirtschaftliche Analyse des Aktionsraumes, eine Beschreibung der „Aktionen“ sowie Angaben über die notwendigen Finanzmittel. Beseitigt wurde durch die Förderung im Rahmen der regionalen Aktionsprogramme nicht nur die „Töpfchenwirtschaft“ von Bund und Ländern, sondern auch die Förderung nach dem „Gießkannenprinzip“. Mit dem Inkrafttreten des jeweiligen Rahmenplans werden die regionalen Aktionsprogramme zur verbindlichen Leitlinie für die den Rahmenplan ausführenden Behörden[5].

Die Bestimmungen über die Rahmenplanung werden ergänzt durch die Vorschriften der §§10, 11 GRW über die Finanzierung der von den Ländern nach dem Rahmenplan durchzuführenden Maßnahmen. Da das Beteiligungsverhältnis von Bund und Ländern bezüglich der GRW bereits in Art. 91a IV GG festgelegt ist, regelt § 10 GRW nur das Erstattungsverfahren. Danach bekommen die Länder die von dem Bund zu tragenden anteiligen Kosten grundsätzlich erst nach der Durchführung der rahmenplanmäßigen Förderungsmaßnahmen erstattet; die Länder sind also vorleistungspflichtig. Dieser Grundsatz der erst nachträglichen Erstattung des anteiligen

[5] So ausdrücklich *Eberstein,* A II, S. 11.

Kostenbetrags wird nach dem Gedanken der Kooperation jedoch dadurch abgeschwächt, daß der Bund entsprechend der bereitgestellten Haushaltsmittel und dem Stand der Durchführung der Maßnahmen Vorauszahlungen zu leisten hat. Dadurch soll eine unangemessene Belastung der Länder durch die Vorleistungspflicht vermieden werden. Die Überwachung der Durchführung der Förderungsmaßnahmen wird dem Bund dadurch ermöglicht, daß die Länder den Bundesminister für Wirtschaft auf dem laufenden halten müssen, indem sie ihm die Höhe der verausgabten Mittel und den Stand der planmäßigen Projektausführung mitteilen müssen.

Verwendet ein Land die ihm vom Bund zugewiesenen Mittel in einer den Festlegungen des Rahmenplans widersprechenden Weise, kann der Bund gem. § 11 II GRW von dem Land die Mittel zurückfordern. Verwendet der Zuwendungsempfänger die Mittel bedingungswidrig, ist das Land dem Bund gegenüber zur Rückforderung verpflichtet, sobald der Rückforderungstatbestand vorliegt. Die Verpflichtung zur Rückforderung oder zur Rückerstattung betrifft mit Rücksicht auf die bundesstaatliche Kompetenzverteilung jedoch lediglich den vom Bund gewährten Anteil. Fraglich ist zwar, ob durch die Formulierung „Der Bund kann" ein Ermessen eingeräumt wird. Eine derartige Interpretation ist jedoch abzulehnen[6]; wegen der gebotenen Rücksicht auf die Belange der anderen, an der Rahmenplanung beteiligten Länder ist der Bund zur Rückforderung verpflichtet. Andernfalls könnte der Bund durch die Unterlassung der Rückforderung die gemeinsame Rahmenplanung in ihrem Verbindlichkeitsanspruch relativieren. Fällt zudem die bedingungswidrige Verwendung der Mittel mit einem Verstoß gegen das konkretisierte Beihilfenverbot i. S. des Art. 92 I zusammen, ist der Bund auch der EG gegenüber zur Rückforderung verpflichtet.

III. Der Rahmenplan

1. Die Aufstellung des Rahmenplans

Der Rahmenplan wird gem. § 6 I GRW durch den Planungsausschuß unter dem Vorsitz des Bundesministers für Wirtschaft aufgestellt. Nach § 4 II GRW wird der Rahmenplan zeitlich an die Finanzplanung gekoppelt. Er wird deshalb für 5 Jahre aufgestellt und jährlich fortgeschrieben. Durch die jährliche Prüfung und Anpassung an die Entwicklungssituation wird eine flexible Planung ermöglicht. Dadurch, daß sich der jährliche Rahmenplan jeweils auf den vollen Planungszeitraum erstreckt, wird außerdem eine sog. „gleitende Planung" erreicht[7].

---

[6] Ebenso mit abweichender Begründung *Heinze, BB 1973, S. 1389.*

[7] Vgl. *Mehrländer,* in: Eberstein, A V, S. 13.

Dem Planungsausschuß gehören neben dem Bundesminister für Wirtschaft der Bundesminister der Finanzen und ein Minister (Senator) jedes Landes an. Da der Planungsausschuß nach § 6 II GRW nur mit einer qualifizierten Mehrheit, nämlich einer Dreiviertel-Mehrheit, beschließen kann, kann kein Beschluß ohne die Stimmen des Bundes und die Mehrheit der Länderstimmen zustande kommen. Der Interministerielle Ausschuß der Bundesregierung für regionale Wirtschaftspolitik (IMNOS) hat die Aufgabe, unter Berücksichtigung der Interessen anderer Fachpolitiken die einheitliche Stimmabgabe des Bundes im Planungsausschuß vorzubereiten. Mitglieder dieses Ausschusses sind deshalb außer den Bundesministern für Wirtschaft und Finanzen der Bundesminister für Arbeit und Sozialordnung, der Bundesminister für Ernährung, Landwirtschaft und Forsten, der Bundesminister für Verkehr und für das Post- und Fernmeldewesen, der Bundesminister für Städtebau und Wohnungswesen, für Jugend, Familie und Gesundheit, für innerdeutsche Beziehungen, für Verteidigung, der Bundesminister des Innern, das Bundeskanzleramt, die Bundesanstalt für Arbeit, das Institut für Raumordnung und das Bundesamt für gewerbliche Wirtschaft.

2. Die Rechtsnatur des Rahmenplans

Mit der Bezeichnung des Plans als „aliud" oder als Rechtsinstitut „sui generis"[8] lassen sich insbesondere Probleme des Rechtsschutzes nicht lösen. Die Beschreibung des Plans als „dritte Handlungsform der öffentlichen Gewalt neben Norm und Verwaltungsakt"[9] hilft insofern ebenfalls nicht weiter. Gleichwohl erlaubt die Abgrenzung des Planes von einer Norm und damit auch von dem normativen Plan, wie etwa des Bebauungsplans sowie von einem Verwaltungsakt weiterführende Feststellungen.

Im Gegensatz zu der Form der normativen Planung, die in Form von Planungsgesetzen detailliert die Förderungsvoraussetzungen und die Modalitäten der Förderung für die Betroffenen verbindlich regelt, werden durch den Rahmenplan die Maßnahmen und Ziele nur in ihren Grundzügen dargestellt und die Förderungsvoraussetzungen in Form allgemeiner Grundsätze aufgestellt. Der Rahmenplan ist deshalb keine normative Planung. Die Verbindlichkeit der Festsetzungen unterscheidet den Rahmenplan andererseits von einem nur indikativen Plan. *Tiemann*[10] hat den Rahmenplan daher zutreffend als eine modifizierte Form der „planification par influencement" beschrieben, um den Rahmenplan als eine Zwischenform der normativen

8 Vgl. *Forsthoff*, Norm und Verwaltungsakt im geltenden und künftigen Baurecht, DVBl. 1957, S. 115.

9 *Kaiser*, Referat, Vhdl. des. 50. DJT, Bd. II, I 12.

10 So *Tiemann*, Die neuen Gemeinschaftsaufgaben (Art. 91 a, b GG) im System des Grundgesetzes, S. 163; vgl. dazu auch *Badura*, Wirtschaftsverwaltungsrecht, S. 304f., in: Besonderes Verwaltungsrecht, 6. Aufl.

und der indikativen Planung beschreiben zu können. Wem gegenüber der Rahmenplan Verbindlichkeit entfaltet, läßt sich durch die Charakterisierung des Rahmenplans als influenzierende Planung allerdings nicht beantworten. Die allgemein gebräuchliche Beschreibung des Rahmenplans als „staatsleitenden Gesamtakt“ weist darauf hin, daß der Rahmenplan keine Wirkung gegenüber Gemeinden oder privaten Unternehmen entfaltet[11]. Richtig ist, daß der Rahmenplan grundsätzlich nur eine Bindung im Verhältnis zwischen der Bundesregierung und den Landesregierungen begründet. In § 8 S. 2 GRW, wonach die Bundesregierung und die Landesregierungen die für die Durchführung des Rahmenplans erforderlichen Ansätze in ihre Haushaltsplanentwürfe aufzunehmen haben, ist die Bindung der Bundesregierung und der Landesregierungen zum Ausdruck gebracht. Daß die Landesregierungen auch im Verhältnis untereinander an den Rahmenplan gebunden sind, folgt daraus, daß die Regierungen an den Entscheidungen des Planungsausschusses beteiligt sind und dessen Entscheidungen respektieren müssen.

Die Feststellung, daß der Rahmenplan nur staatsinterne Wirkung entfaltet, gilt jedoch nicht uneingeschränkt. Durch die Querverbindung zwischen dem Investitionszulagengesetz und dem Rahmenplan nach § 2 II S. 1 Nr. 1 a, b u. Nr. 7 InvZulG werden die Bestimmungen des Rahmenplans über die Schwerpunktorte und Förderungshöchstsätze zu Kriterien, die für die Feststellung der besonderen volkswirtschaftlichen Förderungswürdigkeit eines Unternehmens nach dem InvZulG maßgeblich sind. Außerdem hat auch die Fördergebietsauswahl Auswirkungen, die das Verhältnis Staat-Bürger prägen. Die Fördergebietsabgrenzung bildet die Grundlage für die räumliche Begrenzung des Begünstigtenkreises und hat daher typisierende Wirkung. Betont man die Möglichkeit der Standortverlagerung von Industriebetrieben, kann man die Bedeutung der typisierenden Wirkung der Fördergebietsauswahl abschwächen, weil jeder im übrigen förderungswürdige Antragsteller die prinzipielle Möglichkeit der Unternehmensverlagerung in ein Fördergebiet hat. Je mehr jedoch das endogene Entwicklungspotential, also das vorhandene gewerbliche Potential, an der Regionalförderung partizipieren soll, desto stärker wird der räumlich typisierende Effekt.

Voraussetzung für eine sachgerechte Differenzierung zwischen den Betrieben ist dann um so mehr, daß die räumlich typisierende Differenzierung sachgerecht erfolgt. Abgesehen davon hat die regionale Wirtschaftsförderung als Komponente der Regionalpolitik große Bedeutung für die Steuerung des Arbeitsplatzangebots, des Infrastrukturangebots und damit

---

[11] Vgl. *Kaiser*, Regionalpolitik im föderalen System der Bundesrepublik Deutschland und der Europäischen Gemeinschaft, in: Festschrift für Maunz, 1980, S. 176; *Pfeifer*, Investitionszulagengesetz und Rahmenplan der Gemeinschaftsaufgabe, DVBl. 1975, S. 324 f.

nicht zuletzt für die freie Entfaltung der Persönlichkeit. Der Rahmenplan hat daher nicht nur staatsinterne Wirkung im Verhältnis zwischen der Bundesregierung und den Landesregierungen.

Auf die Erkenntnis, daß der Rahmenplan auch Auswirkungen auf das Verhältnis Staat-Bürger hat, kann zwar nicht – unter Berufung auf Art. 19 IV GG – die Forderung nach mehr Rechtsschutz oder mehr richterlicher Kontrollbefugnisse gestützt werden, da erst die Durchführung des Rahmenplans zu einer Rechtsverletzung führen kann, jedoch legt diese Erkenntnis die Schlußfolgerung nahe, daß die Planungsgestaltungsmacht nicht grenzenlos sein kann, daß es vielmehr auch im Bereich der Rahmenplanung Sachmaterien gibt, die der Planungsgestaltungsmacht entzogen sind. Diese Schlußfolgerung läßt sich nicht einfach mit dem Einwand „abblocken", der Gesetzgeber habe das Recht zu entscheiden, was er selbst für durch ein formelles Gesetz regelungsbedürftig halte und wie er die Gewichte zwischen Normierung und Kontrolle der Verwaltung verteilen wolle[12]. Uneingeschränkt gilt der Einwand nur, wenn der Gesetzgeber gar nicht tätig werden mußte oder unter Berücksichtigung der Wesentlichkeitslehre die Regelung der betreffenden Sachmaterie der Exekutive überlassen durfte (dazu eingehend unten F.).

Darüber hinaus ist für die Verweisungsproblematik (dazu unten G.) die Festlegung relevant, daß der Rahmenplan keine Rechtsnorm ist, das GRW und das InvZulG also auf eine Nichtnorm Bezug nehmen.

3. Der Inhalt des Rahmenplans

a) Angaben über das Förderungsvolumen

Die Transparenz der regionalen Wirtschaftsförderung gewährleistet der Rahmenplan dadurch, daß in ihm im Sinne des § 5 Nr. 3 GRW Angaben über die Verteilung der Mittel auf die Länder in Form einer Landesquote in Prozent und als Baransatz bezogen auf das Haushaltsjahr enthalten sind. Für das Jahr 1985 standen für die Gemeinschaftsaufgabe Baransätze in Höhe von 551,5 Mio. DM zur Verfügung, die sich entsprechend den prozentualen Anteilen der Länder auf diese verteilen. Auf Baden-Württemberg entfielen danach im Jahre 1985 entsprechend der Landesquote von 0,83% 4,6 Mio. DM und auf Bayern entsprechend einer Landesquote von 24,57% 135,5 Mio. DM. Das für Investitionszulagen zu verplanende Gesamtvolumen betrug im Jahre 1985 1052,66 Mio. DM. Auch die Investitionszulagen gliedern sich nach denselben prozentualen Anteilen auf die Länder auf. Für die Über-

[12] Vgl. *Pieske,* Gesetzesvorbehalt im schulrechtlichen Bereich, DVBl. 1979, S. 329 ff. (332).

nahme von Bürgschaften zugunsten der gewerblichen Wirtschaft standen 800 Mio. DM zur Verfügung. Entsprechend seiner 50%igen Finanzierungsbeteiligung beteiligt sich der Bund somit aufgrund einer gesonderten Bürgschaftserklärung an den Ausfällen mit einem Garantieplafonds von insgesamt 400 Mio. DM[13].

b) Die Abgrenzung der Fördergebiete

Im Rahmenplan werden gem. § 5 Nr. 1 GRW nach Maßgabe des § 1 II GRW die Fördergebiete abgegrenzt. Die Vorarbeiten zur Fördergebietsabgrenzung werden stets von der wissenschaftlichen Diskussion um die Abgrenzungsmethode und die Indikatorenauswahl begleitet. Für die Regionalpolitik ist die Frage, nach welchen Kriterien und welcher Methode die Fördergebietsabgrenzung vorgenommen wird, von besonderer Bedeutung, weil dadurch über die Auswahl und die Gewichtung der zu realisierenden Ziele und damit über die Prioritäten der Regionalpolitik entschieden wird. Die Einwirkung der EG-Kommission auf die Fördergebietsauswahl im Rahmen ihres Beihilfenaufsichtsrechts gem. Art. 93 III, II i. V. mit Art. 92 EWGV führt deshalb zu einer mit Recht als einschneidend empfundenen Beschränkung des Gestaltungsspielraums des Planungsausschusses. Zu einer gewissen Beschränkung führt insoweit auch die oben begründete Notwendigkeit zur Beachtung vorrangiger gesetzlicher Wertungen.

Der Tendenz zur flächendeckenden Förderung würde zudem Art. 91a I S. 1 GG entgegenstehen, der die Bund-Länder-Kooperation an die Erfüllung zweier kumulativ[14] verknüpfter Voraussetzungen bindet. Erstens muß es sich um eine für die Gesamtheit bedeutsame Aufgabe handeln, zum andern muß die Mitwirkung des Bundes für die Verbesserung der Lebensverhältnisse erforderlich sein. Diese unbestimmten Rechtsbegriffe schließen aber lediglich eine flächendeckende sowie eine nahezu flächendeckende, nicht aber eine großflächige Förderung aus. Der Ausdehnung der Fördergebietskulisse ist damit eine Maximalgrenze gezogen; exakt läßt sich jedoch die Grenzlinie für den Umfang der Fördergebiete infolge des Bund und Ländern bei der Beurteilung der Voraussetzungen eingeräumten Ermessens nach der Verfassung nicht ziehen.

c) Konkretisierung der Förderungsziele und -maßnahmen

Der Planungsausschuß konkretisiert in den Rahmenplänen gem. § 5 GRW die Ziele, die in den verschiedenen Fördergebieten nach Maßgabe der jewei-

---

[13] Vgl. 14. Rahmenplan für den Zeitraum von 1985 bis 1988, BT-Drucksache 10/3562, S. 12f.

[14] Ähnlich Maunz / Dürig / Herzog, Art. 91a, RdNr. 23; Schmidt-Bleibtreu / Klein, RdNr. 4.

ligen regionalen Aktionsprogramme erreicht werden sollen. Getrennt nach den regionalen Aktionsprogrammen und Haushaltsjahren werden die in den Fördergebieten durchzuführenden Maßnahmen bezeichnet und die dafür vorgesehenen Finanzierungsmittel angegeben.

d) Die Festsetzungen der Förderungsintensität und das Schwerpunktprinzip

Überdies werden gem. § 5 Nr. 4 GRW die Voraussetzungen, die Art und die Intensität der Förderung bestimmt. Teil II des als Beispiel dienenden 14. Rahmenplans hat deshalb Regelungen über die Voraussetzungen, die Art und die Intensität der Förderung zum Gegenstand. Die nach § 2 GRW vorgeschriebene Schwerpunktförderung wird durch die nach Schwerpunktkategorien differenzierte Festsetzung der Förderungsintensität in dem jeweiligen Rahmenplan ergänzt. Der konzentrierte Einsatz der Förderungsmittel in „Schwerpunktorten" ist ein Gebot der Wirtschaftlichkeit. Schwerpunktorte sind in einem Fördergebiet gelegene Industriestandorte, meist Mittelzentren, die zusammen mit ihrem Einzugsbereich mindestens 20 000 Einwohner umfassen sollen[15]. Dahinter steht der Gedanke, daß mit dem konzentrierten Mitteleinsatz zugunsten der Verbesserung der Infrastrukturausstattung als auch der förderungsfähigen Investitionsvorhaben der Gewerbe- und Industriebetriebe die Schwelle überwunden werden soll, ab der mit dem Effekt einer sich selbst tragenden Aufwärtsentwicklung gerechnet werden kann[16].

Verstärkt wird der Konzentrationseffekt durch eine nach Schwerpunktkategorien variierende Regelung der zulässigen Förderungsintensität, indem der Rahmenplan zwischen A-, B-, C- und E-Schwerpunkten unterscheidet. In den A-Schwerpunkten, mit denen übergeordnete Schwerpunkte im Zonenrandgebiet gekennzeichnet werden, und in den Schwerpunktorten in extremer Zonenrandlage, den E-Schwerpunkten, darf die Förderung einen Höchstsatz von 25% der Investitionskosten erreichen. Die Investitionskosten für Vorhaben in übergeordneten Schwerpunkten außerhalb des Zonenrandgebietes, den sog. B-Schwerpunkten können mit bis zu 20% gefördert werden. Bis zu 15% der Investitionskosten kann die Förderung in den sog. C-Schwerpunkten betragen.

e) Das Prinzip des Primäreffekts

Unter Punkt 1 ergänzt der Rahmenplan die gesetzlich genannten allgemeinen Grundsätze außerdem um das bereits oben beschriebene Prinzip des

---

[15] Vgl. *Eberstein,* A III, S. 30.

[16] So ausdrücklich *Eberstein,* A III, S. 31 m.w.N.

Primäreffekts. Wann die Förderungsvoraussetzungen nach dem Prinzip des Primäreffekts erfüllt sind, wird nach dem sog. Artbegriff beurteilt. Danach müssen in der Betriebsstätte Güter hergestellt oder Leistungen erbracht werden, die ihrer Art nach regelmäßig überregional abgesetzt werden. Die Bestimmungen des Rahmenplans stimmen insofern mit dem Wortlaut des § 2 II Nr. 3 InvZulG überein. Der 14. Rahmenplan ermöglicht aber auch dann die Gewährung von GA-Mitteln, wenn im Einzelfall der Nachweis gelingt, daß die Güter oder Leistungen tatsächlich überregional abgesetzt werden. Mit der Aufnahme der Möglichkeit des Einzelnachweises im 14. Rahmenplan ist die Förderfähigkeit insbesondere auf Handwerksbereiche ausgedehnt worden, die zwar tatsächlich überregional absetzen, die aber nach dem sog. Artbegriff nicht förderungsfähig wären. Abgeschwächt wird durch die Zulassung des Einzelnachweises zwar zugleich die mit der Typisierung verbundene Verwaltungsvereinfachung bei der Prüfung der Förderungsfähigkeit eines Gewerbebetriebes, diesen Effekt hat man jedoch gemildert, indem man die Modifizierung der Förderungsfähigkeit dadurch ergänzt hat, daß die Positivliste über die ihrer Art nach überregional absetzenden Branchen um weitere Dienstleistungsbereiche erweitert wurde. Erreicht wird durch Ermöglichung des Einzelnachweises und die Erweiterung der Liste der förderungsfähigen Branchen eine Ausdehnung des Begünstigtenkreises auf gewisse Dienstleistungs- und Handwerksbereiche.

Eine solche Ausdehnung ist unter dem Blickwinkel des Art. 3 I GG unbedenklich. Sie entkräftet vielmehr die möglichen Bedenken gegen die häufig als nicht sachgerecht empfundene branchentypische Differenzierung[17]. Der 14. Rahmenplan geht mit der Ermöglichung des Einzelnachweises über die nach den früheren Rahmenplänen vorausgesetzte vereinfachte, an der Branchentypisierung orientierte Feststellung der Förderungsfähigkeit hinaus.

Ob damit auch die Förderungsfähigkeit von Betrieben gegenüber dem InvZulG erweitert wurde, ist dagegen fraglich[18]. Da der Rahmenplan die planerische Grundkonzeption der regionalen Wirtschaftsförderung, besonders die allgemeinen Grundsätze und die in den einzelnen Aktionsräumen zu verfolgenden strukturpolitischen Ziele festlegt, mißt ihm *Wagner*[19] zu Recht eine Indizwirkung im Hinblick auf das in dem InvZulG zu verfolgende Zielkonzept bei. Daß die grundsätzlichen Festsetzungen des Rahmenplans, wie *Wagner*[20] meint, einen Einfluß auf den Entscheidungsspielraum bei der Interpretation der regionalwirtschaftlichen, den Begriff der volkswirtschaftlichen Förderungswürdigkeit konkretisierenden Merkmale haben, ist nicht zu bestreiten. Es ist jedoch prinzipiell möglich, daß der Gesetzgeber

---

17 Vgl. *Hartmann*, S. 96, RdNr. 35 f.

18 Vgl. ebenda.

19 So ausdrücklich *Wagner*, S. 159.

20 Ebenda.

im InvZulG im einzelnen bewußt eine abweichende Entscheidung trifft, um entweder zusätzliche Akzente zu setzen oder, um anderen Aspekten die Priorität einzuräumen. Abgesehen davon kann eine bereits getroffene gesetzliche Entscheidung von der des Planungsausschusses abweichen, weil der Gesetzgeber noch nicht die Gelegenheit genutzt hat, seine Entscheidung zu korrigieren oder den gewandelten Verhältnissen anzupassen.

Zwar legt der Wortlaut des § 2 II Nr. 3 InvZulG die vereinfachende branchentypisierende Betrachtungsweise nahe, wonach konsequenterweise ein tatsächlicher Einzelfallnachweis für den überregionalen Absatz ausgeschlossen ist. Nachdem die Rechtsprechung des VG Frankfurt jedoch praktisch zu einer Einzelbetrachtung tendierte[21], ergab sich auch im Rahmen des InvZulG die Frage, ob der Nachweis des tatsächlichen überregionalen Absatzes zulässig ist. Dadurch, daß der Planungsausschuß in dem Rahmenplan nunmehr eindeutig zwischen der branchentypisierenden Betrachtungsweise und dem tatsächlichen Einzelnachweis unterscheidet, ist es fraglich, ob die Verwaltung entgegen dem die Branchentypisierung umschreibenden Wortlaut in § 2 II Nr. 3 InvZulG eine einzelfallbezogene Betrachtung vornehmen oder den Einzelnachweis erlauben darf. Würde das InvZulG diese Frage eindeutig so entscheiden, daß der tatsächliche Einzelnachweis ausgeschlossen sein soll, müßte die Entscheidung des Gesetzgebers beachtet und eine Gesetzesänderung abgewartet werden. Dadurch, daß über die Auslegung des Wortlauts jedoch ein Meinungsstreit herrscht, kommt der Entscheidung des Planungsausschusses im Rahmenplan eine Indizwirkung für die Interpretation des regionalwirtschaftlichen Kriteriums des Primäreffekts zu. Indem im Rahmenplan eindeutig zwischen dem Artbegriff und dem Einzelnachweis unterschieden wird, fällt diese Indizwirkung jedoch nicht so aus, daß man aufgrund des Wortlauts, der auf die Art der erbrachten Güter oder Leistungen abstellt, einen Einzelnachweis erlauben dürfte. Die Notwendigkeit, daß der tatsächliche Einzelnachweis zugelassen werden muß, kann sich aber auch daraus ergeben, daß die Berechtigung zur branchentypisierenden Differenzierung unter bestimmten Voraussetzungen entfallen sein kann. § 2 InvZulG enthält zwar eine abschließende Aufzählung der Voraussetzungen, die vorliegen müssen, damit ein Vorhaben als besonders förderungswürdig angesehen werden kann, es ist jedoch nicht einzusehen, warum die Aufzählung auch hinsichtlich des Nachweises der Förderungswürdigkeit abschließend sein soll. Werden im Einzelfall Gründe für die besondere Förderungswürdigkeit nachgewiesen, müssen auch diese Beachtung finden. Die Kriterien zum Nachweis der besonderen Förderungswürdigkeit sollen die Förderung eines Unternehmens sachlich rechtfertigen. Eine sachwidrige Differenzierung im Vergleich zu Konkurrenzunternehmen

---

[21] Vgl. VG Frankfurt E 1977 284/76; 884/76; 376/76 und dazu *Hartmann,* S. 96.

wird aber auch dadurch ausgeschlossen, daß im Einzelfall der Nachweis der besonderen Förderungswürdigkeit geführt werden kann.

Der VGH Kassel[22] meint zwar, daß der Gesetzgeber mit der Einführung des sog. Artbegriffs eine branchentypisierende Betrachtungsweise zur Verwaltungsvereinfachung mit der Konsequenz vorgeschrieben hat, daß die Förderungswürdigkeit eines Betriebes nicht mehr von dessen mehr oder weniger zufälligen überregionalen Absatz abhängen sollte, daß vielmehr nur Betriebe, die ihre Produkte oder Leistungen ihrer Art nach regelmäßig überregional absetzen, als generell förderungswürdig anzusehen seien. Damit ist jedoch nur gesagt, daß Betriebe, die branchentypisch überregional absetzen, nicht im Einzelfall den Nachweis des überregionalen Absatzes erbringen müssen. Ob damit aber dem einzelnen Antragsteller, der nicht schon wegen seiner Branchenzugehörigkeit förderungswürdig ist, das Recht zur Erbringung des Nachweises für den tatsächlichen überregionalen Absatz der Leistungen und Güter eines Betriebes genommen sein soll, ist damit noch nicht geklärt.

Legt man den Artbegriff jedoch im Lichte des Gebots der Gleichbehandlung im Sinne des Art. 3 I GG aus, ist die branchentypische Differenzierung entgegen der h.M. sachlich dann nicht mehr unter dem Gesichtspunkt der Verwaltungsvereinfachung gerechtfertigt, wenn der Antragsteller glaubhaft den Nachweis für die von ihm darzulegenden Förderungsvoraussetzungen anbietet. Durch den Verzicht auf das Erfordernis der branchentypischen Qualifizierung der Betriebe im Falle des tatsächlichen Vorliegens der Voraussetzungen des Primäreffekts wird mehr materielle Gerechtigkeit erreicht. Diese darf nicht dadurch preisgegeben werden, daß man, obwohl der Antragsteller plausibel den Nachweis für den nicht nur vorübergehenden überregionalen Absatz erbringen kann, auf die Verwaltungsvereinfachung pocht.

Daß die Praxis der Bescheinigungsbehörden sich zeitweilen in dem Bereich des Bau- und Ausbaugewerbes zur Vornahme einer Einzelfallprüfung veranlaßt sahen, da ihre Erfahrungen gezeigt hatten, daß die branchentypische Betrachtungsweise in diesen Bereichen zu keiner gerechten Beurteilung führt, bestätigt die Bedenken gegen die Branchentypisierung[23].

Die Bemühungen um die Verfeinerung der Kriterien zur Vermeidung von Willkür müssen dort ansetzen, wo die Gründe für die pauschale Differenzierung nicht schwerer wiegen als das Recht des ungleich Behandelten auf Gleichbehandlung. Die Branchentypisierung ist unter dem Gesichtspunkt der Verwaltungsvereinfachung nur gerechtfertigt, wenn von der Verwaltung

---

[22] Vgl. VGH Kassel, DÖV 1980, S. 183; BVerwG, DVBl. 1982, S. 702f.

[23] Vgl. *Becker*, Bescheinigungsverfahren, in: Eberstein, Handbuch der regionalen Wirtschaftsförderung, C II, S. 13; *Koch*, BayVBl. 1983, S. 328ff.

umfangreiche Prüfungen zur Feststellung der Förderungsvoraussetzungen durchgeführt werden müssen. Dienstleistungs- und Handwerksbetriebe, die nicht typischerweise überregional absetzen, aber gleichwohl im Einzelfall einen größeren Anteil an der Entwicklung einer Region haben können, können daher nicht durch die Branchentypisierung ausgeschlossen werden, wenn der einzelne Unternehmer plausibel den Nachweis des nicht nur vorübergehenden, überwiegend überregionalen Absatzes seiner Güter und Leistungen erbringen kann.

Diese Schlußfolgerung wird durch die regionalpolitische Entwicklung gerechtfertigt. Danach haben die mittleren Unternehmen des Dienstleistungs- und Handwerksbereichs für die regionale Entwicklung eine im Verhältnis zu den Industriebetrieben größere Bedeutung erlangt. Da die Differenzierung zwischen Unternehmen in erster Linie durch den Gesetzeszweck gerechtfertigt wird, ist eine branchentypische Differenzierung unter weitgehender Ausklammerung der Dienstleistungs- und Handwerksbetriebe, die überwiegend überregional absetzen, sachlich nach dem Förderungszweck nicht gerechtfertigt.

Anders ist es bei solchen Unternehmen, die nicht überwiegend, sondern nur in einem geringeren Umfang überregional absetzen. Wollte man den neueren Bestrebungen folgend, den Dienstleistungs-, Transport- und Handwerksbereich noch stärker in die Förderung einzubeziehen, Rechnung tragen, dürfte man nicht verlangen, daß die „in der Betriebsstätte" hergestellten oder erbrachten Güter zu mehr als 50% überregional abgesetzt werden müssen. Die Einbeziehung solcher Unternehmen in die Förderung, die weniger als 50% ihrer Güter überregional absetzen, kann bis zu dem Grad, ab dem deren Beitrag zur Förderung der regionalen Wirtschaftsstruktur bezweifelt werden muß, nur durch Absenkung der Schwelle für den überregionalen Absatz erreicht werden; nach h.M. liegt diese bisher bei 50%, da nur dann von einem „überwiegend" überregionalen Absatz die Rede sein kann. Gegen eine Absenkung der Schwelle für den überregionalen Absatz bestehen jedoch, wie oben dargelegt, Bedenken unter dem Gesichtspunkt der Systemgerechtigkeit.

Aufgrund der Änderung des § 2 II Nr. 6 InvZulG sind für den im Zuge der Neufassung des InvZulG erweiterten Begünstigtenkreis benötigte Mittel freigesetzt worden; infolge der Reduzierung des förderfähigen Investitionsvolumens vom 30fachen der durchschnittlichen Investitionskosten pro gefördertem Arbeitsplatz auf das 10fache hat sich der maximal mögliche Förderbetrag für kapitalintensive Investitionen verringert.

Zwischen dem zu den allgemeinen Grundsätzen nach dem Rahmenplan zu rechnenden Prinzip des Primäreffekts und dem Prinzip des Primäreffekts i.S. des § 2 II Nr. 3 InvZulG mit dem maßgeblichen Inhalt, den es unter dem Einfluß der Rechtsprechung und der Literatur bekommen hat, besteht –

abgesehen von der erwähnten erweiterten Möglichkeit des Einzelnachweises – prinzipiell kein Unterschied. Die zu § 2 II Nr. 3 InvZulG entwickelten Grundsätze gelten allgemein gleichermaßen für das Prinzip des Primäreffekts nach Maßgabe des Rahmenplans.

Überregional ist der Absatz nach h.M. wenn die Güter oder Leistungen außerhalb des räumlichen Bereichs der Regionalen Aktionsprogramme nach dem GRW oder in ausreichender Entfernung von dem Fördergebiet abgesetzt werden. Eine ausreichende Entfernung von dem Fördergebiet wird von der h.M. für den Absatz gefordert, damit keine Konkurrenz zwischen benachbarten Gebieten entstehen kann[24].

Importsubstitutionen können entgegen der vom BVerwG zu § 2 II Nr. 2 InvZulG 1973 und § 2 II Nr. 3 InvZulG 1982 vertretenen Auffassung[25] grundsätzlich ebenfalls für einen Primäreffekt sorgen, wenn durch die getätigten Investitionen ein Einkommensabfluß aus der Region durch Importe verhindert wird. Die Unterscheidung zwischen Investitionsvorhaben mit Primäreffekt und Investitionsvorhaben, die durch die Importsubstitution eine dem Primäreffekt vergleichbare Wirkung erzielen, ist mit Art. 3 I GG nicht vereinbar.

Das BVerwG hat zwar festgestellt, daß für eine Förderung wegen einer Importsubstitution im Anwendungsbereich des § 2 II Nr. 2 InvZulG 1973 bzw. des § 2 II Nr. 3 InvZulG 1973 kein Raum mehr sei, da der Gesetzgeber in den Gesetzesfassungen die branchentypisierende Sichtweise in den Vordergrund gerückt habe, dieser Auffassung ist jedoch für das InvZulG 1986 nicht zu folgen. Wenn das BVerwG meint, daß die Anerkennung der Förderungswürdigkeit eines Investitionsvorhabens unter dem Gesichtspunkt der Importsubstitution mit der konkreten Betrachtungsweise stehe und falle, so wird dieses Argument durch die neueren Bestrebungen, die im Rahmenplan zu der Einführung des Einzelnachweises geführt haben, entkräftet. Dazu kommt, daß der Zweck der Typisierung (siehe oben Kapitel II, VI. 4), die Verwaltungsvereinfachung, die Differenzierung nur rechtfertigt, wenn der Nachweis der Importsubstitution von dem Antragsteller nicht erbracht werden kann. Kann der Antragsteller den Nachweis dafür erbringen, entfällt der die Differenzierung rechtfertigende Grund. Im Einzelfall muß dargelegt werden, daß tatsächlich ein bisheriger Import vermieden wird, indem durch das Investitionsvorhaben ein auswärtiger Konkurrent durch den investierenden, im Fördergebiet ansässigen Anbieter ersetzt wird[26]. Eine bloße Importverhinderung genügt nicht. Der Nachweis wird von dem Förderungs-

---

[24] Vgl. *Tettinger,* DÖV 1975, S. 786 (787f.); *Wagner,* S. 100; *Hartmann,* RdNr. 44.

[25] BVerwGE 66/94ff.; (96).

[26] Vgl. *Hartmann,* § 2, RdNr. 47f.; vgl. *D. Schmidt,* Verwaltungsrechtsprechung zum Bescheinigungsverfahren, in: Eberstein, Handbuch der regionalen Wirtschaftsförderung, C III, S. 10, BVerwG, NJW 1982, S. 1603.

aspiranten zwar schwer zu führen sein, jedoch darf die Möglichkeit des Nachweises nicht von vornherein ausgeschlossen werden.

Neben dem Prinzip des Primäreffekts fordert der Rahmenplan die Beachtung weiterer Grundsätze der regionalen Wirtschaftsförderung.

Ein weiterer allgemeiner Grundsatz, der nicht in dem GRW verankert ist, sondern in Teil II des Rahmenplans zum Ausdruck kommt, besteht darin, daß der Rahmenplan die GA-Mittel als zusätzliche Mittel deklariert und deren Ausschöpfung deshalb von der vorherigen Ausnutzung anderer öffentlicher Finanzierungsmöglichkeiten abhängig macht. Dadurch wird erreicht, daß von den Gewerbebetrieben zuerst eine Investitionszulage nach dem Investitionszulagengesetz beantragt werden muß, bevor sie einen GA-Investitionszuschuß erhalten können. Deshalb wird die Förderung nach dem InvZulG zu Recht als Basisförderung der Gemeinschaftsförderung qualifiziert[27].

Zu den im Rahmenplan formulierten allgemeinen Grundsätzen gehört überdies, daß für die Koordination zwischen der Regionalpolitik einerseits und der Verkehrs-, Energie-, Raumordnungs-, der Umweltschutz-, der Städtebau- und der Agrarstrukturpolitik sowie den baulichen Entwicklungsvorstellungen der Gemeinden andererseits dadurch gesorgt werden muß, daß vor der Gewährung von GA-Mitteln geprüft wird, ob die Förderungsmaßnahmen den gem. § 5 I des Raumordnungsgesetzes aufgestellten Plänen und Programmen der Länder entsprechen, ob die Verkehrs- und Energievorhaben von den zuständigen Behörden genehmigt wurden, ob die Abfallbeseitigung sowie die weitestmögliche Beschränkung der schädlichen Emissionen sichergestellt ist. Die baulichen Investitionen werden mit den Bauleitplänen und den städtebaulichen Zielen abgestimmt. Sind Bauleitpläne nicht vorhanden, muß § 1 VI u. VII BBauG beachtet werden.

IV. Die Erfolgskontrolle

Die in den regionalen Aktionsprogrammen zugrunde gelegte sachliche und räumliche Schwerpunktförderung ist der Ansatz für eine wirksame Erfolgskontrolle hinsichtlich der Effizienz der Förderung, auf die in den letzten Jahren besonderes Gewicht gelegt wird, weil sich nur durch den Nachweis des Erfolgs der regionalen Wirtschaftsförderung dessen öffentlicher Zweck und die Differenzierung zwischen geförderten und nicht geförderten Konkurrenzunternehmen rechtfertigen läßt. Der möglichst exakte Nachweis der Kausalität der Förderung für die herbeigeführten Strukturveränderungen liegt im Interesse einer sachgerechten Differenzierung der Regionalförderung. Im Zusammenhang mit der Erfolgskontrolle sollen

---

[27] So ausdrücklich *Pfeifer,* DVBl. 1975, S. 323.

Informationen gesammelt werden, die die Entscheidung der Frage nach der Erforderlichkeit der regionalen Wirtschaftsförderung unterstützen sollen. Erweist sich die regionale Wirtschaftsförderung im Hinblick auf die intendierte Zielrealisierung als ineffektiv, entfällt die Berechtigung der Differenzierung zwischen den in verschiedenen Gebieten ansässigen Konkurrenzunternehmen. Der Frage nach der Effizienz und des optimalen Mitteleinsatzes darf daher ihre juristische Relevanz nicht abgesprochen werden[28].

Durch den Nachweis der Kausalität der Förderung für die Zielverwirklichung[29] werden die Auswirkungen auf die Konkurrenzsituation der Unternehmen und die Auswirkungen auf die Sozialgestaltung kalkulierbarer. Zudem werden die nicht eindeutig auszumachenden Grenzen, die zwischen einer rechtmäßigen zweckgebundenen staatlichen Leistung und einer rechtswidrigen, gegen das Schenkungsverbot verstoßenden[30], zweckwidrigen oder den Zweck verfehlenden Zuwendung verlaufen, erkennbar.

Ein eindeutiger Beweis für die Erforderlichkeit oder Ungeeignetheit der regionalen Wirtschaftsförderung zur Zielverwirklichung läßt sich jedoch bislang nicht eindeutig führen. Ein wissenschaftlichen Maßstäben genügender Vergleich der tatsächlichen regionalpolitischen Situation nach der Durchführung regionalpolitischer Förderungsmaßnahmen mit der hypothetischen Situation angenommener Passivität des Staates kann nur Tendenzergebnisse bringen. Aufschluß darüber, welcher Ursachenzusammenhang zwischen einzelnen regionalpolitischen Förderungsmaßnahmen und der regionalpolitischen Entwicklung besteht, können nur erfolgreiche Wirkungsanalysen geben; bisher ist es jedoch nicht gelungen, geeignete Methoden für eine systematische Wirkungsanalyse zu erarbeiten[31]. An dem Ausbau der systematischen Kontrollen wird zwar gearbeitet, zahlreiche Hindernisse erschweren jedoch den wirkungsvolleren Einsatz der verschiedenen Kontrollansätze. Die Ökonomen versäumen es insbesondere nicht darauf hinzuweisen, daß der Datenschutz die Wirkungsanalysen erschwert, da bestimmte Regionaldaten auch für wissenschaftliche Zwecke nicht zur Verfügung stehen.

---

[28] Im Zusammenhang mit der Effektivität der Planung ebenso *Kaiser,* Vhdl. des. 50. DJT 1974, Bd. II, I 9; ähnlich *Ossenbühl,* Gutachten B zum 50. DJT, S. 20.

[29] Mit der Kausalität der Förderung für die Verwirklichung regionalpolitischer Ziele nicht verwechselt werden darf das Erfordernis der Kausalität der Investition für die Schaffung bzw. Sicherung von Arbeitsplätzen. Diese Förderungsvoraussetzung gem. § 2 II Nr. 4 bei einer Erweiterung der Betriebsstätte bzw. gem. § 2 II Nr. 5 in den Fällen der Umstellung oder grundlegenden Rationalisierung besagt nichts für die Kausalität zwischen der Förderung und der regionalpolitischen Zielverwirklichung, da die Kausalität zwischen der Arbeitsplatzsicherung bzw. -schaffung und der Investition möglicherweise auch ohne die Förderung bestehen würde. Diese Förderungsvoraussetzung soll jedoch verhindern, daß die Förderung ins Leere geht.

[30] So ausdrücklich *Eppe,* Subventionen und staatliche Geschenke, S. 125ff.; *K. Vogel,* Begrenzung von Subventionen durch ihren Zweck, in: Festschrift für Ipsen 1977, S. 359ff.; *Bleckmann,* Subventionsrecht, S. 37.

[31] Vgl. BT-Drucks. 10/3562, S. 18.

Die indikatororientierte Zielerreichungskontrolle, wie sie im Rahmen der im Abstand von 4 Jahren erfolgenden Endkontrolle, die eine Neuabgrenzung der Fördergebiete impliziert, vorgenommen wird, führt zu unterschiedlichen, von der Auswahl und Gewichtung der Ziele abhängigen Ergebnissen. Im Rahmen der Zielerreichungskontrolle wird jedoch nur geprüft, ob und bis zu welchem Grad die regionalpolitischen Ziele in den Regionen erreicht worden sind. Ob die festgestellte regionalpolitische Entwicklung auf den Einsatz des regionalpolitischen Förderungsinstrumentariums zurückzuführen ist, bleibt offen.

Keine Aussage über den Erfolg der Förderung erlaubt die Kontrolle anhand der Antragsstatistik, auf die sich die jährliche Zwischenkontrolle stützt. Sie bildet jedoch eine wichtige Grundlage für die weiter zu entwikkelnden Erfolgskontrollen, da sie Auskunft über den Begünstigtenkreis, über die Verteilung des Fördervolumens und darüber gibt, wo die Förderungsmittel eingesetzt wurden.

Ebenso wie die Antragsstatistik bilden die einzelbetrieblichen Kontrollen zur Überprüfung der Ordnungsmäßigkeit der Subventionsgewährung die Grundlage für die Entwicklung einer erfolgreichen Wirkungskontrolle. Administrative Nachprüfungen, die der einzelbetrieblichen Kontrolle dienen, werden von den Landesverwaltungen und, soweit eine Investitionszulage gewährt wurde, von den Finanzämtern durchgeführt. Im Rahmen der einzelbetrieblichen Kontrolle wird geprüft, ob die Auflagen erfüllt wurden und ob die Förderungsvoraussetzungen vorliegen. Von erheblicher Bedeutung sind zudem die Stichkontrollen der Rechnungshöfe sowie die Einfügung des für wirtschaftsfördernde Subventionen geltenden § 264 StGB und des Erlasses des Subventionsvergabegesetzes im Rahmen des Ersten Gesetzes zur Bekämpfung der Wirtschaftskriminalität vom 29.7.1976[32], wonach die Unternehmen zur Mitteilung aller subventionserheblichen Tatsachen verpflichtet sind.

V. Rechtliche Veränderungen im Zusammenhang mit der Neuorientierung der Regionalpolitik

Im Zusammenhang mit der Neuorientierung der Regionalpolitik ergeben sich Veränderungen hinsichtlich der Förderungsvoraussetzungen, dem Kreis der potentiell Begünstigten sowie der förderungsfähigen Investitionen und hinsichtlich der Maßnahmen der Infrastrukturförderung. Daß die Neuorientierung nicht ohne Veränderung der Festsetzungen des Rahmenplans und der einfachgesetzlichen Regelungen der Instrumentarien der regionalen Wirtschaftsförderung auskommt, zeigen Entscheidungen des

---

[32] (BGBl. I 2034).

Planungsausschusses über die Änderung des Rahmenplans und die Empfehlung des Planungsausschusses an den Gesetzgeber.

Die vom Planungsausschuß beschlossenen Änderungen des Rahmenplanes führen nach dem 14. Rahmenplan[33] zu einer Ausdehnung des förderbaren Kreises gewerblicher Betriebe und der Ausdehnung der Förderungsmaßnahmen auf weitere Tatbestände, die einen Beitrag zur Förderung der regionalen Wirtschaftsstruktur leisten können.

Um die Betriebe des Handwerks- und Dienstleistungsbereichs stärker in die Regionalförderung einbeziehen zu können, mußten die Voraussetzungen für den Nachweis des Primäreffekts nach dem Rahmenplan modifiziert werden. Durch die Effektivierung und Vereinfachung des Anreizsystems wurden die Impulse für Investitionen zur Schaffung hochwertiger Arbeitsplätze forciert. Eingeführt wurde die Förderung immaterieller Wirtschaftsgüter mit dem Investitionszuschuß, wodurch besonders die Durchführung innovativer Investitionen begünstigt werden soll. Dies ist von Bedeutung, da nach der Rechtsprechung zu § 1 III InvZulG 1982 immaterielle Wirtschaftsgüter nicht zulagefähig waren[34]. Modifiziert wurden ferner die Voraussetzungen für die Förderung mit einem Investitionszuschuß nach dem Rahmenplan für in der Gründungsphase befindliche Unternehmen. Die Infrastrukturförderung wurde entsprechend den modernen wirtschaftlichen Erfordernissen erweitert, indem vor allem das „Bodenrecycling“, d. h. die Wiedernutzbarmachung von Brachflächen für förderfähige gewerbliche Zwecke in die Infrastrukturförderung einbezogen wurde. Damit die Infrastrukturförderung nicht mehr nur der alleinigen Erschließung von Industriegelände dient, wurde sie allgemein auf die Erschließung von Gewerbegelände ausgedehnt. In die Infrastrukturförderung aufgenommen wurde schließlich die Förderung der Errichtung oder des Ausbaus von Einrichtungen für die Forschung, Innovation, Technologie und befristet für die „Telematik“.

Beachtlich ist überdies die vom Planungsausschuß angeregte systematische Überprüfung des Schwerpunktprinzips. Interessant ist insofern die Frage, ob die veränderten Rahmenbedingungen sowie die Berücksichtigung neuer Erkenntnisse zum Anlaß dafür genommen werden können, die Rechtmäßigkeit der Differenzierung nach Schwerpunkten zu verneinen.

---

33 BT-Drucks. vom 25.6.1985 10/3562, S. 4ff. u. S. 23ff.

34 Vgl. *Hartmann*, S. 61, RdNr. 87; BFH v. 6.8.1964, BStBl. III, S. 575; abweichend *Wagner*, S. 67f.; a.A. *Littmann*, DB 1975, S. 273.

D. Das Investitionszulagengesetz 1986

I. Allgemeines über die Regionalzulage i. S. der §§ 1 - 3 InvZulG

Gegenstand des Investitionszulagengesetzes sind Regelungen über die gebietsbezogene und über die sektorale Investitionsförderung.

Die §§ 1 - 3 InvZulG befassen sich mit der sog. Regionalzulage, die im Vordergrund der hier zu behandelnden Thematik der regionalen Wirtschaftsförderung steht.

Davon zu unterscheiden sind die Investitionszulagen für Forschungs- und Entwicklungsinvestitionen gem. § 4, die Investitionszulagen für bestimmte Investitionen im Bereich der Energieerzeugung und -verarbeitung i. S. des § 4a, die sektoral ausgerichtet sind und die konjunkturpolitische Investitionszulage i. S. des § 4b InvZulG.

In seiner Zielrichtung steht die regionale Wirtschaftsförderung aufgrund der §§ 1 - 3 InvZulG im Zusammenhang mit der Förderung aufgrund des GRW und dem Rahmenplan. Anders als das GRW i. V. mit dem Rahmenplan begründet das Investitionszulagengesetz einen Subventionsanspruch, wenn die Förderungsvoraussetzungen vorliegen. Der Anspruch auf die Investitionszulage läßt sich auf § 2 I i. V. mit § 1 InvZulG stützen. Daß den Finanzämtern, die für die Gewährung der Investitionszulage zuständig sind, im Falle des Vorliegens der gesetzlichen Förderungsvoraussetzungen kein Ermessen zusteht, folgt aus der gesetzlichen Formulierung „wird gewährt“.

Bei Investitionen im Zonenrandgebiet beträgt die Investitionszulage nach § 1 IV Nr. 1 10%, bei Investitionen in den übrigen Fördergebieten 8,75% der Summe der Anschaffungs- und Herstellungskosten der im Wirtschaftsjahr angeschafften oder hergestellten Wirtschaftsgüter.

Die nach § 1 I 1, II InvZulG erforderliche Bescheinigung über das Vorliegen der dort genannten Förderungsvoraussetzungen wird nach § 2 I InvZulG von dem Bundesminister für Wirtschaft im Benehmen mit dem in der Regel zuständigen Wirtschaftsminister des betreffenden Landes erteilt. Für Investitionen mit einem Volumen von weniger als 10 Mio. DM hat der Bundesminister von der Ermächtigung gem. § 1 I S. 2 InvZulG Gebrauch gemacht und seine Befugnisse auf das Bundesamt für gewerbliche Wirtschaft übertragen. *Heinze* schließt aus dem Wortlaut des § 1 IV S. 2 InvZulG, wonach „die Bescheinigung ... zu erteilen“ ist, zu Recht, daß die Versagung der Bescheinigung ein Verwaltungsakt und nicht nur eine behördeninterne Maßnahme ist. Durch die Versagung der Bescheinigung büßt der Antragsteller nicht nur wie bei der Ablehnung einer Subvention, auf die kein Anspruch besteht, eine Chance, sondern, sofern die gesetzlichen Voraussetzungen vorliegen, einen Anspruch ein. Soweit sich der Bundesminister für Wirtschaft mit der zuständigen Landesbehörde ins Benehmen setzen muß, handelt es sich dagegen um einen verwaltungsinternen Vorgang.

II. Die Anspruchsvoraussetzungen nach § 2 I i. V. mit § 1 InvZulG

1. Die Anspruchsberechtigten

Anspruchsberechtigt sind die Steuerpflichtigen i. S. des EStG und des KStG. Nach dem Schreiben des Bundesministers für Finanzen vom 5. 5. 1977, das als InvZulG-Erlaß 1977 bezeichnet werden kann[1], wird die Anspruchsberechtigung des Steuerpflichtigen auch dann nicht berührt, wenn er in dem Wirtschaftsjahr, in dem er die Investition vornimmt, keine Einkommen- oder Körperschaftsteuer gezahlt hat.

Der fehlende Zusammenhang zwischen der Investitionszulage und der konkreten Steuerschuld ist der Anlaß für die oben dargestellte, von der Rechtsnatur der Investitionszulage abhängige Kompetenzstreitigkeit[2].

Obgleich die Personengesellschaften einkommensteuerrechtlich nicht herangezogen werden, bestimmt § 1 I S. 3 InvZulG, daß für Investitionen einer Personengesellschaft, die eine Gesellschaft i. S. des § 15 I Nr. 2 des EStG ist, eine Investitionszulage an die Gesellschaft zu leisten ist. Von Bedeutung sind die Eigentumsverhältnisse an den Wirtschaftsgütern, wenn es sich um keine Gesellschaft handelt. Während die gesellschaftliche Verbindung es im Interesse der Verfahrensvereinfachung rechtfertigt, die Investitionszulage, unbeschadet der Rechtsbeziehungen der Gesellschafter zur Gesellschaft und untereinander, der Gesellschaft zu gewähren, muß bei einer Bruchteilsgemeinschaft das Eigentum der Miteigentümer beachtet werden. Die Bruchteilsgemeinschaft bildet nicht wie die Gesellschaft eine rechtlich selbständige Einheit, die wegen ihres selbständigen Hervortretens im Rechtsverkehr die Außerachtlassung der internen Rechtsbeziehungen der Mitglieder zur Verfahrensvereinfachung rechtfertigen könnte. Es ist deshalb richtig, wenn die h. M. einerseits die Anspruchsberechtigung der Gesellschaft auch dann bejaht, wenn die Wirtschaftsgüter zwar steuerlich zum Betriebsvermögen gerechnet werden, aber im Alleineigentum einzelner Gesellschafter stehen, obwohl diese zur Einkommensteuer herangezogen werden und wenn sie andererseits den Miteigentümern die Investitionszulage im Verhältnis ihrer Eigentumsanteile zugesteht[3].

Die Frage nach der Anspruchsberechtigung bereitet immer dann Schwierigkeiten, wenn das Eigentum an dem geförderten Betrieb entweder in ver-

---

[1] Vgl. *Söffing*, S. 8.
[2] Vgl. oben Kapitel II, A II.
[3] Vgl. *Hartmann*, § 1, RdNr. 8f.; *Söffing* B II, S. 10; *Wagner*, S. 71.

schiedenen Händen liegt oder, wenn die Betriebsinhaberschaft und die Investoreigenschaft in der Person des Antragstellers nicht gleichzeitig vereinigt sind. Das Auseinanderfallen der Inhaberschaft und der Investoreigenschaft ist charakteristisch für die Miet- und Pachtverhältnisse, das Leasing sowie die Betriebsaufspaltung und die Organschaft. Ein Fall der Betriebsaufspaltung liegt vor, wenn das Betriebsunternehmen die von dem Besitzunternehmen vorgenommenen Investitionen als Mieter oder Pächter nutzt. Ähnlich kann das Verhältnis zwischen Organträger und Organgesellschaft ausgestaltet sein. Wer anspruchsberechtigt ist, ist nicht formal-juristisch zu entscheiden. Entscheidend ist die wirtschaftliche Betrachtungsweise. Kriterien zur Entscheidung dieser problematischen Fälle sind der Grad der Teilhabe an der durch die Investition geförderten Tätigkeit und die objektive Zurechenbarkeit der Investition[4]. Dies folgt daraus, daß der Steuerpflichtige die Investition in einer eigenen Betriebsstätte vorgenommen haben muß. Deshalb ist derjenige nicht anspruchsberechtigt, der die Investition nicht vorgenommen hat und auch derjenige nicht, der an der Tätigkeit in der Betriebsstätte nicht wenigstens durch einen konkreten geschäftlichen Betätigungswillen beteiligt ist[5]. Die Gegenansicht setzt sich über den Wortlaut des § 1 III Nr. 1 InvZulG hinweg, der als Investitionen i. S. des § 1 I, II InvZulG mindestens 3 Jahre „in der Betriebsstätte des Steuerpflichtigen" verbleibende angeschaffte oder hergestellte Wirtschaftsgüter anerkennt. Gerechtfertigt wird dies mit der Intention des Gesetzes. Wenn die Investition einen Beitrag zur Zielverwirklichung leiste, rechtfertige dies die Gewährung der Investitionszulage an den Investor, auch wenn dieser die Betriebsstätte nicht selbst betreibe. Vernachlässigt wird durch die befürwortete Ausdehnung des Begünstigtenkreises im Wege der Einbeziehung eines nicht an dem Betrieb der Betriebsstätte beteiligten Investors, daß die regional differenzierte Subventionierung die Differenzierung im Verhältnis zu anderen konkurrierenden Investoren nur ausnahmsweise rechtfertigt. Der Begünstigtenkreis wird unüberschaubarer, wenn nicht der Betreiber der Produktionsanlage, sondern der nicht an der Betriebsstätte beteiligte Investor die Begünstigung erhält. Zur Vermeidung überflüssiger Wettbewerbsverzerrungen muß der Begünstigtenkreis auf den Kreis beschränkt bleiben, der mit dem Unternehmensgegenstand verbunden ist. Zwar läßt sich der Förderungszweck auch durch die Begünstigung eines an dem Betrieb der förderfähigen Produktionsanlage beteiligten Investors erreichen, der Investor hat jedoch keinen Einfluß auf die von der Betriebsführung abhängige Sicherstellung des Subventionszwecks. Einen unmittelbaren Beitrag zur Verwirklichung des Subventionszwecks leistet nur der Betreiber der Produktionsanlage. Hat dieser die Investition nicht vorgenommen, rechtfertigt die tatsächliche Vor-

[4] Vgl. *Hartmann*, S. 32 ff.

[5] So auch das BVerwG, NJW 1975, S. 1853 (1854); a. A. *Wagner*, S. 76 und *Heinze*, BB 1973, S. 1388.

nahme der Investition durch einen anderen noch nicht die Erweiterung des Kreises der Anspruchsberechtigten. Außerdem liegt der Verdacht nahe, daß die Investition auch ohne die Subvention vorgenommen werden könnte, so daß es an der Erforderlichkeit der Subvention für die Erreichung des Subventionszwecks fehlen würde. Das Fehlen der Erforderlichkeit der Subventionierung für die Erreichung des Subventionszwecks deutet auf einen Verstoß gegen das in Ausnahmefällen an die öffentliche Hand gerichtete Schenkungsverbot hin. Ein Schenkungsverbot besteht zwar nicht schlechthin und ist, weil das Vorliegen eines öffentlichen Zwecks von dem Entscheidungsträger leicht zu begründen ist, im Einzelfall selten nachweisbar, da jedoch nur der Beitrag zur Verwirklichlichung eines der staatlichen Ziele die Differenzierung rechtfertigt, dieser aber nicht auf die Subventionierung zurückzuführen ist, entfällt der nach Art. 3 I GG geforderte Differenzierungsgrund im Verhältnis zu Konkurrenzunternehmen, wenn die Investition auch ohne die Subvention vorgenommen würde. Die fehlende Erforderlichkeit der Subventionierung ist überdies für die EG-Kommission ein Kriterium zur Begründung eines Beihilfenverbots gem. §§ 92, 93 EWGV.

2. Die Förderungsvoraussetzungen

Nachgewiesen werden muß von dem antragstellenden Steuerpflichtigen nach § 1 I S. 1 Nr. 1 InvZulG, daß in einem förderungsbedürftigen Gebiet eine gewerbliche Betriebsstätte errichtet oder erweitert wird und nach § 1 S. 1 Nr. 2, daß die Errichtung oder Erweiterung volkswirtschaftlich besonders förderungswürdig ist und den Zielen und Grundsätzen der Raumordnung und Landesplanung entspricht.

Einen entsprechenden Nachweis wie § 1 S. 1 Nr. 2 InvZulG verlangt § 1 II S. 1 InvZulG, wenn die Gewährung einer Investitionszulage im Zusammenhang mit der Umstellung oder grundlegenden Rationalisierung einer im Zonenrandgebiet gelegenen Betriebsstätte beantragt wird.

3. Der Kreis der Förderungsobjekte

Förderungsobjekt ist eine gewerbliche Betriebsstätte. Durch den geforderten gewerblichen Charakter der Betriebsstätte werden land- und forstwirtschaftliche sowie freiberufliche Betriebe aus dem Kreis der möglichen Förderungsobjekte ausgeklammert. Der Begriff der Betriebsstätte richtet sich nach § 12 AO 1977, wonach eine feste Geschäftseinrichtung oder Anlage vorliegen muß. Ausgeschlossen sind damit Hochseeschiffe, denen durch ihre Mobilität der erforderliche Bezug zu einem bestimmten Gebietsteil fehlt[6]. Wegen der räumlichen Begrenzung der Förderung nach §§ 1 - 3

[6] So ausdrücklich *Hartmann*, § 1, RdNr. 23.

InvZulG stellt sich die Frage, ob nur Betriebsstätten, deren förderungsfähige Wirtschaftsgüter ausschließlich in dem betreffenden Gebiet liegen, gefördert werden dürfen oder auch Betriebsstätten, die nur teilweise in dem betreffenden Gebiet liegen und eine Begünstigung für eine außerhalb des maßgeblichen Teils der Betriebsstätte vorgenommene Investition beanspruchen[7]. Zu folgen ist der Auffassung, die dem Wortlaut des Gesetzes und dem Gesetzeszweck entsprechend den notwendigen Zusammenhang mit einer im Fördergebiet gelegenen Betriebsstätte betonen und darauf abstellen, ob der Gesetzeszweck erreicht wird. Die Entwicklung des maßgeblichen Gebietes wird auch dann gefördert, wenn für die Wohnbevölkerung in der Region des Regionalen Aktionsprogrammes aufgrund der in einem benachbarten Gebiet außerhalb des Schwerpunktes vorgenommenen Investition Dauerarbeitsplätze geschaffen werden oder, wenn die Wachstumskräfte des betreffenden Gebietes angeregt werden.

4. Die begünstigten Vorhaben

Begünstigt werden nach § 1 I Nr. 1 InvZulG die Errichtung und Erweiterung einer in einem Fördergebiet gelegenen gewerblichen Betriebsstätte und nach § 1 II InvZulG die Umstellung oder grundlegende Rationalisierung einer im Zonenrandgebiet gelegenen gewerblichen Betriebsstätte.

Die Prüfung, ob eine begünstigte Investition vorliegt, obliegt den Finanzämtern.

Begünstigt sind nach § 1 III InvZulG in der Regel neue abnutzbare unbewegliche Wirtschaftsgüter des Anlagevermögens sowie Ausbauten und Erweiterungen an den zum Anlagevermögen gehörenden Gebäuden oder Gebäudeteilen, Eigentumswohnungen oder im Teileigentum stehenden Räumen.

Als Wirtschaftsgut im Sinne des InvZulG ist ebenso wie im Sinne des Einkommensteuerrechts jeder selbständig bilanzierungs- und bewertungsfähige, zum Betriebsvermögen gehörende Gegenstand oder ein Gegenstand, dessen Wert in der Vermögensaufstellung zu berücksichtigen ist[8], zu rechnen.

5. Die förderungsbedürftigen Gebiete

Mit der Bescheinigung nach § 2 InvZulG muß gem. § 1 I Nr. 1 InvZulG der Nachweis erbracht werden, daß die förderungsfähige gewerbliche Betriebsstätte in einem förderungsbedürftigen Gebiet liegt. Der Gesetzgeber hat die in Frage kommenden Gebiete in § 3 InvZulG näher bestimmt. Zu den förde-

---

7 Vgl. *Zitzmann*, BB 1980, S. 95; *Wagner*, S. 61.

8 Ähnlich *Söffing*, B II, S. 15; *Hartmann*, S. 86.

rungsbedürftigen Gebieten zählen nach § 3 I Nr. 1 InvZulG das Zonenrandförderungsgebiet i.S. des § 9 Zonenrandförderungsgesetz, gem. § 3 Nr. 2 InvZulG das Steinkohlenbergbaugebiet Saar und nach § 3 Nr. 3a InvZulG die Gebiete, deren Wirtschaftskraft erheblich unter dem Bundesdurchschnitt liegt oder erheblich darunter abzusinken droht. Als förderungsbedürftige Gebiete finden nach § 3 I Nr. 3b InvZulG außerdem die Gebiete Beachtung, die durch die Dominanz bestimmter, vom Strukturwandel betroffener oder bedrohter Wirtschaftszweige gekennzeichnet sind, da wegen der Dominanz solcher Wirtschaftszweige negative wirtschaftliche Auswirkungen auf das betroffene Gebiet nicht auszuschließen sind. Außerdem werden in § 3 II näher charakterisierte Fremdenverkehrsgebiete als förderungsbedürftig i.S. des § 2 II eingestuft.

Nach § 3 I S. 2 InvZulG (1982) war die Bundesregierung ermächtigt, durch Rechtsverordnung die in § 3 I Nr. 3 InvZulG bezeichneten Gebiete zu bestimmen und bei veränderten Gegebenheiten neu zu bestimmen. § 3 I S. 2 InvZulG (1982) ist aufgrund des Steuerbereinigungsgesetzes 1986[9] weggefallen. Stattdessen nimmt § 3 III InvZulG (1986) auf den jeweils gültigen Rahmenplan Bezug. Es handelt sich insoweit um eine rechtlich problematische Verweisung (dazu unten C.).

6. Die besondere Förderungswürdigkeit eines Investitionsvorhabens

Die meisten Schwierigkeiten bereitet in der Praxis der Nachweis der besonderen Förderungswürdigkeit eines Investitionsvorhabens. Obgleich der unbestimmte Rechtsbegriff der besonderen Förderungswürdigkeit vom Gesetzgeber durch § 2 II InvZulG näher konkretisiert wurde, bestehen wegen der Unbestimmtheit der konkretisierenden Merkmale weiterhin Auslegungsschwierigkeiten, die Anlaß für Verwaltungsstreitverfahren sind. Die folgenden Voraussetzungen müssen erfüllt sein, um einen Anspruch auf die Gewährung einer Investitionszulage bejahen zu können.

Die bereits dargestellten Voraussetzungen des Schwerpunktprinzips und des Prinzips des Primäreffekts gewährleisten die Eignung der Förderung zur Verbesserung der regionalen Wirtschaftsstruktur.

Investitionsvorhaben, die der Erweiterung einer Betriebsstätte oder der Umstellung oder grundlegenden Rationalisierung dienen, müssen einen Beitrag zur Schaffung bzw. Sicherung von Arbeitsplätzen leisten oder mit anderen Worten: die Investition muß kausal für die Schaffung bzw. Sicherung von Arbeitsplätzen sein. Dafür spricht ebenfalls § 2 IV InvZulG. Nach § 2 IV InvZulG ist der förderfähige Höchstbetrag abhängig von der rahmenplanmäßigen Bestimmung der durchschnittlichen Investitionskosten pro

---

[9] Steuerbereinigungsgesetz 1986 vom 19.12.1985, BGBl. I, S. 2452.

gefördertem Arbeitsplatz. Um zu verhindern, daß teure Investitionen gefördert werden, die zwar einen kausalen, aber nur einen relativ geringen Beitrag zur Verwirklichung des Beschäftigungsziels leisten, ist der Multiplikator, mit dem der förderungsfähige Höchstbetrag ausgehend von den durchschnittlichen Investitionskosten errechnet wird, von 30 auf 10 verringert worden. Dadurch, daß eine angemessene proportionale Relation zwischen den maximalen Investitionskosten pro geschaffenem oder gesichertem Arbeitsplatz und den durchschnittlichen Investitionskosten pro gefördertem Arbeitsplatz hergestellt wird, wird dafür gesorgt, daß der mit dem Investitionsvorhaben verbundene Aufwand nicht in einem Mißverhältnis zu dem zu erwartenden regionalpolitischen Erfolg steht.

Damit die Abhängigkeit des Wirtschaftsraums von Unternehmen nicht verstärkt oder auf ähnliche Weise die Wirtschaftsstruktur des Wirtschaftsraums verschlechtert wird, muß die Struktur des Gebietes und der Einfluß der Unternehmen bestimmter Wirtschaftszweige berücksichtigt werden.

Beachtet werden müssen zudem das Gebot der Wettbewerbsneutralität und die im Rahmenplan festgelegten Förderungshöchstsätze, damit eine der jeweiligen Intensität der regionalen Schwierigkeiten angepaßte Förderung sichergestellt ist.

Bezüglich der Abgrenzung der Schwerpunktorte und der Förderungshöchstsätze verweist der Gesetzgeber gem. § 2 Nr. 1a bzw. § 2 Nr. 6 InvZulG auf den Rahmenplan.

Die Frage, ob die Aufzählung der Kriterien zur näheren Konkretisierung des Begriffs der besonderen Förderungswürdigkeit in § 2 II InvZulG abschließend oder nur beispielhaft ist, ist heute nicht mehr Gegenstand der Diskussion. Etwaige Bedenken daran, daß es sich bei der Aufzählung um eine „authentische Interpretation“[10] handelt, können heute als ausgeräumt gelten. Gegen eine beispielhafte Aufzählung spricht die Aufnahme der Merkmale zur Umschreibung der besonderen Förderungswürdigkeit in das Gesetz. Falls die Verwaltung nach der Gesetzesfassung die Möglichkeit hätte behalten sollen, noch andere Kriterien zur Beurteilung der besonderen Förderungswürdigkeit heranzuziehen[11], wäre die gesetzliche Aufzählung der Beispielsfälle überflüssig, da die beispielhafte Aufzählung in einer Verwaltungsvorschrift ausreichend gewesen wäre. Angesichts des Wortlauts „... ist volkswirtschaftlich besonders förderungswürdig ..., wenn“ ist auch nicht einzusehen, warum der Begriff der volkswirtschaftlichen besonderen Förderungswürdigkeit eine noch weitergehendere, gesetzlich nicht konkretisierte Bedeutung haben sollte, als er durch die dessen Inhalt verbindlich beschreibenden Kriterien erlangt. Daraus, daß die einzelnen Krite-

---

[10] So *Pfeifer*, DVBl. 1975, S. 325.

[11] Ähnlich *Pfeifer*, S. 325.

rien zur inhaltlichen Konkretisierung des Begriffs der besonderen Förderungswürdigkeit auslegungsbedürftig sind und ihre Auslegung umstritten ist, kann nicht geschlossen werden, daß die Verwaltung bei der Beurteilung der besonderen Förderungswürdigkeit eines Investitionsvorhabens noch andere als die aufgeführten Kriterien berücksichtigen dürfe.

E. Unterschiede und Zusammenhänge zwischen dem GRW und dem InvZulG bezüglich der Förderungsvoraussetzungen

I. Die Unterschiede

Der Kreis der förderungsfähigen Projekte ist nach dem GRW größer als nach dem InvZulG. Nach § 1 I Nr. 2, III GRW ist die Infrastrukturförderung eine Förderungsmaßnahme zur Verbesserung der regionalen Wirtschaftsstruktur. Das InvZulG begünstigt nur die Investitionsvorhaben einer gewerblichen Betriebsstätte. Nicht ausgeschlossen ist dadurch aber die Förderung von Infrastruktureinrichtungen, sofern diese die Voraussetzungen des InvZulG erfüllen.

Während sich der räumliche Anwendungsbereich des InvZulG nach § 1 II für Rationalisierungsvorhaben nur auf das Zonenrandgebiet erstreckt, gehört die Rationalisierung von Gewerbebetrieben nach § 1 I Nr. 1 GRW zu den in allen Fördergebieten durchführbaren Förderungsmaßnahmen.

Der Kreis der förderungsfähigen Vorhaben ist nach dem 14. Rahmenplan zudem dadurch größer, daß auch der Erwerb eines stillgelegten oder von der Stillegung bedrohten Betriebes unter bestimmten Voraussetzungen bis zu der Höhe der nach dem Rahmenplan für Errichtungsinvestitionen geltenden Höchstsätze gefördert werden kann[1].

Nicht nur die um die Infrastrukturförderung erweiterte Palette der Förderungsmaßnahmen, der Kreis der förderungsfähigen Vorhaben und der räumliche Anwendungsbereich für Rationalisierungsvorhaben ist nach dem GRW insofern größer, der 14. Rahmenplan dehnt auch den Begünstigtenkreis durch die Ermöglichung des Einzelnachweises hinsichtlich des Primäreffekts gegenüber dem InvZulG aus. Dies gilt jedoch nur, wenn man der abzulehnenden Auffassung (siehe oben C. III 3 e) folgt, die den Wortlaut des § 2 II Nr. 3 InvZulG zur Rechtfertigung einer branchentypischen Betrachtungsweise mit der Konsequenz des Ausschlusses des Einzelnachweises heranzieht.

---

[1] Vgl. 14. Rahmenplan, BT-Drucks. 10/3562, Ziff. 2.8, S. 28.

Ein wichtiger Unterschied zwischen dem GRW und dem InvZulG besteht ferner darin, daß das InvZulG einen Subventionsanspruch begründet, während das GRW lediglich die Grundsätze für die Subventionsvergabe festlegt.

II. Die Zusammenhänge

Zwischen der Regionalförderung aufgrund der Gemeinschaftsaufgabe und der des InvZulG bestehen Wechselwirkungen. Dadurch, daß der Rahmenplan die Erlangung der Gemeinschaftsmittel davon abhängig macht, daß zuvor alle anderen öffentlichen Finanzierungsmöglichkeiten ausgeschöpft werden und somit zunächst die Investitionszulage beansprucht werden muß, bevor ein Investitionszuschuß zu erlangen ist, ist die Förderung aufgrund des InvZulG die Basisförderung der Gemeinschaftsaufgabe.

Umgekehrt ist die Förderung aufgrund des InvZulG eingebunden in das Planungskonzept der Gemeinschaftsaufgabe. Im Rahmenplan werden nicht nur die für die Regionalförderung aufgrund des InvZulG zur Verfügung stehenden Förderungsmittel ausgewiesen, werden nicht nur die allgemeinen Grundsätze der Förderung und die in dem Aktionsraum zu realisierenden Ziele mit Indizwirkung für die Förderung aufgrund des InvZulG angegeben, darüber hinaus sind die Festsetzungen des Rahmenplans über die förderungsbedürftigen Gebiete, Förderungshöchstsätze, die Schwerpunktorte und die durchschnittlichen Investitionskosten pro geschaffenem Arbeitsplatz kraft der Verweisung im InvZulG für die regionale Wirtschaftsförderung aufgrund des InvZulG verbindlich.

Das GRW ist in Verbindung mit dem Rahmenplan das globalere Förderungsinstrumentarium, da es zum einen bezüglich der Förderungsvoraussetzungen weniger strikt ist und zum anderen wegen der in das Ermessen der Verwaltung gestellten Subventionsvergabe eine flexiblere Förderung ermöglicht. Mit dem Ermessen ist auf der anderen Seite eine größere Unsicherheit der potentiell Begünstigten verbunden. Diese wird nicht dadurch beseitigt, daß die potentiell Begünstigten, bevor sie aufgrund der Gemeinschaftsaufgabe gefördert werden können, die Investitionszulage beanspruchen müssen. Es besteht durchaus die Möglichkeit, daß die strikten Förderungsvoraussetzungen des InvZulG nicht erfüllt sind, aber die Förderungsvoraussetzungen nach dem GRW i. V. mit dem Rahmenplan im Einzelfall vorliegen.

F. Geltung und Reichweite des Gesetzesvorbehalts im Bereich der regionalen Wirtschaftsförderung

I. Nur ein juristischer Theorienstreit?

Daß die oben im Rahmen der Problemdarstellung (unter A.) aufgeworfene Frage nach der Geltung des Gesetzesvorbehalts und der Reichweite des Parlamentsvorbehalts nicht nur einen Theorienstreit auszulösen vermag, und der allgemeine Gesetzesvorbehalt nicht nur eine „bloße Rechtsfigur in einer juristischen Kunstlehre"[1] ist, sondern durch die rechtliche Ausgestaltung eines Regelungsbereichs praktische Auswirkungen haben kann, läßt sich anhand der Rahmenplanung für die regionale Wirtschaftsförderung veranschaulichen.

Dabei ist die Ordnungs- wie die instrumentale Funktion des Rechts gleichermaßen zu beachten. Das Recht tritt vor allem im Bereich der Planung als ein Instrumentarium für eine in geordneten Bahnen verlaufende Zukunftsgestaltung auf. *Kaiser* hat diese Funktion des Rechts anschaulich anhand eines Vergleichs mit der steuernden „Planung" des Straßenverkehrs verdeutlicht[2]. „Wie im Fluß des Verkehrs vermögen Rechtsnormen und andere Rechtsakte auch in der Entwicklung von Sektoren und selbst einer ganzen Rechtsgemeinschaft plangerecht steuernde Funktionen zu übernehmen und die Dynamik der Entwicklung zu steigern". Ebenso wie die rechtstechnische Ausgestaltung ihrerseits nur im Rahmen der vorgegebenen Rechts- insbesondere Kompetenzordnung erfolgen und nicht nur an der instrumentellen Funktion des Rechts orientiert sein darf, darf aber die Verteilung der Machtverhältnisse zwischen Parlament und Exekutive nicht nur an opportunen funktionellen Erwägungen orientiert sein. Alternative rechtstechnische Ausgestaltungen müssen im Hinblick auf die optimale Verwirklichung vorrangiger Prinzipien, wie des Rechtsstaats-, des Bundesstaats- und des Demokratieprinzips durchdacht und dürfen nicht reinen Effizienzerwägungen geopfert werden, die in der Frage gipfeln, ob die Mühe um die an vorrangigen Prinzipien orientierte optimale Rechtsgestaltung auch lohnt. Daß z. B. die am Bundesstaatsprinzip orientierte Rechtsgestaltung nicht ineffizient sein muß, die Dezentralisierung sogar Vorteile bei der Problembewältigung bringen kann, haben die obigen Ausführungen gezeigt. Bei der Anwendung der vorrangigen Prinzipien, des Demokratie-, Rechts- und Bundesstaatsprinzips, muß die Funktion des Rechts im Rahmen der Zukunftsgestaltung mitberücksichtigt werden. Es genügt nicht, sich mit der Akzeptabilität gegenwärtiger Problemlösungen zu begnügen und den Inhalt der Verfassungsprinzipien an dem gegenwärtigen Befund der Entwicklung

---

1 *Kloepfer,* Der Vorbehalt des Gesetzes im Wandel, JZ 1984, S. 685.

2 Vgl. *Kaiser,* Vhdl. des 50. DJT, Bd. II, I 12 und 22.

zu orientieren, um dann gerade noch die Vereinbarkeit mit vorrangigen Prinzipien feststellen zu können[3]. Es ist die Frage, inwieweit Verfassungsprinzipien sich mit der Verfassungswirklichkeit mitentwickeln dürfen, ohne ihre prägende Kraft für die Zukunftsgestaltung einbüßen zu müssen.

Stellt sich die Frage, ob vorrangige Verfassungsprinzipien und Rechtskategorien auf einem Sachgebiet Geltung beanspruchen können, muß der objektive Gehalt des vorrangigen Verfassungsprinzips oder der Rechtskategorie unter Berücksichtigung deren funktioneller Bedeutung für die zukünftige staatliche Entwicklung ermittelt werden. Danach kann deren normative Kraft auf die gebotene rechtliche Ausgestaltung eines Sachbereichs geprüft werden.

Die sich durch die Geltung des allgemeinen Gesetzesvorbehalts für wichtige Fragen der regionalen Wirtschaftsförderung, insbesondere der Rahmenplanung, anbietende alternative rechtstechnische Ausgestaltung der Sachmaterie ist nicht nur unter dem Gesichtspunkt des Demokratieprinzips und der Grundrechtsverwirklichung von Bedeutung, sondern erlaubt auch eine differenziertere Lösung bundesstaatlicher Probleme des in Frage stehenden Sachbereichs.

Faßt man Art. 91 a II, III GG trotz seiner nur programmatischen Regelungsvorgaben als Gesetzesvorbehalt für die Leistungsgewährung[4] in den aufgeführten Mitwirkungsbereichen auf und lehnt man die Geltung des allgemeinen Gesetzesvorbehalts ab, so könnte der Gesetzgeber seine Entscheidungen auf die nach Art. 91 a II, III GG zu treffenden beschränken. Mit jeder eingehenderen Regelung würde er ohne Notwendigkeit mehr tun als ihm aufgegeben ist.

Der Ausgangspunkt ist jedoch nicht zutreffend. Art. 91 a II, III GG sichert dem Parlament als ausdrücklicher Parlamentsvorbehalt zwar eine gewisse Teilhabe – nicht mehr und nicht weniger – schließt aber nicht aus, daß diese Teilhabe wegen der Geltung des allgemeinen Parlamentsvorbehalts auf weitere Punkte als die vom Gesetzgeber geregelten auszudehnen ist. Gilt aber der allgemeine Gesetzesvorbehalt auch für den Bereich der regionalen Wirtschaftsförderung und darüber hinaus für die zur Aufgabenerfüllung notwendige Rahmenplanung, steht man vor dem Problem, ob der Gesetzgeber die Fördergebietsabgrenzung dem Planungsausschuß überlassen durfte oder ob er nicht wenigstens die Entscheidung der Exekutive in wichtigen Punk-

---

[3] Vgl. *Rupp*, Bemerkungen zur neuen Diskussion über den bundesdeutschen Föderalismus, in: Freiheit und Verantwortung im Verfassungsstaat, Festgabe zum 10jährigen Jubiläum der Ges. f. Rechtspolitik, 1984, S. 377 - 413.

[4] *Jarass*, Der Vorbehalt des Gesetzes bei Subventionen, NVwZ 1984, S. 478 versteht die Regelung des Art. 91 a II GG als einen Gesetzesvorbehalt i. w. S. oder besser als organisationsrechtlichen Gesetzesvorbehalt, da seine Funktion in der sachgerechten Abgrenzung der Aufgabenbereiche von Exekutive und Legislative und von Bund und Ländern bestehe.

ten mehr vorprogrammieren mußte als er es getan hat[5]. Wird die Notwendigkeit der Selbstentscheidung durch den Gesetzgeber abgelehnt, ergeben sich verschiedene Varianten der möglichen Regelungsdelegation. Notwendig wäre aber die Zwischenschaltung eines Ermächtigungsadressaten i. S. des Art. 80 I GG zwischen dem Gesetzgeber und dem Planungsausschuß, da der Planungsausschuß kein Ermächtigungsadressat i. S. des Art. 80 I GG ist. Nach der einen Variante könnte die Bundesregierung als Ermächtigungsadressat fungieren und die Regelungslücke füllen. Für diese Variante hatte sich der Gesetzgeber nach § 3 I S. 2 InvZulG a. F. entschieden. Denkbar ist ferner eine zweite Variante, nach der die Bundesregierung vom Bundesgesetzgeber ermächtigt werden könnte, im Interesse der Koordinierung die möglichen Auswahlkriterien und den maximalen Umfang der räumlichen Förderkulisse zu bestimmen. Die Gewichtung und nähere Auswahl der Abgrenzungskriterien könnte dem Landesgesetzgeber vorbehalten bleiben, und die Fördergebietsabgrenzung könnte durch eine entsprechende Ermächtigung den Landesregierungen überlassen werden. Dem Planungsausschuß könnte die Entscheidung über die Beteiligung mit GA-Mitteln an den in den von den Ländern abgegrenzten Fördergebieten durchzuführenden Maßnahmen vorbehalten bleiben. Das Ergebnis wäre nicht nur eine Stärkung der Eigenständigkeit der Länder und damit der föderativen Komponente, sondern auch der parlamentarisch-demokratischen Komponente des GG.

Die rechtliche Ausgestaltung der Gemeinschaftsaufgabe ist deshalb nicht nur für die Verteilung der Gewichte zwischen Bund und Ländern, sondern auch zwischen Parlament und Regierung von erheblicher Relevanz. Dadurch, daß die Fördergebietsabgrenzung im Rahmen der gemeinschaftlichen Rahmenplanung erfolgt, erweitert sich das grundsätzlich bipolige Spannungsfeld zwischen Parlament und Regierung derselben staatlichen Ebene; es wird ausgedehnt um das Spannungsverhältnis zwischen dem Planungsausschuß und den Landtagen.

II. Wesentlichkeitslehre und rechtsstaatliches Bestimmtheitsgebot

Die Wesentlichkeitslehre hat in zweifacher Hinsicht Bedeutung. Zum einen dient sie dazu, die Sachmaterien unter den Gesetzesvorbehalt zu ziehen, die z. B. wegen ihrer intensiven Grundrechtsbeziehung nach dem Wesentlichkeitskriterium eine gesetzliche Grundentscheidung erfordern[6],

---

[5] Vgl. dazu *Staupe*, S. 285.

[6] Vgl. BVerfGE 34/165 (192 f.); 49/89 (127, 129); 58/257 (272 ff.) JuS 1978, S. 790; BB 1978 S. 943; *Erichsen*, VerwArch 1976, S. 93 (97 f.); *Rengeling*, NJW 1978, S. 2217 (2219); *Hennecke*, DÖV 1982, S. 696; *Eberle*, DÖV 1984, S. 485 (486); *Staupe*, Parlamentsvorbehalt und Delegationsverbot, 1986, S. 31 ff.

zum anderen soll mit ihrer Hilfe festgestellt werden, welche Regelungen so wesentlich sind, daß sie der Gesetzgeber nicht der Exekutive überlassen darf. *Eberle*[7] spricht zu Recht von einer zweistufigen Prüfung der Verfassungsrechtsprechung. Die erste Stufe der Prüfung gilt der Beantwortung der Frage, ob ein Gesetz notwendig ist (Rechtssatzvorbehalt). Wird diese Frage bejaht, stellt sich auf der zweiten Prüfungsstufe die unter dem Stichwort des Parlamentsvorbehalts diskutierte Frage, welche Entscheidungen das Parlament nicht der Exekutive überlassen darf. Auf der zweiten Prüfungsstufe ist die „Abschichtung“ zwischen von *Ossenbühl* ausschließlich und übertragbar genannten Parlamentskompetenzen und „originären Exekutivkompetenzen“ zu beachten[8].

Kisker[9] verweist nicht zu Unrecht auf die Untersuchungen zur Ausdehnung des Gesetzesvorbehalts, ohne sich mit deren Argumenten auseinander zu setzen. Berechtigt ist seine Feststellung, daß das dogmatische Rüstzeug zur Erstreckung der Herrschaft des Gesetzesvorbehalts auf die Leistungsverwaltung zur Verfügung stehe, daß es heute vielmehr darum gehe, eine Reduktion der angestrebten Ausdehnung auf das vorzunehmen, was unter Berücksichtigung der Funktionsfähigkeit des Parlaments noch erträglich und notwendig erscheint. In dieselbe Richtung weisen die Ausführungen *Eberles*[10]. Entsprechend der zweistufigen Prüfung, erstens, ob ein Gesetz erforderlich ist und zweitens, welche Entscheidungen dem Parlament vorbehalten sein müssen, beziehen sich die Ausführungen *Kiskers* in erster Linie bereits auf die erste Stufe der Prüfung und die Ausführungen *Eberles* auf die zweite Stufe. *Eberle* stellt die Bedeutung der Frage nach der Reichweite des Parlamentsvorbehalts heraus, indem er sich um die negative Eingrenzung des Parlamentsvorbehalts bemüht. Es ist richtig, sich angesichts der Tendenz zur Ausdehnung des Gesetzesvorbehalts und den unscharfen Konturen der Wesentlichkeitstheorie um eine negative Eingrenzung zu bemühen. Dennoch kann an dieser Stelle nicht darauf verzichtet werden, auf die Notwendigkeit der Geltung des Gesetzesvorbehalts im Bereich der regionalen Wirtschaftsförderung einzugehen. Es erscheint nicht gerechtfertigt, bereits auf der ersten Stufe, der Frage nach der Geltung des Gesetzesvorbehalts, zu einer weitreichenden Eingrenzung des Gesetzesvorbehalts zu tendieren. Der Strömung im Meinungsspektrum gegen die Ausdehnung des Gesetzesvorbehalts kann insoweit nicht das Wort geredet werden. Es muß deutlich unterschieden werden zwischen der Frage, ob der Gesetzgeber überhaupt eine grundsätzliche Position zu den Grundproblemen wichtiger Lebensbereiche

---

7 So ausdrücklich *Eberle,* DÖV 1984, S. 486.

8 *Ossenbühl,* Der Vorbehalt des Gesetzes und seine Grenzen, in: Die öffentliche Verwaltung zwischen Gesetzgebung und richterlicher Kontrolle, 1985, S. 18.

9 So ausdrücklich *Kisker,* Neue Aspekte im Streit um den Vorbehalt des Gesetzes, NJW 1977, S. 1313.

10 Vgl. *Eberle,* Gesetzesvorbehalt und Parlamentsvorbehalt, DÖV 1984, S. 485.

beziehen muß und der Frage, inwieweit er zur Selbstentscheidung oder ein Ermächtigungsadressat zur Entscheidung einzelner Probleme gezwungen ist. Die zweite Frage ist heute bedeutender, da der Gesetzgeber in den meisten Sachgebieten schon Position bezogen hat. Das zeigt gerade auch der Bereich der regionalen Wirtschaftsförderung, wo der Gesetzgeber die Grundlagen geregelt hat. Deshalb meint *Kloepfer*[11] nicht ohne Berechtigung, daß „die angestrengte Debatte um den Gesetzesvorbehalt angesichts einer allenthalben beklagten Normenflut für viele Rechtsbereiche ohnehin manchmal leicht absurde Züge“ aufweise und, daß „die weitaus meisten Gesetze“ gegenwärtig schon längst die Änderungsgesetze seien. Es ist dennoch häufig nicht vermeidbar, die Frage nach der Geltung des Gesetzesvorbehalts zu klären, wenn nach der Reichweite des Parlamentsvorbehalts gefragt wird. Zur Klärung der Frage, ob und inwieweit der Parlamentsvorbehalt im Bereich der Planung Geltung beansprucht, muß man sich mit der Problematik der Geltung des allgemeinen Gesetzesvorbehalts im Bereich der Leistungsgewährung auseinandersetzen.

Art. 80 I S. 2 GG regelt die Frage, unter welchen Voraussetzungen eine Verordnungsermächtigung erfolgen darf. Hat der Gesetzgeber sich entschlossen, eine Sachmaterie der Leistungsgewährung zu regeln, so ist er verpflichtet, den Inhalt, den Zweck und das Ausmaß der von dem exekutiven Verordnungsgeber vorzunehmenden Regelungen zu bestimmen. Hat der Gesetzgeber eine gesetzliche Entscheidung getroffen und die Exekutivspitze gemessen an dem Wesentlichkeitskriterium mit Berechtigung dazu ermächtigt, zur detaillierten Regelung eine Rechtsverordnung zu erlassen, so ist der nicht davon entbunden, das Bestimmtheitsgebot des Art. 80 I S. 2 GG zu beachten. Es wäre nicht richtig, wollte man aus Art. 80 I S. 2 GG die Grenze für den im Grundgesetz nicht ausdrücklich geregelten Parlamentsvorbehalt ableiten. Nur die formalen Voraussetzungen der Ermächtigung sind in Art. 80 I S. 2 GG geregelt. Dagegen enthält Art. 80 I S. 2 GG keine Aussage darüber, welche Sachmaterien das Parlament inhaltlich selbst regeln muß und nicht der Exekutive überlassen darf[12].

Die Aufgabe der Grenzziehung übernimmt, wenn auch nur unpräzis, das Wesentlichkeitskriterium. Wie insbesondere *Staupe*[13] ausführt, erstrecken sich die durch die Wesentlichkeitslehre begründeten Anforderungen an das gesetzgeberische Handeln auch auf eine „hinreichende Regelungsdichte“. Dadurch wird die Verwendung von unbestimmten Rechtsbegriffen und Verwaltungsvorschriften begrenzt[14]. Zutreffend ist deshalb die Feststellung

---

11 *Kloepfer,* Gesetzgebung im Rechtsstaat, VVDStRL 40 (1982), S. 65ff. (75).

12 So auch *Eberle,* S. 487.

13 Vgl. *Staupe,* Parlamentsvorbehalt und Delegationsverbot, 1986, S. 137ff., 288ff.; 388; *Kloepfer,* JZ 1984, S. 684ff. (691).

14 Ebenso *Kloepfer,* S. 691.

Staupes, daß es neben dem rechtsstaatlichen (Art. 20 III GG) und dem delegationsrechtlichen (Art. 80 I S. 2 GG) noch ein vorbehaltsrechtliches Bestimmtheitsgebot gibt, das als „integraler Bestandteil des Parlamentsvorbehalts“[15] anzusehen ist.

Nach dem Kalkar-Beschluß[16] und dem Beschluß zur Stationierung der Mittelstreckenraketen[17] kann nicht ohne Grund die Frage gestellt werden[18], ob das BVerfG von der Wesentlichkeitsrechtsprechung abgerückt ist. Die Feststellung des BVerfG, es gebe keine Kompetenzregel, die besage, daß jede objektiv wesentliche Entscheidung vom Gesetzgeber zu treffen sei, legt diese Schlußfolgerung nahe[19]. Eine ähnliche Feststellung hat das BVerfG aber bereits in seiner Entscheidung zur friedlichen Nutzung der Kernenergie getroffen, in der es im Grunde von der Wesentlichkeitslehre abrückte. Aus dem Grundsatz der parlamentarischen Demokratie dürfe nicht schlechthin ein Vorrang des Parlaments und seiner Entscheidungen gegenüber den anderen Gewalten „als ein alle konkreten Kompetenzvorschriften überspielender Auslegungsgrundsatz“[20] hergeleitet werden. Dahinter steht jedoch nicht mehr und nicht weniger als die berechtigte Feststellung, daß eine abstrakte Festlegung dessen, was wesentlich ist, nicht unabhängig von der jeweiligen Sachmaterie und darüber hinaus der konkreten, in Frage stehenden Entscheidung zu treffen ist[21].

Ungeklärt ist allerdings bislang der Zusammenhang zwischen dem rechtsstaatlichen Bestimmtheitsgebot und zwischen der Wesentlichkeitstheorie im einzelnen. *Kloepfer*[22] weist zu Recht darauf hin, daß das BVerfG diese Frage bislang nur unzureichend mit der Feststellung geklärt habe, es bestünde ein „unmittelbarer Zusammenhang“[23].

Diese Frage kann geklärt werden, wenn man die Unterschiede zwischen dem vorbehaltsrechtlichen und dem rechtsstaatlichen Bestimmtheitsgebot bezüglich Reichweite und Funktion beachtet. Im Gegensatz zum rechtsstaatlichen Bestimmtheitsgebot, das Maßstab für die „Reichweite der Regelungspflichten eines jedweden Normgebers“[24] ist, gilt das vorbehaltsrecht-

---

[15] Vgl. *Staupe,* S. 136ff. (139), 388.

[16] Vgl. BVerfGE 49/89.

[17] Vgl. BVerfGE, DVBl. 1985, S. 226 (228) und NJW 1983, S. 2315.

[18] Vgl. *Umbach,* Das Wesentliche an der Wesentlichkeitstheorie, in: Festschrift für Faller, 1984, S. 120; *Püttner* kritisiert zu Recht, daß die Lehre vom Gesetzesvorbehalt kein „hinreichendes Maß an Konsequenz“ aufweist; vgl. *Püttner,* Gesetzgebung und Exekutivfunktion, ZG 1986, Heft 2, S. 179 (184).

[19] Vgl. BVerfGE, NJW 1985, S. 603.

[20] Vgl. BVerfGE, DVBl. 1979, S. 45 (46f.).

[21] Insoweit ist *Ossenbühls* Feststellung, es fehle dem Urteil eine „grundsätzlich neue Vision“, zutreffend. Vgl. *Ossenbühl,* Der Vorbehalt des Gesetzes und seine Grenzen, S. 27.

[22] Vgl. *Kloepfer,* JZ 1984, S. 684ff. (691); ebenso *Wilke,* JZ 1982, S. 758ff.

[23] BVerfGE 49/89 (129).

[24] *Staupe,* S. 141.

liche Bestimmtheitsgebot nur für Regelungsmaterien, die dem Parlamentsvorbehalt unterliegen. Funktionell besteht der Unterschied darin, daß sich das vorbehaltsrechtliche Bestimmtheitsgebot auf die Verteilung der Entscheidungskompetenzen zwischen Parlament und Exekutive bezieht, während das rechtsstaatliche Bestimmtheitsgebot im Interesse der Rechtssicherheit und -klarheit fordert, daß bei jeder Regelung inhaltlich ein Mindestmaß an Bestimmtheit eingehalten wird, damit diese anwendbar und kontrollierbar ist.

Schwierig wird die Abgrenzung zwischen dem rechtsstaatlichen und dem vorbehaltsrechtlichen Bestimmtheitsgebot aber dann, wenn beide Maßstäbe auf denselben Sachverhalt anwendbar sind. Läßt sich die ebenfalls offene Frage, ob es Bereiche gibt, die „wesentlich" sind, aber nicht so wesentlich, daß der Gesetzgeber sie selbst abschließend entscheiden muß, klären, läßt sich diese Abgrenzungsschwierigkeit ebenfalls überwinden.

Zwischen dem als Delegationsverbot verstandenen Parlamentsvorbehalt und dem Verwaltungs- bzw. Regierungsvorbehalt gibt es einen Regelungsbereich, für den das Delegationsverbot nicht gilt, der zwar zu erheblich ist, um ihn allein der Exekutive zu überlassen, aber nicht so erheblich, daß der Gesetzgeber im einzelnen die Entscheidung selbst treffen müßte. Ermöglicht und erzwungen wird durch die zusätzliche Kategorie des durch eine Verordnung auszufüllenden Regelungsbereichs eine inhaltlich abgestufte Regelungshierarchie in einem für das menschliche Zusammenleben wesentlichen Sachgebiet.

Richtungsweisend für die Weiterentwicklung der Vorbehaltsproblematik ist in der Literatur[25] die Möglichkeit einer nach der Bedeutung der anstehenden Frage abgestuften Regelungstechnik zutreffend erkannt worden. Danach müssen elementare, besonders grundrechtsintensive Maßnahmen vom Gesetzgeber selbst entschieden werden, während für erhebliche Fragen zwar ebenfalls der allgemeine Gesetzesvorbehalt gilt, ein gesetzgeberisches Delegationsverbot aber nicht anzuerkennen ist. Erhebliche, aber nicht dem Delegationsverbot unterliegende Entscheidungen dürfen und müssen nach gesetzgeberischer Ermächtigung durch den Verordnungsgeber geregelt werden.

Zwischen dem rechtsstaatlichen Bestimmtheitsgebot und der Problematik des Parlamentsvorbehalts besteht danach ein Zusammenhang insofern, als sich die Verwendung von unbestimmten Rechtsbegriffen wie „erheblich" und „Wirtschaftskraft" nach § 1 II GRW und nach § 3 I S. 1 Nr. 3 InvZulG sowohl als ein Verstoß gegen das rechtsstaatliche als auch gegen das vorbehaltsrechtliche Bestimmtheitsgebot darstellen kann, wenn die Entscheidungen, die durch die Verwendung unbestimmter Rechtsbegriffe der Beurtei-

[25] Vgl. dazu *Kloepfer*, S. 692ff.; *Staupe*, S. 135f.

lung durch die Exekutive überlassen wurden, als so wesentlich einzustufen sind, daß der Gesetzgeber sie hätte selbst entscheiden müssen. Der Zusammenhang ergibt sich daraus, daß an die Bestimmtheit um so größere Anforderungen zu stellen sind, je wichtiger die offengelassenen Fragen für die Grundrechtsverwirklichung und das menschliche Zusammenleben sind und je intensiver die Grundrechtsbeziehung ist. Können die durch die Verwendung eines unbestimmten Rechtsbegriffes offengelassenen Fragen durch eine Rechtsverordnung oder im Einzelfall auch durch eine Verwaltungsvorschrift geklärt werden, sind auch die rechtsstaatlichen Bestimmtheitsanforderungen niedriger anzusetzen.

Nicht ohne eine gewisse Berechtigung wenden sich einige Stimmen in der Literatur gegen die Relativierung der Bestimmtheitsanforderungen durch das Kriterium der Intensität der Grundrechtsbeziehung der in Frage stehenden Sachmaterie. Der zu der Intensität in Beziehung gesetzte rechtsstaatliche Bestimmtheitsgrundsatz wird durch die dadurch bewirkte Relativierung zu einem unsicheren Beurteilungsmaßstab. Für die Rechtssicherheit und -klarheit ist es förderlicher, wenn nicht schon der Beurteilungsmaßstab variabel gehandhabt wird. Außerdem wird für diejenigen, die das Recht setzen, als auch für diejenigen, die das Recht anwenden, überschaubarer, ob dem Bestimmtheitsgrundsatz im Einzelfall durch die in Frage stehende Formulierung Rechnung getragen werden kann bzw. worden ist. Die Entscheidung für einen festen Maßstab zur Beurteilung der Bestimmtheit einer Maßnahme hätte freilich zur Bedingung, daß die Anforderungen an die Bestimmtheit nicht zu hoch angesetzt werden dürfen.

Trotz dieser Bedenken läßt sich die Relativierung des rechtsstaatlichen Bestimmtheitsgrundsatzes nicht verhindern, will man der Eigenart der betroffenen Sachmaterie hinreichend Rechnung tragen. Abstrakt kann das notwendige Ausmaß einer Regelung nicht festgelegt werden.

Es ist deshalb kaum denkbar, daß die Verwendung unbestimmter Rechtsbegriffe nicht gegen das rechtsstaatliche Bestimmtheitsgebot verstößt, aber dennoch ein Verstoß gegen das vorbehaltsrechtliche Bestimmtheitsgebot vorliegt. Wenn erhebliche Fragen, für die der allgemeine Gesetzesvorbehalt gilt, nicht durch eine Rechtsverordnung der Exekutivspitze i.S. des Art. 80 I GG entschieden, sondern der Einzelentscheidung eines anderen Exekutivorgans überlassen wurden, so ist notwendigerweise auch der rechtsstaatliche Bestimmtsheitsgrundsatz verletzt. Das ist eine Schlußfolgerung aus dem Grundsatz der Gesetzmäßigkeit der Verwaltung. Ist die Generalklausel so vage, daß es dem Ermessen der Exekutive überlassen bleibt, das Ausmaß und den Inhalt der Freiheit im einzelnen frei zu bestimmen, ist dies mit dem Grundsatz der Gesetzmäßigkeit der Verwaltung nicht vereinbar[26]. Gleichzeitig verstößt eine unzureichend begrenzte Bevollmächtigung der Exekutive gegen das Gewaltenteilungsprinzip[27]. Das folgt daraus, daß die von der Exekutive getroffene Entscheidung in diesem Fall nicht mehr den gesetzlichen Rahmen ausfüllt, somit nicht mehr auf die gesetzgeberische Leitentscheidung zurückzuführen ist, sondern nach von der Exekutive definierten Prioritäten erfolgt. Es ist deshalb zutreffend, wenn *Staupe* feststellt, daß sich unbestimmte Rechtsbegriffe, Generalklauseln und Ermessensvorschriften als „kompetenzrechtliche Verweisungstatbestände zugunsten der Exekutive" erweisen[28], und daß insofern die prinzipielle Gefahr besteht, „daß der Gesetzgeber das im Bereich des Parlamentsvorbehalts geltende Delegationsverbot im Verhältnis zum Verordnungsgeber durch die Verwendung verdeckter Delegationen", wenn auch unabsichtlich, umgeht[29].

Die Verwendung der unbestimmten Rechtsbegriffe der „Wirtschaftskraft", „erheblich unter dem Bundesdurchschnitt" oder „erheblich darunter abzusinken droht" in § 1 II GRW und in § 3 I S. 1 Nr. 3 InvZulG läßt die „räumliche Dimension" der Förderung offen, sagt nicht, welche Kriterien die Erheblichkeit und die Wirtschaftskraft bestimmen sollen und welche anderen Kriterien möglicherweise kompensierend wirken sollen. Die Verwendung der unbestimmten Rechtsbegriffe in § 1 III GRW und § 3 I Nr. 3 a, b InvZulG deutet daraufhin, daß der Gesetzgeber die Fördergebietsabgrenzung, insbesondere die Bestimmung der Auswahlmethode und der Abgrenzungskriterien bewußt der Exekutive überlassen wollte.

Daß die Wesentlichkeitslehre der Preisgabe von Gesetzgebungsfunktionen Grenzen zieht, darf dabei aber nicht außer acht gelassen werden. Zu beachten ist, daß der Gesetzgeber den nicht als Ermächtigungsadressat fungierenden Exekutivorganen wesentliche Fragen, die er selbst entscheiden müßte, auch nicht in Form der Einkleidung in unbestimmte Rechtsbegriffe überlassen darf oder sie wenigstens durch die Ermächtigung eines Verordnungsgebers einer weiteren Konkretisierung zuführen muß. Die grundsätzliche Kompetenz des Gesetzgebers, den Umfang seiner Regelungen selbst zu bestimmen, ist also insofern begrenzt, als ihm ein Delegationsverbot oder zumindest die Verpflichtung auferlegt ist, die Konturen der Regelungsmaterie in einer Ermächtigung vorzugeben.

Da sich weder die Bestimmtheit der Regelung einer Sachmaterie noch die Wesentlichkeit einer Entscheidung ohne den Blick auf die Eigenart der Sachmaterie entscheiden läßt, kann allerdings im Einzelfall, wenn der Gesetzgeber „wegen der Eigenart der Sachmaterie" bewußt auf seine Ent-

---

[26] Vgl. BVerfGE 6/32 (42); 7/282 (302); 8/71 (76) und insbesondere *Stern*, 20 IV 4, S. 635.

[27] Vgl. BVerfGE 6/32 (42); 8/71 (76); *Ule*, in: Staats- und verwaltungswissenschaftliche Beiträge, 1957, S. 153ff.

[28] *Staupe*, Parlamentsvorbehalt und Delegationsverbot, 1986, S. 139.

[29] *Staupe*, S. 290.

scheidungsmacht verzichtet hat, die Übertragung einer weitreichenden exekutivischen Gestaltungsmacht durch die Einräumung eines breiten Beurteilungsspielraums gerechtfertigt sein. Diese Erwägung legitimiert aber nur eine negative Eingrenzung des Parlamentsvorbehalts. Darauf wird unten noch eingegangen.

III. Erstreckung des allgemeinen Gesetzesvorbehalts auf die regionale Wirtschaftsförderung

Da weder das GRW, das nur den Charakter einer Globalermächtigung hat[30], noch der Rahmenplan einen Subventionsanspruch begründet, die Subventionierung im Rahmen der Gemeinschaftsaufgabe vielmehr allein aufgrund eines Ansatzes im Haushaltsplan nach pflichtgemäßem Ermessen durch die Verwaltung erfolgt, stellt sich die Frage nach der Geltung des Gesetzesvorbehalts[31], eine Frage, die sich bezüglich des InvZulG erledigt zu haben scheint, da das InvZulG nach seiner Konzeption als Ermächtigung für die Subventionsvergabe fungiert.

Aber auch im Hinblick auf das InvZulG bleibt die Problematik, ob der Gesetzesvorbehalt im Bereich der Wirtschaftssubventionierung Geltung beansprucht, aktuell.

Denn es bleibt die Frage, ob der Gesetzgeber die Kriterien für die Fördergebietsabgrenzung und das Volumen der Regionalförderung entsprechend der Wesentlichkeitslehre[32] weitgehend selbst hätte treffen müssen, wenn die Geltung des Gesetzesvorbehaltes im Bereich der Wirtschaftssubventionierung bejaht wird. Wird die Geltung des Gesetzesvorbehalts abgelehnt, braucht nicht geklärt zu werden, ob eine Regelung, die sich noch auf die Planungsphase und nicht auf den mit unmittelbarer Außenwirkung verbundenen Planvollzug bezieht, in der Form eines Gesetzes getroffen werden muß[33]. Der Gedanke der Erstreckung des Gesetzesvorbehalts[34] auf die mit nur mit-

---

[30] Vgl. *Frotscher*, JuS 1984, S. 692 (695) und *Wagner*, S. 164.

[31] Ähnlich *Frotscher*, S. 695.

[32] Der heute vorherrschende Begriff der Wesentlichkeitslehre geht zurück auf *Oppermann*, Verhandlungen des 51. DJT, Bd. I, 1976, C. 49, Anm. 109; vgl. *Eberle*, S. 487.

[33] Ähnlich *Eberle*, Gesetzesvorbehalt und Parlamentsvorbehalt, in: DÖV 1984, S. 485ff. (486); *Ossenbühl*, Der Vorbehalt des Gesetzes und seine Grenzen, in: Die öffentliche Verwaltung zwischen Gesetzgebung und richterlicher Kontrolle, Göttinger Symposion, 1985, S. 17ff.; *Erichsen*, Die sog. unbestimmten Rechtsbegriffe als Steuerungs- und Kontrollmaßgaben im Verhältnis von Gesetzgebung, Verwaltung und Rechtsprechung, DVBl. 1984, S. 22ff. (27) umschreibt den Parlamentsvorbehalt zutreffend als einen „zum Delegationsverbot verdichteten Gesetzesvorbehalt".

[34] Vgl. dazu *Graf Vitzthum*, Parlament und Planung, 1978, S. 302; *Ossenbühl*, Welche normativen Anforderungen stellt der Verfassungsgrundsatz des demokratischen Rechtsstaates an die planende staatliche Tätigkeit, dargestellt am Beispiel der Entwicklungsplanung?; Gutachten zum 50. DJT, 1974, B 69f.

telbarer Außenwirkung ausgestattete Planung setzt die Bejahung der Frage nach der Geltung des Gesetzesvorbehalts im Vollzugsstadium der Wirtschaftssubventionierung voraus. Erst wenn die Geltung des Gesetzesvorbehalts bejaht wird, stellt sich die Frage nach der Reichweite des Parlamentsvorbehalts[35].

Das BVerfG geht jedenfalls im grundrechtsrelevanten Bereich von der Geltung des Gesetzesvorbehalts aus. Die Notwendigkeit des Vorliegens eines Grundrechtseingriffs hat das BVerfG dadurch aufgelockert, daß es auch für Rechtsverhältnisse, die durch das gleichzeitige Vorliegen von Belastungen und Begünstigungen gekennzeichnet sind, die Geltung des Gesetzesvorbehalts anerkannt hat. Durch die Ausweitung des Eingriffsvorbehalts wurde der allgemeine Gesetzesvorbehalt auf bloß indirekte oder mittelbare Einwirkungen auf Grundrechtsbereiche ausgedehnt. Einbezogen wurden „bloße Gefährdungen" und „benachteiligende Veränderungen der Voraussetzungen realer Grundrechtsausübung"[36].

Daß die herkömmlichen Eingriffsvorstellungen die Problematik von Entscheidungen, die lediglich das „faktische Umfeld" für die Grundrechtsausübung beeinflussen, nicht mehr ausschöpfen können, zeigen die Entscheidungen über die Einführung der Sexualkunde im Schulunterricht, über die Ausgestaltung und Einführung des Privatrundfunks und die zivile Nutzung der Kernenergie[37]. *Püttner* meint deshalb mit Recht, daß dann, wenn der Grundgedanke der Wesentlichkeitstheorie zutreffe, der daraus abgeleitete Gesetzesvorbehalt nicht nur im Schulrecht gelten dürfe[38].

Ob im Bereich der regionalen Wirtschaftsförderung der Gesetzesvorbehalt zu gelten hat, mußte vom Bundesverfassungsgericht bislang nicht entschieden werden, da dieser Lebensbereich hauptsächlich durch das GRW und das InvZulG gesetzlichen Regelungen unterworfen wurde und keine Klage einging.

Daß aber im Bereich der subventionierenden Verwaltung ein Ordnungsdefizit wahrgenommen wird, zeigt die Tatsache, daß der „Ordnungsrahmen für das Recht der Subventionen" zum Thema des 55. Deutschen Juristentages gemacht worden ist.

In der Literatur wird die Frage, ob der Gesetzesvorbehalt auch im Subventionsrecht Geltung beanspruchen könne, überwiegend bejaht[39]. Einer-

---

[35] *Böckenförde,* Gesetz und gesetzgebende Gewalt, 2. Auflage, 1981, S. 392 verkennt das Verhältnis zwischen dem allgemeinen Gesetzesvorbehalt und dem Parlamentsvorbehalt, wenn er meint, der Gesetzesvorbehalt und der Parlamentsvorbehalt seien kongruent; dazu auch *Ossenbühl,* Der Vorbehalt des Gesetzes und seine Grenzen, S. 23.

[36] So zutreffend *Kloepfer,* S. 687; *Staupe,* S. 237ff.

[37] So ausdrücklich *Kloepfer,* S. 690.

[38] Vgl. *Püttner,* Gesetzgebung und Exekutivfunktion, in: Zeitschrift für Gesetzgebung (ZG) 1986, Heft 2, S. 182.

seits wird auf der Linie des BVerfG aus dem gleichzeitigen Vorliegen einer Begünstigung für den geförderten Konkurrenten und einer Belastung für den nicht geförderten Konkurrenten die Notwendigkeit der Ausdehnung des Gesetzesvorbehalts aus dem Rechtsstaatsprinzip für den Bereich der Wirtschaftsförderung abgeleitet[40], andererseits wird aus dem Sozialstaats-[41] und dem Demokratieprinzip[42] das Postulat nach der Geltung des Gesetzesvorbehalts für die Subventionsgewährung zur Wirtschaftslenkung begründet.

Die Notwendigkeit zur Ausdehnung des Gesetzesvorbehalts auf die staatliche Subventionierung wird teilweise unter dem Aspekt der für den Subventionsempfänger durch die mit der Subventionsvergabe verbundenen Auflagen geschaffene Belastung begründet, teilweise mit dem Hinweis auf die mit einer Verweigerung verbundene Belastung. *Grossers* Argumentation, der Subventionsempfänger sei einem faktischen Zwang ausgesetzt, auflagebelastete Subventionen zu akzeptieren, wolle er sich im Wettbewerb behaupten und nicht das „out" in Kauf nehmen, kann die mit der Auflage verbundene Belastung der Leistungsgewährung nicht so schwerwiegend erscheinen lassen, daß sich die Ausdehnung des Gesetzesvorbehalts als erforderlich erweist[43]. Ebensowenig wie die Verweigerung einer Leistung darf die mit einer Leistung verbundene Auflage ohne ihren realen Bezug zu der Leistungsgewährung des Staates gesehen werden. Die Verweigerung kann sich erst dann als Belastung darstellen, wenn der Antragsteller einen Rechtsanspruch auf die Subventionierung hat. Da ein solcher Rechtsanspruch generell nicht besteht, allenfalls wie nach dem Investitionszulagengesetz gesetzlich begründet werden kann oder aus der Selbstbindung der Verwaltung folgt, verlangt die Verweigerung, für sich betrachtet, keine gesetzliche Rechtfertigung. Eine Belastung liegt nicht vor, da dem Betroffenen nichts genommen wird. Ähnlich ist die Belastungswirkung einer Auflage zu beurteilen. Die Auflage soll in der Regel sicherstellen, daß die Lei-

---

[39] Vgl. insbesondere *Grosser*, S. 74ff. und 112ff.; dazu auch *Papier*, Der Vorbehalt des Gesetzes und seine Grenzen, in: Die öffentliche Verwaltung zwischen Gesetzgebung und richterlicher Kontrolle, Göttinger Symposion, 1985, S. 39, 57ff.; *Jarass*, Der Vorbehalt des Gesetzes bei Subventionen, in: NVwZ 1984, S. 473ff. mit einer Skizzierung des „bunten" Schrifttums; *Gündisch*, Die Entwicklung des Subventionsrechts 1980 bis 1983, in: NVwZ 1984, S. 489.

[40] Vgl. BVerfGE 34/165 (192); 40/237 (248f.); 41/251 (260f.) *Jesch*, Gesetz und Verwaltung, 2. Aufl., S. 166; *Rupp*, Grundfragen der heutigen Verwaltungsrechtslehre, Tübingen, 1965; *Grosser*, S. 81ff.

[41] Vgl. *Krebs*, Vorbehalt des Gesetzes und Grundrechte, S. 119ff.; *Grosser*, S. 98; *Götz*, S. 47; *Dicke*, Verfassungsrechtliche Möglichkeiten und Grenzen der Wirtschaftslenkung in Italien und der BRD, 1969, S. 143ff.; *Götz*, Recht der Wirtschaftssubventionen, S. 283f.; *Bleckmann*, S. 54.

[42] Vgl. BVerfGE 2/1 (12, 13f.); 18/151 (154); 49/89 (124); statt vieler *Jesch*, S. 173, 205f.; *Grosser*, S. 93ff. m.w.N.; *Ossenbühl*, Der Vorbehalt des Gesetzes und seine Grenzen, S. 19ff.

[43] Vgl. *Grosser*, S. 86f. m.w.N.; zum Kriterium der Erforderlichkeit auch *Eichenberger*, VVDStRL 40/1982, S. 23f.

stungsgewährung ihren öffentlichen Zweck erfüllt. Wird die Auflage als eine Belastung gesehen, die die Ausdehnung des Gesetzesvorbehalts rechtfertigen soll, so liegt dieser Beurteilung die Vorstellung zugrunde, daß der Subventionsempfänger gezwungen wird, eine qualitative Einschränkung der von ihm empfangenen Begünstigung zu akzeptieren. Die Einstufung dieser Einschränkung als Belastung, die die Ausdehnung des Gesetzesvorbehalts fordert, ist jedoch nicht gerechtfertigt. In der Regel sollen durch die Auflage die Voraussetzungen für die Subventionsgewährung geschaffen werden. Würde man den Inhalt der Auflage zur Förderungsvoraussetzung machen, könnte die Förderungsvoraussetzung nicht als Belastung empfunden werden, da dem Betroffenen nichts weggenommen werden kann, was er noch nicht hat. Es ist insofern nicht anders als bei der Verweigerung der Leistungsgewährung.

Gleichwohl sprechen die für die Ausdehnung des Gesetzesvorbehalts maßgebenden Erwägungen im Bereich der regionalen Wirtschaftsförderung für die Schlußfolgerung, daß der Gesetzesvorbehalt anzuerkennen ist.

Soweit die Forderung nach der Geltung des Gesetzesvorbehalts auf den Konkurrentenschutz gestützt wird, ist es zwar richtig, daß der Eingriff in die Wettbewerbsfreiheit ex ante feststehen muß[44], bei der regional differenzierenden Förderung ist die Möglichkeit des gleichheitswidrigen Eingriffs in die Wettbewerbsfreiheit eines Konkurrenzunternehmens aber vorhersehbar und einkalkuliert. Selbst wenn man sich auf den Standpunkt stellt, die regionale Wirtschaftsförderung solle lediglich Standortnachteile ausgleichen und benachteiligte Unternehmen wettbewerbsfähig machen, kann eine Wettbewerbsverzerrung zwischen Konkurrenzunternehmen nicht ausgeschlossen werden. Im Vordergrund steht die Frage, wie der Eingriff zu rechtfertigen ist. Insofern verlangt bereits der erweiterte Eingriffsvorbehalt Beachtung.

Zutreffend ist die Auffassung, daß auch grundsätzlich das Sozialstaats- und Demokratieprinzip für sozialgestaltende Maßnahmen der Wirtschaftslenkung den Gesetzesvorbehalt fordern[45].

Aus dem Demokratieprinzip wird die Notwendigkeit der Publizität bzw. Transparenz der Entscheidung und des Entscheidungsprozesses abgeleitet[46]. Die aus dem Demokratieprinzip als Grund für die Ausdehnung des Gesetzesvorbehalts abgeleitete Notwendigkeit der Publizität wichtiger

---

[44] So *Bleckmann*, S. 55; Papier, Der Gesetzesvorbehalt und seine Grenzen, S. 59f. gelangt zu dem Ergebnis, daß öffentliche Subventionierungen dem sog. Rechtssatzvorbehalt unterliegen, wenn „wegen der Höhe und/oder der Dauer der Subventionierung und wegen der Begrenzung des Kreises der Geförderten Wettbewerbsnachteile und damit Grundrechtseinwirkungen zu Lasten Dritter eintreten (können)".

[45] So ausdrücklich *Bleckmann*, S. 54; *Dicke*, S. 143ff.; *Götz*, S. 283f.

[46] Vgl. *Kriele*, VVDStRL 29 (1971), S. 45ff. (67).

Gemeinschaftsentscheidungen kann allerdings auch als Kriterium gegen die Geltung des Gesetzesvorbehalts im Einzelfall verwendet werden[47]; besonders, wenn diesem Erfordernis durch das Verwaltungs- oder Planungsverfahren ausreichend Rechnung getragen wird. Unterschiedlich beurteilt werden kann auch die wegen der erhöhten demokratischen Legitimation des Parlaments vorgetragene These, die bedeutenden politischen Entscheidungen bedürften der demokratischen Legitimation durch das Parlament. Wegen der Bedeutung, die die wirtschaftslenkende Massensubventionierung für die Verwirklichung der Freiheitsgrundrechte haben kann, wird jedoch überwiegend zu Recht angenommen, daß das Sozialstaatsprinzip zusammen mit dem Demokratieprinzip die Geltung des Gesetzesvorbehalts verlange[48]. Gerade in einer Zeit – bei wirtschaftlicher Stagnation und Ressourcenknappheit – zunehmender Bedeutung der Wirtschaftssubventionierung kann die Entwicklung eines rechtlichen Ordnungsrahmens für die Vergabe von Wirtschaftssubventionen nicht mehr den Gerichten überlassen werden. Die Gerichte können ohnehin – gebremst durch die Notwendigkeit der Rechtsfortentwicklung anhand konkreter Einzelfälle und die gebotene richterliche Zurückhaltung – lediglich kleine Schritte zur Förderung der Entwicklung eines Ordnungsrahmens tun. Zudem darf die wachsende Gefahr der Wettbewerbsverzerrungen angesichts der zunehmenden Bedeutung der Wirtschaftssubventionen und eines härter werdenden Wettbewerbs zwischen den Unternehmen nicht unterschätzt werden. Der Gesetzesvorbehalt erstreckt sich daher auf die regionale Wirtschaftsförderung.

IV. Die Reichweite des Parlamentsvorbehalts bezüglich des GRW und des InvZulG

Der Gesetzgeber hat infolgedessen durch den Erlaß des GRW und des InvZulG nicht mehr getan, als er wegen der Geltung des Gesetzesvorbehalts für den Bereich der regionalen Wirtschaftsförderung hätte tun müssen. Die entscheidende Frage ist aber, einfach ausgedrückt, ob er mehr hätte tun müssen, als er getan hat. Der Beantwortung der Fragen, ob der Gesetzgeber den Schwellenwert selbst festlegen muß, ab der die Gebiete nicht mehr als förderungswürdig eingestuft werden können und ob er die Kriterien, nach welchen die Fördergebiete abzugrenzen sind, wenigstens grob festlegen muß, kann man sich von zwei Seiten nähern. Man kann entweder versuchen, die Reichweite des Parlamentsvorbehalts positiv zu bestimmen und muß sich dann mit der Wesentlichkeitstheorie, insbesondere der Grundrechtsrelevanz der fraglichen Regelungsmaterie auseinandersetzen. Insofern stößt man

---

[47] Ähnlich *Eberle,* S. 489 und 491f.; *Kisker,* NJW 1977, S. 1313 (1314).

[48] Vgl. *Bleckmann,* S. 55; *Götz,* S. 283f.; vgl. auch *von Bellstedt,* Bedürfen Subventionen gesetzlicher Grundlage, DÖV 1961, S. 161.

freilich auf die Schwierigkeit, rechtspolitisch das richtige Kriterium zur Unterscheidung zwischen wesentlichen und unwesentlichen Entscheidungen entwickeln zu müssen. Oder aber man nähert sich dem Kern der Problematik durch die negative Ausscheidung der Fälle, die nicht dem Parlamentsvorbehalt unterworfen sind, und bejaht bei den übriggebliebenen Fällen die Wesentlichkeit weitgehend. Will man vermeiden, daß bei der Entwicklung des einen oder anderen Weges wichtige Aspekte verlorengehen, muß man im Interesse der Ermöglichung einer Synthese, beide Möglichkeiten des Vorgehens kombinieren. Man muß versuchen, die Wesentlichkeit objektiv zu bestimmen und anschließend die Fälle ausscheiden, die nicht dem Parlamentsvorbehalt unterworfen sind.

Daß das Parlament verpflichtet ist, „alle wesentlichen Entscheidungen selbst zu treffen", ist daher zwar der grundsätzlich richtige Ausgangspunkt für die Abgrenzung des Kompetenzbereichs zwischen der Exekutive und der Legislative. Es ist jedoch zutreffend, daß die objektive Wesentlichkeit nicht abstrakt, sondern nur konkret bezüglich der jeweiligen Sachmaterie entschieden werden kann. Das BVerfG orientiert sich bei der Beantwortung der Frage, welche Entscheidungen wesentlich sind, unter anderem an der Intensität der Grundrechtsbetroffenheit. Je intensiver eine Sachmaterie die Grundrechte berührt, desto eher ist eine Entscheidung des Parlaments zu verlangen. Dabei soll die Eigenart der jeweiligen Sachmaterie Berücksichtigung finden. Es muß ein schonender Ausgleich zwischen den für einen Verwaltungs- bzw. Regierungsvorbehalt sprechenden und den für den Parlamentsvorbehalt sprechenden Gründen angestrebt und die Entscheidungsbefugnis unter Berücksichtigung der Eigenart der jeweiligen Sachmaterie „funktionsgerecht"[49] aufgeteilt werden.

1. Ist die Fördergebietsabgrenzung als Bestandteil der Planung der Exekutive vorbehalten?

Da die Fördergebietsabgrenzung Gegenstand der Rahmenplanung ist, ist die Kernfrage, ob sich der Parlamentsvorbehalt auch auf die Planung erstrecken läßt.

Graf Vitzthum[50] gesteht dem Parlament zwar das „Recht" zu, generalklauselartig formulierte Ziele mit „längerfristiger" Gültigkeit in Gesetzesform zu gießen. Weitergehend ist jedoch bezüglich der Fördergebietsabgrenzung zu fragen, ob und inwieweit das Bundesparlament oder die Landesparlamente „verpflichtet" sein können, Zielkonflikte zu entscheiden und eine möglicherweise nur „mittelfristig" bedeutsame Zielgewichtung selbst vor-

[49] *Ossenbühl,* Der Vorbehalt des Gesetzes und seine Grenzen, S. 27 und DÖV 1980, S. 548f.; vgl. auch *Staupe,* S. 237ff.

[50] Vgl. *Graf Vitzthum,* S. 298.

zunehmen. Das setzt freilich die Klärung der Frage voraus, ob das Parlament ein Recht zur Entscheidung von Zielkonflikten und zur Zielgewichtigung bezüglich der Fördergebietsabgrenzung besitzt.

Ossenbühl[51] führt das feststellbare faktische Quasi-Planungs-Monopol der Exekutive auf das „tatenlose Zusehen der Parlamente wie auch" auf „regierungsfreundliche Stellungnahmen im Schrifttum" zurück. Als symptomatisch für die Planungsapathie des Parlaments sieht er den Hinweis auf die Größe der Aufgabe und den überwiegenden Sachverstand der Bürokratie, als Ausdruck der Reserviertheit der Literatur die literarische Beschränkung auf Erörterungen über die Beteiligungsmöglichkeiten der Parlamente an.

Dagegen haben insbesondere *Friauf*[52], *Seeger*[53] und *Achterberg*[54] die Planung im Ergebnis als verfassungsmäßig legitimierte Tätigkeit der Exekutive eingestuft. Umgekehrt gelangt ein anderer Teil der Literatur „mit derselben Sicherheit und Selbstverständlichkeit"[55] zu dem Ergebnis, daß zur Entwicklungsplanung, zu der die mit dem Ausgleich regionaler Entwicklungsunterschiede befaßte Planung zu rechnen ist[56], in erster Linie das Parlament berufen sei.

Da die Kompetenzverteilung zwischen Parlament und Regierung in Frage steht, hilft ein Rückzug auf die Kategorisierung der Planung als „vierte Gewalt" nicht weiter. Bei der notwendigen abwägenden Entscheidung über die Machtverteilung zwischen Parlament und Regierung sind verschiedene Argumentationsansätze zu berücksichtigen.

Anknüpfend an den traditionellen Kompetenzbereich des Parlaments hat *Dürig*[57] in Analogie zu dem parlamentarischen Budgetrecht gem. Art. 110 GG die parlamentarische Entscheidungsbefugnis bezüglich der Planung zu rechtfertigen versucht. Diese Analogie könnte zwar eine parlamentarische Entscheidungsbefugnis hinsichtlich einer haushaltsplanabhängigen Planung, also auch der Rahmenplanung rechtfertigen, eine weitergehende Befugnis und überdies Verpflichtung zur gesetzlichen Entschei-

---

[51] *Ossenbühl,* Gutachten B zum 50. DJT, B 57.

[52] Vgl. *Friauf / Bodo,* Die verfassungsrechtliche Problematik einer politischen Ziel- und Mittelplanung der Bundesregierung im Hinblick auf ihr Verhältnis zum Deutschen Bundestag, in: 1. Bericht zur Reform der Struktur von Bundesregierung und Bundesverwaltung, Anlagenband, S. 607 - 681.

[53] Vgl. *Seeger,* Möglichkeiten der Beteiligung des Landtags an den Planungen der Landesregierung, Gutachten im Auftrage des Präsidenten des Landtags Nordrhein-Westfalen, 1970.

[54] Vgl. *Achterberg,* Soziokonformität, Kompetenzbereich und Leistungseffizienz des Parlaments, DVBl. 1972, S. 841 (844).

[55] *Ossenbühl,* B 59.

[56] Vgl. *Kaiser,* Referat zum 50. DJT, I 15; zu Recht differenzierend *Graf Vitzthum,* Parlament und Planung, S. 93ff., 294ff., 302ff., 309.

[57] Vgl. *Dürig,* VVDStRL 24 (1966), S. 241.

dung über den bisher bereits gesetzlich entschiedenen Rahmen hinaus und somit die Erstreckung der Entscheidungsgewalt der Legislative auf die Fördergebietsabgrenzung, die Ergebnis einer zielorientierten Planungsentscheidung ist, kann jedoch von diesem theoretischen Ansatz aus nicht begründet werden.

Mit dem Grundgedanken dieser Analogie verknüpft ist aber die These, die Entscheidungsgewalt des Parlaments müsse auch auf die räumliche Dimension der Förderung erstreckt werden, solle nicht die Regierungsplanung eine präjudizierende Wirkung in der Weise entfalten, daß das Parlament „zur formalen Apparatur der Legalitätsvermittlung“[58] wird. Nicht unberechtigt ist insofern die Feststellung *Ossenbühls*[59], man könne nicht auf der einen Seite Klagelieder über die Denaturierung des Parlaments anstimmen, ihm aber auf der anderen Seite die Instrumente einer wirksamen Aufgabenbewältigung vorenthalten. Die Entscheidung über die Verteilung der Entscheidungsmacht hinsichtlich der Fördergebietsabgrenzung wird von diesem Aspekt jedoch nicht entscheidend beeinflußt, da die budgetrechtliche Entscheidung des Parlaments durch die räumliche Differenzierung nicht unmittelbar berührt wird.

Der Gedanke, daß eine zeitliche „Vorerstreckung“ des Vorbehalts des Gesetzes[60] notwendig sein könne, hilft ebensowenig weiter.

Die Bestimmung der Reichweite des Parlamentsvorbehalts hängt nicht deshalb von einer „zeitlichen Komponente“ ab, weil sich die staatliche Einwirkung auf den Grundrechtsbereich in mehreren Schritten vollzieht, die theoretisch mit einer Intensitätssteigerung der Einwirkung verknüpft sind. Zwar kann insofern ein Unterschied zwischen den „früheren“ Phasen des Planungsprozesses und der Phase der Planverwirklichung, der Vollzugsphase, bestehen. Bei der Planung handelt es sich aber um einen komplexen Vorgang mit einer Fülle von zeitlich und sachlich aufeinanderfolgenden Einzelentscheidungen. Wegen der Komplexität einer Planung ist mitunter die Schlußfolgerung *Ossenbühls*[61] zutreffend, daß die Planung insgesamt mit allen Phasen im Prinzip eine „kombinierte Gewalt“ sei, weshalb die Mitwirkung des Parlaments grundsätzlich geboten sei; es sei zumindest eine parlamentarische Mitentscheidung bei der Bestimmung der Zielprioritäten und der Entscheidung von Zielkonflikten notwendig. Nicht beantwortet ist damit aber, wann der Einschnitt hinsichtlich der Machtverteilung zwischen Parlament und Regierung zu machen ist. Durch die Zuordnung einer Ent-

---

[58] *Harnischfeger*, Planungen in der sozialstaatlichen Demokratie, 1969, S. 91; auch zit. von *Ossenbühl*, B 71; ähnlich *Stern*, Rationale Infrastrukturpolitik und Regierungs- und Verwaltungsorganisation, in: Grundfragen der Infrastrukturpolitik für wachsende Gesellschaften, Schriften des Vereins für Sozialpolitik, Bd. 58, 1971, S. 78.

[59] So ausdrücklich *Ossenbühl*, B 72.

[60] *Ossenbühl*, B 69.

[61] So ausdrücklich *Ossenbühl*, B 79.

scheidung zu einer Planungsphase läßt sich diese Frage nicht abschließend bestimmen. Mit dem Gedanken der „Vorerstreckung" des Vorbehalts des Gesetzes wird eine pauschale Erstreckung des Vorbehalts begünstigt, eine Konsequenz, die jedoch wegen der Gefahr, daß der Gesetzesvorbehalt sich, wie *Graf Vitzthum* es formuliert hat, zu einem die „Eigenständigkeit der Regierung bedrohenden Monstrum"[62] entwickelt, verhindert werden muß.

Auf der anderen Seite darf die Realisierung wichtiger Verfassungsprinzipien in der Verfassungswirklichkeit nicht deshalb unterbleiben, weil man fürchtet, man könne irgendwann bei der vorsichtigen Erschließung der eine parlamentarische Entscheidung erfordernden Problembereiche die exekutivischen Befugnisse zu sehr beschneiden.

Durchaus zu Recht stellt *Forsthoff*[63] fest, daß der Plan in Wahrheit für die individuelle Freiheit ungleich einschneidender sei als der von der rechtsstaatlichen Dogmatik erfaßte Eingriff. Der Eingriff stelle gewissermaßen nur punktuell einen Zugriff auf konkrete Rechtspositionen dar. Demgegenüber regelt der Plan die Voraussetzungen und Bedingungen der Grundrechtsverwirklichung. Zu dem Vorwurf, durch die geforderte Verrechtlichung von Planungsentscheidungen werde die Effizienz eines Entscheidungsprozesses außer acht gelassen, hat sich *Ossenbühl*[64] nicht ohne Berechtigung und unter Beifall mit den Worten geäußert: „wenn Sie Effizienz von Entscheidungsprozessen um jeden Preis wollen, dann schaffen Sie doch gleich den Bundesstaat ab und beseitigen Sie die Demokratie; dann allerdings werden Sie besonders effizient entscheiden können". *Rietdorf* meint[65], daß durch eine Entwicklungsplanung, an der die Parlamente frühzeitig und ständig Stufe für Stufe mitwirkten, die an der rechtlichen Ausgestaltung der Gemeinschaftsaufgabe geübte Kritik wegen der mangelnden parlamentarischen Beteiligung am Planungsprozeß, der ausschließlichen Besetzung der Planungsausschüsse mit Vertretern der Exekutive und der präjudizierenden Wirkung des Rahmenplans für die parlamentarische Haushaltsentscheidung, entfiele.

Die Komplexität des Fragenkreises und der die Kompetenzverteilung zwischen Parlament und Regierung bestimmenden Faktoren im Bereich der Zielplanung zeigen, daß nur eine differenzierte Übertragung der zu dem Parlaments- und Gesetzesvorbehalt entwickelten Kriterien unter Berücksichtigung des funktionellen Charakters des Rechts und der den Fragenkreis überlagernden Rechtsgrundsätze des Föderalismus, der Rechtsstaatlichkeit

---

[62] *Graf Vitzthum,* S. 304.

[63] Vgl. *Forsthoff,* Über Mittel und Methoden moderner Planung, in: Planung III, S. 21-38.

[64] *Ossenbühl,* Vhdl. des 50. DJT, Bd. II, Diskussion der öffentlich-rechtlichen Abteilung I 122.

[65] Vgl. *Rietdorf,* Referat, Vhdl. des 50. DJT, I 41f.

und der Demokratie eine der Bedeutung der Problematik angemessene Lösung fördern kann. Der Ordnungsfunktion des Rechts, den für die Konfliktentscheidungen vorprägenden Ordnungsrahmen vorzugeben, wird am ehesten die nach der Bedeutung der Planungsinhalte abgestufte rechtliche Ausgestaltung gerecht. Entscheidend ist, ob der Grad der Determinierung von Planungsgestaltungsmacht hinreichend exakt bestimmt werden kann, um einerseits der Exekutive nicht den nach der konkreten Sachmaterie notwendigen Planungsspielraum und andererseits den Parlamenten den nach vorrangigen Verfassungsprinzipien gebotenen Beteiligungsgrad vorzuenthalten. Das BVerwG ist daher zu Recht der Auffassung, daß nicht die Übertragung von Plangestaltungsmacht auf die Exekutive das rechtsstaatlich bedeutsame Problem sei, problematisch sei vielmehr, wie weit die Bindung der Exekutive durch legislatorische Planvorgaben in Form vorgeschriebener Zielsetzungen und Orientierungen reichen müsse[66]. *Ossenbühl*[67] wird vom BVerwG allerdings zu Unrecht für die gegenteilige Auffassung angeführt, denn dieser betont zu Recht, daß man den Forderungen nach einer kompensierenden „demokratischen Rückkoppelung" durch parlamentarische Mitwirkungsrechte solange mit Skepsis begegnen müsse, solange nicht der Nachweis erbracht worden sei, daß dem Parlament wirklich inhaltlich bedeutsame Entscheidungen entzogen worden seien. Der Nachweis ist auch in dem Fall zu fordern, in dem der Gesetzgeber sich selbst wichtiger Entscheidungen „enthalten" oder begeben hat.

Ein solcher Fall ist gegeben, wenn der Gesetzgeber es unterlassen hat, eine Planvorgabe vorzuprägen, die die Wirkung einer Voraussetzung für die Grundrechtsverwirklichung hat.

2. Die Bedeutung der Fördergebietsauswahl für das menschliche Zusammenleben im sozialen und demokratischen Rechtsstaat

Zu undifferenziert ist die vom BVerwG bezüglich der Bedeutung des Schwerpunktprinzips geäußerte Auffassung, das InvZulG (1973) habe keinen vergleichbar engen Bezug zu einem grundrechtlich geschützten Bereich, da sie zur leistungsgewährenden Staatstätigkeit gehöre[68].

Daß die Fördergebietsauswahl eine wesentliche Entscheidung für das menschliche Zusammenleben mit Grundrechtsrelevanz ist, sollen folgende Ausführungen verdeutlichen.

[66] Vgl. BVerwG, Urt. v. 25.1.1980, NJW 1980, S. 1862, 1863; Die Ausführungen des BVerwG stehen nicht im Widerspruch zu der Ansicht *Ossenbühls*.

[67] So ausdrücklich *Ossenbühl*, B 158.

[68] So das BVerwG, NJW 1980, S. 1862 (1863).

Dadurch, daß die Exekutive die Kriterien der Fördergebietsauswahl anders gewichtet, kann es zu einer Existenzgefährdung oder sogar zu einer Betriebsaufgabe bestimmter nichtgeförderter Unternehmen kommen. Diese können dadurch doppelt betroffen sein, daß sie keine Investitionszulage und keinen Investitionszuschuß bekommen, während ihre Konkurrenz diese staatlichen Begünstigungen erhält. Von der Methodik der Fördergebietsauswahl und der Auswahl der Kriterien für die Fördergebietsabgrenzung kann es abhängen, ob der Staat den in einem bestimmten Gebiet ansässigen Unternehmen durch seine Intervention zu Wettbewerbsvorsprüngen im Vergleich zu einem in einem anderen nach der angewendeten Methode und den angewendeten Kriterien nicht förderungsbedürftigen Gebiet ansässigen Konkurrenzunternehmen verhilft oder nicht. Der Rahmenplan hat zwar als staatsleitender Gesamtakt grundsätzlich keine unmittelbare Außenwirkung, die Fördergebietsabgrenzung kann aber nicht losgelöst von der regional differenzierten Subventionierung gesehen werden. Sie führt zu einer auf einer geographischen Unterscheidung basierenden Typisierung, die Voraussetzung dafür ist, daß der Kreis der Berechtigten bestimmt werden kann. Insofern hat die Fördergebietsabgrenzung die Wirkung einer Förderungsvoraussetzung und ist nicht nur eine wesentliche Vorentscheidung für eine gerechte, gleichmäßige und freiheitssichernde Regionalförderung. Sie kann in der Zukunft noch dadurch an Bedeutung gewinnen, daß das Schwerpunktprinzip aufgelockert wird, da die Konzentration innerhalb des förderungsbedürftigen Gebietes dann abgeschwächt wird.

Je nachdem, wie die Zielgewichtung ausfällt, hat es die Exekutive im Extremfall in der Hand, die Kapazität an Arbeitsplätzen in bestimmten Gebieten für bestimmte Arbietnehmergruppen indirekt abzubauen oder zu erhalten. Der Verzicht auf die Förderung eines bestimmten monostrukturierten Gebietes mit überwiegendem Besatz notleidender Industriezweige entscheidet über das Schicksal der betroffenen Region und der dort lebenden Menschen. Obgleich ein Recht auf Arbeit[69] nicht anerkannt wird, besteht eine ausreichende Grundrechtsrelevanz im Hinblick auf Art. 12 GG, wenn der durch die Herausnahme einer Region aus der Förderung möglicherweise ausgelöste indirekte Abbau von Ausbildungs- und Arbeitsstätten in der Region betont wird. Nicht von der Hand zu weisen ist auch die mögliche Grundrechtsrelevanz der Fördergebietsauswahl für das Leben und die Gesundheit der Bürger. Setzt die Exekutive rücksichtslos nur auf Wachstum, ist eine Gesundheitsgefährdung der Bürger auf Dauer unter Umständen nicht zu verhindern, obwohl einfachgesetzlich Vorkehrungen gegen eine übermäßige Belastung der Bevölkerung durch Emissionen vom Gesetzgeber getroffen wurden. Die Förderung der unternehmensbezogenen Infrastrukturausstattung nützt nicht nur den betroffenen Unternehmen, sondern auch

---

[69] Vgl. BAG, NJW 1964, S. 1921 f.

der Gesamtheit der Bevölkerung[70]. Sie trägt über die Verbesserung der Lebensqualität auch zur Persönlichkeitsentfaltung bei. Aktive Sozialgestaltung kommt nicht ohne lenkende und planende Eingriffe in die Beschäftigungs-, Umwelt- und Eigentumssituation, die Vorausssetzung für die Grundrechtsverwirklichung ist, aus.

Der Exekutive können die für die Grundrechtsverwirklichung und Sozialgestaltung maßgeblichen Entscheidungen über die Zielkonflikte und die räumliche Ausdehnung der Förderung deshalb nicht ohne entsprechende legislatorische Zielvorgaben und Festsetzungen überlassen werden. Durch die Einräumung eines weiten planerischen Gestaltungsspielraums darf sich der Gesetzgeber seiner Verantwortung nicht entziehen. Die Faktoren der Grundrechtsverwirklichung und der kontrollierbaren Gerechtigkeitsdurchsetzung sprechen für die Geltung des Parlamentsvorbehalts hinsichtlich der Fördergebietsabgrenzung insoweit, als Zielkonflikte zu entscheiden und eine Zielgewichtung vorzunehmen ist.

V. Negative Eingrenzung der Reichweite des Parlamentsvorbehalts

Damit nicht allein das rechtspolitische Empfinden den Ausschlag über die Reichweite des Parlamentsvorbehalts gibt[71] und der Parlamentsvorbehalt auf alle Materien, die „öffentlich kontrovers" diskutiert werden, erstreckt zu werden braucht[72], muß der Parlamentsvorbehalt entsprechend seiner Funktion eingegrenzt werden.

Die politische Kontroverse als Kriterium kann zwar als Indiz für die Bedeutung einer Sachmaterie gewertet werden, aber keinen Beitrag zur inhaltlichen Bestimmung der als wesentlich anzusehenden Sachmaterien leisten. Nur durch die negativen Eingrenzungen können die befürchteten Überforderungen und Überlastungen des Parlaments[73], die mit der Über-

---

[70] Vgl. *Püttner / Spannowsky*, 3. Teil B I, 1.

[71] Vgl. *Kisker*, NJW 1977, S. 1313 (1317).

[72] Vgl. dazu *Kisker*, S. 1318, der das Kriterium der politischen Kontroverse zur Bestimmung der Wesentlichkeit einer Entscheidung heranziehen will; ablehnend insofern auch *Eberle*, S. 487, mit dem berechtigten Hinweis, daß es sonst die professionellen Meinungsmacher in der Hand hätten, die Reichweite des Parlamentsvorbehalts zu bestimmen.

[73] So ausdrücklich *Kisker*, S. 1315; *Geitmann*, Bundesverfassungsgericht und „offene" Normen, 1971, S. 134; *Eberle*, S. 486; dazu auch *Degenhart*, DÖV 1981, S. 477 ff.; *Eichenberger*, Gesetzgebung und Rechtsstaat, in: VVDStRL 40 (1982), S. 15, 23; *Novak*, ebenda, S. 40 ff.; *Pestalozza*, NJW 1981, S. 2081 (2082); *Leisner*, DVBl. 1981, S. 849; *ders.*, Rechtsstaat – ein Widerspruch in sich?, JZ 1977, S. 537; *Hill*, DÖV 1981, S. 477 u. 487; *H.-J. Vogel*, Zur Diskussion um die Normenflut, JZ 1979, S. 321; *Starck*, Übermaß an Rechtsstaat, ZRP 1979, S. 209; *Maasen*, Die Freiheit des Bürgers in einer Zeit ausufernder Gesetzgebung, NJW 1979, S. 1473; *Sendler*, Normenflut und Richter, ZRP 1979, S. 227; *Ossenbühl*, Der Vorbehalt und seine Grenzen, S. 9 ff.; *Staupe*, S. 261 ff.

betonung des Rechtsstaatsgedankens verbundene Gesetzesflut und der befürchtete Effizienzverlust der parlamentarischen Entscheidung vermieden und auf der anderen Seite verhindert werden, daß sich der Gesetzgeber dem Verfassungsauftrag, die wesentlichen Entscheidungen selbst zu treffen, nicht entzieht. *Pestalozza* weist zu Recht auf die Äquivalenz beider im Spannungsverhältnis stehender Aspekte hin, indem er feststellt, daß derjenige, der „den Gesetzgeber durch Entlastung wieder funktionsfähig machen will", dieses „unvermutete Hausgut zu beachten" habe[74]. Nicht ohne Grund ist die „Gesetzesflut" zwar zu einem beliebten Tagesordnungspunkt juristischer Fachkongresse avanciert, jedoch darf auch insofern nicht übersehen werden, daß das föderalistische Ungleichgewicht im Verhältnis von Bund und Ländern zu einer Überlastung des Bundesgesetzgebers und damit zu einer Gefährdung der rechtsstaatlichen Balance zwischen notwendiger gesetzlicher Regelung und einer den rechtsstaatlichen Anforderungen genügenden Gesetzgebung geführt hat[75].

In den Fällen der Massensubventionierung wird die Intensität der Grundrechtsrelevanz einer Entscheidung von vielen Faktoren bestimmt. Die Bestrebungen sind dabei darauf zu richten, die rechtstechnisch optimale Lösung des zwischen wichtigen Verfassungsgrundsätzen bestehenden Konflikts unter Berücksichtigung der Effizienz des Entscheidungsprozesses zu finden. Für die rechtstechnische Ausgestaltung einer Sachmaterie ist die Verteilung der Entscheidungsbefugnisse zwischen Parlament und Exekutive entscheidend. Dabei muß der unter demokratischen Aspekten notwendigen Funktionsfähigkeit des Parlaments ebenso Beachtung geschenkt werden wie der Bedeutung der Entscheidung des unmittelbar demokratisch legitimierten Parlaments für die Grundrechtsverwirklichung und die Bedeutung des Gesetzes für die stetige, kontrollierbare Gerechtigkeitsdurchsetzung.

Es leuchtet ein, daß die Relativität des Grades der Grundrechtsbetroffenheit das Kriterium der Wesentlichkeit zu einem ungewissen Faktor bei der Ergebnisfindung macht. *Kloepfer* bezeichnete deshalb die Wesentlichkeitstheorie als eine „theoretisierende Bemäntelung freier richterlicher Dezision"[76]. Je nachdem, welchen Aspekt man betont, variiert der Grad der Grundrechtsbetroffenheit (und damit z. B. die Bedeutung der Fördergebietsauswahl bei der regionalen Wirtschaftsförderung). *Papier* kritisiert an der Rechtsprechung des BVerfG, daß diese der Grundrechtsrelevanz „offenbar" nur eine Indizfunktion beimesse[77], weil sie staatliche Maßnahmen schon als wesentlich einstufe, wenn „sie wesentlich für die Verwirklichung

---

[74] *Pestalozza,* Gesetzgebung im Rechtsstaat, NJW 1981, S. 2082.

[75] Dazu auch *Pestalozza,* S. 2084.

[76] *Kloepfer,* JZ 1984, S. 687 ff. (692).

[77] Vgl. *Papier,* Der Vorbehalt des Gesetzes und seine Grenzen, S. 42.

der Grundrechte"[78] sind oder wenn sie den „Freiheits- und Gleichheitsbereich des Bürgers wesentlich"[79] betreffen. Die Kritik wäre erheblich, wenn nur das Kriterium der Grundrechtsrelevanz ausschlaggebend für die Entscheidung über die Reichweite des Parlamentsvorbehalts wäre, was nicht der Fall ist.

Die Art der Fragestellung oder eine zufällige Wertung darf freilich nicht den Ausschlag geben. Ob die abstrakte oder konkrete Grundrechtsbetroffenheit, die Anzahl der Betroffenen und der berührten Grundrechte oder auch hypothetische Fälle das Maß der Grundrechtsbetroffenheit bestimmen sollen, darf nicht die Reichweite des Parlamentsvorbehalts bestimmen. Läßt sich die Wesentlichkeit einer komplexen Entscheidung positiv nicht eindeutig feststellen, weil die „Beleuchtung" den fraglichen Problemkreis – aus verschiedenen Positionen betrachtet – wegen der Komplexität und der Verschiedenartigkeit der Grundrechtsperspektiven in verschiedenem „Licht" erscheinen läßt, muß auf der Suche nach einer problemadäquaten rechtstechnischen Ausgestaltung der betroffenen Sachmaterie auch die Bedeutung der Entscheidung innerhalb der gesamten Sachmaterie erforscht werden. Die negative Ausgrenzung der nicht unter den Parlamentsvorbehalt fallenden Entscheidungen kann diese Bemühung fördern.

Wenn aber wie die Fördergebietsabgrenzung eine Entscheidung bereits positiv als eine für die Grundrechtsverwirklichung und innerhalb der zu regelnden Sachmaterie wesentliche Entscheidung einzustufen ist und eine Vorprogrammierung der Entscheidung von Zielkonflikten und der Zielgewichtung durch das Parlament nicht ausgeschlossen ist, kann die negative Eingrenzung der Reichweite des Parlamentsvorbehalts das Ergebnis grundsätzlich nur noch erhärten.

Vorsichtig muß die Eingrenzung vorgenommen werden, um nicht der Gefahr zu erliegen, die Fragen nach der Reichweite des Parlamentsvorbehalts abzuwerten, indem undifferenziert der Hinweis auf die mögliche Überlastung und Überforderung der Parlamente übernommen wird. *Ossenbühls* relativierende Unterscheidung zwischen „überspannten" Regelungsbereichen einerseits und andererseits Bereichen, in denen elementare Fragen des menschlichen Zusammenlebens und der Freiheitsgewährleistung" keine oder allenfalls eine nur sporadisch pauschale Regelung gefunden haben"[80], „bereitet den Boden" für eine differenzierende Beurteilung.

Die Klage über die Normenflut darf nicht Anlaß für das „Abblocken" der Forderung nach der Beteiligung des Parlaments an elementaren Entscheidungen sein, sie muß vielmehr in der Erkenntnis münden, daß die Bemühun-

---

78 BVerfGE 34/165 (192); 40/237 (248f.); 41/251 (260f.); 47/46 (79).
79 Vgl. BVerfGE 49/89 (126f.).
80 *Ossenbühl*, Der Vorbehalt des Gesetzes und seine Grenzen, S. 11.

gen auf die Entlastung der Parlamente zu richten sind, damit diesen die Beschäftigung mit wichtigen Fragen möglich bleibt. Ansatzmöglichkeiten dafür bietet die funktionsgerechte Abstufung und Verteilung der Aufgabenbereiche nach der Bedeutung des Fragenkreises zwischen Parlament und Verordnungsgeber, aber auch von Bundesparlament und Landesparlament. Zutreffend hat *Kisker* darauf hingewiesen, daß das Überlastungsproblem nur für den Bundestag, nicht aber für die Landtage bestehe. „Die Länder und damit die Landtage haben in den vergangenen Jahrzehnten einen beträchtlichen Teil ihrer Gesetzgebungsbefugnisse an den Bund abgegeben. Man spricht durchaus zu Recht von einem Austrocknen, einer Depossedierung der Landtage“[81]. Es ist daher richtig, wenn *Pestalozza* feststellt, der Vorzug des Föderalismus könne sich in der Arbeitsteilung zwischen Bundes- und Landesgesetzgeber zeigen.

Die Befürchtung der Übernormierung darf ebenfalls nicht uneingeschränkt geteilt werden. Berechtigt sind insoweit die Bedenken *Püttners*[82], „ob wir so unbedingt und pointiert von Übernormierung sprechen sollen, ob dieses Urteil nicht zu relativieren ist“, weil es „hier und da Übernormierung“ gibt, „vielleicht hier und da auch nicht“. *Püttner*[83] macht zutreffend darauf aufmerksam, daß es in der Praxis oft einen sehr großen Unterschied macht, ob der Gesetzgeber oder die Exekutive die Regelung trifft. Bei der Gesetzgebung bestehe die Möglichkeit, daß die Öffentlichkeit und die Abgeordneten sich im Parlament zu Wort melden, weil die (inhaltlich brisante) Regelung öffentlich vorgelegt und im Parlament beraten werden muß, während durch eine „Schubladenverordnung“ ohne Erörterung vollendete Tatsachen geschaffen werden können.

Die notwendige negative Eingrenzung des Parlamentsvorbehalts muß daher vor dem Hintergrund des aufgezeigten Spannungsverhältnisses zwischen der Überforderung, der Überlastung und der Übernormierung des Parlaments einerseits und der demokratisch bedeutenden öffentlichen Erörterung inhaltlich brisanter und für das Zusammenleben der Menschen und die Grundrechtsverwirklichung bedeutenden Fragen andererseits erfolgen. Ansatzpunkt für die negative Eingrenzung des Parlamentsvorbehalts kann das Kriterium der Notwendigkeit eines parlamentarischen Verfahrens sein. Wenngleich die Notwendigkeit eines solchen Verfahrens positiv nicht bestimmt werden kann, indem etwa kontrovers diskutierte Fragen schlechthin der Entscheidungsgewalt des Gesetzgebers unterworfen werden, so gibt es doch Fälle, die dem Parlamentsvorbehalt ihrer Art nach nicht unterliegen.

---

81 *Kisker*, S. 1316.

82 *Püttner* im Rahmen der Aussprache über das Thema Gesetzgebung im Rechtsstaat, VVDStRL 40 (1982), S. 103.

83 Ebenda, S. 104.

An der Notwendigkeit eines parlamentarischen Verfahrens kann gezweifelt werden, wenn (wie im Bereich der regionalen Wirtschaftsförderung) bereits eine gesetzliche Grundentscheidung vorliegt. Auf den hierarchischen Regelungszusammenhang als legitimierendes Element der Regelungsdelegation auf die Exekutive weist mit gewisser Berechtigung *Eberle* hin. Mit zunehmender gesetzgeberischer Regelungsdichte nimmt die Bedeutung des Parlamentsvorbehalts ab, einfach, weil eine Kausalität zwischen dem hierarchischen Regelungszusammenhang und der Reichweite des Parlamentsvorbehalts hergestellt wird. Der Gesetzgeber oder die Verordnungsgeber hätten es so aber in der Hand, einen entsprechenden Regelungszusammenhang zu erzeugen, der zu einer Gewichtsverschiebung zwischen der notwendigen legislatorischen Entscheidung und der Entscheidung der Exekutive führt, indem wichtige Regelungsinhalte der Exekutive überlassen werden, und zwar allein mit dem Hinweis auf den formalen Regelungszusammenhang. Das Kriterium des hierarchischen Regelungszusammenhangs ist daher ungeeignet zur Klärung der Frage nach der Aufteilung der Entscheidungsgewalt zwischen der Exekutive und der Legislative. Zwar kann dem Regelungszusammenhang und der Abstufung der Regelungsdichte eine indizielle Bedeutung nicht abgesprochen werden; diese besteht darin, daß, wenn der Gesetzgeber sich mit einem Regelungsgegenstand beschäftigen mußte, bis zum Nachweis des Gegenteils angenommen werden darf, daß die Gelegenheit zur Erörterung und Regelung der sachlichen Probleme genutzt wurde. Jedoch kann mit dem Hinweis auf das nur formale Bestehen einer Regelungshierarchie nicht geklärt werden, ob eine im Hinblick auf die Grundrechtsverwirklichung funktionsgerechte inhaltlich abgestufte Verteilung der Entscheidungsgewalt vorgenommen wurde.

Der Vorteil des Gesetzgebungsverfahrens gegenüber dem Entscheidungsprozeß der Exekutive liegt überdies in der Beteiligung der Öffentlichkeit am Prozeß der Entscheidungsfindung.

In der regionalen Wirtschaftsförderung wird häufig das Fehlen einer entsprechenden Beteiligung beklagt. Obgleich interessierte Gruppen der Wirtschaft und der Kommunalverbände in einem für die regionale Wirtschaftsförderung gebildeten Arbeitskreis auf der Bundesebene beteiligt sind[84] und auch in den Ländern Beziehungen zwischen den Wirtschaftsverbänden sowie den kommunalen Spitzenverbänden bestehen, ist keine wirkliche Beteiligung der Öffentlichkeit gegeben. Nicht ohne Grund wird vielfach eine „möglichst dezentrale Kompetenz bei der Wirtschaftsförderung"[85] gefordert. Entscheiden im wesentlichen lokale Entscheidungsträger über die Förderungsmaßnahmen, so können nicht nur die betroffenen Wirt-

---

84 Vgl. *Heide / Cholewa*, AVI, 5, in: Eberstein, Handbuch der regionalen Wirtschaftsförderung.

85 So *Schatz*, S. 9.

schaftssubjekte ihre Interessen besser artikulieren, sondern auch die kommunalen Interessengruppen. Dadurch werden „Freiräume" für private und öffentliche Entscheidungen auf lokaler und regionaler Ebene geschaffen. Ermöglicht wird eine Stärkung der Eigeninitiative und eine Erweiterung der Entwicklungschancen auch alternativer Konzeptionen für die regionale Entwicklung.

Neuere Vorschläge weisen überwiegend in die Richtung der Stärkung der föderalistischen Staatsidee[86], gleichzeitig werden aber andere Schwächen des Systems aufgedeckt. Die Beteiligung der kommunalen und privaten Spitzenverbände könne nicht die Beteiligung der wenngleich zunächst nur mittelbar betroffenen Bevölkerungskreise ersetzen. Ohne auf die Frage der Legitimation durch Partizipation eingehen zu müssen[87], kann wegen der Vorteile des Gesetzgebungsverfahrens die Geltung des Parlamentsvorbehalts nicht ausgeschlossen werden.

Dagegen können die Eigengesetzlichkeiten der Sachmaterie ein größeres Gewicht haben als die Notwendigkeit des parlamentarischen Verfahrens. Das folgt aus der Existenz „regelungsfeindlicher Sachbereiche"[88], die auf die Ausschöpfung der Möglichkeiten für eine exekutivische „Dynamisierung des Rechts" angewiesen sind. Das trifft auf die regionale Wirtschaftsförderung zu.

Die regionale Wirtschaftspolitik des Bundes muß auf rasch wechselnde Umstände und neue überraschende Entwicklungen in den Wirtschaftsabläufen reagieren. Dazu kommt die notwendige Anpassung an die beihilfenpolitischen Entscheidungen der EG-Kommission, die der geographischen Dimension der Förderung in der Bundesrepublik besondere Aufmerksamkeit widmet. Das starre Gesetzgebungsverfahren erweist sich zu wenig anpassungsfähig an diese häufig wechselnden Gegebenheiten. Das Argument der Überforderung gewinnt dadurch an Übergewicht im Spannungsverhältnis mit dem Argument, daß die Entscheidung wichtiger Lebensfragen grundsätzlich nicht der Entscheidungsgewalt des unmittelbar legitimierten Repräsentanten des Volkes entzogen werden darf. Die „konkrete" Detailabgrenzung der Fördergebiete fällt daher in den Kompetenzbereich der Exekutive. Nur den Rahmen für die räumlich differenzierte Förderung kann und muß der Gesetzgeber vorgeben. Dazu ist die Festsetzung der Kriterien zu rechnen, die die Fördergebietsabgrenzung bestimmen sollen. Konkrete Planungsentscheidungen, wie die Feinabgrenzung der Regionen, die

---

[86] Dabei darf freilich nicht der Impuls übersehen werden, der teilweise diese „Kehrtwende" bei der Beurteilung des Verhältnisses von Bund und Ländern ausgelöst hat. Die stärkere Einflußnahme der EG führt wie auch in anderen EG-Mitgliedsstaaten, überspitzt ausgedrückt, zu der Flucht in das unüberschaubare lokale Entscheidungsgeflecht und gibt Anlaß auch über das Bund-Länder-Verhältnis nachzudenken.

[87] Dazu vgl. *Schmitt Glaeser*, VVDStRL 31 (1973), S. 214ff.

[88] *Ossenbühl*, Der Vorbehalt des Gesetzes und seine Grenzen, S. 34.

Festlegung der Schwerpunktorte, die Festsetzung der Förderungshöchstsätze oder die Bestimmung der durchschnittlichen Investitionskosten pro gefördertem Arbeitsplatz können der Exekutive vorbehalten bleiben. Die Unterscheidung zwischen konkreten Planungsentscheidungen und für die Grundrechtsverwirklichung und Sozialgestaltung bedeutenden ausfüllungsbedürftigen Planungsentscheidungen, die den Rahmen abstecken, ist nicht nur für die Verteilung der Entscheidungszuständigkeiten zwischen der Exekutive und dem Parlament von Bedeutung[89], sondern auch bei der Beurteilung der Rechtmäßigkeit der dynamischen Verweisung auf den Rahmenplan zu beachten (dazu unten G.).

Notwendig ist, daß der Gesetzgeber den Rahmen für die Entscheidung der Exekutive vorgibt. Er darf nicht die Regelung wesentlicher Abgrenzungsvoraussetzungen ohne Delegation oder einer das Ausmaß der Regelungsbedürftigkeit bestimmenden Delegation der Exekutive überlassen. Der Bedeutung der Fördergebietsauswahl für die Grundrechtswirklichkeit sowie für die Sozialstruktur kann nur dadurch ausreichend Rechnung getragen werden.

Bezüglich des Umfangs der Förderkulisse, d. h. der maximalen räumlichen Ausdehnung der Fördergebiete und bezüglich der zu beachtenden Zielkriterien ist eine derartige legislatorische Vorgabe weder im GRW noch im InvZulG erfolgt. Die Frage, ob der Ausgleich nur unter ökonomischen Gesichtspunkten oder unter Berücksichtigung anderer Gesichtspunkte erfolgen soll sowie die Frage, in welchen Gebieten und unter welchen Voraussetzungen ausnahmsweise ein Verzicht auf zentrale Gegensteuerung trotz Förderungsbedürftigkeit des betroffenen Gebiets zulässig wäre, ist offen gelassen worden, obgleich diese Frage für die Gestaltung der Wirtschaftsstruktur und der Sozialstruktur relevant ist und neuerdings an Bedeutung zunimmt. Insoweit gewinnt der Gedanke des BVerfG, daß ein „Nachfassen“ des Gesetzgebers erforderlich sein kann, wenn eine Entscheidung durch neue, im Zeitpunkt des Gesetzeserlasses noch nicht absehbare Entwicklungen in Frage gestellt worden ist[90], an Bedeutung. Weder die Zunahme der Bedeutung der Ökologie, noch die Relativierung des Ausgleichsziels, also des Ziels der Schaffung gleichwertiger Verhältnisse wurde von dem Gesetzgeber, als die grundsätzlichen Entscheidungen gefallen sind, in Rechnung gestellt.

Da die Fördergebietsabgrenzung im Rahmenplan vom Planungsausschuß nach Maßgabe des § 1 II GRW vorgenommen wird, dessen (das Maß bestimmender Charakter) Steuerungsfunktion unzureichend ist, handelt es sich materiell gesehen um eine Verweisung auf eine Nichtnorm. Dasselbe gilt für

---

[89] Ähnlich *Staupe,* S. 257 f.

[90] Vgl. BVerfGE, DVBl. 1979, S. 47.

§ 3 III InvZulG (1986) und galt für § 3 I S. 1 InvZulG (1982) i. V. mit § 3 der Durchführungsverordnung, der auf den im Zeitpunkt der Verweisung geltenden Rahmenplan Bezug nahm[91], da der Gesetzgeber eine Subdelegation nicht vorgesehen und die Kriterien für die Fördergebietsabgrenzung nicht die Funktion eines Maßstabs erfüllen.

Wie zu der grundsätzlichen Frage der Verteilung von Entscheidungsgewalt zwischen Parlament und Regierung im Bereich der Planung, ist aber auch hinsichtlich der Fördergebietsabgrenzung als wesentlichem Bestandteil der Rahmenplanung eine differenzierte Lösung geboten. Unterschiede sind zu machen zwischen detailplanerischen und leitlinienhaften planerischen Festlegungen. Die Entscheidung von Zielkonflikten sowie die Zielgewichtung und die Bestimmung der räumlichen Dimension gehören zu den mittel- und langfristigen Rahmenfestlegungen, die vom Gesetzgeber selbst getroffen werden können und wegen ihrer Bedeutung für die Grundrechtsverwirklichung und Sozialgestaltung getroffen werden müssen. Durch die Zielvorgaben wird eine gewisse Verstetigung und Kontrollierbarkeit erreicht, die die notwendige Flexibilität der Feinabgrenzung nicht hindert.

Die ergänzende Landesförderung, die überwiegend nicht von dem Gesamtindikatormodell zur Abgrenzung der gemeinsamen Fördergebiete ausgeht, veranschaulicht das Bedürfnis nach mehr Spielraum zur Verwirklichung des Ausgleichsanliegens innerhalb der Länder[92]. In den zurückliegenden Jahren haben die Länder zunehmend versucht, im Rahmen der Landesförderung ihr Bedürfnis nach mehr eigenständigem Handlungsspielraum zur Verwirklichung eigener Gestaltungsvorstellungen in Ergänzung der gemeinsamen Förderung zu befriedigen[93]. Den Ländern sollte, wie es die dezentralen Aufgabenverteilung im Bereich der regionalen Wirtschaftsförderung an sich gebietet, die Kompetenz eingeräumt werden, anhand vorgegebener Kriterien die Fördergebiete selbst festzulegen.

Der Übertragung der Kompetenz zur Fördergebietsabgrenzung auf die Länder steht das verfassungsrechtlich legitimierte Zusammenwirken von Bund und Ländern gem. Art. 91a GG nicht entgegen. Zwar könnte der Planungsausschuß wegen dessen Koordinierungsaufgabe die ausschließliche Kompetenz zur Fördergebietsabgrenzung besitzen, in diesem Fall müßte sich die Fördergebietsabgrenzung aber als Hauptaufgabe der Gemeinschaftsaufgabe, als Essentiale der Kooperation darstellen[94]. Zweifel werden

---

[91] Vgl. dazu auch die Ausführungen unten B.

[92] Vgl. *Böhret / Jann / Kronenwett*, Handlungsspielräume und Steuerungspotential der regionalen Wirtschaftsförderung, 1982, S. 182ff.

[93] Vgl. *Schatz*, Stellungnahme, S. 10; *Schatz*, Stellungnahme, S. 10; dazu auch *Wild*, Stellung und Aufgaben der Länder, in: Eberstein, Handbuch der regionalen Wirtschaftsförderung, AVI 1, S. 13ff.

[94] Vgl. auch *Staupe*, S. 267f.

insofern aber bereits durch die Verfassungspraxis geschürt, wonach den Ländern weiterhin die Befugnis zu einer selbständigen räumlich differenzierten Förderung und damit zu einer eigenständigen Fördergebietsabgrenzung verbleibt[95]. Als Essentiale der Kooperation kann die Fördergebietsabgrenzung deshalb nicht angesehen werden, obgleich durch die gemeinsame Fördergebietsabgrenzung eines mit Bundes- und Ländervertretern gemischten Planungsgremiums ein Koordinierungseffekt erzielt wird. Die gemeinsame Fördergebietsabgrenzung stellt sich auch nicht deshalb als Notwendigkeit der gemeinsamen Planung dar, weil verhindert werden muß, daß die maßgebliche Beeinflussung der Fördergebietsabgrenzung durch den Bundesgesetzgeber oder die Bundesregierung zu einer nicht durch die Mitwirkung nach Art. 91a I gerechtfertigten weitergehenderen Vorherrschaft des Bundes führt. Diese Erwägung schließt nur die maßgebliche Einflußnahme des Bundes auf die Fördergebietsabgrenzung aus. Da es sich bei der regionalen Wirtschaftsförderung materiell um Landesaufgaben handelt, an denen der Bund mitwirkt, ist damit eine Abgrenzung durch die Länder nicht ausgeschlossen. Einwände unter dem Gesichtspunkt der Gefährdung der Koordinierung sind nicht berechtigt, da es dem Bund überlassen bleibt, den Koordinierungsrahmen vorzugeben.

Im Verhältnis zwischen Bund und Ländern erweist sich die Bestimmung des Koordinierungsrahmens durch den Bund insoweit als vorteilhaft, als dadurch das durch das Besitzstanddenken der Länder motivierte Feilschen um die Förderungsbedürftigkeit von Gebieten im Planungsausschuß weitgehend verhindert werden kann. Gleichzeitig läßt sich verhindern, daß die Länder noch andere Gebiete als die, die für eine Förderung nach Maßgabe der vorgegebenen Kriterien in Betracht kommen, als förderungsbedürftig einstufen.

Den Ländern bleibt die Befugnis zur Indikatorengewichtung und begrenzten Indikatorenauswahl. Der Bundesgesetzgeber muß selbständig gewisse Akzente setzen und die konkrete Abgrenzung der Landesregierung überlassen. Vor dem Hintergrund der so von den Ländern abgegrenzten Fördergebiete können die Gemeinschaftsmittel aufgrund der Entscheidungen des Planungsausschusses wie bisher nach Maßgabe konkreter Aktionsprogramme vergeben werden. Den überregionalen Erfordernissen kann dadurch ausreichend Rechnung getragen werden. Die Landesparlamente müssen nicht, könnten aber ebenfalls verstärkt beteiligt werden. Erreichen ließe sich dadurch im Sinne der föderativen Staatsidee eine Stärkung der föderativen Basis, der Länder, und gleichzeitig eine Stärkung der demokratischen Legitimation im Hinblick auf die für das Zusammenleben der Menschen

---

[95] In Baden-Württemberg gibt es, worauf *Böhret / Jann / Kronenwett* unter dem Gesichtspunkt möglicher Konterkarierungseffekte aufmerksam machen, 4 verschiedene Kategorien von zusätzlichen Fördergebieten neben den Fördergebieten der Gemeinschaftsaufgabe, S. 184.

sozial und ökonomisch bedeutsame Frage der räumlichen Differenzierung der Förderung.

Wegen der beihilfenaufsichtsrechtlichen Vorgaben der EG-Kommission ist die Möglichkeit, daß alle Länder Fördergebiete nach ihrer eigenen Zielgewichtung selbst festlegen können, zwar begrenzt, dies sollte aber kein Hindernis dafür sein, daß die Bundesrepublik innerhalb des verbleibenden Gestaltungsspielraums eine Vorreiterrolle im Hinblick auf die abgestufte Aufgabenverteilung zwischen den verschiedenen politischen Ebenen übernimmt.

G. Die Problematik der dynamischen Verweisungen auf den Rahmenplan

I. Die allgemeine Problematik der dynamischen Verweisung

In engem Zusammenhang mit der unter dem Stichwort der Wesentlichkeitstheorie erörterten Problematik der ausreichenden Regelungsdichte im Bereich der regionalen Wirtschaftsförderung steht die Problematik der dynamischen Verweisung auf die Rechtsnormen eines anderen Normgebers (Fremdverweisung), da die dynamische Fremdverweisung ein die Gesetzgebungstechnik vereinfachendes, die legislatorische Regelungsdichte des betreffenden Gesetzgebers verringerndes Instrumentarium ist[1].

Den Vorwurf, den man dem Gesetzgeber unter dem Stichwort der dynamischen Verweisung machen kann, ist, daß er seine Gesetzgebungsbefugnisse preisgibt, so daß es nach einer Formulierung *Ossenbühls*[2] zu einer „apokryphen Legislativdelegation" oder nach der Formulierung *Karpens* zu einer „versteckten Verlagerung von Gesetzgebungsfunktionen"[3] kommt.

Harmlos sind dagegen die Verweisungen auf ein bestehendes Verweisungsobjekt (statische Verweisungen). Dem Gesetzgeber ist bei solchen Verweisungen der Inhalt der in bezug genommenen Norm bekannt. Er kann den Regelungsinhalt übernehmen, ohne den ganzen Text der in bezug genommenen Regelung in die Verweisungsnorm aufnehmen zu müssen.

Bei dynamischen Fremdverweisungen folgt die Preisgabe von Gesetzgebungsbefugnissen daraus, daß nicht mehr der Gesetzgeber die Letztentscheidung und Kontrolle über den Norminhalt hat, sondern der „Adressat" der Verweisung. Berechtigt ist der Vergleich mit einer Blankovollmacht[4].

---

[1] Vgl. dazu die Problemdarstellung oben Kapital III, A.

[2] *Ossenbühl,* Die verfassungsrechtliche Zulässigkeit der Verweisung als Mittel der Gesetzgebungstechnik, DVBl. 1967, S. 401ff. (404).

[3] *Karpen,* Die Verweisung als Mittel der Gesetzgebungstechnik, 1970, S. 174.

[4] Vgl. *Arndt,* Die dynamische Rechtsnormverweisung in verfassungsrechtlicher Sicht, JuS 1979, S. 784ff. (785); *Fuß,* in: Festschrift für Paulick, 1973, S. 294ff.; *Schmitt,* DVBl. 1977, S. 699; *Ossenbühl,* S. 403.

Die Problematik liegt in der Gefahr, daß durch die Verweisungstechnik gegen den Willen des kompetenten Gesetzgebers Veränderungen der Regelungsmaterie durch den Adressaten der Verweisung erfolgen.

Dem Gesetzgeber, der eine dynamische Verweisung ausbringt, wird nämlich im Einzelfall ein Regelungsdefizit unter dem Gesichtspunkt des Rechtsstaats- und Demokratieprinzips entgegengehalten. Es kommt nicht selten eine weitere Komponente hinzu; das Prinzip des Föderalismus kann der dynamischen Verweisung auf einen Gesetzgeber der anderen föderativen Ebene entgegenstehen. Verschärft wird die Problematik der dynamischen Verweisung, wenn das Verweisungsobjekt (wie z. B. der Rahmenplan) eine „Nichtnorm"[5], nämlich eine nicht-staatliche Regelung ist, da das Verweisungsobjekt unabhängig von seinem ursprünglichen Rechtscharakter von der Verweisungsnorm inkorporiert werden und deren Rechtscharakter annehmen müßte[6]. Regelungsmacht wird also nicht auf einen anderen Gesetzgeber, sondern auf die Exekutive oder auf Dritte, insbesondere Private übertragen.

Keineswegs führt aber der Umstand, daß der Gesetzgeber mit der dynamischen Verweisung seine Befugnisse anderen übertragen hat, ohne weiteres zu dem Verdikt der Verfassungswidrigkeit der dynamischen Verweisung. Es muß vielmehr differenziert werden. Nur eine differenzierte Beurteilung der Verweisungsproblematik trägt der Verfassung und dem Bedürfnis nach einer ausgefeilten gesetzgeberischen Technik Rechnung.

Einerseits wird durch die Verweisungstechnik eine Anpassung des Rechts an den schnellen gesellschaftlichen, technischen und ökonomischen Wandel im Sinne von mehr Flexibilität und Dynamik des Rechts[7] ermöglicht, die nicht schlechthin verhindert werden darf. Andererseits sind das Demokratie- und das Gewaltenteilungsprinzip sowie das Prinzip des Föderalismus zu beachten, die keine beliebige Verlagerung der Entscheidungsmacht erlauben.

Wegen der danach gebotenen Differenzierung errichtet nur das im Einzelfall nachgewiesene Verbot der dynamischen Verweisung eine der Wesentlichkeitslehre vergleichbare Schranke gegen die unzulässige Preisgabe gesetzgeberischer Funktionen.

---

[5] Vgl. BVerfG, NJW 1984, S. 1225; DÖV 1984, S. 111 zur Unzulässigkeit einer dynamischen Verweisung auf einen Tarifvertrag; *Baden*, Dynamische Verweisungen und Verweisungen auf Nichtnormen, NJW 1979, S. 623ff.; *Hömig*, Zur Zulässigkeit statischer Verweisungen des Bundesrechts auf nichtnormative Regelungen, DVBl. 1979, S. 307ff.; *Schenke*, Verfassungsrechtliche Grenzen gesetzlicher Verweisungen, in: Verwaltung im Dienste von Wirtschaft und Gesellschaft, Festschrift für Fröhler, 1980, S. 87ff. (87); dazu auch *Wagner*, S. 91.

[6] Ähnlich *Ossenbühl*, DVBl. 1967, S. 402f.; *Karpen*, S. 32; *Arndt*, JuS 1979, S. 784ff. (785).

[7] Vgl. *Schenke*, S. 90.

Bei einer Verweisung auf eine Nichtnorm kommt zusätzlich der Verstoß gegen das Verbot der Entäußerung von Hoheitsmacht und zumindest gegen Art. 82 GG wegen mangelnder Verkündung der Regelung im Bundesgesetzblatt in Betracht[8].

Verschieden beurteilt wird in der Literatur indessen, wann eine ordnungsgemäße Verkündung des Verweisungsobjekts anzunehmen ist. Je nach dem, ob und in welchem Maße man sich am Wortlaut des Art. 82 GG, der die Verkündung im Bundesgesetzblatt (BGBl.) fordert, „festklammert" oder sich von ihm „löst", variiert das Ergebnis.

Betont man wie *Ossenbühl*[9] und *Karpen*[10] die Formstrenge des Publikationsgebots, ist die Schlußfolgerung, die in bezug genommenen Vorschriften müßten im verfassungsrechtlich vorgeschriebenen Gesetz- und Verordnungsblatt des verweisenden Gesetz- und Verordnungsgebers veröffentlicht werden, wenn sie Bestandteil der Verweisungsnorm werden sollen, konsequent. Warnungen im Schrifttum und in der Rechtsprechung vor „Formalismus"[11] oder der Übersteigerung formell-rechtsstaatlicher Anforderungen[12] dürfen jedoch nicht „in den Wind geschlagen" werden. Soll das Publikationsgebot des Art. 82 GG nicht nur einen Selbstzweck erfüllen, ist kein Grund ersichtlich, warum nicht auch andere Publikationsorgane, die denselben Zweck wie das Bundesgesetzblatt erfüllen, die also die jederzeitige Möglichkeit der Kenntnisnahme des Gesetzesinhalts und somit des Verweisungsobjekts gewährleisten, nicht ebenso dem Publikationsgebot genügen sollten[13]. *Schenke* gelangt zu diesem Ergebnis durch die „teleologische Reduktion" des Art. 82 GG, da sonst ein „Anschwellen" der Gesetzestexte nicht zu verhindern sei[14]. Nach der Auffassung *Ebsens* ist zur Ergebnisbegründung die teleologische Reduktion des Art. 82 GG nicht einmal notwendig. *Ebsen* gelangt zu demselben Ergebnis bereits über die Wortlautinterpretation, da der Wortlaut des Art. 82 GG nicht zwischen Gesetzestext und Gesetzesinhalt unterscheide[15]; die Grenze des möglichen Wortsinns werde durch die Einbeziehung des Gesetzesinhalts nicht überschritten. Unabhän-

---

[8] Vgl. *Baden*, NJW 1979, S. 623; *Ebsen*, Fremdverweisungen in Gesetzen und Publikationsgebot, DÖV 1984, S. 654ff., *Schenke*, Die verfassungsrechtliche Problematik dynamischer Verweisungen, NJW 1980, S 743; ders., Verfassungsrechtliche Grenzen gesetzlicher Verweisungen, Festschrift für Ludwig Fröhler, 1980, S. 87ff.

[9] Vgl. *Ossenbühl*, S. 406.

[10] Vgl. *Karpen*, S. 142f., 154ff.; dazu auch *Staats*, in: Rödig, Studien zu der Theorie der Gesetzgebung, 1976, S. 250ff.

[11] Vgl. *Arndt*, Die dynamische Rechtsnormverweisung in verfassungsrechtlicher Sicht, JuS 1979, S. 788.

[12] Ähnlich *Hömig*, Zur Zulässigkeit statischer Verweisungen des Bundesrechts, DVBl. 1979, S. 309.

[13] Ähnlich *Schenke*, S. 96f.; *Ebsen*, S. 654ff.; *Arndt*, S. 788f.

[14] So ausdrücklich *Schenke*, S. 97.

[15] Vgl. *Ebsen*, S. 657f.

gig von der dogmatischen Begründung ist es richtig, das Publikationserfordernis als Ausfluß des rechtsstaatlichen Gebots der Normenklarheit zu behandeln und deshalb ist es mit dem BVerwG[16] auf der Linie des BVerfG[17] als ausreichend anzusehen, wenn einerseits die Verweisungsnorm den Verweisungscharakter und das in bezug genommene Verweisungsobjekt ausreichend deutlich kennzeichnet und wenn andererseits das Verweisungsobjekt für die Betroffenen zugänglich ist. Dazu ist dessen Veröffentlichung in einem für amtliche Veröffentlichungen geeigneten Organ erforderlich. Nach diesen Grundsätzen hat das BVerfG insbesondere die Veröffentlichung im Bundesanzeiger als zulässige alternative Publikationsmöglichkeit anerkannt[18]. Welche Publikationsorgane im übrigen diese Anforderungen erfüllen, ist fraglich. Im Anschluß an *Ebsen*[19] ist es jedoch unter dem Gesichtspunkt rechtsstaatlicher Normenklarheit als ausreichend anzusehen, wenn die Identität des Textes durch die Publikation gewahrt bleibt und jeder sich ohne große Mühe Kenntnis von dem Verweisungsobjekt verschaffen kann.

II. Die Verweisungen auf den Rahmenplan

Mit dem Stichwort der dynamischen Verweisung wird in der Literatur, soweit ersichtlich, bislang nur die rechtliche Problematik der Verweisungen des § 2 II S. 1 Nr. 1 a, b und des § 2 Nr. 6 InvZulG auf den Rahmenplan angesprochen.

Bisher hatte der Gesetzgeber allerdings nach § 3 I S. 2 InvZulG 1982 die Bundesregierung ermächtigt, durch Rechtsverordnung die Fördergebiete zu bestimmen.

Da die Bundesregierung nur in der Weise von der Ermächtigung des § 3 I S. 2 InvZulG 1982 Gebrauch gemacht hatte, daß sie bezüglich der Fördergebietsabgrenzung auf den Rahmenplan verwies (vgl. die 8. Fördergebiets- und Fremdenverkehrsgebietsverordnung vom 19.12.1984, BGBl. I S. 1675), stellte sich diese Ermächtigung als überflüssig heraus. Die Bundesregierung war zwar ermächtigt, die Fördergebiete zu bestimmen, sie hat aber auf ihre Entscheidungsmacht zugunsten des Planungsausschusses verzichtet; denn, da die Bundesregierung als Ermächtigungsadressat ihre Entscheidungsmacht auf den Planungsausschuß übertragen hat, ohne vorher eine weitere Konkretisierung vorzunehmen, hat nicht sie die nach dem Willen des Gesetzgebers durch die Rechtsverordnung auszufüllende Regelungslücke

[16] Vgl. BVerwGE 17/192; 19/7; 26/129; 55/250, 263 f. (I); dazu auch *Ebsen*, der die vom BVerwG aufgestellten Kriterien zusammengestellt hat, S. 656.

[17] BVerfGE 5/23 (31); 8/274 (302); 22/330 (346); 26/338 (367); 44/322 (350); 47/285 (311).

[18] Vgl. BVerfGE 22/330.

[19] Vgl. *Ebsen*, S. 662.

beseitigt, sondern der Planungsausschuß. In der Wirkung kam diese Regelungstechnik einer gesetzlich nicht vorgesehenen Subdelegation gleich. Wenn der Gesetzgeber die Konkretisierung wichtiger Regelungsinhalte dem Verordnungsgeber überlassen hat, darf dieser sich aber nicht einseitig durch die Weiterübertragung der Entscheidungsmacht ohne Zulassung der Subdelegation durch den Gesetzgeber seiner Entscheidungsverantwortung entziehen. Es ist dann nicht anders als wenn der Gesetzgeber die von ihm selbst oder dem ermächtigten Verordnungsgeber zu treffende Entscheidung ohne Zwischenschaltung des Verordnungsgebers auf den Planungsausschuß überträgt, indem er auf den Rahmenplan verweist. Durch § 3 III InvZulG 1986, der bezüglich der Festlegung der förderungsbedürftigen Gebiete i.S. des § 1 Nr. 3 InvZulG auf den jeweils gültigen Rahmenplan verweist, hat der Gesetzgeber dies nun offengelegt; er hat offenbar die Überflüssigkeit der „Zwischenschaltung" einer auf den Rahmenplan verweisenden Verordnung erkannt und in § 3 III InvZulG 1986 auf die Verordnungsermächtigung verzichtet. § 3 III InvZulG enthält nun zudem keine statische Verweisung mehr, wie im Falle der Verweisung von der zwischengeschalteten Verordnung auf den Rahmenplan, sondern eine dynamische Verweisung. Der Gesetzgeber hat damit dieselbe Regelungstechnik verwendet wie für die Festsetzung der Schwerpunktorte gem. § 2 II S. 1 Nr. 1 a, b, der Förderungshöchstsätze gem. § 2 II S. 1 Nr. 6 und der durchschnittlichen Investitionskosten pro gefördertem Arbeitsplatz gem. § 2 IV InvZulG 1986.

Es besteht insoweit auch kein Unterschied zwischen § 3 III InvZulG 1986 und § 5 Nr. 1 i.V. mit § 1 II Nr. 1, Nr. 2 GRW.

Die Regelung des § 5 Nr. 1 i.V. mit § 1 II Nr. 1 und Nr. 2 GRW ist ebenfalls als dynamische Verweisung einzuordnen, da der Gesetzgeber die Fördergebietsabgrenzung gänzlich der exekutivischen Rahmenplanung überlassen hat, obwohl er oder der durch eine Verordnung ermächtigte Adressat wichtige Fragen der Fördergebietsabgrenzung hätte selbst treffen müssen. Daß der Gesetzgeber nicht ausdrücklich den Begriff der Verweisung gebraucht hat, steht dieser Beurteilung nicht entgegen, da es auf den Sachgehalt der getroffenen Regelung ankommt, wie er sich bei gehöriger Auslegung ergibt[20]. Der Unterschied zu der in § 3 I S. 1 Nr. 3 a, b, S. 2 InvZulG (1982) verwendeten Regelung besteht darin, daß der Gesetzgeber in § 5 Nr. 1 i.V. mit § 1 II Nr. 1 und 2 GRW hinsichtlich der Fördergebietsabgrenzung unmittelbar auf den jeweiligen nach § 6 I vom Planungsausschuß aufzustellenden Rahmenplan verweist. Daß nicht auf einen bestimmten Rahmenplan verwiesen wird, sondern auf den jeweiligen, folgt aus § 5 Nr. 1 und § 4 II GRW. Deshalb ist die eben beschriebene Regelung im GRW wie im InvZulG 1986 als eine dynamische Verweisung zu qualifizieren.

---

[20] So ausdrücklich *Sachs,* NJW 1981, S. 1652 für den umgekehrten Fall, daß eine Verweisung als Ermächtigung ausgelegt werden kann; so auch *Ossenbühl,* S. 403.

Es fragt sich aber, welche Folgerungen daraus zu ziehen sind. Ob die in § 2 II S. 1 Nr. 1a, b und Nr. 6, IV und § 3 InvZulG 1986 und die in § 5 Nr. 1 i.V. mit § 1 II Nr. 1 und Nr. 2 gewählte Regelungstechnik der dynamischen Verweisung verfassungsmäßig ist, hängt davon ab, ob die hinsichtlich einer Verweisung auf eine Nichtnorm aus dem Demokratieprinzip, aus dem Prinzip des Föderalismus, aus dem Prinzip der Gewaltenteilung und/oder aus Art. 82 GG geäußerten Bedenken gerechtfertigt sind; dazu folgender Meinungsstand.

III. Der Stand der Diskussion

Mit der Erwägung, die Verweisung auf den Rahmenplan habe nur deklaratorischen Charakter, könnte man der Problematik ausweichen. Schon *Pfeifer* hat diese Erwägung überzeugend widerlegt. Er weist übereinstimmend mit den obigen Darstellungen zur Rechtsnatur des Rahmensplans nach, daß der Rahmenplan nicht nur eine bestehende Rechtslage wiederholt, sondern konstitutiv wirkt. Der Rahmenplan trage, so *Pfeifer,* zu der „authentischen Interpretation" des unbestimmten Rechtsbegriffs „volkswirtschaftlich besonders förderungswürdig" bei und entfalte insofern eine Bindungswirkung für die Verwaltung und die Verwaltungsgerichte[21].

Wagner[22] gelangt im Anschluß an *Pfeifer*[23] zu dem Ergebnis, daß die Verweisung des § 2 II S. 1 Nr. 1 a, b und des § 2 Nr. 6 InvZulG eine verfassungswidrige Regelungstechnik sei, da es sich um eine dynamische Verweisung auf eine Nichtnorm handle, die zu einer Inkorporation der Regelungen des Rahmenplans in das InvZulG führe. Zu fordern sei eine Ersetzung der Verweisung durch eine Rechtsverordnung. Die verwendete Regelungstechnik der Verweisung auf den Rahmenplan verstoße gegen das Prinzip der Gewaltenteilung und wegen der Beteiligung der Länder als Kompetenzverlagerung gegen das Bundesstaatsprinzip. Zugleich entscheidet er die zweite Frage nach der Rechtmäßigkeit der rahmenplanmäßigen Fördergebietsabgrenzung mit und gelangt insoweit zu dem Ergebnis, daß eine Rechtsverordnung statt einer Verweisung eine zulässige Regelungstechnik sei.

Während frühere Stimmen in der Literatur eindeutig das Vorliegen eines Verfassungsverstoßes bejahten, weil die Verweisung auf den Rahmenplan „eine verdeckte Delegation von Gesetzgebungskompetenzen auf ein Exekutivorgan"[24] sei, neigt die neuere Literatur mit einem Teil der Rechtsprechung eher einer einschränkenderen Beurteilung zu[25].

---

[21] Vgl. *Pfeifer,* Investitionszulagengesetz und Rahmenplan der Gemeinschaftsaufgabe, DVBl. 1975, S. 323ff. (324f., 327).

[22] Vgl. *Wagner,* S. 91.

[23] Vgl. *Pfeifer,* Investitionszulagengesetz und Rahmenplan der Gemeinschaftsaufgabe, DVBl. 1975, S. 323 (327f.).

[24] So ausdrücklich *Hartmann,* RdNr. 16; *Pfeifer,* S. 323; *Wagner,* S. 91f.

Das BVerwG hatte Gelegenheit, zu dieser Frage in bezug auf die Anwendung des Schwerpunktprinzips im InvZulG (1973) Stellung zu nehmen[26]. Im Ergebnis sah es in der Verweisung auf den Rahmenplan keinen Verstoß gegen den rechtsstaatlichen Gesetzesvorbehalt und gegen das Verweisungsverbot. Es sei nichts Ungewöhnliches, wenn einer zunächst nur verwaltungsintern wirkenden Planung dadurch Außenwirkung verliehen werde, daß Planfestsetzungen zu Anspruchsvoraussetzungen für die Gewährung von Investitionszulagen gemacht würden. Die Frage, ob die Einräumung einer parlamentarischen Gestaltungsfreiheit, soweit sie mit Außenwirkung verbunden sei, dem rechtsstaatlichen Gesetzesvorbehalt widerspreche, sei zu verneinen, solange der Gesetzgeber für eine Limitierung der exekutivischen Macht durch eine vorgeschriebene Zielsetzung und Orientierung gesorgt habe. Die lenkende und verteilende Tätigkeit des Staates müsse sich vor allem am Willkürverbot des Art. 3 I GG messen lassen. Das BVerwG hat dem InvZulG einen weitergehenden, gesetzliche Festlegungen erfordernden, intensiven Bezug zu einem grundrechtlich geschützten Bereich abgesprochen.

Diese allgemeine Aussage über die leistungsgewährende Tätigkeit des Staates ist zu undifferenziert. Insoweit kann auf die obigen Ausführungen zum Parlamentsvorbehalt verwiesen werden. Dennoch verdient die Auffassung des BVerwG hinsichtlich der Problematik der notwendigen legislatorischen Regelungsdichte und der Einräumung exekutivischer Gestaltungsfreiheit durch den Gesetzgeber im Ergebnis Zustimmung. Bei der Beantwortung dieser Frage muß dem Zusammenhang der Verweisungsproblematik mit dieser Problematik des Gesetzesvorbehalts Rechnung getragen werden. Der Gesetzgeber ist nach dem Demokratieprinzip nur gerufen, die inhaltlich bedeutsamen Fragen selbst zu entscheiden oder für die Entscheidung bestimmter Fragen im Wege der Verordnungsermächtigung die Exekutivspitze einzuschalten. Weniger wichtige Fragen kann er nach der Begrenzung der exekutivischen Entscheidungsmacht durch entsprechende Ziel- und Entscheidungsvorgaben den Exekutivorganen überlassen. Er kann ihnen dabei die für die anstehende Entscheidung erforderliche Gestaltungsfreiheit einräumen. Auch ist die von *Sachs*[27] aufgezeigte Möglichkeit der Auslegung einer Verweisungsnorm als Verordnungsermächtigung zu berücksichtigen, wenn die Verweisungsnorm die Voraussetzungen einer Verordnungsermächtigung erfüllt.

---

[25] Vgl. *Sachs,* NJW 1981, S. 1651 f.; *Schenke,* S. 103 ff. bezüglich der Unzulässigkeit dynamischer Verweisungen auf Verwaltungsvorschriften und Normungen Privater.

[26] Vgl. BVerwG, NJW 1980, S. 1862 f.

[27] Vgl. *Sachs,* NJW 1981, S. 1651 f.; zum Verhältnis von Verweisung und Delegation insbesondere auch *Schenke,* S. 100 ff. mit dem Ergebnis, daß eine dynamische Verweisung, die nicht der inhaltlichen Anforderung einer Ermächtigung nach Art. 80 genügt, von vornherein dem Verdikt der Verfassungswidrigkeit nicht entgehen könne.

Andernfalls bleibt die Möglichkeit, die dynamische Verweisung als Regelungstechnik anzuerkennen, wenn die gesetzgeberischen Vorgaben ausreichen, die bewußte legislatorische Einräumung von exekutivischer Gestaltungsmacht zu begrenzen und eine dem gesetzgeberischen Willen widersprechende Veränderung der Rechtslage zu verhindern. Diese Möglichkeit besteht somit nur eingeschränkt.

Zustimmung verdient insofern die Feststellung *Schenkes:* „Es kann nicht angehen, daß dem Gesetzgeber das, was ihm auf dem Wege über die Delegation untersagt ist, über die Hintertür der gesetzlichen Verweisung möglich sein soll“[28]. Der Gesetzgeber darf sich seiner Regelungspflichten nicht dadurch entziehen, daß er statt der Verordnungsermächtigung die Verweisungstechnik wählt. Die in der Literatur geäußerten Bedenken gegen eine dynamische Verweisung sind deshalb in Übereinstimmung mit der Rechtsprechung des BVerfG zutreffend, wenn für die in Frage stehende Regelung ein ausdrücklicher Gesetzesvorbehalt besteht[29]. Das BVerfG hat darüber hinaus ausdrücklich offen gelassen, ob die Bedenken auch in anderen Fällen dynamischer Verweisungen durchgreifen. Richtigerweise ist dies auch in den Fällen anzunehmen, in denen zwar kein ausdrücklicher Gesetzesvorbehalt besteht, der Gesetzgeber aber wegen der Bedeutung der zu treffenden Entscheidung unter dem Gesichtspunkt der „Wesentlichkeit“ aufgefordert ist, die Entscheidung selbst zu treffen.

Insoweit ist das vorbehaltsrechtliche Bestimmtheitsgebot zu beachten. Dieses reicht bezüglich seiner Bestimmtheitsanforderungen eher weiter als das delegationsrechtliche gem. Art. 80 I S. 2 GG, wenn außenwirksame Rechtsnormen von dem Gesetzgeber selbst oder wenigstens von einem Verordnungsgeber hätten gesetzt werden müssen. Der zur Selbstentscheidung verpflichtete Gesetzgeber gibt seine Rechtsetzungsbefugnisse unberechtigt preis, wenn er die von ihm zu entscheidende, aber in der Verweisungsnorm offen gelassene Frage den Verweisungsadressaten klären läßt. Dasselbe gilt, wenn eine bestimmte Frage nach dem Rechtssatzvorbehalt und dem Prinzip der nach der Bedeutung abgestuften Regelungshierarchie vom Verordnungsgeber entschieden werden muß; in diesem Fall darf der Gesetzgeber ebenfalls nicht auf die Regelungen Dritter Bezug nehmen. Grundsätzlich kann zwar der Gesetzgeber im Anwendungsfeld des Rechtssatzvorbehalts entscheiden, welchen der in Betracht kommenden Ermächtigungsadressaten er letztlich zu der Entscheidung ermächtigt, jedoch dürfen nicht andere als der Gesetzgeber oder als die in Betracht kommenden Verordnungsgeber den Regelungsinhalt bestimmen. Ansonsten könnte der Gesetzgeber unberech-

---

[28] *Schenke,* Verfassungsrechtliche Grenzen gesetzlicher Verweisungen, in: Festschrift für Ludwig Fröhler, S. 102.

[29] Vgl. BVerfGE 47/285 (311f.) mit Rezension von *Arndt,* JuS 1979, S. 285 (786f.) und *Weber,* JuS 1981, S. 766 Nr. 3.

tigt über seine Rechtsetzungsmacht oder die des richtigen Adressatenkreises[30] der Ermächtigung verfügen.

Die Verwendung der Technik der dynamischen Verweisung durch den Gesetzgeber führt somit nicht zwangsläufig zur Verfassungswidrigkeit der Regelung, sondern nur dann, wenn von dem Gesetzgeber ein Delegationsverbot zu beachten war oder, wenn die Entscheidung von einem Verordnungsgeber hätte getroffen werden müssen[31].

IV. Die dynamischen Verweisungen im einzelnen

1. Die dynamischen Verweisungen auf den Rahmenplan bezüglich der Festsetzung der Schwerpunktorte, der Förderungshöchstsätze und der durchschnittlichen Investitionskosten pro gefördertem Arbeitsplatz (§ 2 II S. 1 Nr. 1 a, b und Nr. 6, IV InvZulG 1986)

Im Ergebnis sind die dynamischen Verweisungen auf den Rahmenplan im Hinblick auf ihre Verfassungsmäßigkeit verschieden zu beurteilen. Zu unterscheiden ist einerseits zwischen den dynamischen Verweisungen auf den Rahmenplan bezüglich der Festsetzung der Schwerpunktorte, der Förderungshöchstsätze sowie der durchschnittlichen Investitionskosten pro gefördertem Arbeitsplatz und andererseits den dynamischen Verweisungen auf den Rahmenplan bezüglich der Fördergebietsabgrenzung.

Die Meinung des BVerwG, daß das Schwerpunktprinzip auf einer hinreichenden gesetzlichen Regelung beruhe und die Verweisung somit nur an die planerische Ausprägung eines gesetzlich geregelten Prinzips anknüpfe, ist unter demokratischem und rechtsstaatlichem Aspekt nicht zu beanstanden. Die Festlegung der Schwerpunktorte konnte und kann der Gesetzgeber dem exekutivischen Planungsgremium überlassen.

Bedenken aus dem Bundesstaatsprinzip[32] rechtfertigen keine andere Beurteilung.

Die Verweisungstechnik begünstigt, indem sie die „Rechtszersplitterung" im föderalistischen Staat vermindert, die Tendenz zur Unitarisierung[33]. Wenngleich die bisherige Unitarisierungstendenz neuerdings[34] nicht mehr unkritisch als zwangsläufige bundesstaatliche Begleiterscheinung angesehen wird, darf der Unitarisierungseffekt der Verweisung nicht eine ungün-

---

[30] Vgl. dazu *Staupe*, S. 283.

[31] Dazu auch *Arndt*, JuS 1979, S. 786f.

[32] Vgl. dazu Entscheidung des OVG Hamburg, NJW 1980, S. 2830 mit Rezension von *Weber*, JuS 1981, S. 766 Nr. 3 und *Gamber*, VBlBW. 1983, S. 197.

[33] Ähnlich *Schenke*, S. 90.

[34] Dazu bereits oben Kapitel II und *Rudolf*, Wende im Bundesstaat?, S. 343ff.

stige Beurteilung der Verweisungstechnik auslösen. Aber auch umgekehrt darf der Vereinfachungseffekt und die Überschaubarkeit einer Regelungsmaterie nicht in jedem Fall zu einer positiven Beurteilung der dynamischen Verweisung Anlaß geben. Deshalb kann weder die Auffassung geteilt werden, eine Verweisung von Landesrecht auf Bundesrecht könne nicht beanstandet werden, weil sie zu einer unter bundesstaatlichem Aspekt gut zu heißenden Harmonisierung von Bundes- und Landesrecht führe[35], noch umgekehrt die Auffassung, eine bundesgesetzliche Verweisung sei deshalb akzeptabel[36], weil eine Verstärkung der Länderposition und damit eine Stärkung der föderativen Staatsidee zu verzeichnen sei. Beide Erwägungen stützen sich zu wenig auf die Zuständigkeitsverteilung des GG. Überläßt z. B. der Bundesgesetzgeber in einem Bereich der konkurrierenden Gesetzgebungskompetenzen einen Teil seiner Entscheidungsmacht den Landesgesetzgebern, ist dies grundsätzlich nicht zu beanstanden.

Größeres Gewicht erlangt bei Detailfestlegungen das Argument, daß das unflexible Gesetzgebungsverfahren nicht geeignet ist, den rasch wechselnden Umständen Rechnung zu tragen. Für Detailentscheidungen ist das Gesetzgebungsverfahren zu starr; solche Entscheidungen sind besonders häufig korrekturbedürftig. Zutreffend ist daher die Feststellung *Staupes*, daß Grund- und Leitentscheidungen, also grundlegende gesellschaftspolitische, wirtschafts-, bildungs- oder sozialpolitische Entscheidungen auf der ranghöheren Regelungsebene, in der Regel durch Parlamentsgesetz zu treffen sind, während vorprogrammierte und deshalb begrenzte Entscheidungen nicht der Steuerung durch ein Gesetz oder aufgrund eines Gesetzes bedürfen[37].

Gibt der Gesetzgeber, wie oben gefordert, die Kriterien und die Dimension zur räumlichen Eingrenzung des Begünstigtenkreises bei der Fördergebietsabgrenzung vor, hat er die exekutivische Gestaltungsmacht in einer den rechtsstaatlichen und demokratischen Anforderungen genügenden Weise limitiert. Die Detailfestlegungen darf er dem Planungsausschuß überlassen. Das ist der Grund, warum für die Festlegungen der Schwerpunktorte und der Förderungshöchstsätze sowie die Festsetzung der durchschnittlichen Investitionskosten pro gefördertem Arbeitsplatz keine Entscheidung des Gesetz- oder Verordnungsgebers zu fordern ist.

Dies gilt, obwohl der Planungsausschuß ein aus Vertretern des Bundes und der Länder besetztes Gremium ist, Entscheidungsmacht also auf die sog. „vierte Gewalt" verlagert wird[38].

---

[35] Vgl. *Schröcker*, NJW 1967, S. 2290; *Schenke*, S. 114.
[36] Vgl. *Ossenbühl*, S. 405 Fn. 40 und *Schenke*, S. 116.
[37] *Staupe*, S. 257 f.
[38] So *Wagner*, S. 92 Fn. 147 und *Ossenbühl*, DVBl. 1967, S. 405.

Diesbezüglich könnten zwar die Ausführungen des BVerfG, das eine dynamische Verweisung in einem Gesetz auf einen Tarifvertrag als verfassungswidrig ansah, eine andere Beurteilung verlangen. Entscheidend ist aber, daß die Tarifvertragsparteien nicht staatlich-demokratisch legitimiert sind, weshalb die Einwirkung auf die Freiheit der Bürger nicht auf ein vom Volk legitimiertes Organ zurückführbar ist. Der Planungsausschuß wird hingegen von den wenigstens mittelbar demokratisch legitimierten Landesregierungen und der Bundesregierung gebildet. Außerdem stehen die Schwerpunktorte, nachdem die Fördergebiete bestimmt sind, im wesentlichen fest, so daß keine rechtswidrige Veräußerung gesetzgeberischer Befugnisse an einen nicht vom Staatsvolk demokratisch legitimierten Entscheidungsträger (durch die Einräumung von Gestaltungsmacht) erfolgt. Bei der Festsetzung der Schwerpunktorte, der Förderungshöchstsätze und der durchschnittlichen Investitionskosten i. S. des § 2 IV InvZulG handelt es sich um Entscheidungen der Detailplanung, die der Exekutive überlassen bleiben können.

Durch Art. 91 a GG wird die Übertragung der Detailplanung mit Gestaltungsfreiheit auf ein gemeinsames Planungsgremium von Bund und Ländern (§ 2 I i. V. mit § 5 GRW) gerechtfertigt. Bezüglich des InvZulG ist die Rechtfertigung schwieriger, da es sich um eine nicht auf Art. 91 a II, III GG basierende bundesgesetzliche Regelung[39] handelt. Da jedoch eine Veräußerung gesetzgeberischer Befugnisse nicht eintritt, bestehen auch keine Bedenken, wenn der Bundesgesetzgeber auf einem Kooperationsbereich einem mit Vertretern der Landesregierungen besetzten Gremium Gestaltungsmacht einräumt. Es ist materiell nicht anders, als wenn der Bundesgesetze ausführenden Landesverwaltung durch die Verwendung unbestimmter Rechtsbegriffe in einem nicht dem Parlamentsvorbehalt unterliegenden Entscheidungsbereich ein Gestaltungsspielraum eingeräumt wird.

Da der Rahmenplan nicht als Verordnung, sondern in seiner Eigenschaft als staatsleitender Gesamtakt ebenso wie eine Verwaltungsvorschrift als Nichtnorm anzusehen und zu behandeln ist[40], bleiben somit bezüglich der Verweisungen auf den Rahmenplan zur Festsetzung der Schwerpunktorte, der Förderungshöchstsätze sowie der durchschnittlichen Investitionskosten lediglich Bedenken wegen dem möglicherweise nicht eingehaltenen Publikationsgebot i. S. des Art. 82 GG.

Aus rechtsstaatlichen Erwägungen und nach der ratio des Art. 82 GG steht hinter dem Verkündungserfordernis für Gesetze der Gedanke, die Öffentlichkeit müsse von dem Gesetz Kenntnis nehmen können. Deshalb genügt nicht nur die Verkündigung des Gesetzestextes, geboten ist vielmehr

---

[39] Daß die Gesetzgebungskompetenz aus den oben in Kapitel II genannten Gründen zu Unrecht in Anspruch genommen wurde, mag hier dahinstehen.

[40] Vgl. *Wagner,* S. 91 u. S. 157f.; *Pfeifer,* DVBl. 1975, S. 324.

die Bekanntmachung des Gesetzesinhalts[41]. Folgerichtig verlangt die h. M.[42], daß auch die durch die Verweisungsnorm in bezug genommenen nicht normativen Verweisungsobjekte ordnungsgemäß verkündet werden müssen, da sie infolge der Inkorporation durch die Verweisungsnorm dessen Rechtscharakter angenommen haben.

Überträgt man die (oben unter I. behandelten) Grundsätze der Publikation auf die Problematik, ob die Verweisung gem. § 2 II S. 1 Nr. 1a, b und Nr. 6, IV InvZulG auf den Rahmenplan den Publikationsanforderungen gerecht wird, muß man zu einem die Verfassungsmäßigkeit der dynamischen Verweisung bejahenden Ergebnis gelangen. § 2 II Nr. 1a, b InvZulG nehmen Bezug auf den Rahmenplan, lassen somit das Verweisungsobjekt deutlich erkennen. Für die Kenntnisnahmemöglichkeit des Gesetzesinhalts ist dadurch gesorgt, daß in § 2 II S. 1 Nr. 1a und Nr. 6, IV InvZulG auf die Bekanntgabe des fraglichen Inhalts des Rahmenplans im Bundesanzeiger aufmerksam gemacht wird, der als für die Veröffentlichung geeignetes Publikationsorgan anzusehen ist. In § 2 II S. 1 Nr. 1b hat der Gesetzgeber den Hinweis auf die Veröffentlichungsstelle zwar nicht wiederholt; § 2 II S. 1 Nr. 1b steht jedoch im Zusammenhang mit Nr. 1a InvZulG, da sowohl § 2 II S. 1 Nr. 1 a als auch Nr. 1 b InvZulG auf die im Rahmenplan ausgewiesenen Schwerpunktorte Bezug nehmen. Deshalb ist hinsichtlich § 2 II S. 1 Nr. 1b eine abweichende Beurteilung nicht gerechtfertigt.

2. Die dynamische Verweisung auf den Rahmenplan bezüglich der Fördergebietsabgrenzung (§ 5 Nr. 1 i.V. mit § 1 II Nr. 1 und Nr. 2 GRW; §§ 3 I Nr. 3 a, b, III InvZulG 1986)

Nicht maßgebend dürfen dagegen die mit der Verweisungstechnik verbundenen Vorteile, insbesondere der damit erzielte Vereinfachungseffekt und die damit bewirkte Überschaubarkeit der Regelungsmaterie sein, wenn durch die Regelungstechnik elementare Prinzipien des Staatsaufbaus vernachlässigt werden.

Entscheidungsbefugnisse dürfen nach Maßgabe der Wesentlichkeitstheorie nicht übertragen werden, soweit der Gesetzgeber selbst oder der Verordnungsgeber die Entscheidung treffen mußte; der Planungsausschuß kann also prinzipiell Verweisungsadressat sein, aber nur, soweit die Entscheidun-

[41] So ausdrücklich *Ebsen*, Fremdverweisungen in Gesetzen und Publikationsgebot, DÖV 1984, S. 654 und 657ff.

[42] Statt vieler *Hömig*, Zur Zulässigkeit statischer Verweisungen des Bundesrechts, DVBl. 1979, S. 309; *Ebsen*, Fremdverweisungen in Gesetzen und Publikationsgebot, DÖV 1984, S. 654ff.; *Schenke*, Verfassungsrechtliche Grenzen gesetzlicher Verweisungen, in: Verwaltung im Dienste von Wirtschaft und Gesellschaft, Festschrift für Ludwig Fröhler, 1980, 87ff. (96ff.); *Ossenbühl*, DVBl. 1967, S. 401ff.; *Karpen*, S. 142f., 154ff.

gen im Rahmenplan von ihm statt dem Gesetzgeber oder Verordnungsgeber getroffen werden durften. Aus den bisherigen Ausführungen folgt deshalb ein Verdikt der Verfassungswidrigkeit hinsichtlich der als dynamische Verweisungen aufzufassenden Regelungen des § 5 Nr. 1 i. V. m. § 1 II Nr. 1 und Nr. 2 GRW und des § 3 I Nr. 3 a, b, III InvZulG (1986). Da das Demokratieprinzip nicht nur der Preisgabe von Gesetzgebungsbefugnissen hinsichtlich der einem ausdrücklichen Gesetzesvorbehalt unterworfenen Sachmaterien entgegensteht, sondern auch der Preisgabe von Gesetzgebungsbefugnissen hinsichtlich solcher Sachmaterien, die nach der Wesentlichkeitslehre vom Gesetzgeber selbst oder vom Verordnungsgeber zu entscheiden sind, ist die Übertragung der Fördergebietsabgrenzung auf den Planungsausschuß im Wege der Verweisung verfassungswidrig.

Bereits oben wurde die Bedeutung der Fördergebietsauswahl für die Grundrechtsverwirklichung hervorgehoben und festgestellt, daß die Fördergebietsabgrenzung eine Entscheidung ist, die der Gesetzgeber mehr vorprägen mußte. Den Anforderungen des vorbehaltsrechtlichen Bestimmtheitsgebots genügen die Festlegungen des Gesetzgebers in § 3 I Nr. 3 a, b InvZulG und in § 1 II Nr. 1, Nr. 2 GRW nicht. Während Schwerpunktorte nur in dem durch die Fördergebietsabgrenzung vorgegebenen Rahmen festgelegt werden, ist die Fördergebietsabgrenzung eine grundlegende Entscheidung mit weitreichender wirtschafts- und gesellschaftspolitischer Bedeutung (dazu oben F.). Ist insoweit die Geltung des Delegationsverbots anzuerkennen, hätte der Gesetzgeber „zumindest die Art der anzuwendenden Auswahlkriterien und deren Rangverhältnis untereinander selbst festlegen“[43] müssen. Das hat er indessen nicht getan. Er läßt vielmehr die zu regelnden Fragen den Planungsausschuß entscheiden.

Eine andere Frage ist, ob im Gesetzestext der Verweisungsnorm auf die Publikationsstelle der in bezug genommenen Regelung hingewiesen werden mußte. § 3 III InvZulG (1986) weist ausdrücklich auf die Publikationsstelle hin. Dagegen fehlt der Hinweis in § 5 Nr. 1 i. V. m. § 1 II Nr. 1 und Nr. 2 GRW. Insofern stellt sich die Frage, ob in dem Rahmengesetz, dem GRW, ein ausdrücklicher Hinweis auf die Publikationsstelle enthalten sein müßte.

Angesichts der restriktiven Auslegung der Publikationserfordernisse ist eine weitere Einschränkung insofern Bedenken ausgesetzt. Orientiert man sich hinsichtlich der Konkretisierung des Publikationsgebots wie das BVerfG an dem aus dem Rechtsstaatsprinzip abgeleiteten Grundsatz, für den Rechtsunterworfenen müsse klar sein, welche Vorschriften im einzelnen gelten sollten, kann man es nicht stets genügen lassen, daß die in bezug genommene Regelung ihrem „Gegenstand nach präzis bezeichnet“ ist. Die Möglichkeit ungehinderter und möglichst müheloser Kenntnisnahme ist

[43] BVerfGE 33/303 (345 f.); dazu auch *Staupe*, S. 285 m. w. N.

dann nicht gewährleistet, wenn es sich nicht um eine Rechtsnorm handelt. Hinsichtlich der Frage, ob in der Verweisungsnorm ein Hinweis auf die Fundstelle des Verweisungsobjekts enthalten sein muß, kann man es in den Fällen, in denen das Verweisungsobjekt keine Rechtsnormqualität hat, nicht bei der Feststellung des BVerfG, daß die Verkündung in den für das Verweisungsobjekt zuständigen Publikationsorganen genüge, bewenden lassen. Bei den Verweisungen auf Landesgesetze oder Rechtsverordnungen, läßt sich die Fundstelle für den Rechtsunterworfenen ohne Schwierigkeiten ermitteln. Bei nichtnormativen Regelungen entspricht es mehr dem rechtsstaatlich untermauerten Publikationserfordernis des Art. 82 GG, wenn der Gesetzgeber in der Verweisungsnorm die Fundstelle des Verweisungsobjekts bezeichnet[44]. Infolgedessen verstößt die Verweisung des § 5 Nr. 1 i. V. mit § 1 II Nr. 1 und Nr. 2 GRW auf den Rahmenplan ohne Angabe der Publikationsstelle im Gesetzestext zudem gegen das Publikationsgebot.

---

[44] So auch das BVerwG, DBVl. 1978, S. 591 (595), wonach es im Fall der Verweisung auf eine allgemeine Verwaltungsvorschrift die Angabe der Fundstelle im Gesetzestext verlangt hat; dazu auch *Hömig*, S. 309.

Ergebnis in Thesen

1. Die regionale Wirtschaftsförderung ist die wichtigste Maßnahme der Regionalpolitik; sie dient in erster Linie der Verwirklichung der ökonomischen Zielsetzung der Regionalpolitik. Nicht unterschätzt werden darf ihr Einfluß auf die Raumordnungspolitik. Sie muß daher raumordnungspolitische Grundsätze und Aspekte beachten.

2. Konflikte zwischen der ökonomisch ausgerichteten regionalen Wirtschaftsförderung und der Raumordnungspolitik treten besonders wegen des Spannungsverhältnisses zwischen Ökonomie und Ökologie auf. Das Interesse der Freihaltung bestimmter Gebiete von Industriebetrieben tritt in Konflikt mit der von der Regionalpolitik intendierten Förderung von Industrie- und Gewerbebetrieben in strukturschwachen Gebieten sowie der Verhinderung der Umweltverarmung in Ballungszentren.

3. Wichtigstes Ziel der regionalen Wirtschaftsförderung ist das Ausgleichsziel, das Ziel, möglichst gleichwertige Lebensverhältnisse im Bundesgebiet herzustellen. Als Indikatoren für die regional differenzierende Förderung dienen das Bruttoinlandsprodukt pro Einwohner, ein Einkommenskriterium, ein Infrastrukturindikator, die prognostizierte Arbeitsmarktentwicklung und die Arbeitslosenquote.

4. Im Spannungsverhältnis stehen die Verteilungsgerechtigkeit im Bundesstaat, die bislang die Verfolgung des Ausgleichsziels zum Mitwirkungs- oder sogar Aufgabenbereich des Bundes machte, und das Bundesstaatsprinzip.

5. Bestrebungen des Bundes zur Herbeiführung der Verteilungsgerechtigkeit im Bundesstaat haben zu einem Mißverhältnis im Bund-Länder-Verhältnis geführt, da der Bund seine Kompetenzen intensiv unter Berufung auf die Gesamtbelange ausschöpfte. Begünstigt wurde dadurch nicht nur eine Unitarisierungstendenz im Bundesstaat; verbunden waren damit vielmehr auch Fehlentwicklungen, die zu Verfassungsverstößen geführt haben.

6. Das Investitionszulagengesetz ist zu Unrecht in den „Mantel eines Steuergesetzes" gesteckt worden, da die Investitionszulage nichts anderes ist als eine Leistungssubvention. Die steuerrechtliche Behandlung führt dazu, daß den Gemeinden indirekt durch die Verminderung des Einkommensteueranteils ein Teil der Last der Aufgabenwahrnehmung von Bund und Ländern aufgebürdet wird; Art. 104a GG rechtfertigt die

Belastung der Gemeinden nicht. Außerdem verstößt die Behandlung der Investitionszulagen als indirekte Steuern gegen das Bruttoprinzip nach Art. 110 GG, § 12 I S. 1 HGrG, da die durch Investitionszulagen bedingten Aufwendungen nicht als Ausgaben in den Haushaltsplan eingestellt werden. Würden die Investitionszulagen richtig als direkte Subventionen behandelt, müßten sie im Haushaltsplan ausgewiesen werden.

7. Aus der richtigen Einordnung als direkte Subvention ergeben sich auch Schlußfolgerungen kompetenzrechtlicher Art. Art. 91a GG eröffnet dem Bund Mitwirkungsmöglichkeiten bei der Verwirklichung von Landesaufgaben. Insofern handelt es sich um eine Kompetenzausdehnung zugunsten des Landes. Gleichzeitig wird aber durch Art. 91a I GG die regionale Wirtschaftsförderung als zum Aufgaben- und grundsätzlich zum Kompetenzbereich der Länder gehörend festgestellt. Art. 91a GG i.V.m. dem GRW sieht zur Verbesserung der regionalen Wirtschaftsstruktur direkte Subventionen vor. Da die Investitionszulage nach richtiger Ansicht keine Steuerermäßigung, sondern eine direkte Subvention ist, ist das Investitionszulagengesetz als ein Gesetz im Sinne des Art. 74 Nr. 11 i.V. mit Art. 72 II GG anzusehen. Wegen Art. 91a GG besteht kein Bedürfnis für die besondere Regionalförderung aufgrund des Investitionszulagengesetzes; die Förderungsvoraussetzungen im GRW und InvZulG sind nahezu identisch, die Förderung aufgrund des Art. 91a GG hat denselben Effekt und verfolgt die gleichen Ziele.

8. Die Fehlentwicklungen im Bund-Länder-Verhältnis und die Gefahr der Parallelentwicklung im Verhältnis der EG zu ihren Mitgliedsstaaten geben Anlaß, die Verteilung der Entscheidungsgewichte zwischen der größeren und kleineren Einheit zu überdenken.

9. Die regionalpolitische Gestaltungsbefugnis der Entscheidungsträger von Bund und Ländern wird durch Art. 109 i.V. mit § 1 StabG, durch das Kriterium der Systemgerechtigkeit in Verbindung mit der Verhältnismäßigkeit und Geeignetheit der Regionalförderung, durch das Ausgleichsziel sowie Art. 3 I GG i.V. mit der Systemkonformität begrenzt.

10. Prägenden Einfluß auf die Zielverfolgung mit Hilfe der regionalen Wirtschaftsförderung hat auch das verrechtlichte ökonomische Zielsystem des § 1 StabG. Da die Wirtschaftssubventionierung eine haushaltsplanabhängige Förderung ist, müssen Bund, Länder und Gemeinden nicht nur den Verpflichtungen aus dem StabG, insbesondere dem gesamtwirtschaftlichen Gleichgewicht Rechnung tragen, sondern auch die Grenzen beachten, die das Prinzip der Systemgerechtigkeit in Verbindung mit der Verhältnismäßigkeit und Geeignetheit für die Regionalförderung errichtet.

11. Das unvermeidliche Zusammenspiel zwischen der Prozeß- und Strukturpolitik steht der Verfolgung solcher strukturpolitischen Ziele entgegen, die der steuernden Zielsetzung des § 1 StabG widersprechen.

12. Zu einer systeminkonformen Zielverfolgung kann es kommen, wenn statt der ökonomischen Zielsetzung ökologische und gesellschaftspolitische Zielsetzungen in den Vordergrund gerückt werden und deshalb notwendige ökonomische Maßnahmen unterlassen werden. Es gibt zwar im Staat keinen absoluten Vorrang ökonomischer Ziele; die staatlichen Entscheidungsträger haben auch anderen Zielen Rechnung zu tragen. Ohne das Pendant einer Staatsleitzielbestimmung Umweltschutz besteht in der Wirtschaftspolitik aber ein relativer Vorrang der Ökonomie. Ein genereller Verzicht auf zentrale staatliche Gegensteuerung zur Verhinderung von Disparitäten und damit der Verzicht auf die Verfolgung des ökonomisch verstandenen Ausgleichsziels ist systemwidrig. Den Entscheidungsträgern verbleibt aber ein ausreichender einzelfallbezogener Gestaltungsspielraum zur Entscheidung von Zielkonflikten.

13. Bei der zu befürwortenden Dezentralisierung der regionalen Wirtschaftsförderung darf das Ausgleichsziel nicht zu kurz kommen. Das Ziel der Herstellung gleichwertiger Lebensverhältnisse im Bundesgebiet hat, wenngleich im GG nicht explizit genannt, Leitzielcharakter. Es dient deshalb nicht nur als Maßstab für die Inanspruchnahme von Bundeskompetenzen, sondern ist gleichzeitig der in den kompetenz- und finanzverfassungsrechtlichen Bestimmungen beschriebene Belang des Gesamtstaates, der einen gewissen Vorrang gegenüber der Eigenständigkeit der Länder beansprucht. Wegen der hervorgehobenen Bedeutung des Ausgleichsziels als gesamtstaatlicher Belang ist zumindest der völlige Verzicht oder der großräumige Teilverzicht auf die Verfolgung des Ausgleichsziels ein Verstoß gegen die Verpflichtung, die Verwirklichung einer gegebenen Staatszielbestimmung anzustreben. Das Ausgleichsziel ist eine Ausprägung des Sozialstaatsprinzips und des Gleichheitsgrundsatzes, zwischen denen ein enger Zusammenhang besteht. Im Bund-Länder-Verhältnis begründet der Gleichheitssatz, wenn die Entscheidung einer Sachfrage über die Landesgrenzen hinaus von Bedeutung ist und Rechtspositionen aller Bürger der Bundesrepublik berührt sind, für den Bund und für jedes Land die Verpflichtung, für die Herstellung einer Gleichheit im Bundesstaat zu sorgen. Überdies enthält der Gleichheitssatz zusammen mit dem Sozialstaatsprinzip einen Sozialgestaltungsauftrag zur Herstellung ausgewogener ökonomischer Lebensverhältnisse im Bundesstaat. Die prägende Kraft der ökonomischen Zielsetzung darf dabei nicht vernachlässigt werden, wenngleich man sich vorstellen kann, daß die Herstellung gleichwertiger Lebensverhältnisse auch in der Erhaltung einer vergleichbaren Lebensgrundlage

bestehen kann. Der Verzicht oder der großräumige Teilverzicht auf zentrale Gegensteuerung widerspricht dem Sozialgestaltungsauftrag zur Herstellung gleichwertiger Lebensverhältnisse.

14. Eine wichtige Schranke der regionalen Wirtschaftsförderung bildet Art. 3 I GG i.V. mit der Systemkonformität. Die unterschiedliche Behandlung konkurrierender Unternehmen muß nicht nur der unscharfen Willkürgrenze, daß Gleiches nicht ungleich und Ungleiches nicht gleich behandelt werden dürfe, standhalten. Der Gleichheitssatz stellt an Differenzierungen im Wirtschaftsbereich strengere Anforderungen. Ansatzpunkt für eine inhaltliche Strukturierung ist das Kriterium der Sachlichkeit des Differenzierungsgrundes. Zwar muß der Gesetzgeber nicht den positiven Nachweis der Vereinbarkeit der Differenzierung mit der Wertordnung des GG erbringen; dadurch würde der notwendige Gestaltungsspielraum des Gesetzgebers zu sehr beschnitten. Jedoch wird der Gestaltungsspielraum nicht nur durch die grundgesetzliche Wertordnung und die marktwirtschaftlichen Grundsätze begrenzt, sondern auch durch die prägende Kraft vorrangiger („verfassungsnaher“) rechtlicher Wertungen. Beachtung verdienen insofern die Wertungen des § 1 StabG wegen ihrer Nähe zu Art. 109 GG und die Wertungen des GRW im Verhältnis zu anderen bundes- oder landesrechtlichen Regelungen wegen ihrer Nähe zu Art. 91a GG.

15. Probleme der rechtstechnischen Ausgestaltung stellen sich bezüglich des GRW und des InvZulG. Daß die Fördergebietsabgrenzung von den Ländern vorgenommen wird, erscheint nicht nur im Hinblick auf die anzustrebende Dezentralisierung der regionalen Wirtschaftsförderung wünschenswert, sondern könnte auch der Forderung nach verstärkter Beteiligung der Parlamente, insbesondere Landesparlamente, Nachdruck verleihen.

    Was den Gesetzesvorbehalt betrifft, erscheint die Erstreckung des Parlamentsvorbehalts auf die für die Grundrechtsverwirklichung wichtige Entscheidung von Zielkonflikten und auf die räumliche Ausdehnung der Regionalförderung durchaus berechtigt.

16. Zu beachten ist die instrumentale Funktion des Rechts, die gegenwärtige und zukünftige Entwicklung eines Sachbereichs plangerecht und effizient zu steuern. Diese Funktion muß aber in Einklang gebracht werden mit der Aufgabe, zu der optimalen Verwirklichung vorrangiger Prinzipien wie des Rechtsstaats-, des Bundesstaats-, und des Demokratieprinzips beizutragen. Die Wesentlichkeitslehre bietet den richtigen Ansatz zur Entwicklung einer nach der Bedeutung und Eigenart der zu regelnden Sachmaterie abgestuften Verteilung der Rechtssetzungs- und Entscheidungsmacht. Dabei muß den Bestimmtheitsanforderungen des Parlamentsvorbehalts bei der Verwendung unbestimmter Rechtsbe-

griffe, unbestimmter Verweisungsnormen sowie bei der Verwendung von Generalklauseln und Ermessenstatbeständen Rechnung getragen werden.

17. Der allgemeine Gesetzesvorbehalt gilt im Bereich der Wirtschaftssubventionierung, insbesondere im Bereich der regionalen Wirtschaftsförderung; in diesem Bereich besteht infolge der Massensubventionierung durchaus die Möglichkeit der Grundrechtsbeeinträchtigung einzelner.

18. Die Fördergebietsabgrenzung führt zu einer räumlich differenzierenden Typisierung. Nur die in einem bestimmten Gebiet ansässigen Unternehmen oder die Unternehmen, die in einem bestimmten Gebiet förderungsfähige Investitionen vornehmen, werden begünstigt. Für die in diesen Gebieten lebenden Menschen ist die Entscheidung, ob das jeweilige Gebiet als Fördergebiet eingestuft wird, von erheblicher Bedeutung. Die Fördergebietsabgrenzung hat maßgeblichen Einfluß auf die Beschäftigungs-, Umwelt- und Einkommenssituation in der betreffenden Region sowie insbesondere durch die Infrastrukturförderung auf die Lebensqualität und damit die Persönlichkeitsentfaltung. Deshalb ist es die Aufgabe des Parlaments, unter Entscheidung über die Zielkonflikte die räumliche Ausdehnung der Förderung grundsätzlich festzulegen. Die Kriterien, welche die Fördergebietsauswahl bestimmen sollen, müssen daher vom Gesetzgeber selbst näher festgelegt werden.

19. Effizienzerwägungen stehen der Erstreckung des Gesetzesvorbehalts auf die Fördergebietsabgrenzung nicht entgegen, da die Delegation der detaillierten Regelung auf den Verordnungsgeber nicht ausgeschlossen ist und somit nur prinzipielle Planungsentscheidungen von mittelfristiger bis langfristiger Dauer vom Gesetzgeber selbst getroffen werden müssen. Die Feinabgrenzung kann der Exekutive vorbehalten bleiben.

20. Zu der Stärkung des Föderalismus würde es beitragen, wenn die Auswahl der Fördergebiete hinsichtlich der Zielgewichtung und der Entscheidung über Zielkonflikte im Detail den Landesparlamenten überlassen und das Schwergewicht der Regionalförderung auf die Länder verlagert würde. Nur der Koordinierungsrahmen muß für alle Länder gleichermaßen vorgegeben und ein maximales Landesfördervolumen festgesetzt werden. Denkbar ist eine nuancierte Abstufung der Förderungshöchstsätze nach dem Grad der Strukturschwäche der von den Ländern abgegrenzten Fördergebiete. Auf diese Weise können die Vorzüge des Föderalismus stärker als bisher genutzt werden.

21. In engem Zusammenhang mit der Problematik der Geltung und der Reichweite des Gesetzesvorbehalts steht die Problematik der dynamischen Verweisung.

Die dynamischen Verweisungen des § 2 II bzw. IV InvZulG auf den jeweils gültigen Rahmenplan (bezüglich der Festlegung der Schwerpunktorte, der Förderungshöchstsätze und der durchschnittlichen Investitionskosten pro gefördertem Arbeitsplatz) können mit der Einräumung von exekutivischer Plangestaltungsmacht durch den Gesetzgeber gerechtfertigt werden, da es sich um Entscheidungen der Detailplanung handelt, auf die sich der allgemeine Gesetzesvorbehalt nicht erstreckt. Dagegen verstößt die dynamische Verweisung auf den jeweils gültigen Rahmenplan bezüglich der Fördergebietsabgrenzung gegen das Demokratie- und Rechtsstaatsprinzip, da der Gesetzgeber die Fördergebietsabgrenzung zu wenig vorprogrammiert und somit Gesetzgebungsbefugnisse veräußert hat. Daraus folgt ferner, daß § 1 I, II i. V. m. § 5 Nr. 1 GRW dem Publizitätserfordernis gem. Art. 82 I GG nicht genügt.

Literaturverzeichnis

Achterberg, Norbert: Soziokonformität, Kompetenzbereich und Leistungseffizienz des Parlaments, DVBl. 1972, S. 841 - 847

Angerer, Hanskarl: Anmerkungen zur Zonenrandpolitik, in: Diskussionspapier Lehrstuhl für Finanzwissenschaft Nr. 13, Bamberg, 1985

Arndt, Gottfried: Die dynamische Rechtsnormverweisung in verfassungsrechtlicher Sicht, in: JuS 1979, S. 784 - 789

Bachof, Otto: Begriff und Wesen des sozialen Rechtsstaates, in: VVDStRL 12 (1954), S. 37 - 84

Baden, Eberhard: Dynamische Verweisungen und Verweisungen auf Nichtnormen, NJW 1979, S. 623 - 627

Badura, Peter: Wirtschaftsverfassung und Wirtschaftsverwaltung, ein exemplarischer Leitfaden, Frankfurt a. M., 1971

— Die Rechtsprechung des Bundesverfassungsgerichts zu den wirtschaftsverfassungsrechtlichen Grenzen wirtschaftspolitischer Gesetzgebung im sozialen Rechtsstaat (1967), S. 593 - 616

— Richterliches Prüfungsrecht und Wirtschaftspolitik, in: Verwaltung im Dienste von Wirtschaft und Gesellschaft, Festschrift für Ludwig Fröhler, 1980, S. 321 - 348

Bäumler, Helmut: Staatliche Investitionsplanung unter dem Grundgesetz, Frankfurt, Hamburg, 1980, zit.: Investitionsplanung

Ballestrem, Ferdinand Graf von: Standortwahl von Unternehmen und Infrastrukturpolitik, ein empirischer Beitrag zur Beurteilung regionalpolitischer Instrumente, Berlin, 1974

Barbarino, Otto: Zur Revision des Grundgesetzes: Planerische und finanzielle Aspekte des Bund-Länder-Verhältnisses unter besonderer Berücksichtigung der Gemeinschaftsaufgaben, in: DÖV 1973, S. 19 - 23

Bayer, Hermann-Wilfried: Grundbegriffe des Steuerrechts, in: JA-Sonderheft 15, Berlin, 1977

Becker, Peter: Die Gemeinschaftsaufgabe „Verbesserung der regionalen Wirtschaftsstruktur", in: Die Verwaltung 1972, S. 59 - 72

— Politikverflechtung in der Gemeinschaftsaufgabe „Verbesserung der regionalen Wirtschaftsstruktur", in: Politikverflechtung II, S. 29 - 70

Bellstedt, Christoph: Verfassungsrechtliche Grenzen der Wirtschaftslenkung durch Steuern (dargestellt am Berlinhilfegesetz), Schwetzingen, 1962

— Bedürfen Subventionen gesetzlicher Grundlagen?, in: DÖV 1961, S. 161 - 171

Benda, Ernst: Verfassungsrechtliche Aspekte des Umweltschutzes, in: Umwelt- und Planungsrecht, 1982, S. 241 - 247

— Föderalismus in der Rechtsprechung des Bundesverfassungsgerichts, in: Probleme des Föderalismus, Tübingen, 1985, S. 71 - 84

Besters, Hans: Neue Wirtschaftspolitik durch Angebotslenkung – offene Fragen überbetrieblicher Investitionsfragen und vorausschauender Strukturpolitik, Baden-Baden, 1979

Biehl, Dieter: Schriftliche Stellungnahme zum Fragenkatalog für die öffentliche Anhörung des Ausschusses für Wirtschaft am 27. 2. 1985 zum Thema „Fortentwicklung der Regionalpolitik", Ausschuß-Drucksache 328/10, S. 1 - 29

Bleckmann, Albert: Subventionsrecht, 1. Aufl., Stuttgart, Berlin, Köln, Mainz, 1978

— Ordnungsrahmen für das Recht der Subventionen, Gutachten D zum 55. DJT, München, 1984

— Zur Bindung der Länder an die Ziele der Bundesrepublik, in: DÖV 1986, S. 125 - 132

Böckenförde, Ernst-Wolfgang: Gesetz und gesetzgebende Gewalt, 2. Aufl., Münster, 1981

Böhret / Jann / Kronenwett: Handlungsspielräume und Steuerungspotential der regionalen Wirtschaftsförderung, Baden-Baden, 1982

Brösse, Ulrich: Raumordnungspolitik, 2. Aufl. Berlin, 1982

— Ziele in der Regionalpolitik und in der Raumordnungspolitik, Berlin, 1972

Buchner, Werner: Neuorientierung der Regionalpolitik, in: Raumforschung und Raumordnung, 1985, S. 168 - 172

Bullinger, Martin: Das Verursacherprinzip und seine Instrumente – Eine interdisziplinäre Untersuchung, Berlin, 1974

Cholewa, Werner: Neue Wege der Wirtschaftsförderung, in: Städte- und Gemeindebund, 1984, S. 363 - 365

Constantinesco, Léontin-Jean: Das Recht der EG I – Das institutionelle Recht, Baden-Baden, 1977

David, Carl-Heinz: Rechtliche Grundlagen europäischer Raumordnungsbestrebungen – Möglichkeiten und Grenzen, in: Ansätze zu einer europäischen Raumforschung, Veröffentlichungen der Akademie für Raumforschung und Landesplanung, Bd. 155, Hannover, 1985, S. 5 - 22

Degenhart, Christoph: Systemgerechtigkeit und Selbstbindung des Gesetzgebers als Verfassungspostulat, in: Münchner Universitätsschriften, 1. Aufl., Bd. 34, München, 1976

— Gesetzgebung im Rechtsstaat, in: DÖV 1981, S. 477 - 486

Dicke, Detlef Christian: Verfassungsrechtliche Möglichkeiten und Grenzen der Wirtschaftslenkung in Italien und der Bundesrepublik Deutschland, Stuttgart, 1969

Dickertmann, Dietrich: Öffentliche Finanzhilfen, in: Schriften zur öffentlichen Verwaltung und öffentlichen Wirtschaft, 1. Aufl., Bd. 47, Baden-Baden, 1980

Dietrichs, Bruno: Langfristige Entwicklungstendenzen der Raumordnung in der Bundesrepublik Deutschland, in: Eberstein, Handbuch der regionalen Wirtschaftsförderung, A IV 2., Köln ab 1971, Stand 1985

Donner, Hartwig: Aktuelle Probleme des Finanzausgleichs im sozialen Bundesstaat, in: ZRP 1985, S. 327 - 332

Düring, Günter: Art. 3, in: Maunz / Düring / Herzog / Scholz, GG-Kommentar, Stand 1980

Duesberg / Walther: Das Verhältnis der gemeinschaftlichen Wettbewerbspolitik zur Regionalpolitik, in: Raumforschung und Raumordnung 1983, S. 28 - 32

Eberle, Carl-Eugen: Gesetzesvorbehalt und Parlamentsvorbehalt in: DÖV 1984, S. 485 - 439

Eberstein, Hans-Herrmann: Grundlagen der Regionalpolitik und ihre wesentlichen Grundsätze, in: Handbuch der regionalen Wirtschaftsförderung, Köln, ab 1971 (Stand 1985), A III

Ebsen, Ingwer: Fremdverweisungen in Gesetzen und Publikationsgebot, DÖV 1984, S. 654 - 662

Eckey, Hans-Friedrich: Strukturorientierte Konjunkturpolitik, Köln, 1978

Eichenberger, Kurt: Gesetzgebung im Rechtsstaat VVDStRL 40 (1982), S. 7 - 36

Ehlermann, Claus-Dieter: Kommentar zum EWG-Vertrag, Art. 1 - 136, in: von der Groeben / von Boeckh / Thiesing / Ehlermann, 2. Aufl., Bd. 1, Baden-Baden, 1974

Eppe, Franz: Subventionen und staatliche Geschenke, Stuttgart, Berlin, Köln, Mainz, 1966

Erichsen, Hans-Uwe: Gesetzesvorbehalt, Schulverhältnis, Recht auf Bildung, in: VerwArch. 1976, S. 93 - 104

Ernst, Werner: Gleichwertige Lebensbedingungen – Aufgabe der Raumordnung, in: Beiträge zum Konzept der ausgeglichenen Funktionsräume, Materialien zum Siedlungs- und Wohnungswesen und zur Raumplanung, Bd. 15, Münster, 1977, S. 9 - 32

Feger: Gemeinschaftsaufgaben, Entstehung, Kritik und Änderungsmöglichkeiten, Verwaltungsrundschau 1979, S. 415 - 420

Feldhaus, Gerhard: Konturen eines modernen Umweltrechts, DÖV 1974, S. 613 - 618

Fischer-Menshausen, Herbert: Art. 104 a GG in: von Münch, Grundgesetz-Kommentar, 1. Aufl., Bd. 3, München, 1978

Fleckenstein, Kurt: Aufgabenteilung in der regionalen Wirtschaftsförderung, in: Raumforschung und Raumordnung, 1985, S. 173 - 179

Forsthoff, Ernst: Über Mittel und Methoden moderner Planung, in: Kaiser, Planung III, S. 21 - 38

Franzmeyer / Schultz / Schumacher / Seidel: Einflüsse der EG auf die Regionalpolitik in der Bundesrepublik Deutschland, Göttingen 1975

Friauf, Karl Heinrich: Bemerkungen zur verfassungsrechtlichen Problematik des Subventionswesens, DVBl. 1966, S. 729 - 738. Die verfassungsrechtliche Problematik einer politischen Ziel- und Mittelplanung der Bundesregierung im Hinblick auf ihr Verhältnis zum Deutschen Bundestag, in: 1. Bericht zur Reform der Struktur von Bundesregierung und Bundesverwaltung, Anlagenband

— Referat zum 55. DJT, in: Verhandlungen des 55. DJT, Bd. II, München, 1984, S. M 8 - M 43

Friehe, Heinz-Josef: Das Abwehrrecht des Wettbewerbers gegen die Subventionierung eines Konkurrenten, in: JuS 1981, S. 867 - 871

Frohwein, Jochen (Abr.): Gemeinschaftsaufgaben im Bundesstaat, in: VVDStRL 31 (1973), S. 13 - 50

Frotscher, Werner: Grundfälle zum Wirtschaftsverfassungs- und Wirtschaftsverwaltungsrecht, in: JuS 1984, S. 692 - 698

Fuß, Ernst-Werner: Zur Verweisung des deutschen Umsatzsteuergesetzes auf den gemeinsamen Zolltarif der europäischen Gemeinschaften, in: Festschrift für Paulick, 1973, S. 293 - 323

Gamber, Dieter: Die verfassungsrechtliche Problematik der dynamischen Verweisung von Landesrecht und Bundesrecht, in: VBlBW 1983, S. 197 - 199

Geitmann, Roland: Bundesverfassungsgericht und „offene Normen", Berlin, 1971

Giersch, Herbert: Allgemeine Wirtschaftspolitik, Grundlagen; Bd. I, Wiesbaden, 1961

Götz, Volkmar: Recht der Wirtschaftssubventionen, München und Berlin, 1966

Goroncy, Robert: Der Mitwirkungsbereich des Bundes bei den Gemeinschaftsaufgaben nach Art. 91 a und 91 b des Grundgesetzes, in: DÖV 1970, S. 109 - 114

Grosser, Hans-Dieter: Die Spannungslage zwischen Verfassungsrecht und Verfassungswirklichkeit bei der Vergabe von staatlichen Wirtschaftssubventionen durch die öffentliche Hand, in: Schriften zum öffentlichen Recht, Bd. 453, Berlin, 1983

Gruson, Michael: Die Bedürfniskompetenz, Inhalt und Justiziabilität des Art. 72 II des Grundgesetzes, Berlin 1967

Gündisch, Jürgen: Die Entwicklungen des Subventionsrechts 1980 bis 1983 in: NVWZ 1984, Heft 8, S. 489 - 495

Gundlach, Hans-Jürgen: Subventionen als Mittel der Wirtschaftspolitik, Eine theoretische Untersuchung der Einsatzmöglichkeiten, Berlin, 1965

Gutowski / Thiel: Referat zum 55. DJT, Bd II, München, 1984, M 45 - M 71

de Haan-Gast, B.: „Überregionaler Absatz" i. S. des § 2 II No. 2 InZulG 1973, in: DB 1974, S. 1500

Häberle, Peter: Berufsständische Satzungsautonomie und staatliche Gesetzgebung, DVBl. 1972, S. 909 - 913

Hamann, Andreas: Zur Problematik des Subventionsrechts, in: DVBl. 1963, S. 486 - 493

— Deutsches Wirtschaftsverfassungsrecht, Darmstadt, 1958

Hansmeyer, Karl-Heinrich: Erläuterungen zum Gesetz zur Förderung der Stabilität und des Wachstums der Wirtschaft, in: Stern / Münch / Hansmeyer, Gesetz zur Förderung der Stabilität und des Wachstums der Wirtschaft, III. Teil, 2. Aufl., Stuttgart, Berlin, Köln, Mainz, 1972, S. 117 - 146

Harnischfeger, Horst: Planungen in der sozialstaatlichen Demokratie, Neuwied, Berlin, 1969

Hart, Dieter: Zur Instrumentierung des Wirtschaftsrechts am Beispiel der Wirtschaftsverfassung, ZHR 140 (1976), S. 31 - 45

Hartmann, Rainer: Kommentar zum Investitionszulagengesetz (InvZulG), 1. Aufl., Stuttgart, Berlin, Köln, Mainz, 1981

Hartwich, Hans-Hermann: Sozialstaatspostulat und gesellschaftlicher status quo, in: Schriften zur politischen Wirtschafts- und Gesellschaftslehre, Köln, Opladen, 1970 *von der Heide*, Hans-Jürgen: Regionale Wirtschaftspolitik 1985, in: DÖV 1986, S. 195 - 198

— Die Herausforderung der Rechtsordnung durch die Umweltgefahren der Industriegesellschaft, in: DÖV 1985, S. 461 - 468

von der Heide / Cholewa: Stellung und Aufgaben der kommunalen Gebietskörperschaften in der regionalen Wirtschaftsförderung, in: Eberstein, Handbuch der regionalen Wirtschaftsförderung, Köln, ab 1971, (Stand 1985)

Heinze, Christian: „Kooperativer Föderalismus" und die Umbildung der Verfassung, in: Festschrift für Forsthoff zum 70. Geburtstag, München, 1972, S. 119 - 138

Henke, Wilhelm: Das Recht der Wirtschaftssubventionen als öffentliches Vertragsrecht, Tübingen, 1979

Hennecke, Frank: Anmerkung zum Urt. des BayVerfGH vom 27. 5. 1981, in: DÖV 1982, S. 696 - 697

Henze, Karl-Otto: Verwaltungsrechtliche Probleme der staatlichen Finanzhilfe zugunsten Privater, Heidelberg, 1958

Herrmann / Heuer: Kommentar zur Einkommen- und Körperschaftsteuer, 19. Aufl., Köln, ab 1972

Hesse, Konrad: Grundzüge des Verfassungsrechts der Bundesrepublik Deutschland, 12. Aufl., Karlsruhe, 1980

Hettlage, Karl M.: Mitplanung und Mitfinanzierung von Länderaufgaben durch den Bund, in: Einigkeit und Recht und Freiheit, Festschrift für Karl Carstens, Bd. II, Köln, Berlin, Bonn, München, 1984, S. 613 - 626

Heuer, Hans: Aktuelle Probleme kommunaler Wirtschaftsförderung in der Bundesrepublik Deutschland, in: Der Städtetag 1977, S. 548 - 552

Hill, Hermann: Impulse zum Erlaß eines Gesetzes, DÖV 1981, S. 487 - 497

Hinkel, Karl-Reinhard: Zur Leistungsfähigkeit der Politikverflechtung aus Landessicht, in: Politikverflechtung II, S. 94 - 103

Hirsch, Joachim: Parlament und Verwaltung, 2. Teil: Haushaltsplanung und Haushaltskontrolle in der Bundesrepublik Deutschland, in: Th. Ellwein, Politik – Regierung – Verwaltung, Bd. 2; Stuttgart, 1968

Hömig, Dieter: Zur Zulässigkeit statischer Verweisungen des Bundesrechts auf nichtnormative Regelungen, DVBl. 1979, S. 307 - 311

Hoffmann, Wolfgang P.: Anmerkung zum Urteil des BGH vom 7. 12. 1967, DVBl. 1969, S. 202 - 204

Hollmann, Hermann H.: Rechtsstaatliche Kontrolle der Globalsteuerung, in: Wirtschaftsrecht und Wirtschaftspolitik, 1. Aufl., Bd. 64, Baden-Baden, 1980

Holzwarth, Fritz: Zur Einführung: Recht und Ökonomie, in: JuS 1985, S. 437 - 440

Homann, Klaus: Der praktische Fall: Drei Projekte zur Lösung des Beschäftigungsproblems, in: Verwaltungsrundschau 1983, S. 67 - 69

Huber, Hans: Verfassungsrechtliche Aspekte in: Wirtschaftspolitische Ziele in der Verfassung?, in: Staat und Politik, Bd. 11, Bern, 1970

Hübler, Karl-Hermann: Rechtsgrundlagen und Programme der Raumordnung, in: Eberstein, Handbuch der regionalen Wirtschaftsförderung, Köln, ab 1971 (Stand 1985), A IV 1.

— Großräumige Vorranggebiete als Gegenkonzept zu ausgeglichenen Funktionsräumen, in: Beiträge zum Konzept der ausgeglichenen Funktionsräume, Materialien zum Siedlungs- und Wohnungswesen und zur Raumplanung, Bd. 15, Münster, 1977, S. 73 - 90

— in: Hübler / Scharmer / Weichtmann / Wirz, Zur Problematik der Herstellung gleichwertiger Lebensverhältnisse, Veröffentlichungen der Akademie für Raumforschung und Landesplanung, Hannover, 1980

Ipsen, Hans-Peter: Öffentlich-rechtliche Subventionierung Privater, Köln, 1956

— Über das Grundgesetz, in: Hamburger Universitätsreden 9., Hamburg, 1964

Isensee, Josef: Die typisierende Verwaltung, in: Schriften zum öffentlichen Recht, Bd. 288, Berlin, 1976

Jakobs, Michael Ch.: Rechtsfragen des Subventionswesens, in: Bayerische Verwaltungsblätter 1985, S. 353 - 359

Jarass, Hans: Das Recht der Wirtschaftssubventionen, in: JuS 1980, S. 115 - 120

— Der Vorbehalt des Gesetzes bei Subventionen, in: NVwZ 1984, S. 473 - 480

Jesch, Dietrich: Gesetz und Verwaltung, 2. Aufl., Tübingen, 1968

Jöhr / Singer: Die Nationalökonomie im Dienst der Wirtschaftspolitik, 2. Aufl., Göttingen, 1964

Jooss, Gerhard: Wirtschaftsförderung-Methoden und Probleme staatlicher Intervention in der sozialen Marktwirtschaft, in: BayVBl. 1985, S. 615 - 622

Kaiser, Josef H.: Referat in: Verhandlungen des 50. DJT, Bd. III, Hamburg, 1974, S. I 9 - I 24

— Regionalpolitik im föderalen System der Bundesrepublik Deutschland und der Europäischen Gemeinschaft, in: Festschrift für Th. Maunz zum 80. Geburtstag, München, 1981, S. 169 - 185

Karpen, Hans-Ulrich: Die Verweisung als Mittel der Gesetzgebungstechnik; Berlin, 1970

Katz, Alfred: Grundkurs im öffentlichen Recht, 3. Aufl., Königstein/Tr., 1978

Keding, Claus: Zur Neuordnung der Finanzverfassung, in: Der Betriebsberater, 1969, S. 685 - 689

Kirchhoff, Gerd: Subventionen als Instrument der Lenkung und Koordinierung, in: Beiträge zur Politischen Wissenschaft, Bd. 16, Berlin, 1973

Kirschenmann, Dietrich: Zuständigkeiten und Kompetenzen im Bereich der Verwaltung dem 8. Abschnitt des Grundgesetzes, in: JuS 1977, S. 565 - 572

Kisker, Gunter: Kooperation im Bundesstaat, Tübingen 1971

— Neue Aspekte im Streit um den Vorbehalt des Gesetzes, NJW 1977, S. 1313 - 1320

— Ideologische und theoretische Grundlagen der bundesstaatlichen Ordnung in der Bundesrepublik Deutschland – Zur Rechtfertigung des Föderalismus, in: Probleme des Föderalismus, Tübingen, 1985, S. 23 - 38

Klaus, Joachim: Stellungnahme zur öffentlichen Anhörung von Sachverständigen zur Fortentwicklung der Regionalpolitik, Ausschuß-Drucksache 327/10, 1985, S. 1 - 19

Klein, Friedrich: Art. 91 a, in: Schmidt-Bleibtreu / Klein, Kommentar zum GG, 6. Aufl., Bonn-Neuwied, 1983

— Das Finanzwesen, Art. 104 a GG, in: Schmidt-Bleibtreu / Klein, Kommentar zum Grundgesetz, 6. Aufl., Bonn-Neuwied, 1983

— Die Regelung der Gemeinschaftsaufgaben von Bund und Ländern im Grundgesetz, in: Der Staat, Bd. 11, 1972, S. 289 - 312

Klemmer, Paul: Schriftliche Stellungnahme zum Fragenkatalog für die öffentliche Anhörung des Ausschusses für Wirtschaft am 27. 2. 1985 zum Thema „Fortentwicklung der Regionalpolitik", Ausschuß-Drucksache 339/10, S. 1 - 10

— Zur Reformdiskussion der regionalen Wirtschaftspolitik, in: Raumforschung und Raumordnung, 1985, S. 147 - 151

— Abgrenzung regionaler Arbeitsmärkte in der Bundesrepublik Deutschland für die Zwecke der Gemeinschaftsaufgabe „Verbesserung der regionalen Wirtschaftsstruktur", Bochum, 1973

Kloepfer, Michael: Der Vorbehalt des Gesetzes im Wandel, in: JZ 1984, S. 685 - 695

— Gesetzgebung im Rechtsstaat, VVDStRL 40 (1982), S. 63 - 98

— Geeignetheitsgebot bei wirtschaftslenkenden Steuergesetzen, NJW 1971, S. 1585 - 1588

Knirsch, Hanspeter: Gestaltungsfreiräume kommunaler Subventionsgewährung, in: NVwZ 1984, S. 495 - 498

Kopp, Ferdinand O.: Die Problematik des Verhältnisses von Verwaltung und Verwaltungsgerichtsbarkeit: Handlungsspielräume der Verwaltung und Kontrolldichte gerichtlichen Rechtsschutzes, in: Die öffentliche Verwaltung zwischen Gesetzgebung und richterlicher Kontrolle, München, 1985, S. 146 - 164

Krämer, Hans: Art. 130, Die Europäische Investitionsbank, in: Grabitz, Kommentar zum EWG-Vertrag, München, 1984

Krebs, Walter: Vorbehalt des Gesetzes und Grundrechte, in: Schriften zum öffentlichen Recht, Bd. 276, Berlin, 1975

Kretschmer, Gerald: siehe unter *Püttner*

Kriele, Martin: Das demokratische Prinzip im Grundgesetz, VVDStRL 29 (1971), S. 46 - 84

Kummerer, Klaus: Funktionsräumliche Arbeitsteilung – Zusammenfassung und Zwischenbilanz, in: Veröffentlichungen der Akademie für Raumforschung und Landesplanung, Hannover, 1984, S. 283 - 289

Kummerer / Schwarz / Weyl: Strukturräumliche Ordnungsvorstellungen des Bundes, Schriften der Kommission für wirtschaftlichen und sozialen Wandel, Bd. 102, Göttingen, S. 72 - 147

Lammers, Konrad: Regionalförderung – ein geeignetes Instrument der Technologieförderung?, in: Städte- und Gemeindebund 1984, S. 381 - 387

Lange, Klaus: Möglichkeiten und Grenzen gemeindlicher Wirtschaftsförderung, in: Abhandlungen zur Kommunalpolitik, Bd. 11, Köln, Hannover, Kiel, Mainz, München, 1981

Leibholz, Gerhard: Die Gleichheit vor dem Gesetz, Eine Studie auf rechtsvergleichender und rechtsphilosophischer Grundlage, 2. Aufl., Berlin, 1959

Leisner, Walter: Schwächung der Landesparlamente durch grundgesetzlichen Föderalismus, in: DÖV 1968, S. 389 - 396

— Gesetz wird Unsinn, DVBl. 1981, S. 849 - 857

— Rechtsstaat – ein Widerspruch in sich? JZ 1977, S. 537 - 542

Lerche, Peter: Übermaß und Verfassungsrecht. Zur Bindung des Gesetzgebers an die Grundsätze der Verhältnismäßigkeit und der Erforderlichkeit, Köln, Berlin, München, Bonn, 1961

Liesegang, Helmut C. F.: Art. 91 a, in: von Münch, Grundgesetz-Kommentar, 1. Aufl., Bd. 3, München, 1978

— in: Liesegang / Plöger, Schwächung der Parlamente durch den kooperativen Föderalismus?, in: DÖV 1971, S. 228 - 236

Littmann, Eberhard: Zählen immaterielle Wirtschaftsgüter des Anlagevermögens zu den beweglichen Wirtschaftsgütern? in: DB 1975, S. 373

Maag, Andreas: Das Verbot wettbewerbsverfälschender Beihilfen im EWG-Vertrag und im Freihandelsabkommen zwischen der Schweiz und der Europäischen Wirtschaftsgemeinschaft, in: Schweizerische Beiträge zum Europarecht, Bd. 24, Bern, 1979

Maasen, Hermann: Die Freiheit des Bürgers in einer Zeit ausufernder Gesetzgebung, in: NJW 1979, S. 1473 - 1478

Maier-Dallach: Räumliche Identität – Regionalpolitische Bewegung und Politik, in: Informationen zur Raumentwicklung, Themenheft „Regionalismus und Regionalpolitik", Heft 5, 1980

Malchus, Viktor Frh. von: Auf dem Wege zu einer „Europäischen Raumordnungspolitik, in: Aufsätze zu einer europäischen Raumordnungspolitik, Veröffentlichungen der Akademie für Raumforschung und Landesplanung, Bd. 155, Hannover, 1985, S. 365 - 396

von Mangoldt / Klein: Das Bonner Grundgesetz, Bd. III, München, ab 1974

Marnitz, Siegfried: Die Gemeinschaftsaufgaben des Art. 91 a GG als Versuch einer verfassungsrechtlichen Institutionalisierung der bundesstaatlichen Kooperation, Berlin, 1974

Martens, Joachim: Fehlentwicklung einer Subvention im Steuerrecht, ZRP 1981, S. 104 - 108

Maunz, Theodor: Die Verfassungsmäßigkeit der Finanzreform, in: NJW 1968, S. 2033 - 2035

Maußner / Kalusche: Kommunale Unternehmen als Instrumente der regionalen Strukturpolitik, in: Schriften zur öffentlichen Verwaltung und öffentlichen Wirtschaft, Bd. 70, Baden-Baden, 1981

Mehrländer / Louda: Verbesserung der regionalen Wirtschaftsstruktur – Gesetz über die Gemeinschaftsaufgabe vom 6. Okt. 1969, in: Eberstein, Handbuch der regionalen Wirtschaftsförderung, Köln ab 1971, Stand 1985, A V

Melchior, Michel: La politique régionale de la Communauté-aspects juridiques, in: L'Europe et ses régions, La Haye, 1975, S. 25 - 126

Mestmäcker, Ernst-Joachim: Macht – Recht – Wirtschaftsverfassung, in: ZHR 137 (1973), S. 97 - 111

Miller, Manfred: Politikverflechtung als Organisationsprinzip, in: DÖV 1986, S. 140 - 148

Möller, Alex: Kommentar zum Gesetz zur Förderung der Stabilität und des Wachstums der Wirtschaft, Hannover, 1968

Möschel, Bernhard: Entflechtungen im Recht der Wettbewerbsbeschränkungen, Eine vergleichende rechtspolitische Studie, Tübingen, 1979, zit. Entflechtungen

Müller, Helmut: siehe unter *Schmidt / Müller*

Müller-Graff, Peter-Christian: Unternehmensinvestitionen und Investitionssteuerung im Marktrecht, Tübingen, 1984

von Münch, Ingo: Gemeinschaftsaufgaben im Bundesstaat, in: VVDStRL 31 (1973), S. 51 - 85

Musgrave / Musgrave / Kullmer: Die öffentlichen Finanzen in Theorie und Praxis, Tübingen, 1984

Nicolaysen, Gert: Europäisches Gemeinschaftsrecht, Stuttgart, Berlin, Köln, Mainz, 1979

Nipperdey, Hans Carl: Freie Entfaltung der Persönlichkeit, in: Bettermann / Nipperdey, Die Grundrechte, Handbuch der Theorie und Praxis der Grundrechte, IV 2, Berlin, 1962, S. 741 ff.

Noé, Claus: Zur bestehenden Neuabgrenzung der Fördergebiete der Gemeinschaftsaufgabe „Verbesserung der regionalen Wirtschaftsstruktur", in: Raumforschung und Raumordnung, 1980, S. 102 - 106

Novak, Richard: Gesetzgebung im Rechtsstaat, VVDStRL 40 (1982), S. 40 - 62

Oppermann, Thomas: Die EG als parastaatliche Superstruktur, Festschrift für Ipsen zum 70. Geburtstag, Tübingen, 1977, S. 685 - 699

— Europäische Integration und das deutsche Grundgesetz, in: Neue Entwicklungen im öffentlichen Recht, Stuttgart, Berlin, Köln, Mainz, 1979, S. 85 - 102

— Nach welchen rechtlichen Grundsätzen sind das öffentliche Schulwesen und die Stellung der an ihm Beteiligten zu ordnen, Gutachten C zum 51. DJT, Bd. 1, München, 1976

Ortmeyer, August: Korsettstangen für deutsche Regionalpolitik, in: DIHT, Artikeldienst vom 17. 12. 1985, S. 12 - 17

Ossenbühl, Fritz: Welche normativen Anforderungen stellt der Verfassungsgrundsatz des demokratischen Rechtsstaates an die planende staatliche Tätigkeit, dargestellt am Beispiel der Entwicklungsplanung?, Gutachten B zum 50. DJT, München 1974

— Diskussionsbeitrag in: Verhandlungen des 50. DJT, Bd. II, München, 1974, S. I 121 - I 124

— Der Vorbehalt des Gesetzes und seine Grenzen, in: Die öffentliche Verwaltung zwischen Gesetzgebung und richterlicher Kontrolle, München, 1985, S. 9 - 35

— Die verfassungsrechtliche Zulässigkeit der Verweisung als Mittel der Gesetzgebungstechnik, DVBl. 1967, S. 401 - 408

— Die verfassungsrechtliche Bedeutung des Postulats nach gleichwertigen Lebensverhältnissen für Raumordnung und Landesentwicklungspolitik, in: Die hessischen Landkreise, 1978, Heft 3 (1978)

Ott, Claus: Die soziale Effektivität des Rechts bei der politischen Kontrolle der Wirtschaft, in: Zur Effektivität des Rechts, Jahrbuch für Rechtssoziologie und Rechtstheorie, Bd. 3, 1972, S. 345 - 408

Papier, Hans-Jürgen: Der Vorbehalt des Gesetzes und seine Grenzen, in: Die öffentliche Verwaltung zwischen Gesetzgebung und richterlicher Kontrolle, Göttinger Symposium, München, 1985, S. 36 - 80

Pernthaler, Peter: Föderalismus als moderner Weg interregionaler Aufgabenteilung, in: Festschrift für Adolf Gasser zum 80. Geburtstag, S. 505 - 518

Pestalozza, Christian: Gesetzgebung im Rechtsstaat, NJW 1981, S. 2081 - 2087

Piduch, Erwin Adolf: Ist die Nettoveranschlagung der Krediteinnahmen verfassungsrechtlich zweifelhaft?, in: DÖV 1969, S. 190 - 193 und S. 705

Pieper, Theodor: Regionale Strukturpolitik in altindustriellen Gebieten, in: Raumforschung und Raumordnung, 1985, S. 151 - 156

Pieske, Eckart: Gesetzesvorbehalt im schulrechtlichen Bereich unter besonderer Berücksichtigung der pädagogischen Freiheit, DVBl. 1979, S. 329 - 334

Pöttgen, Albert: Verfassungsrechtliche Grenzen staatlicher Wirtschaftsförderung durch Subventionen, Köln, 1965

Pötzsch, Rainer: Perspektiven des sektoralen Strukturwandels in der Bundesrepublik, in: Verwaltungsrundschau 1985, S. 7 - 13

Pohle, Hans: Neuorientierung der regionalen Strukturpolitik, Diskussionsbericht, in: Raumforschung und Raumordnung, 1985, S. 165 - 167

Priebe, Hermann: Schriftliche Stellungnahme zum Fragenkatalog für die öffentliche Anhörung des Ausschusses für Wirtschaft am 27. 2. 1985 zum Thema „Fortentwicklung der Regionalpolitik", Ausschuß-Drucksache 354/10, S. 1 - 6

Püttner, Günter: Gesetzgebung und Exekutivfunktion, in: Zeitschrift für Gesetzgebung (ZG), 1986, Heft 2, S. 179 - 184

— Die Ausdehnung der Kontrolldichte durch die Verwaltungsgerichte: Handlungsspielräume der Verwaltung und Kontrolldichte gerichtlichen Rechtsschutzes, in: Die öffentliche Verwaltung zwischen Gesetzgebung und richterlicher Kontrolle, München, 1985, S. 131 - 145

— Die Länderneugliederung als Problem der politischen Machtverteilung im Gesamtstaat, in: DÖV 1971, S. 540 - 541

— in: Püttner / Kretschmer, Die Staatsorganisation, Bd. I, München, 1978

— Diskussionsbeitrag, VVDStRL 40 (1982), S. 103

— in: Püttner / Spannowsky, Das Verhältnis der EG-Regionalpolitik zur bundesdeutschen Regionalpolitik, Bonn, 1986

Pütz, Theodor: Grundlagen der theoretischen Wirtschaftspolitik, Stuttgart, 1979

— Theorie der allgemeinen Wirtschaftspolitik und Wirtschaftslenkung, Wien, 1948

Raiser, Ludwig: Das Verhältnis der Wirtschaftswissenschaft zur Rechtswissenschaft, Soziologie und Statistik, Schriften des Vereins für Sozialpolitik, Bd. 33, Berlin, 1964

Rauschning, Dietrich: Aufnahme einer Staatszielbestimmung über Umweltschutz in das Grundgesetz?, in: DÖV 1986, S. 489 - 495

Reissert / Scharpf / Schnabel: Fallstudien zum Planungs- und Finanzierungsverbund von Bund, Ländern, in: Reissert / Scharpf / Schnabel, Politikverflechtung, Theorie und Empirie des kooperativen Föderalismus in der Bundesrepublik, Kronberg/Ts, 1976, S. 71 - 235

Rengeling, Hans-Werner: Europäisches Gemeinschaftsrecht als Ordnungsrahmen für staatliche Subventionen, JZ 1984 / 795-801

Rietdorf, Franz: Referat in: Verhandlungen des 50. DJT, Bd. II, München, 1974, S. I 25 - I 54

Romus, Paul: L'Europe et les régions, Brüssel, 1979

Rottmann, Joseph: Schriftliche Stellungnahme zum Fragenkatalog für die öffentliche Anhörung des Ausschusses für Wirtschaft am 27. 2. 1985 zum Thema „Fortentwicklung der Regionalpolitik", Ausschuß-Drucksache 329/10, S. 1 - 7

Rudolf, Walter: Wende im Bundesstaat?, in: Freiheit und Verantwortung im Verfassungsstaat, Festgabe zum 10jährigen Jubiläum der Gesellschaft für Rechtspolitik, München, 1984, S. 343 - 356

Rüpke, Giselher: Gesetzgeberisches Ermessen und richterliches Prüfungsrecht in der Rechtsprechung des BVerfG zum Gleichheitsgesetz, Göttingen, 1961

Rupp, Hans-Heinrich: Bemerkungen zur neueren Diskussion über den bundesdeutschen Föderalismus, in: Freiheit und Verantwortung im Verfassungsstaat, Festgabe zum 10jährigen Jubiläum der Gesellschaft für Rechtspolitik, München, 1984

— Grundfragen der heutigen Verwaltungsrechtslehre, Tübingen, 1965

Sachs, Michael: Die dynamische Verweisung als Ermächtigungsnorm, in: NJW, 1981, S. 1651 - 1652

Schäfer, Dieter: Strukturförderung in ländlichen peripheren und strukturschwachen Regionen, in: Raumforschung und Raumordnung, 1985, S. 159 - 161

Schäfer, Friedrich: Verfassungsreform: Alternativen zur Politikverflechtung?, in: Politikverflechtung II, S. 123 - 132

Scharmer, Eckart: Funktionsräumliche Arbeitsteilung aus rechtlicher Sicht, in: Funktionsräumliche Arbeitsteilung, Teil I, Veröffentlichungen der Akademie für Raumforschung und Landesplanung, Hannover, 1981

Schatz, Klaus-Werner: Schriftliche Stellungnahme zum Fragenkatalog für die öffentliche Anhörung des Ausschusses für Wirtschaft am 27. 2. 1985 zum Thema „Fortentwicklung der Regionalpolitik", Ausschuß-Drucksache 331/10, S. 1 - 11

Schenke, Wolf-Rüdiger: Verfassungsrechtliche Grenzen gesetzlicher Verweisungen, in: Verwaltung im Dienste von Wirtschaft und Gesellschaft, Festschrift für Ludwig Fröhler zum 60. Geburtstag, Berlin 1980, S. 87 - 126

— Die verfassungsrechtliche Problematik dynamischer Verweisungen, NJW 1980, S. 743 - 749

Scheuner, Ulrich: Kooperation und Konflikt in: DÖV 1972, S. 585 - 591

— Die staatliche Intervention im Bereich der Wirtschaft, in: VVDStRL 11 (1954), S. 1 - 74

— Staatszielbestimmungen, in: Festschrift für Ernst Forsthoff zum 70. Geburtstag, München, 1972, S. 325 - 346

Schlaich, Klaus: Neutralität als verfassungsrechtliches Prinzip, Tübingen, 1972

Schlauwitz, Walter: Der Bund als Finanzier; Kredite, Leistungen und Bürgschaften des ERP-Sondervermögens, Bad Godesberg, 1964

Schmahl, Hans-Jürgen: Globalsteuerung der Wirtschaft, Die neue Konjunkturpolitik in der Bundesrepublik Deutschland, Hamburg, 1970

Schmidt, Diether: Verwaltungsrechtsprechung zum Bescheinigungsverfahren, in: Eberstein, Handbuch der regionalen Wirtschaftsförderung, Stand: 1986, C III

Schmidt, Reiner: Rechtsfragen der regionalen Strukturpolitik, in: AÖR 1974, S. 529 - 555

Schmidt / Müller: Grundfälle zum Umweltrecht, in: JuS 1985, S. 776 - 781

Schmidt-Preuß, Matthias: Plan-Programm und Verfassung, Bemerkungen zu § 1 Stabilitätsgesetz, DVBl. 1970, S. 535 - 539

Schmitt, Günther: Auf dem Weg zu einem neuen Staatshaftungsrecht, DVBl. 1977, S. 695 - 707

Schmitt Glaeser, Walter: Partizipation an Verwaltungsentscheidungen, VVDStRL 31 (1973), S. 179 - 265

Schmitz, Hans-Jürgen: Normative Richtlinien der Wirtschaftspolitik, Frankfurt a.M., 1971

Scholz, Rupert: Verwaltungsverantwortung und Verwaltungsgerichtsbarkeit, in: VVDStRL 34 (1976), S. 145 - 220

— Entflechtung und Verfassung, Baden-Baden, 1981

— Anmerkungen zum Urteil des BVerwG vom 30. 8. 1968, NJW 1969, S. 1044 - 1045

Schröcker, Sebastian: Die Übernahme von Bundesrecht als Landesrecht in: NJW 1967, S. 2285 - 2291

Schumacher, Detlef: Die Ausfüllung von Kompetenzlücken im Verfassungsrecht der Europäischen Gemeinschaft, in: AWD 1970, S. 539 - 545

Scupin, Hans Ulrich: Verfassungswandel im föderativen Bereich des Grundgesetzes durch Zusammenwirkungen von Bund und Ländern, in: Festschrift für Th. Maunz zum 80. Geburtstag, München, 1981, S. 261 - 279

Seeger, Julius: Möglichkeiten der Beteiligung des Landtags an den Planungen der Landesregierung, Gutachten im Auftrage des Präsidenten des Landtags Nordrhein-Westfalen, Düsseldorf, 1970

Seidel, Martin: Grundfragen des Beihilfenaufsichtsrechts der Europäischen Gemeinschaften, in: Recht und Praxis der Beihilfen im Gemeinsamen Markt, Kölner Schriften zum Europarecht, Bd. 32, Köln, Berlin, Bonn, München, 1984, S. 55 - 82

Selmer, Peter: Steuerinterventionismus und Verfassungsrecht, in: Schriften zum Wirtschaftsverfassungs- und Wirtschaftsverwaltungsrecht, 1. Aufl., Bd. 3, Frankfurt a.M., 1972

Sendler, Horst: Grundprobleme des Umweltrechts, in: JuS 1983, S. 255 - 260

— Ist das Umweltrecht normierbar?, in: UPR 1981, S. 1 - 14

— Wer gefährdet wen: Eigentum und Bestandschutz den Umweltschutz oder umgekehrt?, in: UPR 1983, S. 33 - 46 und 73 - 76

— Normenflut und Richter, ZRP 1979, S. 227 ff.

Sening, Christoph: Zum Abwehrrecht gegen rechtswidrige Veränderungen der Erholungslandschaft, BayVBl. 1979, S. 491 - 493

Söffing, Günter: Investitionszulagengesetz, in: Eberstein, Handbuch der regionalen Wirtschaftsförderung, B II

Soell, Hermann: Sind die Gemeinschaftsaufgaben nach Art. 91 a GG ein geeignetes Instrument zur Weiterentwicklung des föderativen Systems?, in: Festschrift für Ernst Forsthoff zum 70. Geburtstag, München, 1972, S. 397 - 431

Spehl, Harald: Schriftliche Stellungnahme zum Fragenkatalog für die öffentliche Anhörung des Ausschusses für Wirtschaft am 27. 2. 1985 zum Thema „Fortentwicklung der Regionalpolitik", Ausschuß-Drucksache 333/10, S. 1 - 7

Sponheuer, Theo: Ist die Nettoveranschlagung der Krediteinnahmen verfassungsrechtlich zweifelhaft? in: DÖV 1969, S. 486 - 489 und S. 784

Staats, Johann-Friedrich: Verweisung und Grundgesetz, in: Rödig, Studien zu der Theorie der Gesetzgebung, 1976, S. 244 - 260

Starck, Christian: Übermaß an Rechtsstaat, ZRP 1979, S. 209 - 214

Staupe, Jürgen: Parlamentsvorbehalt und Delegationsbefugnis, in: Schriften zum öffentlichen Recht, Bd. 506, Berlin, 1986

Steiger, Heinhard: Begriff und Gestaltungsebene des Umweltrechts, Verfassungsrechtliche Grundfragen, in: Salzwedel, Grundzüge des Umweltrechts, Berlin, 1982

Stern, Klaus: § 12 Subventionsbericht in: Stern / von Münch / Hansmeyer, Gesetz zur Förderung der Stabilität und des Wachstums der Wirtschaft, III. Teil, 2. Aufl., Stuttgart, Berlin, Köln, Mainz, 1972, S. 278 - 284

— Das Staatsrecht der Bundesrepublik Deutschland, 1. und 2. Aufl., Bd. 1, München 1977 und 1984

— Grundfragen der globalen Wirtschaftssteuerung, Schriftenreihe der Juristischen Gesellschaft Berlin e. V., Heft 34, Berlin, 1969

— Rationale Infrastrukturpolitik und Regierungs- und Verwaltungsorganisation, in: Grundfragen der Infrastrukturpolitik für wachsende Gesellschaften, Schriften des Vereins für Sozialpolitik, Bd. 58, 1971

Storm, Peter-Christian: Umweltrecht, Einführung in ein neues Rechtsgebiet, Berlin, 1980

Streit, M. E.: Regionale Entwicklung und Regionalpolitik in der Europäischen Gemeinschaft, in: Raumforschung und Raumordnung, 1981, S. 49 - 55

Stuhrmann, Gerd: Änderungen der Steuergesetzgebung des Jahres 1985, in: NJW 1986, S. 291 - 296

Tacke, Alfred: Schriftliche Stellungnahme zum Fragenkatalog für die öffentliche Anhörung des Ausschusses für Wirtschaft am 27. 2. 1985 zum Thema „Fortentwicklung der Regionalpolitik", Ausschuß-Drucksache 334/10, S. 1 - 11

Tettinger, Peter J.: Urteilsanmerkung in: DÖV 1975, S. 786 - 790

Tiemann, Burkhard: Die neuen Gemeinschaftsaufgaben (Art. 91 a, b GG) im System des Grundgesetzes, in: DÖV 1970, S. 161 - 166

— Gemeinschaftsaufgaben und bundesstaatliche Kompetenzordnung, in: DÖV 1970, S. 725 - 730

Thiele, Willi: Wirtschaftsverfassungsrecht, 2. Aufl., Göttingen, 1974

Thiesing, Jochen: Art. 92, in: von der Groeben / von Boeckh / Thiesing / Ehlermann, Kommentar zum EWG-Vertrag, 2. Aufl., Bd. 1, Baden-Baden, 1983

Thoss, Rainer: Neuorientierung der regionalen Strukturpolitik, in: Raumforschung und Raumordnung, 1985, S. 146 - 147

Treuner, Peter: Instrumentelle Aspekte einer Neuorientierung in der Raumordnungspolitik, in: Gleichwertige Lebensbedingungen durch eine Raumordnungspolitik des mittleren Weges, Veröffentlichungen der Akademie für Raumforschung und Landesplanung, Hannover, 1983

Tuchtfeldt, Egon: Ökonomische Aspekte, in: Huber / Tuchtfeldt; Wirtschaftspolitische Ziele in der Verfassung?, in: Staat und Politik, Bd. 11, Bern, 1970

Ule, Karl Hermann: Über das Verhältnis von Verwaltungsstaat und Rechtsstaat, in: staats- und verwaltungswissenschaftliche Beiträge, Stuttgart, 1957, S. 127 - 165

Umbach, Dieter C.: Das Wesentliche an der Wesentlichkeitstheorie, in: Festschrift für Hans-Joachim Faller, München, 1984, S. 111 - 131

Unkelbach, Michael: Grundrechtliche Bindung des Bundesgesetzgebers bei der Vergabe von Leistungssubventionen zugunsten der gewerblichen Wirtschaft, Kiel, 1967

Graf Vitzthum, Wolfgang: Parlament und Planung, Baden-Baden, 1. Aufl., 1978

Vogel, Hans-Joachim: Zur Diskussion um die Normenflut, JZ 1979, S. 321 - 325

Vogel, Klaus: Verfassungsfragen der Investitionszulage und verwandter Vergünstigungen, in: DÖV 1977, S. 837 - 843

Wäldchen, Paul: Die Regionalpolitik der Europäischen Gemeinschaft, in: Handbuch des Europäischen Rechts, A 122, Stand 1983

Wagner, Claus: Das Investitionszulagengesetz und das Gesetz über die Gemeinschaftsaufgabe „Verbesserung der regionalen Wirtschaftsstruktur" als Schwerpunkte staatlicher Förderung von Investitionen, München, 1976

Weber, Hermann: Rezension des Urteils des OVG Hamburg-Urt. v. 8. 7. 1980, in: JuS 1981, S. 766 - 767

Weyreuther, Felix: Umweltschutz und öffentliche Planung, in: Umwelt und Planungsrecht, 1981, S. 33 - 41

Wiegel, Klaus: Verfassungsrechtliche Probleme einer staatlichen Investitionslenkung, in: Schriften zum öffentlichen Recht, Bd. 412, Berlin, 1982

Wild, Klaus-Peter: Regionalpolitische Aktivitäten im Europäischen Rahmen, in: URP 1983, S. 115 - 121

— Stellung und Aufgaben der Länder, in: Eberstein, Handbuch der regionalen Wirtschaftsförderung, Köln, ab 1971 (Stand 1985)

Wilke, Dieter: Anmerkungen zum Beschluß des BVerfG vom 20. 10. 1981, in: JZ 1982, S. 758 - 760

Wimmer, Raimund: Abschied von „gleichwertigen Lebensverhältnissen?", in: DVBl. 1982, S. 62 - 66

Wüst, Herbert: Der Föderalismus als zeitgemäßes Ordnungsprinzip, BayVBl. 1971, S. 10 - 14

Zacher, Hans F.: Verwaltung durch Subventionen, in: VVDStRL, 25 (1967), S. 308 - 400

— Staatliche Wirtschaftsförderung in der Bundesrepublik Deutschland, in: WiR 2/ 1972, S. 185 - 229

Zeitel, Gerhard: Über einige Kriterien zur Beurteilung staatlicher Subventionen, in: Finanzarchiv 1968, S. 187 - 201

Zeller, Horst: Regionale Ungleichgewichte in der EG, in: Das Parlament, 1973/33, 2 f.

Zimmermann, Horst: Mögliche Strategien zur Beeinflussung des Strukturwandels in Verdichtungsräumen, in: Raumforschung und Raumordnung, 1985, S. 161 - 164

Zitzmann: Zonenrand – Sonderabschreibungen und Investitionszulagen bei Betriebsstätten, die sich über die Fördergebiete hinaus erstrecken, in: BB 1980, S. 95 - 101

Zuck, Rüdiger: Wirtschaftsverfassung und Stabilitätsgesetz, München, 1975

Zuleeg, Manfred: Art. 103 in: von der Groeben / von Boeckh / Thiesing / Ehlermann, Kommentar zum EWG-Vertrag, 3. Aufl., Bd. 1, Baden-Baden, 1983

— Zur künftigen Entwicklung des Subventionsrechts, in: DÖV 1984, S. 733 - 740

— Subventionskontrolle durch Konkurrentenklage, Frankfurt a. M., 1974

— Nationales Subventionsrecht als Wirkungsfeld und Wirkungsfaktor des Europäischen Subventionsrechts, in: Kölner Schriften zum Europarecht, Bd. 29, S. 7 - 55

FSC
www.fsc.org
MIX
Papier | Fördert
gute Waldnutzung
FSC® C083411

Kolibri 360 GmbH
Ferdinand-Jühlke-Straße 7
99095 Erfurt, Deutschland
produktsicherheit@kolibri360.de

Druck:
CPI Druckdienstleistungen GmbH
im Auftrag der
Kolibri 360 GmbH
Ferdinand-Jühlke-Str. 7
99095 Erfurt